모든 사람을 위한 기독교 신학 II

창조, 타락, 구원

© 2015 by Nathan D. Holsteen and Michael J. Svigel

Originally published in English as *Exploring Christian Theology, Volume 2: Creation, Fall, and Salvation*

by Bethany House Publisher, Minn., U.S.A.

All right reserved.

This Korean translation edition © 2019 by Bible Baptist Theological Seminary Press, Icheon-si, Republic of Korea.

This Korean edition is published by arrangement of Steve Laube Agency through rMaeng2, Seoul, Republic of Korea.

이 한국어판 저작권은 알맹2 에이전시를 통해 Steve Laube Agency와 독점 계약한 성서침례대학원대학교출판부에 있습니다. 신저작권법에 따라 한국에서 보호받는 저작물이므로, 무단 전재와 무단 복제를 금하며 저작권자와 성서침례대학원대학교출판부의 동의를 얻어야 내용 전부 또는 일부를 이용할 수 있습니다.

모든 사람을 위한 기독교 신학 II

창조, 타락, 구원

네이선 D. 홀스틴
마이클 J. 스비겔 편집

김석근 · 최정기 번역

성서침례대학원대학교출판부

모든 사람을 위한 기독교 신학 II
창조, 타락, 구원

초판발행　2019년 5월 1일
편 집 자　네이선 D. 홀스틴, 마이클 J. 스비겔
1부 저자　J. 래니어 번즈, 네이선 D. 홀스틴, 마이클 J. 스비겔
　　　　　존 애대어, 글렌 R. 크라이더
2부 저자　글렌 R. 크라이더
　　　　　네이선 D. 홀스틴, 마이클 J. 스비겔
번 역 자　김석근 · 최정기

발 행 인　김택수
편 집 인　김광모
발 행 처　성서침례대학원대학교출판부
등록번호　제2015-4호
등 록 지　경기도 이천시 대월면 대평로 548-123
전화번호　031) 634-1258
누 리 집　bbts.ac.kr

ISBN　979-11-89118-14-3
ISBN　979-11-89118-12-9 (세트)

판　　권　성서침례대학원대학교출판부, 2019

※ 파본은 교환해 드립니다.

목차

옮긴이 말	13
시작하는 말	15
감사하는 말	19

4막으로 구성한 기독교 이야기   21
    1막: 창조
    2막: 타락
    3막: 구속
    4막: 회복
    당신은 **여기에** 있다

1부 '흙에서 흙으로': 창조, 인류, 타락   33
    J. 래니어 번즈, 네이션 D. 홀스틴, 마이클 스비겔;
    (참여 저자) 존 애데일, 글렌 R. 크라이더

조감도   35
    누군가와 무언가를 위한, 무로부터 나온 모든 것
    하나님의 창조에서 최고 걸작인 인간
    우리는 넘어져, 일어설 수 없다!
    어둠에 빛

반드시 알아야 할 성경 본문   43

1. 기독교 사상의 기반인 창조 교리(창세기 1~2장)
2. 하나님 형상으로 창조된 인간(창세기 1:26~28)
3. 육체와 영혼: 인간의 물질적, 비물질적 측면(창세기 2:7)
4. 인간 존엄의 근거(야고보서 3:9)
5. 보이지 않는 것들의 창조(골로새서 1:16)
6. 인간의 타락(창세기 3장)
7. 타락한 인류 부패(로마서 3:9~23)
8. 원죄 교리(로마서 5장)
9. 죄의 다양성과 참혹함(갈 5:19~21)

역사로 회고한 인간과 죄   77

교부시대(100~500년)

중세시대(500~1500년)

종교개혁시대(1500~1700년)

근대 · 현대시대(1700년~현재)

반드시 기억해야 할 사실   101

1. 삼위일체 창조주가 기독교 세계관의 기초다
2. 모든 인간은 하나님 형상으로 창조되어 고유한 존엄성을 지닌다
3. 하나님은 사람들이 공동체를 이루고 번성하도록 만드셨다
4. 모든 사람은 죄인이고, 모두가 죄를 범했으며, 모두에게 구주가 필요하다
5. 천사와 귀신들은 그들의 무한한 창조주의 유한한 피조물이다
6. 하나님은 악의 근원이 아니시다

목차 **7**

피해야 할 위험　　　　　　　　　　　　　　　　111
1. 회의론의 과학적 유혹
2. 오류가 있는 타락
3. 나도 좋고, 너도 좋다
4. 나쁜 주인에게 깃든 선한 영
5. 들보가 박힌 증상
6. Ken-L식 율법주의
7. 마귀가 한 짓이다
8. 도망쳐라, 미련한 사람아!

실천해야 할 원리　　　　　　　　　　　　　　　127
1. 하나님을 창조주로 예배하고 영광을 돌리라
2. 하나님의 창조 세계를 하나님이 주신 선물로 누리라
3. 모든 사람을 하나님 형상 보유자로 존귀하게 대하라
4. 구주가 절대로 필요하고, 그리고 무력하고, 소망 없고, 불운한 죄인임을 인정하라
5. 죄와 사망을 하나님과 그분의 선하심에 대한 원수로 미워하라

과거와 현재의 목소리　　　　　　　　　　　　　135
교부시대(100~500년)
중세시대(500~1500년)
종교개혁시대(1500~1700년)
근대 · 현대시대(1700년~현재)

서재에 두고 읽어야 할 책　　　　　　　　　　169
창조에 관한 책(비기독교 관점을 포함해서)
인간과 하나님 형상에 관한 책

타락, 부패, 죄에 관한 책
천사, 사탄, 귀신에 관한 책

2부 '구원에 이르는 지혜': 복음, 속죄, 구원하는 은혜　179
글렌 R. 크라이더, (참여 저자) 네이선 D. 홀스틴, 마이클 J. 스비겔

조감도　181
오직 은혜로, 오직 믿음을 통해, 오직 그리스도 안에서
망가진 것을 고치신다!
유일한 구원자 예수 그리스도
구원에 이르는 지혜

반드시 알아야 할 성경 본문　193
1. 아브라함을 의롭게 한 믿음(창세기 15:6)
2. 고난을 겪는 종을 예언(이사야 53장)
3. 대속물이신 인자(마태복음 20:25~28)
4. 지상 명령(마태복음 28:18~20)
5. 믿음으로 말미암는 의(로마서 1:16~17)
6. 정죄함이 없음(로마서 8장)
7. 하나님의 주권적 선택(로마서 9장)
8. 부활의 기쁜 소식(고린도전서 15장)
9. 화목하게 하는 사역(고린도후서 2장)
10. 의인은 믿음으로 살리라(갈라디아서 2~3장)
11. 믿음을 통해 은혜로 얻는 칭의(에베소서 1~2장)
12. 그리스도는 더 나은 분이시다(히브리서 1~2장)
13. 행함이 없는 믿음은 죽은 것이다(야고보서 2:15~26)
14. 우리에게는 산 소망이 있다(베드로전서 1장)

역사로 회고한 구원   237

    교부시대(100~500년)

    중세시대(500~1500년)

    종교개혁시대(1500~1700년)

    근대 · 현대시대(1700년~현재)

반드시 기억해야 할 사실   267

1. 자기 필요를 이해할 때만 은혜를 붙잡을 수 있다
2. 구원은 오직 은혜로, 오직 믿음을 통해, 오직 그리스도 안에서 이루어진다
3. 구원은 이루려는 목적이 있다
4. 구원은 교회를 마음에 두고 있다
5. 죄의 종노릇에서 해방은 새로운 주인이 있다는 뜻이다
6. 복음은 육체적 부활과 우주적 구속을 약속한다
7. 세상은 하나님의 은혜를 드러낸다―그것을 볼 눈이 있는가?

피해야 할 위험   277

1. 행함에 기초하기
2. 행하지 않기
3. 구원을 죄가 없다는 것으로 단순화하기
4. 구원을 (과거에) 머물러 있게 하기
5. 예수님은 **나까저도** 나만 사랑하신다
6. 인과응보(Karma)와 함께하려고 은혜 버리기
7. 복음을 반 토막 내기
8. 아우토반(무제한) 은혜

창조, 타락, 구원

실천해야 할 원리   293
  1. 하나님의 약속이 확실함을 믿어라—그분은 시작하신 일을 이루신다
  2. 은혜를 실천할 기회를 찾아라
  3. 믿음의 갈등을 인정하고, 다른 사람도 갈등을 잘 감당하게 도우라
  4. 주님이 필요함을 잊지 말라
  5. 하나님을 사랑한다면 다른 이들도 사랑하라
  6. 확신의 근거를 기억이나 감정이 아니라 그리스도께 두라

과거와 현재의 목소리   305
  교부시대(100~500년)
  중세시대(500~1500년)
  종교개혁시대(1500~1700년)
  근대 · 현대시대(1700년~현재)

서재에 두고 읽어야 할 책   339
  구원론에 관한 일반서
  속죄에 관한 책
  구속에 관한 성경적 이야기
  칼뱅주의와 아르미니우스주의
  복음전도에 관한 책
  배타주의, 포용주의, 다원주의
  놀라운 은혜
  칭의에 관한 교리
  성도의 견인과 영원한 안전
  예정과 선택

용어 해설 창조, 타락, 구원   347
색인 성경 본문   371

목차　**11**

편집 설명.

❏ 저자가 영어 성경 ESV를 기본으로 하고 NIV, NASV, KJV도 인용하지만, 번역본은 『새번역』을 인용하고, 현대 한국어에 맞게 조금은 바꾸며 구두점을 더 쓰기도 합니다.

❏ 음역 표기는 히브리어와 헬라어로 바꿨습니다.

❏ 한글과 영어는 나눔체를, 성서 원어는 BibleWorks 폰트를 씁니다.

❏ 참고자료가 우리말로 옮겨졌으면 덧붙여 소개합니다.

12　창조, 타락, 구원

옮긴이 말

많은 그리스도인은 '기독교 신학'을 어렵고 지루하다고 생각합니다만, 그리스도인과 그리스도교 신앙 공동체의 신앙 뼈대를 잡아주는 중요한 역할을 하기에, 신학의 도움과 지도를 받아야 합니다. 모든 사람을 위한 기독교 신학 시리즈는 그 필요에 부응합니다. **신학에 관심 있는 그리스도인이면 누구나 읽을 수 있는 좋은 신학 입문서입니다.**

이 책은 창조, 타락, 구원 주제를 설명합니다. 조직신학의 인간론, 죄론, 구원론에 해당하는 부분인데 **기독교 세계관과 하나님의 구원 사역**을 다루기에 매우 중요합니다. 저자들은 신학을 딱딱한 교리로 제시하기보다, 성경의 이야기 성격을 강조하고 예화를 곁들여가며 친근한 **이야기체로 설명**합니다. 독자는 어렵고 부담스럽던 기독교 교리를 흥미롭게 배우며 신앙의 확실하고 안전한 길을 발견할 수 있습니다.

이 책의 특징을 세 가지로 말할 수 있습니다. 첫째, 주제와 관련된 **중요한 성경 본문**을 뽑아 핵심을 쉽게 설명합니다. 특히 '반드시 알아야 할 성경 본문' 부분에서, 성경의 권위를 인정하고 성경적 신앙을 북돋우길 바라는 저자들의 고유한 신학 서술 방식이 돋보이게 드러납니다. 요약 제시한 설명이어도, 달라스신학대학원 교수진인 저자들의 학문적 깊이와 다년간 숙성된 교수 경험이 그대로 녹아 있습니다. 독자는 인간과 구원에 관련하여 반드시 숙지해야 할 성경 본문과 관련 핵심 신학 쟁점을 잘 파악할 수 있습니다.

둘째, 저자는 **교리의 역사적 발전 과정**에도 상당한 관심을 기울입니다. 기독교 역사에서 전개된 신학 쟁점을 시대별로 잘 정리하면서 현대 인간론과 구원론이 이뤄진 배경을 잘 제시합니다. 예를 들면, 인간 타락과 하나님 은혜 관계에 관한 다양한 입장이 펠라기우스 논쟁으로 시작해 2차 오랑쥬회의에 이르는 과정에서 어떻게 나타났는지 입체적으로 밝힙니다. 대표 저술가들의 글 역시 각 시대 분위기를 파악하는 데 도움을 주며, 학술 가치를 높입니다.

마지막으로, 저자들은 **바른 신학**은 물론이고 **바른 신앙**을 교육하는 데도 열정을 쏟습니다. '반드시 기억해야 할 사실', '피해야 할 위험', '실천해야 할 원리' 부분은 신학이 어떻게 삶으로 열매 맺을 수 있는가를 보여줍니다. 저자는 성숙한 신학적·신앙적 안목으로 그리스도인이 빠질 수 있는 오류를 지적하고 경고하며 올바른 신앙의 길로 잘 안내합니다. 아울러 소개하는 참고문헌 목록도 더 깊이 연구하려는 신학도에게 유용한 도구입니다.

이 책 발간에 큰 원동력인 많은 후원회원님께 감사드리고, 특별히 출판 사역의 신실한 후원자이신 조성택 대표님(원주 백두산약국)께 감사드립니다. 출판 사역을 늘 격려하시는 총장 김택수 박사님과 출판부장 곽철호 교수님, 그리고 지원을 아끼지 않으시는 사무처장 박상복 목사님께도 심심한 감사를 드립니다. 시간 압박에도 편집을 훌륭하게 하신 편집장 김광모 교수님, 그리고 표지를 탁월하게 만드신 김효경 자매님에게도 특별한 감사의 말을 전합니다.

오직 은혜로, 오직 믿음을 통해, 오직 그리스도 안에서

2019년 5월 1일

이천 대명선지동산에서

김석근 · 최정기

시작하는 말

어떤 사람은 **교리**라는 말을 들으면 지루함에 하품을 하거나, 공포에 떨거나, 의심으로 얼굴을 찌푸린다. 교리 설교자가 짜증이 나게 했고, 교리로 반목하는 교단이 지치게 했으며, 단조로운 목소리로 교리를 설명하는 많은 학자가 지루하게 했다.

사람들이 **신학**이란 단어를 들으면 상황은 종종 더 악화한다. 그들은 전문적 논의, 그다지 중요하지 않은 자료, 이해할 수 없는 각주-그것은 하나님께 가까이 이끌어주기보다는 멀어지게 하는 쓸데없는 정보다-로 가득한 묵중한 책을 상상한다.

신앙 성장을 추구하는 대다수 사람은 이론적 개념이 아니라, 실제 원칙을 바란다. 그들은 하나님**에 관해서**(about God)만이 아니라 하나님을 **알고 싶어 한다**(know God).

그렇지만 견고한 영적 진리 없이 진정한 영적 성장을 경험할 수 없다. 하나님을 진리를 통해(truly) 알기 전에는 참되신 하나님(the true God)을 알 수 없다.

그렇다면 어디에서 출발해야 하는가? 어떻게 단순한 의견들과 특이한 견해들로 엉킨 덤불에 얽매이지 않고, 이 풍성한 들판에서 수확을 시작할 수 있을까? 서로 모순적인 수많은 이론으로 보이는 것들에서, 우리 믿음을 강화하고 실천하는 데 필요한 핵심 진리를 어떻게 가려내야 하는가?

'모든 사람을 위한 기독교 신학 시리즈'는 세부 묘사를 장황하게 늘어놓거나 논쟁에 휘말리지 않고, 오히려 핵심 정통 개신교 복음주의 교리를 소개하고 개관하며 복습한다. 간략해도 실속 있는 이 시리즈 세 권은 주요 주제에 관해 이해하기 쉽고 간편한 요약을 제공한다. 이 책들은 교회가 아주 오랫동안 피했던 바로 그 교리에 매우 굶주린 교회를 위한 안내서로 계획되었다.

각 권은 성경 주요본문, 각 주요 가르침의 역사, 적절한 도표와 그래프, 실제적 함의, 그리고 여러분이 서재에 두고 읽을 책 추천 등으로 구성되어 있다. 이 작업을 위한 우리 목표의 하나는 신학의 길로 접어들어 본 적이 없는 사람을 돕는 것이므로, 용어 해설집-이것은 매우 특별하고 중요하다-을 포함했다. 낯선 단어를 발견했거나 개념이 궁금할 때면 언제든 시간을 내서 그 항목을 찾아보라. 비슷한 방식으로, 무슨 내용이 나올지 곧바로 조직적으로 훑어보려면 목차를 보라.

또한, 각 부(parts) 또는 장(section; 예를 들면, 이 책은 두 부로 나뉘어 있다)은 독립적이다-따로 떼어서 읽거나 참고할 수 있다. 아니면 신학의 한 '분야'에 관련된 모든 장을 관통해 연구하고 성경적, 신학적, 역사적, 실천적 차원에 관한 쏠쏠한 지식을 가지고 나올 수도 있다. 다시 말해, 이 책들은 독자의 구체적 필요와 관심에 따라 다양한 방식으로 사용할 수 있다.

'모든 사람을 위한 기독교 신학 시리즈'가 다른 작은 조직신학책과 달리, 한 특정한 복음주의 교사나 개신교 전통을 요약한 체계 모델을 따르지 않으며, 또한 전반적으로 동의할 만한 내용을 제공하려고 애썼다. 따라서 독자는 이 책들을 제자훈련, 교리 교육, 회원 교육, 교리 예시 또는 복습, 개인 참고서 등으로 사용할 수 있다. 복음주의 운동 자체와 마찬가지로, 우리는 고전적 동의 안에서 정통성과 초교파적 협력을 추구한다.

각 권을 더 상세한 신학 논의를 보충하는(억압하는 것이 아니라), 곧 중급이나 고급 신학 서적을 보완하는(그것들과 경쟁하는 것이 아니라) 입문서로 여겨주기 바란다. 그럼으로써 교단이나 신앙고백 적 신념과 관계없이 사역 훈련 프로그램, 신학대학교, 또는 신학대학원에서 더 깊이 있게 연구하려고 준비하는 학생들이 사용할 수 있다. 독자의 배경, 관심 정도, 훈련 수준이 어떠하건, 우리는 이 책이 기독교 신학의 흥미진진한 세계로 들어가는, 가벼운 산책의 끝이 아니라 평생에 걸친 여정의 시작-또는 독자의 지속적 탐구를 위한 유용한 도우미-이 되기를 바란다.

네이선 D. 홀스틴
마이클 J. 스비겔

18 창조, 타락, 구원

감사하는 말

이 책은 '모든 사람을 위한 기독교 신학 II'이지만, 사실은 마지막으로 쓰고, 편집하고, 출판했다. 이 책의 내용을 힘들여 완성하고 나서, 너무 많거나 너무 적지 않도록… 너무 전문적이거나 너무 기초적이지 않도록… 너무 무겁거나 너무 시시하지 않도록 균형을 잡는 매우 어려운 작업을 하느라 애쓰고 나니, 골디락스(Goldilocks)가 가장 좋아하는 세트라고 할 만한 것을 만들어 낸 기분이다.[1] 이 프로젝트를 마무리하면서, 기독교 신학을 탐험할 수 있도록 여러 해에 거쳐 도와준 많은 안내자, 동료, 후원자에게 감사드린다.

신학이 복잡해야 할 필요가 없다고 가르쳐 주신 찰스 C. 라이리(Charles C. Ryrie), 우리가 하는 일을 어떻게 해야 하는지 생각하고 또 생각하게 하신 크레이그 A. 블레이징(Craig A. Blaising), 학문적으로 탁월할 것과 확신에 있어서 견고하도록 자극을 주신 D. 제프리 빙엄(D. Jeffrey Bingham), 역사도 재미있다는 것을 보여주신 존 D. 해나(John D. Hannah), 그리고 신학 분과의 관리자로 우리를 인내와 친절과 성도의 마음으로—마치 자신의 (피곤하고 짜증이 나게 하는) 자녀를 돌보는 어머니처럼(살전 2:7)—돌봐준 베스 모틀리(Beth Motley)에게 감사드린다.

---

1 그리고… '너무 시시한' 것을 없애는 방향으로 간다. 역자 설명. 골디락스(Goldilocks)는 수전 워커(Susan Sandvig Walker)의 유명한 동화에 나오는 소녀의 이름이고, 동화는 숲속 오두막집에서 곰 세 마리의 가족을 만나는 내용을 담고 있다.

이 책과 시리즈의 편집자들은 또다시 이 프로젝트를 진행하게 도와준 대리인 스티브 라우베(Steve Laube)에게 감사를 전한다. 전에 베다니 하우스 출판사에 있던 팀 피터슨(Tim Peterson)은 처음부터 이 작업을 도와주었다. 앤디 맥과이어(Andy McGuire)는 끝까지 인내와 성실로 함께 했다. 크리스토퍼 사더스트롬(Christopher Soderstrom)의 통찰력과 편집 기술은 적지 않은 오류와 전반적인 혼란에서 우리를 구해주었다. 그리고 베다니 하우스의 줄리 스미스(Julie Smith), 스테이시 씨필드(Stacey Theesfield), 엘리사 탤리(Elisa Tally), 브렛 벤슨(Brett Benson), 해나 카펜터(Hannah Carpenter), 낸시 레니츠(Nancy Renich), 그리고 나머지 친절한 직원들은 '모든 사람을 위한 기독교 신학 시리즈' 세 권을 편집하고, 디자인하고, 출판하고, 배급하는 과정에서 지칠 줄 모르는 열정으로 수고했다.

4막으로 구성한 기독교 이야기

"플롯이 깊어지는군!"

누군가 그런 말로 절제하며 감탄하면 마침내 이야기에서 **심상치 않은** 일이 일어난다. 느리고 예측 가능하며 지루한 드라마가 진행하다 무언가 흥미롭고, 예측하지 못한, 아마도 비극이 발생한다. 결정적 사건은 행동 경로를 바꿔놓고… 핵심 인물이 갑자기 도착하거나 떠난다… 또는 불길한 징조가 새로운 긴장을 만들며 머잖아 더 많은 일이 닥친다고 약속한다.

작가는 이 순간을 '플롯의 반전(plot twists)'이라고 부른다. 솜씨 있는 작가는 이야기가 전개하는 동안 여러 번 그 방향을 바꾼다. 사실—일반적으로—, 반전과 뒤집기, 우여곡절, 패배와 승리가 많을수록 더 좋다. 성공적인 스토리텔링은 A 지점에서 B 지점까지 직선으로 채우지 않고, 속도를 올리다가 내리고, 오른쪽으로 돌다가 왼쪽으로 돈다. 좋은 이야기는 청중을 그들의 감각을 자극하는 놀이기구에 태운다. 그것은 상상력을 자극한다. 그것은 감정을 끄집어올린다.

또 많은 최고 작가는 상실로 괴로움과 넘을 수 없을 것처럼 보이는 도전도 포함하는데, 그런 어려움은 오직 초인간적 개입을 통해 인내하거나 풀거나 극복할 수 있다.

영웅이 등장한다. 그는 단련된 미덕—종종 큰 고통으로 시험받고 강해진다—을 통해 뒤틀린 것을 곧게 펼 수 있다.

신학을 탐험하면서 우리는 하나님 이야기가 실제로 고전적 '영웅 사이클(hero cycle)'과 매우 비슷하게 흘러가는 것을 알 수 있다.¹ 이것은 낙원과 타락, 죽음과 구속, 약속과 성취, 기대와 만족의 반전과 전환을 포함한다. 역사적으로 이야기꾼들도 같은 기본 패턴을 사용해 보편적 경험—대부분 또는 모든 개인과 문화에 공통 요소—에 호소함으로 청중을 사로잡았다.

- 선과 악의 충돌을 직접 경험
- 현실 세계에서 좌절
- 미래를 염려
- 더 큰 목적과 의미에 대한 감각
- 이 세상이 원래 의도대로가 아니라는 확신
- 상황이 언젠가 현재보다 더 나아진다는 희망

잘 알려진, 도입, 타락, 투쟁, 시험, 구속, 궁극적 승리 이야기에서 우리가 마음으로 느끼는 무의식적 실재를 말로 옮기거나, 무대에서 상연하거나, 영화에 투영한다. 우리가 좋아하는 영화나 책을 '좋아하는' 이유는 이것이 우리 경험과 공명하는, 이 사이클과 관련한 주제를 다루기 때문이다. 이것들은 우리에게 '말하며', 우리 외로운 개인주의와 우리 부패한 세상을 초월하는 더 큰 이야기에 들어가도록 초청한다.²

---

1 고대 영웅신화에 대한 고전적 논의는 Joseph Campbell, *The Hero with a Thousand Faces*, 3rd rev. ed., Joseph Campbell Foundation (Novato, CA: New World Library, 2008)을 보라.

2 James Bonnet, *Stealing Fire from the Gods: The Complete Guide for Writers and Filmmakers*, 2nd ed. (Studio City, CA: Michael Wiese, 2006); Christopher Vogler, *The Writer's Journey: Mythic Structures for Writers*, 3rd ed. (Studio City, CA: Michael Wiese, 2007); 『신화 영웅 그리고 시나리오 쓰기』, 함춘성 옮김 (서울: 비즈앤비즈, 2013); Stuart

4막으로 구성한 기독교 이야기

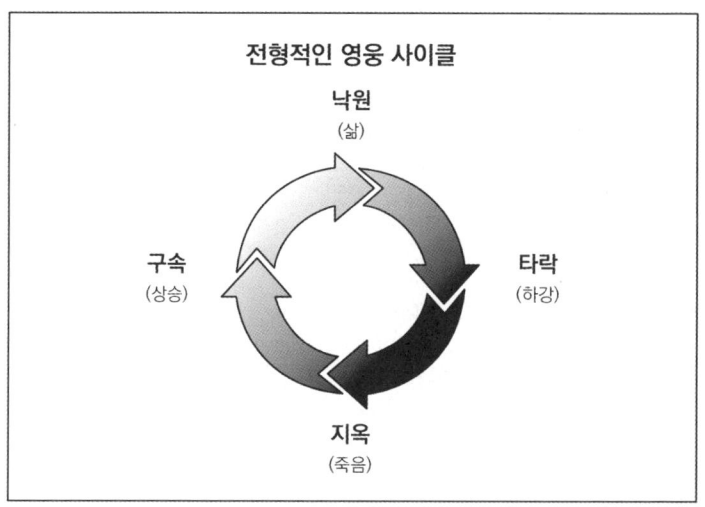

고전적인 기독교 신앙의 연대기는 영웅 사이클(몇 가지 놀라운 반전들과 함께)을 연상시키는 매력 넘치는 이야기로, 네 개의 막, 곧 창조, 타락, 구속, 회복 등으로 요약할 수 있다.

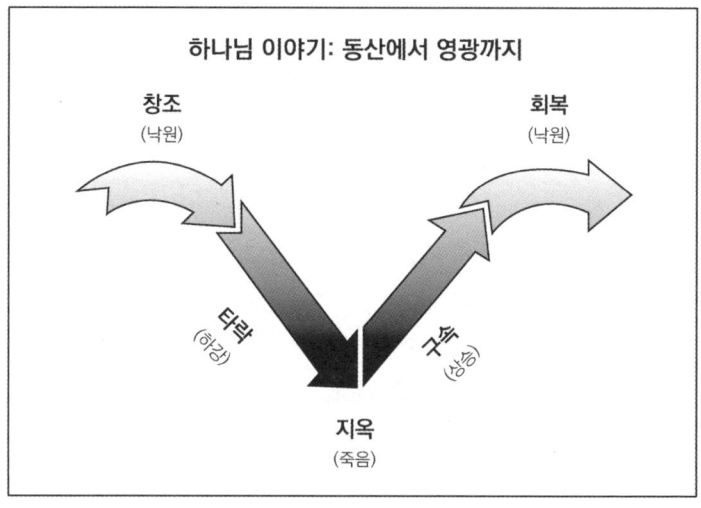

Voytilla, *Myth and the Movies: Discovering the Mythic Structure of 50 Unforgettable Films* (Studio City, CA: Michael Wiese, 1999)을 보라.

1막. 창조

어느 작곡가가 구약성경을 위한 곡을 써야 한다면, 어떤 종류의 악상을 살려야 할까? 부드러운 하프와 현의 가락? 장엄한 트럼펫? 맑은 목관악기 또는 쿵쿵거리는 타악기? 무슨 악기를 쓰든지 주제는 아마도 교향악의 장엄한 분출로 시작하여 천지 창조의 영광스러운 완성을 상징하는, 풍성하게 짜인 선율로 이어진다.

그러나 이 대담한 서곡이 복스러운 발라드로 바뀌면서 어둡고 불길한 단조 화음이 선율에 스며들고, 마침내 장조에서 단조로 바뀐다. 아마도 오보에나 바순이 플루트나 피콜로를 대신하고, 베이스 드럼이 실로폰을 대신하며, 첼로와 콘트라베이스가 바이올린과 하프를 대신하고, 튜바가 트럼펫을 대신한다. 우리는 거친 불협화음을 듣는다.

그렇지만 이 불협화음에서 본래 아름다움과 장엄함과 힘에 대한 암시가 자주 뚫고 나와 다시 등장하며, 결국 궁극적으로 승리에 이른다고 약속한다.

구약성경 주제를 한마디로 말하면 무엇인가? **완전한 창조 세계가 비극적으로 타락해 심판받고, 최종적 구속 약속으로 이어짐**이다.

창세기 1~2장은 하늘과 땅, 모든 생명체와 인간의 원래 창조를 놀라운 솜씨로 묘사한다. 그 이야기는 경쟁하는 신들이나 완전한 무로 시작하는 것이 아니라, **하나님**으로 시작한다. "태초에 하나님이 천지를 창조하셨다"(창 1:1). 하나님은 자기 영원하신 아들과 성령으로 존재하는 모든 것—하늘에 있는 것들이나 땅 위에 있는 것들, "보이는 것들과 보이지 않는… 것들—을 창조하셨다."[3] 삼위일체 하나님은 창조와 구속 이야기에서 작가, 제작자, 감독, 주연 배우이시다. 그리고 숙련된 이야기꾼으로서 자기 작품(시 19:1~2)과 말씀(딤후 3:16)으로 자기를

---

3 골로새서 1:15~16; 창세기 1:1~2, 26; 요한복음 1:1~3; 히브리서 1:2를 보라.

알리셨다. 그분은 자신 능력, 계획, 목적 등을 보이시는 동시에 말씀하신다. 간단하게 말해, 위대하고 강하신 하나님은 알 수 있으며 또한 자신을 알리셨다. 히브리서 1:1~2은 말한다.

> ¹하나님께서 옛날에는 예언자들을 통하여, 여러 번에 걸쳐 여러 가지 방법으로 우리 조상들에게 말씀하셨으나, ²이 마지막 날에는 아들을 통하여 우리에게 말씀하셨습니다. 하나님께서는 이 아들을 만물의 상속자로 세우셨습니다. 그를 통하여 온 세상을 지으신 것입니다.

하나님은 당신 창조의 최고 작품으로 인간을 남자와 여자로 만드셨고, "생육하고 번성하여 땅에 충만하라, 땅을 정복하라"라는 명령(창 1:28) 말씀과 함께 그분이 만드신 모든 것을 다스리는 협력적 대리통치자(co-regents)로 삼으셨다. 하나님은 자신의 제작 무대를 흙으로 빚으신 피조물과 공유하기를 원하셔서 먼지를 스타로 바꾸어 주신다(시 8:3~6). 그들은 하나님의 형상으로 창조되었다-그분의 영광과 성품을 반영하여 그분의 대표자로 창조 세계를 다스리도록 운명지어졌다(창 1:26~30). 인간은 하나님의 형상 보유자로서 에덴동산에서 일하기 시작했는데, 그것을 경작하고 궁극적으로 그 경계를 지구 전체의 경작되지 않은 곳까지 확장해야 했다(창 2:7~25).

2막. 타락

아쉽게도, 그 순수한 무죄 상태는 지속하지 못했다. 자유 의지를 받은 지성적 피조물로서 첫 사람은 유혹에 굴복해 자기 창조주께 등을 돌렸기에, 지구 통치자로서 자기 역할을 박탈당하고, 죄와 사망의 희생자로 전락했다(창 3장). 이 불순종의 맹렬한 파도가 모든 인간 역사를 관통하여 재생되며 그 파괴 여파가 창세기 4~11장에 살인, 무정부 상태, 파멸, 하나님께 반역 등으로 설명된다. 오늘날 모든 사람은 세상과 거기에 사는 인간이 뭔가 잘못됐다고 인정한다. 전도자가 말하듯이 "좋은 일만 하고 잘못을 전혀 저지르지 않는 의인은 이 세상에 하나도 없고"(7:20), 또한 "사람들은 마음에 사악과 광증을 품고 살다가 결국에는 죽고 만다"(9:3).

이렇게 해서 이야기 사이클의 절반—낙원과 생명에서, 비극적 타락을 통해, 저주받은 지상의 삶으로, 그리고는 보편적인 죽음—이 완성됐다.

3막. 구속

같은 작곡가에게 그 이야기의 구약성경 부분을 이어가는 신약성경의 곡을 써달라고 주문하면, 어떤 주제를 기대할까? 신약성경으로 이어지는 그분 이야기는 구약성경의 시작과 어떻게 연결될까?

후속곡은 아마도 도입부 주제들의 거울 이미지처럼 대칭으로 보일 것이다. 어둠에서 빛으로, 타락과 심판과 연기된 약속으로부터 성취된 약속으로, 긍휼과 은혜가 펼쳐지며, 구속이 실현된다. 불협화음을 이루던 곡조와 화음은 우리 왕 하나님을 찬양하는 목소리와 여러 악기의 교향악으로 대체할 것이다. 거의 잊힌 전반부 도입 장면이 회복되고 더 나아가 뛰어넘을 것이다.

그렇다면 무엇이 신약성경의 주제인가? **오랫동안 기다린, 타락한 창조 세계의 구속이 회복으로 이어지고 하나님의 모든 약속과 목적이 이뤄진다.**

하나님은 인류를 희망이 없게 버려두지 않으셨다. 창세기 3장에 따르면, 아담과 하와가 타락하자, 그분은 여자의 자손이 뱀 머리를 상하게 하며 죄와 악을 궁극적으로 멸하게 한다고 이미 공언하셨다(15절). 그리고는 하나님은 아브라함을 부르심으로(창 12장) 구속 계획을 이뤄가셨는데, 그에게 한 특정한 자손이 세상에 축복을 전달한다고 약속하셨다(창 13:15; 갈 3:15~16). 이 약속은 아브라함으로부터 이삭과 야곱을 지나 유다 지파로 이어지고, 그다음에는 다윗 왕가로 좁혀졌다. 이사야의 유명한 예언에서 구속자에 관한 같은 약속이 장차 임할 한 왕, 메시아에게로 좁혀진다.

> ²어둠 속에서 헤매던 백성이
> 큰 빛을 보았고,
> 죽음의 그림자가 드리운 땅에 사는 사람들에게
> 빛이 비쳤다…
> ⁶한 아기가 우리를 위해 태어났다. 우리가 한 아들을 모셨다.
> 그는 우리의 통치자가 될 것이다.
> 그의 이름은 '놀라우신 조언자', '전능하신 하나님',
> '영존하시는 아버지', '평화의 왕'이라고 불릴 것이다.
> ⁷그의 왕권은 점점 더 커지고 나라의 평화도 끝없이 이어질 것이다.
> 그가 다윗의 보좌와 왕국 위에 앉아서,
> 이제부터 영원히, 공평과 정의로 그 나라를 굳게 세울 것이다.
> 만군의 주님의 열심이 이것을 반드시 이루실 것이다. (사 9:2, 6~7)

구속 계획은 구약성경 전체를 통해 계시 됐다. 인간의 실패—심지어 그분 임재와 사랑에 관해 놀라운 보장을 해주신 사람들의 실패—에도, 하나님은 계속해서 자기 약속에 신실하셨고, 마침내 약속한 자손—자기 신성한 아들(요 3:16)—을 보내주셨다.

하나님의 아들이 구속 이야기에 들어오려고 했을 때, 하나님은 가브리엘 천사를 보내셔서 이름 없는 작은 마을의 가난한 가정에서 태어난 이 아기를 통해 옛 약속들이 이뤄진다고 확증하셨다.

> ³¹보아라, 그대가 잉태하여 아들을 낳을 터이니, 그의 이름을 예수라고 하여라. ³²그는 위대하게 되고, 더없이 높으신 분의 아들이라고 불릴 것이다. 주 하나님께서 그에게 그의 조상 다윗의 왕위를 주실 것이다. ³³그는 영원히 야곱의 집을 다스리고, 그의 나라는 무궁할 것이다. (눅 1:31~33)

하지만, 플롯이 전개할수록 하나님 이야기는 세상을 흔들어 놓을 반전을 맞는다. 사이클의 상승하는 길—영웅이 그분의 상을 향해 진격하는 동안 다양한 시련을 통과하고, 방해를 참아내며, 실패를 극복한다—을 따르는 대신 하나님께 택함을 받은 사람은 **하강의 길로 되돌아가서** 자기 목숨을 십자가형 집행자에게 내맡긴다. 인간 역사에서 유일하게 하나님과 함께 불멸의 삶을 살기에 합당한 분이 자발적으로 잔인한 죽음을 맞았다(빌 2:5~8).

> [4]이사야는 이 아이러니한 운명조차도 예언했다.
> 그는 실로 우리가 받아야 할 고통을 대신 받고,
> 우리가 겪어야 할 슬픔을 대신 겪었다.
> 그러나 우리는, 그가 징벌을 받아서 하나님에게 맞으며,
> 고난을 받는다고 생각하였다.
> [5]그러나 그가 찔린 것은 우리의 허물 때문이고,
> 그가 상처를 받은 것은 우리의 악함 때문이다.
> 그가 징계를 받음으로써 우리가 평화를 누리고,
> 그가 매를 맞음으로써 우리의 병이 나았다.
> [6]우리는 모두 양처럼 길을 잃고,
> 각기 제 갈 길로 흩어졌으나,
> 주님께서 우리 모두의 죄악을 그에게 지우셨다. (사 53:4~6)

그런데도 죽음은 하나님의 비할 데 없는 영웅에게 끝이 아니었다. 그분에게 절망한 추종자를 포함한 모든 기대와는 달리, 나사렛 예수는 무덤에서 다시 일어나서 단지 살아 있는 그 이상의 상태로 묘지 밖으로 걸어 나왔다—그분은 **영광스러워지셨다**. 그는 질병, 고통, 죽음을 겪는 몸으로 죽었지만, 질병에서 자유롭고, 상처를 입지 않으며, 영원한 생명이 넘치는, 물리적이지만 불멸의 몸으로 살아나셨다.

게다가, 하나님은 예수 그리스도를 통해 자기 이야기의 마지막 장을 쓰기 시작하셨다. 그리스도를 믿음으로 그와 연합한 사람은 이제

그분 영광에 참여하여 영웅의 보상을 공유하고 하나님이 오래전 에덴에서 세우신, 인류를 위한 본래 계획을 능가하는 그분 영광에 참여할 수 있다.

영웅이 하늘 궁전에 승리 입성할 때, 하나님의 드라마 전개에 새로운 장이 펼쳐졌다. 부활하신 구주의 승천 다음에 그리고 종말에 심판자와 왕으로 돌아오시기 전까지, 그분은 자기 영을 보내셔서 예전 원수들의 마음을 움직이시고 그분 목적을 위해 부르신다. 모든 나라, 족속, 민족, 방언으로부터 무수한 회심자가 그분 편으로 몰려들었고 여전히 모여들고 있다(계 7:9~10). 만들어지는 이 왕국 역시, 그들 왕과 영적 연합을 통해 교회에서 영적 교제를 경험한다. 예수 그리스도의 인격과 사역에 중심을 두며 또한 하나님 아버지의 영광에 초점을 두는, 생명을 주는 성령의 이 영적-물리적 공동체를 통해, 그리스도의 몸의 지체들은, 믿음, 소망, 사랑으로 자라간다. 성령께서 그들 안에 역사하셔서 여전히 타락한 이 세상에서 아버지의 구속 사명을 수행하실 때, 그들은 다 함께 점점 더 그들 왕 예수를 닮는다.[4]

4막. 회복

우리는 이렇게 최종 해결, 곧 처음 창조 세계의 미래 회복에 이른다. 태초에 인간은 에덴에서 쫓겨났기에, 고통, 좌절, 공포, 죽음이 없는 낙원에서 불멸을 경험할 수 없었다. 하나님은 현재 그리스도를 통해 성령을 매개로 자기 드라마의 마지막 장에 참가할 사람을 자기에게로 부르고 계신다. 예수께서 돌아오셔서 만물을 새롭게 하실 때, 창조물의 신음은 영광으로 바뀌고, 온 땅은 새로운, 훨씬 더 나은 에덴으로 변하며, 그리스도와 연합한 모든 사람은 그분과 같이 된다(요일 3:2).

---

[4] 예를 들면, 에베소서 2:10; 빌립보서 2:12~13; 마태복음 28:19~20을 보라.

계시록 21:3~4은 장래의 영광스러운 실재를 묘사한다.

³그때 나는 보좌에서 큰 음성이 울려 나오는 것을 들었습니다. "보아라, 하나님의 집이 사람들 가운데 있다. 하나님이 그들과 함께 계실 것이요, 그들은 하나님의 백성이 될 것이다. 하나님이 친히 그들과 함께 계시고, ⁴그들의 눈에서 모든 눈물을 닦아 주실 것이니, 다시는 죽음이 없고, 슬픔도 울부짖음도 고통도 없을 것이다. 이전 것들이 다 사라져 버렸기 때문이다."

이렇게, 창세기와 계시록 사이에, 곧 동산에서 영광까지, 하나님의 비교할 수 없는 이야기가 펼쳐진다. 모든 사람과 사건이 최종 목표-회복-을 **향하여** 역사와 인류를 움직인다. 하나님의 창조, 타락, 구속, 그리고 회복의 방대한 이야기는 진정으로 목적과 의미를 향한 우리의 쉼 없는 갈망을 만족시키며 또한 의미 있는 관계로 받아들여지고 싶은 우리 마음의 열망을 채워준다. 아우구스티누스는 언젠가 기도하기를, "당신 자신을 위해 우리를 만드셨기에, 우리의 마음은 당신 안에서 쉴 때까지 쉬지 못합니다."라고 했다.5

시간을 초월한 이야기 역시 인간의 불의와 불공평에 관한 궁극적 답을 제공한다. 그리스도의 왕국은 모든 사람을 위해 영원한 평화의 황금시대와 번영을 가져온다(사 11:1~9). 마찬가지로 이것은 상처받고, 외로우며, 잃어버린 자들에게 살아 있으며 요동하지 않는 소망을 가져다준다. 하나님께서 우리를 위해 성경 전반에 걸쳐 예비하신 구체적인 약속들과 세세한 비전은 염려, 공포, 절망, 우울로 씨름하는 사람에게 치유 소망을 제공한다. 우리 시야가 현재 잠깐 신음으로부터 부활과 회복을 통해 미래의 영원한 영광의 확실성으로 옮겨질 때, 사도 바울의 말씀은 진실하게 들린다.

---

5 Augustine, *Confessions* (1.1.1), Henry Chadwick, ed. and trans. (Oxford: Oxford University Press, 1998), 3.

[18]현재 우리가 겪는 고난은, 장차 우리에게 나타날 영광에 견주면, 아무것도 아니라고 나는 생각합니다. [19]피조물은 하나님의 자녀들이 나타나기를 간절히 기다리고 있습니다. [20]피조물이 허무에 굴복했지만, 그것은 자의로 그렇게 한 것이 아니라, 굴복하게 하신 그분이 그렇게 하신 것입니다. 그러나 소망은 남아있습니다. [21]그것은, 곧 피조물도 썩어짐의 종살이에서 해방되어서, 하나님의 자녀가 누릴 영광된 자유를 얻으리라는 것입니다. [22]모든 피조물이 이제까지 함께 신음하며, 함께 해산의 고통을 겪고 있다는 것을, 우리는 압니다. [23]그뿐만 아니라, 첫 열매로서 성령을 받은 우리도 자녀로 삼아 주실 것을, 곧 우리 몸을 속량하여 주실 것을 고대하면서, 속으로 신음하고 있습니다. [24]우리는 이 소망으로 구원을 얻었습니다. 눈에 보이는 소망은 소망이 아닙니다. 보이는 것을 누가 바랍니까? [25]그러나 우리가 보이지 않는 것을 바라면, 참으면서 기다려야 합니다. (롬 8:18~25)

누구나 하나님 이야기의 좋은 소식에 참여할 수 있다. 나사렛 예수는 참으로 육신을 입으신 하나님이다. 그는 진실로 죽었다가 살아나셨고, 구원을 위해 그분만을 신뢰하는 모든 사람에게 진실로 새로운 정체성과 새로운 미래를 주신다. 그리고 이 이야기의 영웅을 믿음으로 받아들이는 사람은 만물의 회복에 참여할 것이다.

[5]그때 보좌에 앉으신 분이 말씀하셨습니다. "보아라, 내가 모든 것을 새롭게 한다." 또 말씀하셨습니다. "기록하여라. 이 말은 신실하고 참되다." [6]또 나에게 말씀하셨습니다. "다 이루었다. 나는 알파며 오메가, 곧 처음이며 마지막이다. 목마른 사람에게는 내가 생명수 샘물을 거저 마시게 하겠다. [7]이기는 사람은 이것들을 상속받을 것이다. 나는 그의 하나님이 되고, 그는 내 자녀가 될 것이다." (계 21:5~7)

당신은 여기에 있다

 이 책의 두 부분은 위대한 드라마의 처음 세 막, 곧 창조, 타락, 구속을 제시한다. 플롯은, 하나님이 직접 만드신 주인공인 아담과 하와가 자신과 자기 모든 자손을 최악의 비극에 빠뜨리면서 깊어진다. 그러나 영광스러운 반전에서 창조주(Author) 자신이 그가 만드신 세상에 들어가 중심적 영웅이 된다. 그를 통해 잃어버려진 자들이 구원받고, 이야기 자체는 그분이 의도한 대로 회복한다.

 1부 '흙에서 흙으로: 창조, 인간, 타락'에서, 첫 인간을 포함해 본래의 완전한 창조가 유혹에 잠식되고 죄로 무너진다. 그러나 하나님은 그들을 무기력하고 소망 없는 상태에 나뒹굴도록 버려두지 않으시고 오히려 약속과 소망의 불빛을 먼 등대에서 비추셔서 잃어버린 사람이 돌아와 그분의 안전한 항구에서 피난처를 찾게 하신다.

 2부 '구원에 이르는 지혜: 복음, 속죄, 구원하는 은혜'에서, 영웅이신 예수 그리스도, 하나님 아들이 등장한다. 그는 죄인들을 죄에서 구하여 용서받고 열매 맺는 현재를 살게 하시며 그분 성령을 통해 그들에게 측량할 수 없이 놀라운 미래가 있음을 보증하신다.

 인간과 타락(인간론과 죄론)과 구원(구원론) 교리의 성경적, 신학적, 역사적 기초 탐험은 하나님 이야기 전개에서 우리 자신의 위치를 더 잘 이해하게 한다.

'흙에서 흙으로':
창조, 인류, 타락

J. 래니어 번즈 J. Lanier Burns
네이선 D. 홀스틴 Nathan D Holsteen
마이클 J. 스비겔 Michael J. Svigel

(참여 저자) 존 애대어 John Adair
글렌 R. 크라이더 Glenn R. Kreider

1부

1부 '흙에서 흙으로': 창조, 인류, 타락

조감도

주일학교에 다닌 아이는 모두 창세기 1장과 2장이 낮과 밤부터 새와 물고기… 해와 달에서부터 아담과 하와까지 모든 것을 창조하신 것을 묘사하고 있음을 안다. 아이들은 또 뱀의 유혹과 금단의 열매를 먹은 것, 그리고 에덴동산에서 어쩔 수 없이 쫓겨난 것도 배웠다(창 3장).

그러나 창조와 타락의 서사시는 창세기의 처음 몇 장에 국한되지 않는다. 이 중심주제들은 성경 전체를 관통해 계시록 21장의 새 하늘과 새 땅에서 완성할 때까지 계속된다. 하나님의 낙원이 회복되고, 죄와 사망의 저주가 축출되며, 구속된 인류는 마침내 처음에 의도한 모든 것이 될 수 있다.

누군가와 무언가를 위한, 무로부터 나온 모든 것

"왜 무언가 존재하는가?" 또는 "왜 아무것도 없는 게 아니라, 무언가 있는가?"라고 묻는다면, 우리는 성경이 시작하는 것처럼 시작해 대답할 수 있다. 곧, "태초에 하나님이 천지를 창조하셨다"(창 1:1). 창조는 예술가의 작업으로서 실재를 드러내도록 디자인되었다. 그리고 그 예술가는 궁극적 선이므로 그의 창조는 본래 "매우 좋았다"(1:31).

우리가 창조 이야기를 종합하면, 모든 것이 성부의 뜻에 따라, 성자의 중재하는 말씀을 통해, 성령의 대행으로 존재함을 볼 수 있다.[1] 우주는 무작위적 과정을 거쳐 갑자기 존재한 것이 아니며, 목적 없이 무를 향해 가고 있지도 않다. 그보다는 "만물이 그에게서 나고, 그로 말미암아 있고, 그를 위하여 있습니다"(롬 11:36).

---

[1] 창세기 1:1~2; 요한복음 1:1~3.

성경을 이렇게 이해한다면, 우리는 자기 작품 위에 좌정하신 창조주 한 분만을 예배한다. 그분은 자기 뜻이 성취되게 역사 과정을 지도하시는 주권자이시다. 창세기부터 계시록까지, 하나님의 창조는 그분 능력과 속성을 가리킨다(롬 1:20). 그것은 비교할 수 없는 위엄으로 우리를 놀라게 하고 두렵게 한다(시 8:1~9). 믿음의 자세를 갖게 한다(히 11:3). 하늘에 있는 그분 보좌를 둘러싼 가장 강한 피조물들조차 예배하게 한다(계 4:11).

따라서 성경은 창조에 관해 "이 모든 것이 어디에서 왔는가?"에 하는 대답 그 이상을 가르친다. 그것은 창조주를 가리키고, 그분의 탁월함과 성품을 드러내며,2 그분 섭리와 주권을 보여주고, 미세한 세포부터 행성 궤도까지 존재의 질서를 설명한다. 우리는 바로 그분의 **광대하심**으로 그분 앞에 할 말을 잃는다(욥 38:1~42:6).

요컨대, 하나님은 누군가와 무언가를 위해 모든 것을 무로부터 창조하셨다.

하나님의 창조에서 최고 걸작인 인간

고대 다신론자는 인간이 혼돈에 빠진 노예, 곧 시시콜콜 일로 다투는 신들의 뜻과 변덕에 종속 상태라고 믿었다. 하지만 현대 지성인은 종종 '인간 동물(the human animal)'을 본질로 행운에 따른 우연으로 간주한다. 우리가 아주 작든지 아니면 우주가 매우 크든지, 이 견해에 따르면 인간에게는 진정한 의미와 목적, 또는 중요성이 있을 수 없다.3

---

2 예를 들면, 시편 19:1; 8:1, 3~4; 사도행전 14:17을 보라.

3 다른 관점의 예는 Leslie Stevenson, *Seven Theories of Human Nature: Christianity, Freud, Lorenz, Marx, Sartre, Skinner, and Plato* (Oxford: Oxford University Press, 1988); Roger Trigg, *Ideas of Human Nature: An Historical Introduction* (Oxford: Basil Blackwell, 1999)을 보라.

인류에 관한 기독교 가르침은 그런 염세적 관점과는 거리가 먼 세계관이다. 성경에 따르면, 남자와 여자는 하나님의 형상과 모양에 따라 창조되었다(창 1:26~27). 바로 이 점이 천사로부터 지렁이에 이르기까지 하나님의 피조물 가운데 사람이 고유한 존재임을 확증한다. 하나님 형상에는 독특한 성격과 목적이 있다. 이 땅에서 하나님 형상 보유자로서 공동 섭정인 인간은 에덴을 경작해야 했고, 경작되지 않은 땅에까지 하나님 경배를 확장해야 했다(2:7~25).

하나님께서 자기 형상대로(*imago Dei*) 사람을 특별하게 창조하셨다는 고전적 기독교 교리에 반대하는 자연주의 진화 이론은, 인간의 기원을 하나님과 상관없이 이해하고 설명하려 한다.4 인간이 자연 선택, 비공식적으로 '적자생존'으로 더 알려진 과정에 따라 한 공통 조상에게서 진화했다고 가정한다.5 이 흔한 무신론적 이론, 곧 현재 대학교와 과학 연구기관을 지배하는 이론은,6 인간을 더 복잡한 동물의 상태로 강등해 단세포 동물인 아메바와 조금 차이가 있지 본성은 다르지 않다고 본다.

자연주의 진화에서 인류는 자연이라는 끝없는 이야기 가운데 하나의 쉼표에 불과하다. 반대로, 하나님 말씀에서 인류는 하나님의 목적에 따른, 질서 있는 창조 이야기의 정점에 찍힌 느낌표다. 하나님 그리고 다른 사람들과 사랑하는 관계를 위해 만들어진 인간에게는 고유한 존엄성이 있다. 인간은 단순한 물질 이상이다. 인간에게는 지구의 다른 생물들과 구별되는 비물질적인 면이 있다.

---

4 자연주의에 따르면, 자연 세계는 과학적 방법으로 설명해야 하는데, 그것은 잠정적이며 반론 가능한 결론을 제시한다.

5 오늘날 대부분 그리스도인은 자연주의적 진화와 '창조적 진화'를 구별하는데, 후자는 진화과정이 맹목적인 생물학적 과정이 아니라 인내하시는 창조주의 지혜롭고 섭리적 돌봄으로 미생물로부터 하나님 형상을 가진 피조물로까지 주의 깊은 발전 과정을 거친 결과라고 이해한다. 자연주의적 진화는 창조주의 필요성(그리고 때로는 가능성)을 제외하지만, 창조적 진화는 그것을 요구한다.

6 Michael Behe, "Scientific Orthodoxies" in *First Things* (Dec. 2005)을 보라.

인간의 기원에 관한 서로 경쟁하는 두 버전, 곧 자연적 그리고 초자연적 버전에서, 무엇을 선택하느냐가 낙태, 유전자 조작, 인공적 복제, 안락사와 같은 현대 도덕적 쟁점에 접근하는 방식에 아주 크게 영향을 준다. 간단히 말해, 인간이 단지 무작위적 과정에서 자연적으로 생산된 존재라면 혼돈의 왕국에 있는 피지배자 노동계급에 불과하다. 그러나 인간이 하나님께서 의도하신 창조의 최고 걸작품이라면 우주의 왕이신 분의 왕자와 공주이다.

우리는 넘어져, 일어설 수 없다!

1990년대 초반에 한 회사가 목에 두르는 장치, 곧 누군가 응급 상황에서 전화를 찾을 수 없을 때 서비스를 부르는 장치를 TV 광고에 냈다. 드라마로 구성한 광고에서 한 노파가 욕실에서 넘어지자 그 장치를 누르면서 "나, 넘어졌어요. 일어날 수가 없어요!"라고 외친다.

그때 연기가 너무 서툴러서 그 문장은 대중문화에서 우스갯소리가 되었다. 그렇지만, 쇠약해서 넘어지거나 넘어져 다친 사람을 도운 적이 있는 사람은 이 상황이 단지 웃을 일이 아님을 잘 안다. 노인이나 장애인이 넘어지면 위험하며 때로는 치명이다.

실제로 인류는 전체로서 넘어졌고, 하나님의 도움이 없이는 일어설 수 없는 지경이다. 나이든 여인이 넘어진 것을 놀린 사람들처럼 '계몽된' 현대인은 타락한 본성이 인간을 악하게 바꾸어 놓았다는 관념을 비웃는다. 그들은 자신이 기본적으로 선하고 몇 가지 나쁜 습관을 지녔거나 가끔 실수하는 정도라고 간주하기를 훨씬 바란다. 그들은 인간의 죄악 상태가 그들이 보기에 사소한 불완전함과 섬뜩한 범죄에까지 적용된다는 성경 가르침에 분개한다.

하나님이 인간을 '아주 좋은 상태'로 창조하셨다면(창 1:26~31), 분명히 이 땅에 편만한 사악함, 부패, 고통, 죽음의 결과가 있게 한 어떤 일이 일어났다. 이것이 인간 타락으로 일어난 사실이며, 그와 동시에 하나님의 형상 보유자인 공동 섭정으로 다스리게 한 모든 피조물에게도 발생한 일이다. 이 슬픈 진실은 창세기에서 계시록까지… 성경은 구원자 예수 그리스가 유일한 답이라는 것을 가르친다(딤전 2:5).

자, 하나님이 선하시고 하늘과 땅을 선하게 창조하셨으며 인간이 선하고 무죄했다면, 악은 어디에서 나온 것인가? 역사를 통해서 대다수 그리스도인은 사탄이 하늘과 땅에서 하나님의 세력과 전쟁을 벌이는 귀신 세력의 우두머리라고 생각해 왔다(엡 6:2). 아마 하나님께서 무에서 모든 것을 지으시고 인간이 타락하기 전에 언젠가(창 3장) 천사들이 본래의 선하고 거룩한 상태에서 떨어졌을 것이다. 고전적 해석에 따르면, 사탄과 천사 무리가 하늘에서 하나님을 대항하고 반역해 인류의 악한 대적이 되었다(겔 28:12~16). 사탄은 인류의 어머니와 아버지를 속였고 하나님의 창조세계에 악의 역사를 불러일으켰다(고전 15:21~22; 고후 11:3).

하나님의 창조세계를 지배하는 지위를 버리겠다는 아담과 하와의 단순한 결정에서 죄의 모든 측면, 곧 불신앙, 불순종, 궁극적인 교만이 드러났다. 브루스 윌키(Bruce Waltke)는 말한다.

> 자기 통치를 내세우려고 하나님의 통치에 엎드리기 거부는 죄악의 본질인 교만에 뿌리를 둔다. 인간의 자율 추구—하나님의 계시인 말씀에서 독립하려는 시도—는 주요 쟁점이 이었고, 이며, 일 것이다.[7]

인간 타락의 결과는 하나님의 금지 명령의 무게에 상응한다. 창조주는 사람을 땅의 흙으로 만드셨기에 사람은 거기로 돌아간다(창 3:19). 이것은 생명의 근원인 창조주의 숨결로부터 분리를 포함한다. 그 분리는 하나님 앞에서 아담과 하와의 죄책을 반영하며 서로 앞에서 느낀 수치심에서도 보인다(10절).

---

[7] Bruce K. Waltke with Charles Yu, *An Old Testament Theology* (Grand Rapids, MI: Zondervan, 2007), 275.

첫 부부의 죄는 대표적이었다. 그들은 온 인류, 그들의 본성을 이어받은 자손과 상속자를 반역과 죽음의 길에 예속하게 했다(롬 5:12). 우리의 자기 파괴죄는 가족, 친구, 동료, 사회의 삶에도 영향을 준다. 에덴에서 타락으로 그 동산은 가시와 엉겅퀴가 있는 황무지가 됐고, 그 결과 불안, 슬픔, 그리고 죽음이 존재했다. 한 가족의 갈등으로 여러 가족이 갈등했고, 전체 인류 가족의 전쟁과 압제로 발전했다.

인간 역사는 하나님과 적대관계란 낙인이 찍혔다. 이 사건에는 '타락'의 성격이 있는데, 그것은 하나님께서 의도하신 발전의 선에서 떨어진 것이며, 이어지는 이야기가 보여주듯 모든 인간의 영적 태도에 결정적인 영향을 끼쳤다.[8]

죄는 모든 인간을 부패하게 하여 하나님에게서 독립하려는 욕구로 스스로 만든 기준과 강박적 내적 충동을 형성했고, 그래서 우리는 더욱더 멀리 헤맸다.

어둠에 빛

9·11 테러리스트 공격은 맨하탄에서 펜타곤, 시골인 펜실바니아 쉥크빌까지 벌어졌는데, 거기에서 영웅적인 승객들은 93여객기가 그 공포를 워싱턴 DC에까지 가져가기 전에 떨어뜨렸다. 이것은 인류의 타락과 함께 존엄성도 설명해 주었다. 아마 그 사건은 다른 어떤 사건보다 현세대에게 사람이 빠질 수 있는 심연을 보여주었다.

'알라후 악바르(알라는 위대하다)'는 광신적 오류가 테러 시대의 중심에 있음을 분명하게 보여주었다. 악은 우리의 가장 발전된 여객기를 인간을 공격하는 미사일로 바꾸었다. 그것은 신학적 남용과 기술

---

[8] Walther Eichrodt, *Theology of the Old Testament*, J. A. Baker, trans. (Philadelphia: Westminster, 1961), 2.406.

적 위업의 결합이었다. 그 결과 사망자 2,996명의 어두운 장례식이 이어졌고, 뉴욕에만 1억 6천 2백만 톤의 파편이 남았다. 세계 각지에서 많은 사람이 살해되었다.

모든 절망에서, 국가 안전 보좌관 콘돌리자 라이스(Condoleezza Rice)는 아주 적절하게 기도했다. "하나님, 저 자신의 길이 아니라 당신의 길로 걷게 해주세요."9

하나님의 길에 관한 선언이 요한복음 16:33에 있다. "내가 이것을 너희에게 말한 것은, 너희가 내 안에서 평화를 얻게 하려는 것이다. 너희는 세상에서 환난을 당할 것이다. 그러나 용기를 내어라. 내가 세상을 이겼다."

우리가 창조, 인간, 타락을 탐구하려고 성경을 보면, 누구도 타락, 부패, 죄를 어떤 의미에서도 '그들'의 문제로 간주하지 않게 기도한다. 성경 이야기는 선하게 창조된 인류 전체가 하나님을 대적하는 죄악 상태로 떨어졌다는 것이다. 따라서 이것은 **내** 문제다. **당신** 문제며 **우리** 문제다.

이야기는 진지하다. 심지어 침울하다. 그러나 그 어두운 배경은 그리스도 안에서만 발견할 수 있는 영광스러운 소망의 배경이다. 하나님께만 영광이 있으라!

---

9 Round Table of Historians, "A Date with History" in *Newsweek* (Sept. 11, 2002), 42.

반드시 알아야 할 성경 본문

철학 대 신학… 경험 대 교리… 과학 대 믿음… 길거리의 의미 대 성경의 의미. 기독교 신학 탐험에서 이 오래된 긴장들은 창조, 인간, 타락의 교리에서 더 팽팽하다. 보편적 과학 이론은 성경의 창조 이야기와 전혀 맞지 않아 보인다. 인간 본성에 관한 철학자, 생물학자, 심리학자, 사회학자의 많은 경쟁적 견해는 하나님 형상으로 창조된 인간이라는 기독교적 사고에 도전한다. 선과 악, 옳고 그름, 지혜와 어리석음에 관한 개인적 감정은 인간의 타락, 죄성, 죽음에 관한 성경의 가르침과 충돌한다.

창조, 인간, 죄를 탐험하기 시작할 때, 확고한 성경적 기초를 세워서 그 교리에 관한 성경적 경계선을 이해해야 한다. 그러면 우리가 명백히 경쟁적인 철학, 이론, 또는 경험을 마주할 때 책잡히지 않는 진리의 기반을 가질 수 있다. 그리스도인이 언제나 이런 것들에 관련하여 성경이 말하는 모든 상세한 사항에 동의하는 것은 아니다. 그러나 복음주의자는 큰 그림에 동의한다. 곧, 하나님은 만물을 무로부터 창조하셨고, 인간은 하나님 형상으로 지어졌으며, 인간은 불순종으로 타락했고, 모든 사람은 하나님 앞에 정죄 받는 위치에서 시작한다.

다음 본문을 숙지함으로써 창조, 인간, 죄에 관한 역사적, 신학적, 실천적 의미들을 더 깊이 파고 들어갈 준비를 한다.

본문 1. 기독교 사상의 기반인 창조 교리(창세기 1~2장)

오늘날 문화는 우주와 인류의 기원에 관한 여러 이론으로 무장하고 있으며, 지적 창조자의 존재를 배격한다. 그리고 그런 세상에서 사람들은 단순히 그들 자신의 기준들을 세우고 (또는 모든 기준을 거절하고) 그들 자신의 실재를 형성한다—그들이 대다수 다른 사람의 견해를 관용하는 한—. 이런 사고방식은 개인주의 권리와 '근본주의'를 제거하려는 시급한 의제에 열중한다. 전능하신 하나님에 함축된 의미들보다 자신의 창조적 독립성이라는 관념에 더 사로잡혀 있다.

창세기는 오늘날 커지는 자아와 연애와는 사뭇 다른 것을 가르친다. 성경을 여는 장들은 하나님의 창조가 질서 있으며 생명을 위해 디자인되었음을 보여주는 세계관의 기초를 제시한다. 하나님은 그것이 "매우 좋았더라"라고 선언하시며, 안식의 원리를 포함하여 우리가 인생을 그분 말씀과 다양한 작품의 관점에서 이해하도록 초청하신다. 창조 기사는 인류를 위한 하나님의 뜻을 통치와 번성의 용어로 선언하고, 나아가 우리가 남자와 여자로서 '한 몸'을 이루어 함께 살도록 의도되었음을 가르친다(창 2:24; 막 10:8).

그다음, 성경은 어디서나 창조 기사의 신빙성을 전제한다. 그것은, 예를 들면, 출애굽기 20:11에 나타난다. "내가 엿새 동안 하늘과 땅과 바다와 그 안에 있는 모든 것을 만들고 이렛날에는 쉬었기 때문이다. 그러므로 나 주가 안식일을 복 주고, 그날을 거룩하게 하였다." 시편 139:13~14에서 이것은 개인의 가치와 연결되어 있다.

> [13]주님께서 내 장기를 창조하시고,
> 내 모태에서 나를 짜 맞추셨습니다.
> [14]내가 이렇게 빚어진 것이 오묘하고 주님께서 하신 일이 놀라워,
> 이 모든 일로 내가 주님께 감사를 드립니다.
> 내 영혼은 이 사실을 너무도 잘 압니다.

하나님은 모든 존재를 창조하셨으며, 우리를 개인마다 독특한 인격체로 지으셨다.

또한, 창조는 하나님의 능력과 영광이 모든 사람에게 드러나는 수단이다. "하늘은 하나님의 영광을 드러내고, 창공은 그의 솜씨를 알려 준다. 낮은 낮에게 말씀을 전해 주고, 밤은 밤에게 지식을 알려 준다"(시 19:1~2). 창조는 그 기원이 하나님께 있음을 '말한다.' 부인하는 사람은 지식이 단지 자연적이며(곧, 신적 계시는 없다) 경험을 통해서만 끌어낼 수 있다고 가정한다. 그러나 창조는 너무도 미묘하여 우리 제한된 경험으로는 올바른 질문조차 할 수 없으며 충분한 답은 더더욱 줄 수 없다. 과학이 더 많은 답을 할수록 질문 목록은 더 길어진다.

신약성서도 창조를 분명히 지지한다. 예수님은 어떤 바리새인에게 대답하시면서 "사람을 창조하신 분이 처음부터 그들을 남자와 여자로 지으셨다는 것, 그리고 그가 말씀하시기를, '그러므로 남자는 아버지와 어머니를 떠나서, 자기 아내와 합하여서 둘이 한 몸이 될 것이다'라고 하신 것을, 너희는 아직 읽어보지 못하였느냐?"라고 말씀하셨다(마 19:4~5). 요한은 창조를 자신이 쓴 복음서의 강조점으로 놀랍게도 다시 진술하는데, 창조의 신적 대리자는 참으로 하나님의 영원한 아들, 성육신 이전의 하나님 말씀임을 분명히 한다(요 1:1~3). 그리고 처음에 선하게 지어진 모든 것은, 그것이 타락하고 부패한 이후이기는 하지만, 모든 창조 세계가 본래 의도된 영광으로 회복되리라는, 하나님 구속 계획의 일부다(롬 8:19~23; 계 21:1~5).

창조에는 질서가 있고, 목적이 있고, 의미가 있다. 하나님이 창조자시고 유지하시는 분이라고 인정할 때만 이것을 이해할 수 있다.

성경 암송 1
창세기 1:31
하나님이 지으신 그 모든 것을 보시니 보시기에 심히 좋았더라

본문 2. 하나님 형상으로 창조된 인간(창세기 1:26~28)

성경의 처음 여러 구절이 모든 지상 창조를 위한 신학적 틀을 세운다면, 여섯째 날에 정점인 남자와 여자의 창조에 도달한다. 우주는 하나님의 영광을 반영하려고 존재하고, 땅은 특정한 방식으로 그분의 특별한 창조를 위한 원산지로 존재한다. "우리의 형상대로 사람을 만들자"라는 하나님의 선언에는 우리가 인간이라는 것이 의미하는 바에 시사점이 있다.

하나님이 남자와 여자를 창조하셨다는 성경 기사는 인간의 기원을 말하는 다른 종교와 세속적 설명들과는 아주 다르다. 아마도 역사에 없는 일이지만, 우리는 자신이 누구이며 왜 존재하는가를 이해하려고 분투한다. 일반대학에서 '영혼'은 '기계에 깃든 유령'처럼 점차 환영으로 여긴다. 인간은 DNA, 행동 훈련으로 축소되었고 그 이상 어떤 존재―물리적 세계를 초월하는 어떤 것―도 아니다. 자유와 의미는 실재가 아니다. 우리는 행렬 가운데 한 무리에 불과하다. 우리는 핑크 플로이드(Pink Floyd)가 '벽(The Wall)'이라고 부른 것을 피할 수 없다.

이것이 사실이 아니기에 하나님께 감사한다. 그렇다, 우리는 유한한 피조물이고, 이 의미에서는 동물, 또한 모든 피조물과 유사하다. 우리 모든 호흡은 무한하시고 자비로우신 창조주께 의존한다. 우리 육체와 영혼은 통합된 전체―우리가 인간의 본성이라고 부르는 실재―로 함께 형성되었다.

이 이유로, 우리 육체를 하나님께서 주신 선물로 잘 돌봐야 한다. 우리는 육체 이상의 존재이지만, 어쨌든 우리는 육체다. 우리 물질적 실재는 우리 비물질적 실재에 영향을 미친다. 마치 자연 자체가 통합적으로 상호연결되어 있듯이, 종족으로서 우리는 우리 생존과 복지를 위해 자연에 의존한다.

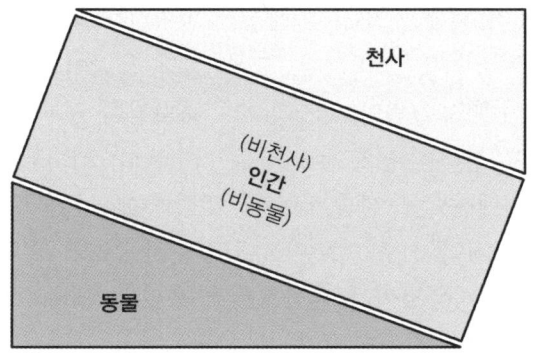

하나님의 원래 창조에서 인간의 고유한 위치

그렇지만 성경은 인류를 피조물의 나머지 것과는 구분하고, 그런 차원에서 침팬지와 인간 사이에 혼동은 없다. 창세기 1:26에서 히브리 단어는 하나님 형상 보유자로서 인간과 창조주를 강하게 병행한다. '형상(צֶלֶם, 첼렘)'은 보통 물리적 형상—구체적 형태, 상, 그림, 우상, 또는 유사물—을 가리킨다. 아주 비슷한 단어이지만, 병행어 '모양(דְּמוּת, 데뭍)'은 물리적 개념이 더 적다.

그러면 어떻게 인간이 하나님의 '그림자가 되거나' 하나님을 '닮았는가'? 유대-기독교 역사는 하나님 형상(*imago Dei*)을 다른 렌즈를 끼고 해석했다.[1]

한 렌즈는 **구조적** 견해(structural view)라고 종종 불린다. 우리 개인적 인격성은 어떤 의미에서 인격체이신 하나님에게서 나온다. 여기에서 인간은 하나님의 인격성을 반영한다고 말하는데, 우리가 누구인가는 하나님이 누구신가에서 나온다는 의미다. '스스로 있는 자('I

---

[1] 하나님 형상 이론에 대한 유용한 개관과 비평은 Marc Cortez, *Theological Anthropology: A Guide for the Perplexed* (London: T & T Clark, 2010), 14~40을 보라.

AM,' 출 3:14)'께서 자의식을 가지셨듯이 우리도 가졌다. 인격체는 구별되는 정신적 특징과 내적 관계성을 반영한다. 하나님께서 생각하고 소통하시듯 우리도 그러하다. 그분 길과 생각이 형용할 수 없이 우리 것을 능가해도 그렇다(사 55:8~9). 하나님이 선택하시듯, 우리도 선택하며, 어떤 선택은 엄청난 결과를 가져온다. 하나님이 감정을 가지셨듯이, 우리에게도 느낌과 정서가 있다. 하나님이 도덕적으로 정결하듯, 우리 양심이 죄로 어두워졌대도 우리에게도 도덕적으로 결정할 능력이 있다. 하나님이 영원하시기에 우리도 영원히 살게 하셨다. 가장 이른 고고학적 증거부터 현대 문화에까지 세상의 인류는 죽음 이후의 삶을 전제했다.

또 다른 렌즈는 **관계적** 견해(relational view)다. 창세기 1:27은 하나님께서 인간을 자기 형상대로 지으시되 '남자와 여자'로 지으셨다고 말한다. 곧, 그들은 서로를 위해, 서로를 채워주도록 지어졌다. 처음 지어진 아담에게 사람인 짝이 없었을 때, 주 하나님께서 친히 "남자가 혼자 있는 것이 좋지 않으니, 그를 돕는 사람, 곧 그에게 알맞은 짝을 만들어 주겠다"(2:18)라고 선언하신다.

하나님께서 아담에게 짝을 데려다주시자 아담은 기뻐한다. 창세기 3:8은 하나님께서 동산에서 날이 서늘할 때 "거니셨다"라고 설명한다. 이것이 암시하는 것은 창조주와 그분의 유한한 인간 피조물 간의 교제다. 그때는, 프레데릭 뷰크너(Frederick Buechner)가 말했듯이, "모든 것이 특별히 중요했을 때, 곧 사실이라고 하기에 너무 좋던 때에서 너무 좋아서 사실일 수 없다고 하는 때로 아직 바뀌기 전"인 시절이었다.[2] 하나님 형상에 관한 관계적 견해에 따르면, 성부, 성자, 성령께서 서로에게 관계하는 것과 유사하게 인간을 다른 인간과 교제하도록 지으셨다. 우리 각자는 다른 인격체와 관계하도록 지어진 하나의 인격체다. 우리는 다른 사람들이 필요하다. 우리는 사랑하고

---

[2] Frederick Buechner, "Eve" in *Peculiar Treasures: A Biblical Who's Who* (San Francisco: Harper & Row, 1979), 35.

사랑받기를 열망하는데, 그것은 우리가 성삼위 하나님 안에서 보는 것을 반영한다.

하나님 형상을 이해하는 세 번째 렌즈는 **기능적** 견해(functional view)다. 창세기 앞부분에서 하나님 형상과 모양을 실질적으로 정의하지 않기 때문에 많은 현대 학자는 첫 부부에게 부여한 활동에서 적절한 정의를 끌어낼 수 있다고 주장한다. "그들로… 온 땅과… 다스리게 하자"(1:26). "생육하고 번성하여 땅에 충만하여라. 땅을 정복하여라… 땅 위에서 살아 움직이는 모든 생물을 다스려라"(28절; 참조. 시 8:6). 고대 근동에서 우상 (또는 형상)은 신의 특징을 재현하도록 만들어졌다. 창조자의 형상과 모양으로 창조된 우리는 그분을 재현하고 반영하려고 존재한다. 그분은 인간을 그분의 섭정(vice-regent)으로서 그분이 창조하신 것을 다스리고 건설적으로 양육하도록 위임하셨다.

각 견해―구조적, 관계적, 기능적―는 하나님 형상의 신비를 이해하는 데 이바지하며, 하나님 자신이 그렇듯 우리가 표현할 수 있는 것보다 훨씬 더 많은 의미가 있다. 그중에 확실한 것은 우리가 창조주를 반영하고 그분과 관계를 누리도록 지어졌음이다.

성경 암송 2

창세기 1:27~28

27하나님이 자기 형상, 곧 하나님의 형상대로 사람을 창조하시되 남자와 여자를 창조하시고, 28하나님이 그들에게 복을 주시며 하나님이 그들에게 이르시되, "생육하고 번성하여 땅에 충만하라, 땅을 정복하라, 바다의 물고기와 하늘의 새와 땅에 움직이는 모든 생물을 다스리라." 하시니라.

이런 특징은 성경적 신앙을 다른 모든 종교와 철학과 구별한다. 다른 어떤 신앙 체계에도 남자와 여자에 관해 이토록 놀라울 만치 높은

관점이 없다. 결국, (더 정확히 말해서 시초에) 창세기 1:26~27은 인간에 대한 진정한 기독교적 관점의 기초를 하나님과 관계에 둔다. 이것은 유한한 피조물로서 우리가 **무엇**이고, 하나님 형상으로서 우리가 **누구**며, 우리가 **왜** 존재하는가를 말해준다. 곧, 우리는 그분 대표자, 반영, 심지어 친구다.

하나님은 우리가 그분과 동행—그분을 알고 그분처럼 되는 것—하도록 초대하신다.

본문 3. 몸과 영혼: 인간의 물질적, 비물질적 측면(창세기 2:7)

창조 때부터 인간은 '생기가 깃든 흙'이라, 생명을 위해 하나님께 철저히 의존한다. "주 하나님이 땅의 흙으로 사람을 지으시고, 그의 코에 생명의 기운을 불어넣으시니, 사람이 생명체가 되었다." 나중에 시편 기자도 인정했다. "주님께서 호흡을 거두어들이시면 그들은 죽어서 본래의 흙으로 돌아갑니다. 주님께서 주님의 영을 불어넣으시면, 그들이 다시 창조됩니다. 주님께서는 땅의 모습을 다시 새롭게 하십니다"(시 104:29~30).

그리스도인들은 항상 인간을 묘사하면서 우리 독특한 물질적, 비물질적 측면을 설명할 방법을 찾아왔다. 아마 가장 널리 퍼진 방법은 **이원론**(dualism)[3]으로, 몸과 영혼은 구별되는 요소 (때로 '본질' 또는 '본성'이라고 불림)라고 주장한다. 플라톤주의자와 신플라톤주의자에 따르면, 죽을 몸은 감각적이고 비이성적이며, 불멸의 영혼(불멸의 존재)보다 열등한데, 후자는 죽을 때 그 매임에서 벗어난다. 그리스도인 대다수는 이 견해가 인간의 통일성을 잃어버리고 성경적 복잡성을 설명하지 못하며 몸을 본유적으로 악한 역할로 규정한다고 믿었고 지금도 그렇게 믿는다.

---

[3] 구체적으로 인간론적 이원론은 모든 다른 형태와 이름을 가진, 예를 들어 형이상학적, 우주론적, 인식론적, 또는 도덕적 이원론과 구별돼야 한다.

또 다른 유력한 입장은 **삼분설**(trichotomy)로, 인간을 데살로니가전서 5:23 같은 구절에 근거하여 세 요소로 본다. "평화의 하나님께서 친히, 여러분을 완전히 거룩하게 하시고, 우리 주 예수 그리스도께서 오실 때에 여러분의 영과 혼과 몸을 흠이 없이 완전하게 지켜 주시기를 빕니다." 이 모델에서 몸은 물질적 부분이고 영혼은 '살아 있는'(땅에 속한) 부분이고, 영은 이성적인 부분이다. 죽을 때 몸은 땅으로 돌아가고 영혼은 존재하기를 멈추지만, 영은 유일하게 부활 때 몸과 연합하기를 기다린다. 많은 사람이 이것도 인간의 통일성을 타협하고('부분'과 '요소'를 받아들임으로) 마음과 양심 같은 결정적 측면을 적절하게 설명하지 못하며 몸에 열등한 역할을 부여한다고 반대한다. 삼분설은 대중 차원에서는 종종 널리 받아들여지지만, 교회에서 사상가 대다수와 오늘날 신학자들은 이것을 좋은 설명으로 받아들이지 않는다.

역사적으로 가장 일반적인 견해였고 오늘날 신학자들 사이에서도 우세한 **복잡한(또는 통합된) 이분법**에 따르면, 인간은 물질적이면서도 비물질적 측면들로 구성되어 있다. 하나님이 흙으로 아담을 만드셨을 때, 그는 하나님이 생기를 그에게 불어넣으실 때까지 살아 있지 않았다. 그렇다면, 성경적 관점에서 볼 때 몸은 전인에게 필수적이며, 인간은 심신적(영혼/몸) 피조물이다. 의학연구에서도 인간은 다변적이고, 복잡하며, 통합되어 있음을 확증하는 추세다. 균형 잡힌 기독교 가르침은 인간을 단일한 본질로 축소(영혼과 몸은 하나다)하거나 두 본질로 나누지(영혼과 몸은 분리된다) 않는다.[4]

재미있게도, 아담의 물질적 측면은 땅에 있는 요소로 이루고, 비물질적 측면은 하나님의 특별한 행동으로 생기가 들어갔지만, 인간 피조물—물질적, 비물질적—은 합쳐서 '살아 있는 영혼'이다(창 2:7). 영혼(soul)이라는 용어는 히브리어 네페쉬(נֶפֶשׁ)인데, 어림잡아 헬라어 '프시케'(ψυχή) 그리고 라틴어 '아니마'(anima)에 상응한다. 콜린 브라운

---

[4] 각각은 인간론적 일원론과 이원론이다.

(Colin Brown)의 말로는, "'프시케'는 사람이 자신과 관련되고 계속해서 관심을 두는 전체 본성과 인간 생명을 아우른다."[5] 또 홀스트 세바스(Horst Seebass)에 따르면 "수많은 본문의 증거는 '네페쉬'(נֶפֶשׁ)의 의미가 생명에 대담한 긍정을 시사한다는 것을 보여준다."[6]

간단히 말해, 인간은 물질적, 비물질적 측면을 가지되, 우리는 인간을 '육체에 갇힌 영' 또는 '영을 가진 육체'로 간주하기보다, 지상에서 생명으로 살고 하늘에 계신 하나님과 교통하도록 특별하게 설계된 복잡한 하나의 피조물이라고 보아야 한다.

대다수는 인간의 출생에 관해 아기집에서 몸이 형성한다고 이해하지만, 인간의 비물질적 측면은 어떠한가? '영혼'은 어디에서 오는가?

알렉산드리아의 오리게네스를 비롯해 몇몇 초기 그리스도인은 **영혼의 선재**(preexistence of the soul)로 알려진 헬라 철학 개념을 받아들였다. 이 견해에 따르면 인간의 비물질적 측면은 몸과 연합되기 전에 존재했다. 따라서 창세기 2:7은 모든 인간 기원의 패턴이다. 하나님의 '생기'가 각 사람의 몸에 들어갈 때 인간 영혼은 하늘 처소에서부터 지상 장막으로 옮겨간다.

플라톤은 영혼이 본래 순수한 정신으로 존재했고, 물질 세상을 '집으로' 삼지 않는다고 주장했다.[7] 초대교회에는 이 견해를 지지하는 두어 명이 있었지만, 교회사에서 인기를 얻지 못했다. 고대 영지주의와 현대 모르몬교, 그리고 뉴에이지를 비롯한 몇몇 비기독교 종교들이 이 견해를 받아들였다.[8]

---

[5] *The New International Dictionary of New Testament Theology*, Colin Brown, ed., s.v. "Soul" (Grand Rapids, MI: Zondervan, 1986), 3:683.

[6] *Theological Dictionary of the Old Testament*, s.v. "נֶפֶשׁ nepeš," by Horst Seebass, G. Johannes Botterweck, Helmer Ringgren, and Heinz-Josef Fabry, eds. (Grand Rapids, MI: Eerdmans, 1998), IX:509.

[7] Diogenes Allen, *Philosophy for Understanding Theology* (Atlanta, GA: John Knox, 1985), 19.

반드시 알아야 할 성경 본문 53

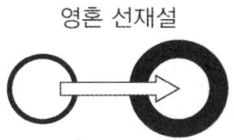

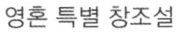

영혼 기원에 관한 세 가지 견해
(검은색 = 몸, 흰색 = 영혼)

많은 로마 가톨릭교회와 오늘날 일부 개신교 신학자를 포함하여 오랫동안 정통 신앙인 사이에서 인기를 끈 견해는 **영혼의 특별 창조 이론**이다.9 이것은 하나님께서 직접 각 사람의 영혼을 창조하셔서 자궁에 있는 몸에 결합하신다는 개념이다. 이 관점도 마찬가지로 창세기 2:7을 아담뿐 아니라 모든 사람의 창조 패턴으로 본다. 우리 몸이

---

8 Walter Martin, *The Kingdom of the Cults* (Minneapolis, MN: Bethany House, 1977), 191; Norman L. Geisler and J. Yutaka Amano, *The Reincarnation Sensation* (Wheaton, IL: Tyndale, 1987), 9.

9 이 견해는 종종 신학적 글에서 간단하게 창조설이라고 불리지만, 이 용어는 오늘날 쉽게 인간의 기원 교리에 관한 창조론이나 하나님을 만물의 창조자로 변호하는 것과 혼동된다.

아기집에서 형성된 후(아담의 몸이 창조된 물질로부터 형성되었듯) 하나님은 고유하게 새로 창조하신 영혼을 적절한 순간에 각 개인에게 불어넣으신다. 이 관점에서 하나님은 영혼을 **직접**(이차적인 수단 없이) 창조하시고 몸은 **간접**(인간의 재출생이라는 수단을 통해) 창조하신다.

> 성경 암송 3
>
> ### 창세기 2:7
>
> 주 하나님이 땅의 흙으로 사람을 지으시고, 그의 코에 생기의 기운을 불어넣으시니, 사람이 생명체가 되었다.

마지막으로, **전이설**(traducianism),10 (또는 출생설[generationism], 또는 출산설[procreationism])로 알려진 견해에서는 **인종**(human species)은 아담에게서 직접 그리고 즉각 창조되었고, 그 이후 물질적, 비물질적 측면은 인간 부모를 매개로 출생한다고 주장한다. 이 견해는 초대교회에서 강력한 지지자들(예를 들면, 테르툴리아누스)11을 얻었고 종교개혁 이후 많은 지지자를 얻었다. 유전설 지지자들은 창세기 2:7을 아담의 특별한 역사적 창조를 묘사한 것으로 본다. 따라서 그 시점부터 인간은 그 자신의 형상을 따라 산출된다(예를 들면, 창 5:3). 즉, 아담과 하와와 같이 그들의 자손도 심신통일체였다.

본문 4. 인간 존엄성의 기반(야고보서 3:9)

야고보서 3장은 사람에게 있는 **하나님 형상**에 초점을 두지 않지만, 성경의 가르침을 명확하게 한다. 하나님이 각 사람을 자기 형상에 따라 창조하셨기에, 모든 사람에게는 하나님의 영광에 수반하는

---

10 라틴어 *trādūcere*는 "옮기다, 가져가다"를 의미한다.

11 아우구스티누스와 마틴 루터도 유전(전이)설을 택한 것으로 보통 여긴다.

존엄성이 있다. 다윗이 하나님께서 기름 부으신 자(사울)에게 손대려 하지 않았듯이, 우리도 하나님께서 설계하신 어느 사람도 죽이거나 심지어 저주해서는 안 된다(창 9:6; 약 3:8~9).

하나님 형상으로 창조된 인간의 총체적 성격을 인식하는 것이 가장 중요한데, 그것은 형태와 기능 모두를 명백히 포함한다. 지배의 기능을 행사할 수 없어 보이는 사람조차도 이 세상에서나 다음 세상에서 하나님의 섭정으로 행동하고 그리스도 닮음을 증명할 수 있는 잠재력을 보유하고 있다. 또 누군가 하나님 형상의 특정한 측면(예. 창조성이나 합리성)을 드러내는 능력이 없어도 그 사람이 다른 측면들(예. 관계성이나 개인적 거룩함)을 드러낼 수 없다고 볼 수 없다. 더욱이 어떤 의미에서 우리의 몸도 신적 형상을 반영하도록 창조되었다는 관념은 모든 인간이, 삶의 질을 결정하는 어떤 임의의 기준을 충족시키는 것으로 보이든 안 보이든, 신성하다는 뜻이다.

이 쟁점은 오늘날 낙태, 유아살해, 안락사를 논의하는 데 결정적으로 중요하다. 마이클 비츠(Michael Beates)는 **하나님 형상**에 관한 많은 정의가 필연적으로 "어떤 인간은 하나님 형상을 소유하지 않았다"라는 결론에 이르게 한다는 사실을 올바르게 관찰한다.12 예를 들어, 칼 헨리(Carl Henry)는 분명히 두뇌 결여(anencephaly)의 경우를 언급하면서 어떤 심각한 장애가 있는 사람은 '인간 이하'이며 하나님 형상을 갖지 못했다고 말했다.13 이 형상을 개인적 능력의 관점에서만 정의하면 그런 능력의 결여나 부족은 인간성의 결여나 부족을 의미

---

12 Michael S. Beates, "The *Imago Dei*, Personhood, and Medical Technological Advances," paper presented to the Evangelical Theological Society (Nov. 15~17, 1990), 5.

13 비츠는 Carl F. H. Henry의 작품에서 여러 본문을 언급한다. 아마도 가장 혼란스러운 부분은 *Christian Mindset in a Secular Society* (Portland, OR: Multnomah, 1984), 102~03이다. "태아는 인간이 덜된 것으로 보이며, 더구나 하나님 형상에 부합하는 이성적 도덕적 역량이 분명히 부족한 극단적인 기형일 경우는 더욱 그렇다." 위의 책 25쪽을 보라.

하여 '자비로운 살인(mercy killing)', 실험법, 또는 남용을 합리화한다.

DNA 이중나선구조를 발견한 노벨상 수상자인 제임스 왓슨(James Watson)과 프랜시스 크릭(Francis Crick) 박사는 신생아의 부모에게 아이를 죽게 하는 결정을 허락하거나, 아기가 유전적 특질에 관한 테스트를 통과할 때까지 아기가 인간임(인격체임은 고사하고 인간으로라도)을 선언하는 것을 유보할 수 있도록 기다리는 일정 기간을 주도록 요청한 것으로 알려져 있다. 아기가 테스트를 통과하지 못하면 살 수 있는 권리를 빼앗긴다.[14]

요점은, 모든 인간이 하나님 형상을 가졌기에 존엄성과 책임을 보유한다는 것이다. 모든 사람은 가치 있고 존귀하게 창조되었고, 하나님께서 그분의 권위 아래 다스리도록 주신 예외적인 능력을 나타낸다. **하나님 형상은 기능으로 결정되지 않고, 본질로 가려진다.** 태아 그리고 아주 연로한 노인을 포함한 각 사람은 모두 인간이다. 그의 상태나 지위와 관계없이 그는 인간이며, 따라서 존엄하다.

성경 암송 4

야고보서 3:8~9

[8]그러나 사람의 혀를 길들일 수 있는 사람은 아무도 없습니다⋯ [9]우리는 이 혀로 주님이신 아버지를 찬양하기도 하고, 또 이 혀로 하나님의 형상대로 지음을 받은 사람들을 저주하기도 합니다.

---

14 Henry, *Christian Mindset in a Secular Society*, 36.

본문 5. 보이지 않는 것들 창조(골로새서 1:6)

천사와 귀신들, 그리고 사탄조차도 성부께서 성자를 통해 창조하신 유한한 존재라는 것에는 의심의 여지가 없다.

> 만물이 그분 안에서 창조되었습니다. 하늘에 있는 것들과 땅에 있는 것들, 보이는 것들과 보이지 않는 것들, 왕권이나 주권이나 권력이나 권세나 할 것 없이, 모든 것이 그분으로 말미암아 창조되었고, 그분을 위하여 창조되었습니다. (골 1:16)

'하늘에 있는 것', '보이지 않는 것', 그리고 '왕권이나 주권이나 권력이나 권세' 등에는 명백히 천사들, 곧 하나님의 선한 천사들은 물론이고 악한 귀신들도 포함한다. 에베소서 6:12에서 분명히 말씀하듯, "통치자들과 권세자들과… 지배자들"-'하늘에 있는 악한 영들'-은 '이 어둠의 세상'을 지배하고 있다.

그렇지만 천사들은 창세기 1~2장의 창조 기사에 구체적으로 언급되어 있기에, 하나님께서 언제 그들을 만드셨는가에 관한 질문을 자연스럽게 일으킨다. 그것은 분명히 욥기 38:7 이전의 어느 시점에 일어났다. 거기에서 '하나님의 아들들'-천사들로 여겨짐-은 세상이 창조될 때 "기쁨으로 외쳤다"라고 한다. 그렇다면 천사들은 물리적 세계 이전에 창조되었어야만 한다. 어떤 사람들은 천사들이 창조의 첫날에 만들어졌다고 믿는데, 하나님께서 존재하도록 불러내신 '빛'에는 빛나는 천사들이 포함되었다고 본다(창 1:3).

천사의 실재를 처음으로 지칭하는 곳은 창세기 3장일 텐데, 인간 이하의 피조물인 뱀이 등장하는 장면이다. 이 본문은 사탄이 등장한다고 증명하지 않지만, 다른 본문과 비교하면 그 사실이 확실하다.[15] 그렇다면

---

[15] 로마서 16:20[참조. 창 3:15]; 고린도후서 11:3; 계시록 12:9; 20:2을 보라.

에덴동산에서 유혹이 있었을 때 천사들은 이미 창조되었고 사탄은 타락한 상태였다. 사탄의 창조나 타락이 그보다 늦게 일어났을 리가 없다.

이 보이지 않는 영적 피조물들은 그들만의 위계질서를 가진 듯하다(계 12:7): 대천사, 그룹, 그리고 스랍. 일반적으로 그들은 '구원을 상속할' 사람을 섬기는데(히 1:14), 베드로가 감옥에서 구출되는 장면에 생생하게 묘사되어 있다(행 12:1~19). 그때 한 천사가 그를 탈출시켜 길거리로 인도한 다음 사라진다. 분명히 천사들은 육체를 갖거나 지상 임무를 수행하기 위해 종종 육신을 입는다. 그리고 우리가 볼 때 특별히 구원사의 전환점에서 활발하게 활동한 것으로 보인다. 이스라엘의 형성, 하나님의 아들 성육신, 신약 교회의 초창기, 그리고 앞으로 있을 그리스도 재림으로 이어지는 사건들에 활동한다.

천사들이 '하는' 일 다섯 가지

1. 하나님을 예배하고 섬기기(시 103:20~21; 단 7:9~10; 히 1:5~6)
2. 하나님의 심판 실행(창 19:10~15; 마 25:31; 행 12:21~23; 살후 1:7~9; 계 16)
3. 하나님의 메시지 전달(단 9:21~27; 눅 1:11~13; 갈 3:19; 계 17)
4. 신자들을 섬기고 돌보기(왕하 6:15~17; 히 1:14; 시 91:11~12; 행 12:6~11; 마 18:10)
5. 구원받은 사람을 천국으로 인도하기(눅 16:22)

천사들이 '하지 않는' 일 세 가지

1. 예배를 받기(계 19:10; 22:8~9)
2. 결혼(마 22:30)
3. 다른 복음을 설교하기(갈 1:8)

천사들에게도 타락한 대표자들이 있다. 역사를 보면, 대다수 그리스도인은 사탄을 하늘과 땅에서 하나님의 세력에 대항하여 전쟁을 벌이는 귀신 무리의 우두머리로 이해해 왔다. 예수님은 "마귀와 그 천사들을 위해" 영원한 불이 창조되었다고 말씀하셨다(마 25:41). 그리고 계시록은 대천사 미가엘과 그의 의로운 군대가 "용과 맞서서 싸웠습니다. 용과 용의 부하들이 이에 맞서서 싸웠지만"(12:7)이라고 말한다.

사탄과 악령들이 하는 일

1. 시험과 유혹(마 4:1~11)
2. 혼동시키고, 속이며, 거짓말하고, 위조함(고전 10:20; 고후 11:13~15; 살후 2:9~10; 계 16:13~14)
3. 멸망시키려 함(눅 8:12; 벧전 5:8; 계 12:13~17)
4. 교회를 공격하기(마 13:36~39; 고후 12:7~10; 엡 6:11~12; 계 2:9~10)

그러나 어떻게 피조물인 사탄이 세상을 혼돈에 빠뜨렸을까? 성경은 그가 보통은 영향력 있는 지도자들을 전략적으로 공략함으로 자기 영향력을 펼친다고 말한다. 아담의 경우, 그는 인류의 족장이 되었고 하나님의 창조 세계에 악의 역사를 일으켰다. 에스겔 28장은 이 점과 관련되는데, 두로의 통치자(왕, 2절)와 그의 배후에 있는 그림자 같은 인물에 여러 용어를 사용한다. 소위 '왕'(12절)은 '기름 부음을 받고 지키는 그룹'으로 묘사되었고(14절), '하나님의 동산 에덴에 있었으며'(13절) 그가 만들어질 때부터 그의 길에서 '완전했다'가 마침내 '그에게서 불의가 드러났다'(15절). 모든 해석자가 동의하지 않지만, 대부분은 '두로 왕'을 사탄과 그의 타락을 지칭하는 것으로 보고, 아마도 하나님께서 인간을 창조하신 것에 질투로 타락했다고 이해한다. 여기에 정말로 사탄이 나타나 있다면, 그는 계시록 13장과 아마도 이사야 14장에서도 볼 수 있듯 정치, 군사 지도자들에게 영향을 끼침으로써 세상에서 활동한다고 볼 수 있다.16 어떤 경우건 하나님은 본래 모든 것을 선하게 창조하셨다. 피조물인 천사들은 자유를 남용함으로 죄악 가운데로 타락했다.

성경 암송 5

골로새서 1:16

만물이 그분 안에서 창조되었습니다. 하늘에 있는 것들과 땅에 있는 것들, 보이는 것들과 보이지 않는 것들, 왕권이나 주권이나 권력이나 권세나 할 것 없이, 모든 것이 그분으로 말미암아 창조되었고, 그분을 위하여 창조되었습니다.

하나님께 속한 선한 천사들은 그분의 백성을 섬기는 영들이지만(히 1:14), 악한 영들은 하나님 나라와 그분의 백성을 구원하는 일을 무너뜨리려고 한다. 하나님 자신의 목적과 계획을 따라 악한 영들이 이 세상에서 여전히 활동하도록 허락하시지만, 언젠가 하나님은 그들을 영원히 추방하시고 그들이 창조 세계에 해를 가하지 못하게 하신다(계 20:10).

---

16 사탄의 개인적 행동에 관한 이 논의는 흥미로운 질문을 일으킨다. 예를 들면, 사탄은 '일반' 사람을 유혹하는 데 얼마나 관여하는가? 성경은 명확한 답을 주지 않지만, 많은 그리스도인이 다음과 같이 추론한다. 제한적 피조물인 사탄은 한 번에 한 군데 이상 있을 수 없으므로, 개인적으로 개입할 때는 자신의 계획을 추진하는 데 가장 전략적 가치가 있는 활동을 선택해야만 한다. 이것은 그가 일반인의 일상생활에 개인적으로 개입하지 않을 것을 암시한다. 그러나 두 가지 요소가 그렇게 결론 내리기 어렵게 만든다. 첫째 사탄이 악행을 저지를 때 명백히 악한 천사의 군대를 갖고 있다. 그의 졸개가 그리스도인의 일상생활에 인격적으로 개입할 수 있음이 확실하다. 둘째, 악한 세력이 유혹하거나 괴롭힐 때는 어떤 악한 천사가 개인적으로 관여했느냐는 그다지 중요하지 않다. 어쨌거나 우리는 오직 유일하신 참 하나님의 권세로 악의 세력으로부터 보호받을 수 있다.

본문 6. 인간의 타락(창세기 3장)

창세기 3장은 인간 역사에서 가장 중대한 사건의 하나를 묘사한다. 아담과 하와의 불순종, 하나님의 명령에 거역과 반역 행동은 인간 상태를 완전히 바꾸어 놓았다. 그 효력은 오늘날까지 미치고 있으며, 왜 죄와 고통과 죽음이 이 세상에 존재하게 되었는지 설명한다. 악의 문제는 창조주에게 있는 결함이 아니라 인간 선택의 결과이다.

첫 사람 부부는 하나님 형상으로 창조되어 나머지 피조물 위에 다스릴 권세를 받았다(창 1:26~30; 2:19~20). 그들은 하나님의 섭정으로서 그분을 대신해 모든 생명체에 권위를 행사해야 했다. 그러나 뱀의 속임수로 이 계획이 뒤집혔다. 인간의 통제 아래 있어야 할 뱀(의심의 여지 없이 사탄의 지배를 받아)이 그들을 유혹하여 그들을 지으신 분을 배반하게 했다.

확실히, 그들은 그런 단순한 행동이 대재앙을 불러올 줄은 예상하지 못했을 것이다. 아마도 누군가 중범죄-하와가 악의적으로 아담을 죽였다거나 아담이 분노 중에 모든 짐승을 살해했다거나-를 저질렀다면, 그 설명이 좀 더 이해하기 쉬웠을 것이다. 그런데 맛있는 과일 한 조각을 먹은 것이라니? 반면에 하나님은 공정하게 말씀하셨다. "나는 많은 것을 요구하지 않는다. 순종은 멀리 있지 않다. 나는 네게 모든 것을 주었고, 작은 것 한 가지를 요구했다." 사실 그러한 단순성은 우리의 창조주이며 주인이신 분께 헌신과 순종의 중요성을 보여주는데, 우리가 중요하다고 믿는 일뿐만 아니라 모든 일에서 그러하다. 다른 말로 하면, 그들의 근본적인 선택은 하나님의 권위를 거부하고 그분의 명예를 더럽히는 더 큰 문제를 보여준다.

풀뿌리 혁명처럼 하나님에 대한 항명은 명령체계를 통해 일어났고 그분 권위는 모든 수준에서 거절되었다. 인간에게는 다른 피조물을 다스리는 최고 권위가 있기에 그들의 죄악은 지상의 모든 존재를 부패하게 했다. 이 도미노 효과가 모든 창조 세계를 멸망으로 이끌었다.

> **타락에 기인한 다섯 가지 '죽음'**
>
> - **영적 죽음**: 하나님의 생명에서 분리되어 타락 상태에 빠짐 (창 3:8~11; 엡 2:1; 골 2:13)
> - **신체적 죽음**: 인간의 물질적, 비물질적 측면의 부자연스러운 분리(창 3:19)
> - **언약적 죽음**: 축복을 상실하고 저주받은 상태로 고통함(창 3:14~19)
> - **관계적 죽음**: 동료 인간들로부터 관계적, 사회적 소외(창 3:16)
> - **우주적 죽음**: 모든 창조세계의 무너짐과 부패(창 3:17~19; 롬 8:20~23)

창세기 3장에서 저주를 통해 묘사된 인간 타락의 결과에는 하나님, 사람, 그리고 나머지 창조 세계의 조화를 산산조각내는 관계의 단절이 포함된다. 이 본문은 선과 악의 지속하는 투쟁을 예기한다. 게다가 역사를 통해 인류를 망가뜨린 일련의 보편적 곤경들의 기원을 가리킨다.

- 두려움과 불안(3:10)
- 영속적 죄의식(3:11)
- 다른 사람을 탓하려는 느낌(3:12~13)
- 소외(3:8; 14~19)
- 고통스러운 생존(3:16~18)
- 죽음(3:19)

요약하면, 창세기 3장은 사탄이 첫 부부를 시험하도록 허락되었음을 보여준다. 그는 창조 질서를 뒤집음으로써 그들을 공격했다. 그들의 핵심적 죄는 하나님과 그분 말씀(명령)에 교만한 반역이었다. 아담과 하와의 원죄와 함께 그들의 타락한, 필멸의 상태와 죄성은 출산을 통해 영구적으로 이어졌다. 그러므로 모든 사람은 아담이 타락하기 전과 같은 순수하고 순결한 상태로가 아니라 타락 이후 아담이 가진 부패하고 타락한 본성을 갖고 태어난다.

본문 7. 타락한 인류의 부패(로마서 3:9~23)

페롤 샘스(Ferrol Sams)는 그의 소설 『강물의 속삭임(*The Whisper of the River*)』에서 현대 문화에 드물지 않은 정서를 표현했다.

> 인류에게 인내하라. 인류가 계속 좋아지겠지만, 아마 너무 느려서 당신 인생만큼 짧은 기간에 그것을 확인할 수 없다. 그렇지만, 인류는 좋아진다. 젊은 숙녀들과 신사들이여, 왜 그런지 아는가? 하나님 자신이 사람들 가운데 일하고 계시며 그들에게 나타나시기 때문이다. 하나님은 사람을 제외하고는 일할 통로가 없다. 우리가 그분이 가진 전부이고 그분은 우리를 버리시지 않을 것이며 타락 속으로 가라앉게 하지 않으실 것이다.[17]

이렇게 인간의 본유적 선함에 관한 관념이 오늘날 팽배하다. 대다수 공공기관은 사람이—우리가 그들 커리큘럼이나 정책을 따른다면—'완전하게 될 수 있다'는데 동의하고, 또 그렇게 주장한다. 그러나 그런 확신은 하나님의 계시에 비추어보면 여지없이 무너지며, 이 점은 또한 인간 역사 전체에서 반복적으로 증명됐다. **그러나** 우리는 하나님 자신의 질서 유지 수단들—법, 양심, 그분의 섭리적 돌봄—이 인간 사회가 고통의 나락으로 떨어지지 않도록 도와주는 데 하나님께 감사할 수 있다.

---

[17] Ferrol Sams, *The Whisper of the River* (New York: Penguin, 1984), 322.

그런데도 세상은 죄에 대한 어떤 성경적 개념도 거부한다. 죄라는 개념은 우리의 낙관적인 자아상과 상충한다. 이것은 우리가 추구하는 이른바 '자유'라는 삶의 방식을 방해한다. 죄라는 관념 자체가 사람들을 괴롭힌다.

성경이 한층 더 깊이 들어가 죄를 타락의 관점에서 고찰한다면 **정말로 불꽃이 작렬한다**.

많은 사람이 이 기독교 교리를 절대적으로 혐오한다. 대부분 세상에 타락한 사람들이 있다는 데 동의하지만, 그들―연쇄살인범, 살인마, 증오로 가득한 테러분자―은 상대적으로 극소수의 예외다. "내가 나쁜 사람이 아니라면 나는 타락하지 않았어." 아주 대조적으로, 하나님 말씀은 유죄를 선언하고, 죄를 확증하며, 멸망에 던진다… 누구에게? **모두에게**.

타락은 '생각과 행동의 부패'를 의미한다. 이것은 개인이나 사회가 언제나 나쁠 수 있을 만큼 **최대로 나쁘다**는 의미가 아니다. 하나님 은혜가 없이 그들은 그렇게 부패할 **수 있다**는 것이다. 타락은 개인적 실수를 하는 것이라기보다 개인적 상태를 말한다. 그것은 "내 실수이다"라고 말하는 것과 "내가 나빠"라고 인정하는 것의 차이다.

성경 암송 6

창세기 3:17~19

[17]아담에게 이르시되, "네가 네 아내의 말을 듣고, 내가 네게 '먹지 말라'라고 한 나무의 열매를 먹었으니, 땅은 너로 말미암아 저주를 받고 너는 네 평생에 수고하여야 그 소산을 먹으리라. [18]땅이 네게 가시덤불과 엉겅퀴를 낼 것이라. 네가 먹을 것은 밭의 채소이다. [19]네가 흙으로 돌아갈 때까지 얼굴에 땀을 흘려야 먹을 것을 먹으리니, 네가 그것에서 취함을 입었음이라. 너는 흙이니 흙으로 돌아갈 것이니라."라고 하시니라.

타락은 결핍인 동시에 도착(倒錯)이다. 우리는 하나님의 완전한 거룩함의 기준에 도달하지 못한다(결핍). 그리고 우리는 왜곡되었다. 우리에게는 죄악 태도, 행동, 중독의 경향성이 있다(도착).

더 나쁜 소식: 인간 타락에 관련된 다른 본문들

- **창세기 6:5** 주님께서는, 사람의 죄악이 세상에 가득 차고, 마음에 생각하는 모든 계획이 언제나 악한 것뿐임을 보시고서
- **시편 14:2~3** [2]하늘에서 사람을 굽어보시면서, 지혜로운 사람이 있는지, 하나님을 찾는 사람이 있는지를, 살펴보신다. [3]너희 모두는 다른 길로 빗나가서 하나같이 썩었으니, 착한 일을 하는 사람이 하나도 없구나.
- **전도서 7:20** 좋은 일만 하고 잘못을 전혀 저지르지 않는 의인은 이 세상에 하나도 없다.
- **전도서 9:3** 모두가 다 같은 운명을 타고났다는 것, 이것이 바로 세상에서 벌어지는 모든 잘못된 일 가운데 하나다. 더욱이, 사람들은 마음에 사악과 광증을 품고 살다가 결국에는 죽고 만다.
- **이사야 53:6** 우리는 모두 양처럼 길을 잃고, 각기 제 갈 길로 흩어졌으나, 주님께서 우리 모두의 죄악을 그에게 지우셨다.
- **예레미야 17:9** "만물보다 더 거짓되고 아주 완벽히 썩은 것은 사람의 마음이니, 누가 그 속을 알 수 있습니까?"
- **마가복음 7:21~23** [21]나쁜 생각은 사람의 마음에서 나오는데, 곧 음행과 도둑질과 살인과 [22]간음과 탐욕과 악의와 사기와 방탕과 악한 시선과 모독과 교만과 어리석음이다. [23]이런 악한 것이 모두 속에서 나와서 사람을 더럽힌다.
- **로마서 8:7~8** [7]육신에 속한 생각은 하나님께 품는 적대감입니다. 그것은 하나님의 법을 따르지 않으며, 또 복종할

> 수도 없습니다. ⁸육신에 매인 사람은 하나님을 기쁘게 해 드릴 수 없습니다.
> - **고린도전서 2:14** 그러나 자연에 속한 사람은 하나님의 영에 속한 일들을 받아들이지 아니합니다. 그런 사람에게는 이런 일들이 어리석은 일이며, 그는 이런 일들을 이해할 수 없습니다. 이런 일들은 영적으로만 분별할 수 있기 때문입니다.
> - **에베소서 2:1~3** ¹여러분도 전에는 허물과 죄로 죽었던 사람들입니다. ²그때 여러분은 허물과 죄 가운데서, 이 세상의 풍조를 따라 살고, 공중의 권세를 잡은 통치자, 곧 지금 불순종의 자식들 가운데서 작용하는 영을 따라 살았습니다. ³우리도 모두 전에는, 그들 가운데에서 육신의 정욕대로 살고, 육신과 마음이 원하는 대로 행했으며, 나머지 사람들과 마찬가지로 날 때부터 진노의 자식이었습니다.

AD 400년경 수도사 펠라기우스(Pelagius)는 인간은 죄를 짓지 않기로 선택할 수 있고, 죄는 순수하게 자원하는 것이고, 불필요하며, '타락'은 개인적이고 조건적이어서 인간의 노력으로 바뀌거나 치유될 수 있다고 가르쳤다.

그다음, 펠라기우스주의(Pelagianism)라고 불린 체계는 정통 그리스도인 견해가 되지 못했는데, 그들은 한목소리로 사람이 순수하고 무죄하며 하나님 은혜 없이 바르게 생각하고 믿으며 살 수 있다는 관념을 거부했다. 그러나 모든 그리스도인이 타락한 인류에 관한 부패의 범위나 효과에 대해 동의한 것은 아니었다.

반펠라기우스주의(semi-Pelagianism)에 따르면, 인류는 여전히 옳고 그름에 대한 감각과 하나님 은혜에 반응할 수 있는 자유를 가지고 있었다. 사람들이 이 자연적 충동에 따라 행동할 때 하나님은 구원하시는 은혜로 그들 연약하며 불충분한 노력을 채우신다. 인간은 자신을 구원할 수 없지만, 하나님이 제공하시는 구원하는 은혜를 이해하고 그것에 반응할 수 있다. 이 견해는 동방정교회와 인간의 자유의지를 강조하는 일부 개신교 전통에 가장 널리 퍼졌다.

다른 '부분적' 입장은 종교개혁 이후에 나타났는데 아르미니우스주의자가 칼뱅주의 교리에 반발하면서부터다. 알미니우스주의 전통은 전적 타락을 견지하면서도 하나님께서 타락한 인간에게 충분한 은혜를 주셔서 사람들이 자유롭게 하나님이 주시는 구원에 반응할 수 있는 위치에 놓이게 된다고 믿는다. 따라서 사람들은 그분의 은혜를 받아들이거나 거부할 수 있는 선택권을 받았다. 대부분(모두는 아니지만) 알미니우스주의자는 사람이 구원을 받아들이고 나중에 그것을 거절할 수 있다고 믿는다. 전적 타락이 하나님 은혜에 의해 부분으로 경감된다고 하는 견해는 웨슬리언, 오순절, 많은 침례교와 자유 교회들을 포함한 상당수 정통 개신교 복음주의에 남아있다.

세 번째 기독교 전통에서는 전적 타락을 사람이 자기중심적이고 모든 면에서 불완전하다는 뜻으로 받아들여 왔다. 하나님 앞에서 인간의 타락과 파멸은 **전체적**이다. 이것은 모든 사람이 가능한 한 최악의 상태라는 뜻이 아니라 모든 사람은 복음을 이해하고 받아들이기로 선택하기 위해서조차 절대적으로 하나님 은혜가 필요하다는 뜻이다. 하나님 은혜가 특별히 개인에게 역사하지 않는다면 누구도 구원을 향해 한 걸음도 내디딜 수 없다. 이 견해는 아우구스티누스(Augustine)의 신학과 로마가톨릭 내에 아우구스티누스의 죄론을 견지하는 모든 사람에 의해 고전적으로 표현되었다. 또 이것은 개신교 내에 루터파와 칼뱅주의 신학과 동일시하는 개혁파와 복음주의 교회들의 입장이다.

요컨대, 모든 정통 개신교 복음주의자들은 펠라기우스주의를 비성경적이며 따라서 견지할 수 없는 견해를 생각하고 거부하지만, 타락이 개인에게 끼친 영향(부분적 타락부터 전적 타락)에 관해서는 완전히 동의하지 못한다.

본문 8. 원죄 교리 (로마서 5장)

첫 사람 아담을 통해 죄와 사망이 세상에 들어왔다(롬 5:12). 불순종은 인류 역사 내내 죄에 대한 예속과 죽음의 심판을 가져왔다(12, 15, 17절). 이것은 "나쁜 짓을 한다"라는 죄에 대한 사람들의 관념과 매우 다르다. 죄는 치명적인 상태로서 우리는 그 상태로, 그 상태 안에 태어난다―그것은 하나님 아들을 통한 은혜로운 생명의 선물에 의해서만 바로잡을 수 있는 잘못이다(15, 17, 21절). **모든 죄는 인류의 타락으로부터 흘러나온다.**

오늘날, 이 원죄 교리가 공격을 받지만, 성경은 이 교리를 가르치며, 그리스도인은 교회 역사에서 줄곧 이것을 인정해 왔다. 간단히 말해, 아담이 죄를 지었을 때 온 인류가 죄로 타락했다. 그것이 사실이다. 이 간단한 개념은 좀 더 완전히 설명해야 한다.

성경 암송 7

로마서 3:10~12, 23

[10]성경에는 이렇게 기록되어 있습니다. "의인은 없다. 한 사람도 없다. [11]깨닫는 사람도 없고, 하나님을 찾는 사람도 없다. [12]모두가 곁길로 빠져서, 쓸모가 없게 되었다. 선한 일을 하는 사람은 없다. 한 사람도 없다." … [23]모든 사람이 죄를 범하였습니다. 그래서 사람은 하나님의 영광에 못 미치는 처지에 놓여있습니다.

찰스 라이리(Charles Ryrie)에 따르면, **원죄**는 "모든 인간이 태어나는 죄악된 상태다… 아담의 원죄가 본성의 도덕적 타락을 가져왔고 그것이 이어지는 각 세대에 유산으로 전이되었기 때문이다."[18] 또한

---

18 Charles C. Ryrie, *Basic Theology* (Chicago: Moody, 1999), 252.

보수적 루터교 전통에 속한 프란시스 피퍼(Francis Pieper)의 정의는 일반적 주제를 담고 있다.

> 원죄는 사람이 지은 죄가 아니라 아담의 타락 이래 인간이 갖고 태어나는 죄로서 두 가지를 포함한다: (a) 유전적 죄책(hereditary guilt)… 하나님께서 모든 인간에게 전가하시는 아담의 한 범죄로 인한 죄책; (b) 유전적 부패가… 아담의 죄책 전가로 인해 첫 번째 타락한 부부에게서 자연적 출생으로 모든 후손에게 전이.[19]

원죄는 아담의 죄로 시작하여 유전을 통해 모든 인간에게 영향을 끼친 인간 본성의 부패다.

피퍼의 정의에서 주목할만한 점은 인간 본성의 부패뿐만 아니라 아담의 죄에 직접 발생한 죄책 역시 각각의 모든 사람에게 전가되었다는 점도 포함함이다. 신학자 대부분은 후자를 '전가된 죄'라고 부르는데, 이것은 중요한 요점을 담고 있다. 어떤 이들(피퍼처럼)은 원죄가 전가된 죄를 포함하는 것으로 보지만, 다른 이들(라이리처럼)은 그렇게 보지 않는다.

이런 관점의 차이를 여기에서 풀 수는 없지만, 명확하게 할 수는 있다. 우리 토론을 위해 이런 식으로 생각해 보자. 내 부모님이 타락하고 부패한 죄인이기에, 나는 타락하고 부패한 죄인이다. 첫 사람들—아담과 하와—이 타락하고 부패한 죄인이었으므로, 부모님도 그들을 앞서는 모든 사람처럼 타락하고 부패한 죄인이다. 우리 각자가 조상들을 통해 아담으로부터 물려받은 부패한 인간 본성을 가지고 있다는 데 거의 모든 복음주의자가 동의한다.

부패한 인간 본성이라는 개념은 로마서 5장 그리고 다른 여러 본문에서 나온다. 작은 글 상자에 가득 채워 놓았으니 살펴보기 바란다.

---

[19] Francis Pieper, *Christian Dogmatics* (St. Louis, MO: Concordia, 1953), 1:538.

원죄 교리를 말하는 본문

- **창세기 5:3** 아담은 백서른 살에 자기의 형상, 곧 자기의 모습을 닮은 아이를 낳고, 이름을 셋이라고 하였다.
- **창세기 8:21** … 사람은 어릴 때부터 그 마음의 생각이 악하기 마련이다.
- **시편 51:5** 실로, 나는 죄 중에 태어났고, 어머니의 태 속에 있을 때부터 죄인이었습니다.
- **시편 58:3** 악한 사람은 모태에서부터 곁길로 나아갔으며, 거짓말을 하는 자는 제 어머니 뱃속에서부터 빗나갔구나.
- **잠 22:15** 아이의 마음에는 미련한 것이 얽혀 있으나, 훈계의 매가 그것을 멀리 쫓아낸다.
- **로마서 3:10~12** [10]의인은 없다. 한 사람도 없다. [11]깨닫는 사람도 없고, 하나님을 찾는 사람도 없다. [12]모두가 곁길로 빠져서, 쓸모가 없게 되었다. 선한 일을 하는 사람은 없다. 한 사람도 없다.
- **로마서 5:12** 그러므로 한 사람으로 말미암아 죄가 세상에 들어왔고, 또 그 죄로 말미암아 죽음이 들어온 것과 같이, 모든 사람이 죄를 지었기 때문에 죽음이 모든 사람에게 이르게 되었습니다.
- **로마서 8:20~22** [20]피조물이 허무에 굴복했지만, 그것은 자의로 그렇게 한 것이 아니라, 굴복하게 하신 그분이 그렇게 하신 것입니다. 그러나 소망은 남아있습니다. [21]그것은 곧 피조물도 썩어짐의 종살이에서 해방되어서, 하나님의 자녀가 누릴 영광된 자유를 얻으리라는 것입니다. [22]모든 피조물이 이제까지 함께 신음하며, 함께 해산의 고통을 겪고 있다는 것을, 우리는 압니다.
- **갈라디아서 3:22** 성경은 모든 것이 죄 아래에 갇혔다고 말합니다.

> - 에베소서 2:3 우리도 모두 전에는, 그들 가운데에서 육신의 정욕대로 살고, 육신과 마음이 원하는 대로 행했으며, 나머지 사람들과 마찬가지로 날 때부터 진노의 자식이었습니다.
> - 요일 5:19 온 세상은 악마의 세력 아래 놓여있습니다.

이 본문들 가운데 어느 것도 **원죄**라는 말을 실제로 사용하지는 않는다. 그러나 수 세기에 걸쳐 기독교 지도자들과 사상가들의 작품에서 이 교리에 대한 증거로 사용되었다. 한 예로, 장 칼뱅(John Calvin)은 로마서 8장에 관해 말했다.

> 바울은 "모든 피조물이 신음하고 있고" "허무에 굴복했지만, 그것은 스스로 그렇게 한 것이 아니라"(롬 8:20, 22)라고 말한다. 그 이유를 묻는다면 피조물은 인간이 받아야 할 형벌의 일부를 감당하고 있으며 그것은 모든 피조물이 인간에게 쓰임 받도록 지어졌기 때문이라는 것에 의심의 여지가 없다. 그러므로 인간의 잘못으로 저주가 위로 아래로 세상의 모든 지역으로 퍼져나갈 때 그것이 그의 모든 후손에게까지 퍼지게 되었다는 것이 이상할 이유가 없다.[20]

'과거와 현재의 목소리들'에서 보겠지만, 이 가르침은 매우 이른 시기에 공식화되었다. AD 180년 덜 발전된 형태이긴 하지만 리옹의 이레나이우스(Irenaeus of Lyons)는 로마서가 원죄의 교리를 세운다고 보았다. 히포의 아우구스티누스(Augustine of Hippo)는 더욱 분명하게 밝혔다.

> 하나님은… 한 개인에게서 모든 인류를 끌어내기를 기뻐하셨고, 두 사람(한 명은 무로부터 창조되었고, 다른 한 명은 그로부터 창조되었다)이 불순종을 통해 죽음을 가져오지 않았더라면 인류는 죽지

---

[20] John Calvin, *Institutes of the Christian Religion*, 2.1.4, Henry Beveridge, ed. and trans. (Grand Rapids, MI: Eerdmans, 1989).

않았을 본성으로 사람을 지으셨다. 그들이 큰 죄를 범함으로 인간 본성은 나쁘게 바뀌었고 후손에게도 전이되어 죄를 짓는 경향이 있게 하고 죽음에 종속됐다.21

현대 동방정교회는 유사한 교리를 공식화했는데 아우구스티누스 전통과 약간 다른 강조점을 가지고 있다. "왜 첫 사람만 죽지 않고 지금처럼 모든 사람이 죽는가?"라는 질문에 대한 교리문답은 이렇게 말한다.

아담이 죄에 감염된 이후, 모두가 그에게서 나왔고 모두 스스로 죄를 짓기 때문이다. 감염된 원천에서 당연히 감염된 시내가 흘러나오듯 죄로 감염되어 죽은 아버지에게서 자연스럽게 그와 같이 죄에 감염되어 그와 같이 죽을 운명을 처한 후손이 나왔다.22

성경 암송 8

로마서 5:12

그러므로 한 사람으로 말미암아 죄가 세상에 들어왔고, 또 그 죄로 말미암아 죽음이 들어온 것과 같이, 모든 사람이 죄를 지었기 때문에 죽음이 모든 사람에게 이르게 되었습니다.

수많은 신조와 종교회의, 교리문답 목록들 역시 원죄 교리를 인정한다. 2차 오랑쥬 회의(AD 529), 「하이델베르크 교리문답」(1563), 「벨직 신앙고백」(1561), 「(영국 교회의) 39개 신조」(1571), 「웨스트민스터

---

21 Augustine, *City of God* 14.1 in *Post-Nicene Fathers of the Christian Church*, Philip Schaff and Henry Wace, eds. 1st series, 14 vols. (Grand Rapids, MI: Eerdmans, 1956), 1.02:564.

22 *The Longer Catechism of the Orthodox, Catholic, Eastern Church*, 168, pravoslavieto.com/docs/eng/Orthodox_Catechism_of_Philaret.htm.

신앙고백」(1646), 「침례교 신앙고백」(1689), 「감리교 신조」(1784) 등은 같은 기본 사상을 인정한다. 아담의 죄가 인류에게 영적, 도덕적 파멸을 가져왔다.

전가된 죄	유전된 죄
아담 ⤵ 각 사람 ⤵ 나	아담 ↓ 모든 사람 ↓ 나
로마서 5:12~21	시편 51:5; 에베소서 2:3

전가된 죄와 유전된 죄 비교

어떤 전통에서는 이 교리를 다르게 묘사하거나 다른 측면을 강조할 수 있지만, 교회는 역사적으로 아담의 죄가 인류 전부를 죄, 사망, 그리고 정죄에 빠뜨렸다고 이해해 왔다. 예수 그리스도의 인격과 사역만이 우리를 그 결과로부터 구해줄 수 있다.

본문 9. 죄의 다양성과 엄중함(갈라디아서 5:19~21)

텍사스에서는 '눈(snow)'에 관해 단어는 하나뿐이다. 우리가 사는 도시에서는 일 년에 두 번 정도만 진짜 눈을 볼 수 있다. 그렇지만 에스키모인은 50개가 넘는 '눈' 단어를 가졌다는 보고가 있다.[23] 왜 그럴까? 한 가지 대답은 우리가 만약 거의 눈으로 된 환경에서 산다

---

[23] 이 주장은 언어학자와 문화인류학자 가운데 논쟁의 여지가 없지 않으나 비교적 최근에 정확한 주장으로 변호 됐다. 예를 들면, David Robson, "Are There Really 50 Eskimo Words for Snow?" in *New Scientist* 2896 (1/3/2013)을 보라.

면 우리 역시도 날마다 만나는 눈에서 으깨진, 가루 같은, 무거운, 가벼운, 그리고 온갖 다양한 눈을 구별할 수 있다는 것이다.

인간과 죄에 대해서도 마찬가지이다. 죄는 죄지만 수천 년 동안 사람은 죄에 이르는 온갖 종류의 방식들을 발전시켰다. 모든 사람의 마음에 깊숙이 자리 잡은 부패에서 나온 이런 경향성으로 아주 많은 '죄 어휘'가 있다.

구약 히브리어에서 죄를 뜻하는 중요한 단어는 '아샴(אשם, 죄책)', '하타(חטא, 하나님의 기준에서 벗어남)', '마알(מעל, 미덥지 않게 행동함)', '아벨'(עול, 불공평)', '아벤(און, 불의, 도착)', '페샤(פשע, 반역)', '라아(רע, 악)', '라샤(רשע, 사악함)', '샤가그(שגג, 실수하다)', 그리고 '샤가(שנה, 길을 잃고 못된 길에 빠지다)' 등이다. 구약의 헬라어역(70인경)과 신약 헬라어에서 일반 단어는 구약 의미와 같다. '아디키아($ἀδικία$, 불의)', '아노미아($ἀνομία$, 불법)', '아세베이아($ἀσέβεια$, 불경건)', '에피뒤미아($ἐπιθυμία$, 악한 욕망)', '하마르티아($ἁμαρτία$, 하나님의 기준에서 벗어남)', '포네리아($πονηρία$, 부패)'. 신약에서 가장 포괄적 헬라어 '하마르티아'(히브리어 '하타'에 해당)로, 가장 넓은 의미로 죄를 가리킨다.

이 단어들은 '만물보다 거짓되고 심히 부패한' 마음(렘 17:9)에서 비롯한 범죄들을 가리킨다. 같은 원리가 로마서 1장, 갈라디아서 5장, 고린도전서 6장의 죄의 목록에도 적용된다. 그것들은 '속에서, 사람의 마음에서'(막 7:21) 나온다. 그것들은 '육체의 일'이라고 불리며, 우리 자신의 타락한 상태에서 힘을 얻는다(갈 5:19). 야고보서 1장은 죄를 각 사람 '자기 욕심'(14절)에서 시작해 결국 죄와 사망에 이르는 출생과정으로 제시한다.

성경 암송 9

갈라디아서 5:19~21

[19]육체의 행실은 환히 드러난 것들입니다. 곧, 음행과 더러움과 방탕과 [20]우상숭배와 마술과 원수 맺음과 다툼과 시기와 분냄과 분쟁과 분열과 파당과 [21]질투와 술취함과 흥청망청 먹고 마시는 놀음과, 그와 같은 것들입니다. 내가 전에도 여러분에게 경고하였지만, 이제 또다시 경고합니다. 이런 짓을 하는 사람들은 하나님의 나라를 상속받지 못할 것입니다.

1부 '흙에서 흙으로': 창조, 인류, 타락

역사로 회고한 인간과 죄

마이클 J. 스비겔 Michael J. Svigel

나는 몇 해 전에 변호사 보조원으로 일했는데, 그는 주로 개인 상해와 가족법에 관련한 일을 했다. (그것은 내 학비와 함께 믿을 수 없는—엄청난—인생 경험을 제공했다.) 내 상사는 정통 개신교 복음주의자라고 부를 수 없는 사람이었지만, 내 신앙에 절대 적대적이지 않았다. 나를 자기 사무실로 자주 불러 신문, 잡지, 책에서 읽다가 떠오르는 성경적, 역사적, 또는 신학적 질문을 했다.

어느 날, 나는 모든 문제 중에서도 칼뱅주의(그렇다, 당신은 제대로 읽었다!)에 관한 질문들에 답하고 있었다. 나는 전적 타락을 설명하기 시작했다—모든 사람은 타락한 본성을 갖고 태어나는데, 그것은 하나님 은혜가 없으면 돌이킬 수 없이 악한 것이다. 나는 어떤 다른 그리스도인들이 타락에 대해 덜 가혹한 결과를 주장한다고도 말했다. 그가 끼어들어 말했다. "30년 동안 달라스에서 가족법을 다룬 사람은 누구나 전적 타락이 진리란 것을 알 거야!"

물론, 신학은 그렇게 단순하지 않다. 그렇지 않은가? 그것은 우리 경험을 되돌아보거나 입증되지 않은 증거를 모으는 문제만이 아니다. 그리스도인은 자기 해석 역사를 총동원하여 적절한 성경 본문과 씨름해야 한다. 우리는 인간과 죄 교리를 다른 교리, 곧 창조, 구원, 그리고 하나님의 계획과 목적 등과 조화해야 한다. 우리는 과학의 발견과 심리학의 통찰력에 대처하거나 통합해야 한다. 우리 각자는 사람이고 각자 죄인이므로 각자 인간과 죄에 관해 개인 경험을 토론장에 가지고 온다.

이렇게 밀접하게 관련된 가르침의 역사를 교부시대, 중세시대, 종교개혁시대, 근대·현대시대로 추적하면서 똑같이 남아있는 요소들과 함께, 기독교 신앙에 다양한 견해를 형성하게 한 요소들에 주목하겠다. 이러한 관점은 인간과 죄에 관한 교리를 연구하는 일에서 논쟁을 헤쳐나가고 정통의 경계를 더 잘 이해하게 돕는다.

교부시대(100~500년)

"하나님이 당신의 형상대로 사람을 창조하셨으니, 곧 하나님의 형상대로 사람을 창조하셨다. 하나님이 그들을 남자와 여자로 창조하셨다"(창 1:27). 그리스도인은 초기부터 이 말씀을 깊이 생각해 왔다. 하나님 형상으로 창조되었다는 것은 무슨 뜻인가? 모든 초기 교부는 그것이 인간에게 고유한 것이며, 그것으로 우리가 동물과 구별되고 심지어 천사와도 구별된다고 고백했다. 그렇지만 인간이 **어떻게 하나님 형상**을 반영하는가에 관해서는 논쟁의 여지가 있었다.

사도 시대가 끝날 무렵 로마의 클레멘스(Clement of Rome, 95/96년 즈음)는 아담의 창조가 그분 모습에 따라 "거룩하고 무결한 손으로" 이루어졌다고 묘사했다.[1] 하나님의 손 언급은 아담 신체가 어떻게든 하나님 형상을 반영할 수 있음을 받아들인 것으로 보인다. 결국, 하나님이 흙으로 인간을 빚으신 것도 아담의 신체였다. 어쨌거나 이것이 확실히 테르툴리아누스(Tertullian, 160~225년 즈음)의 견해였는데, 그는 인간이 하나님 형상에 따라 창조되었다는 말을 신체적으로나 영적으로 **궁극적** 하나님 형상인 예수 그리스도의 성육신을 예표한다고(foreshadowing) 이해했다. "이미 그리스도의 형상을 입고 있었던 그 진흙은 장차 육체를 입고 올 것이었고, 하나님의 작품이었으며 또한 보증이자 맹세였다."[2]

---

[1] Clement of Rome, *First Epistle of Clement to the Corinthians* 33.4~5 in Michael W. Holmes, ed., *The Apostolic Fathers: Greek Texts and English Translations of Their Writings*, 3rd ed. (Grand Rapids, MI: Baker, 2007), 89.

그러나 모든 사람이 이 견해에 동의하지는 않았다. 테르툴리아누스와 비슷한 시기에 알렉산드리아의 클레멘스(Clement of Alexandria, 150~215년 즈음)는 신체가 **하나님 형상**과 관계있다는 생각을 명백히 거부했다. "형상과 모양을 본받는 것은 육체를 뜻하는 것이 아니며… 정신과 이성에 하나님은 형상을 적합하게 인치셨다."3 형상이 인간의 합리성과 영성과 관계있고 신체적 측면과는 아무런 관계가 없다는 사고가 기독교 사상을 지배하여—특히 신학자들이 점점 더 이성과 함께 물질에 대한 정신의 우월성을 강조하는 그리스 철학으로 무장하면서— 현대까지 이르렀다.

하나님 형상의 의미 논의는 자연스럽게 다른 쟁점, 곧 인간의 물질적, 비물질적 측면의 관계로 옮겨갔다. 물론 모든 사람이 인간은 신체적 존재 이상으로 창조되었기에 비가시적, 비물질적 측면도 가지고 있음을 믿었다.4 그래서 2세기 말경에 테르툴리아누스는 인간의 본질적인 신체적 성격(embodied nature)에 관한 자기 견해를 요약해 말했다.

> 영혼 자체만으로는 '인간'이 아니고… 영혼 없는 육체도 '인간'이 아니다… 인간이란 표현은 어떤 의미에서 그 둘이 긴밀하게 연합된 본체들(united substances)의 묶음이고 그 표현 아래 그것들은 응집된 본성들(coherent natures)일 수밖에 없다.5

---

2 Tertullian, *On the Resurrection of the Flesh* 6 in Alexander Roberts and James Donaldson, eds., *Ante-Nicene Fathers: The Writings of the Fathers Down to A.D. 325*, 10 vols. (New York: Christian Literature Pub. Co., 1885), 3:549.

3 Clement of Alexandria, *Stromata* 2.19 in *ANF*, 2:370.

4 J. N. D. Kelly, *Early Christian Doctrines*, rev. ed. (New York: HarperOne, 1978), 166.

5 Tertullian, *On the Resurrection of the Flesh* 40 in *ANF*, 3:574. 조금 수정했다.

다시 말해, 전체 인간은 신체적, 영적인 측면을 지닌 본질적인 단일체로서 둘의 하나라도 없으면 인간은 불완전하다.

3세기에 이르러 정통 그리스도인은 이단적 영지주의 경향성에 직면했는데, 그것은 육체를 경멸하거나 인간의 신체적 특성이 하나님의 원시 창조에 들어가지 않는다고 보았다. 어떤 이단은 인간이 완전히 영적인 존재로서 육체라는 감옥에 갇혀 있고, 육체적 죽음을 통해 자유를 열망한다고 믿었다. 하지만 믿음의 수호자들은 하나님의 물질적 창조는 본래 선했다고 주장했다. 그러므로 인간의 몸과 물질세계는 비록 타락했어도 하나님의 구속 계획의 일부가 된다. 인간이란 존재는 신체적인 **동시에** 영적이다.6

> 거의 예외 없이 기독교회는 한목소리로 인간 본성은 이중적임을 인정했다. 남자와 여자로서 우리는 필연적으로 신체—우리 본성의 물리적 측면—이며, 또한 영혼—성경에서 혼 또는 영으로 묘사된 비물질적 측면—이다. 이 둘이 한 인간으로 합쳐졌다.7

교회 역사에서, 대다수 그리스도인 교사는 인간이 물질적, 비물질적 측면의 두 본성으로 이루어졌다고 믿었지만, 이 두 본성이 어떻게 관련되는지를 두고는 논쟁하기도 했다. 어떤 사람은 그 둘이 너무도 밀접하게 관련되어서 영혼은 정상적 인간 출생을 통해 재생산된다고 믿었다. **영혼유전설**(traducianism)이라고 불리는 견해는 비물질적 측면을 부모에게서 물려받는다고 생각한다.8 다른 사람들은 부모

---

6 Michael J. Svigel, "When He Returns: Resurrection, Judgment, and the Restoration" in Nathan D. Holsteen and Michael J. Svigel, eds., *Exploring Christian Theology*, vol. 3: *The Church, Spiritual Growth, and the End Times* (Minneapolis, MN: Bethany House, 2014), 175~79, 194~95를 보라.

7 Kim Riddlebarger, "Trichotomy: A Beachhead for Gnostic Influences" in *Modern Reformation* 4.4 (1995): 22.

를 통해 인간의 신체적 부분을 물려받지만, 영적 부분은 하나님의 특별한 활동으로 만들어진다고 주장했다. 후자 견해는 **창조설**(creationism)로, 인간의 영적 측면을 강조할수록 더 두드러졌다.

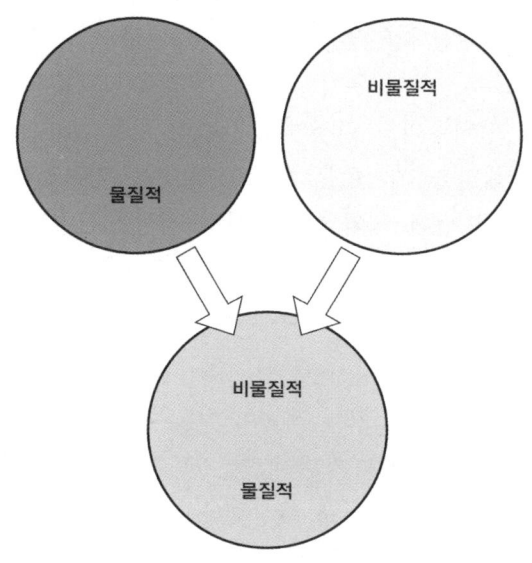

개인 영혼의 기원에 관한 한 가지 관점은 인간 죄성의 정도에 관한 견해와 자주 관련됐다. 우리는 부모에게서 완전히 죄악된 신체적, 영적 본성을 물려받고, 그것은 궁극적으로 아담과 하와의 타락 상태에서 비롯되는가? 아니면 우리는 부모에게서 타락한 필멸의 신체적 본성만을 물려받되, 하나님이 특별히 창조하신 영혼을 받아 그분의 은혜로 그분을 믿고 순종할 수 있는 능력이 있는가? 이것은 "타락한 인간은 얼마나 죄스러운가?"라는 의문을 일으킨다.

그리스도인은 언제나 전 인류가 타락 이래로 죽음을 향해 가는 필멸성(반드시 죽을 본성)과 깨어진 상태에 갇힘을 인정한다. 그러나 어떤 사람은 이 상태를 다른 사람보다 더욱 심각하게 보았다. 어떤 교부는 이

---

8 위 '반드시 알아야 할 성경 본문 3'을 보라.

보편적 필멸성과 하나님으로부터 소외는 원죄의 결과요, 아담에게서 물려받은 타락 상태로서 모든 인간이 하나님 앞에 죄인이 되게 한다. 그 경우 유아들조차 죄악되고 죄책이 있어, 그리스도의 구속이 필요하다.9

그렇다면 자유 의지는 어떠한가? 초대교회에서 그리스도인은 이 주제에 관해 여러 견해를 말했다. 초기의 대다수 교부는 인간 의지에 관한 책임을 부정하여 우리 선택을 운명이나 행운으로 만드는 그리스 철학이나 영지주의의 결정론에 강하게 저항하였다. 인간의 행동에 대한 모든 책임을 제거하는 명백한 오류를 피하려는 그리스도인은 자유 의지와 도덕적 책임을 강조하는 경향이 있었다.10 그러나 5세기에 어떤 교사는 자유 의지를 극단적으로 강조하며 안개처럼 불명확한 교리를 논쟁의 폭풍을 몰고 오는 구름으로 만들었다.

펠라기우스(Pelagius, 354~418년 즈임)는 헌신하고 잘 훈련한 영국 수도사이자 일반인을 가르치는 설교자였다. 그는 인간의 선함과 자유에 관해 너무 높은 견해를 가져서 각 사람은 아담이 타락하기 전과 같은 본성을 갖고 태어난다고 주장했다. 따라서 모든 사람은 자기 힘으로 하나님을 신뢰하고 순종할 수 있고 영생을 공로로 얻을 수 있다. 다른 말로 해서, "인간은 무죄한 상태로 태어나고 죄는 고의적 행동으로만 짓는다."11

인간과 죄에 대해 그렇게 명백히 비성경적인 관념은 히포의 아우구스티누스(Augustine of Hippo, 354~430년 즈음)의 신경을 건드렸다. 그는 모든 사람이 '아담 안에서' 타락하고 부패한 본성을 물려받아 죄를 범했으며, 태어날 때부터 정죄될 수밖에 없다고 가르쳤다. 타락한 인간은 하나님의 특별한 은혜로 믿을 수 있고 하나님을 기쁘시게

---

9 Jaroslav Pelikan, *The Christian Tradition: A History of the Development of Doctrine* (Chicago: University of Chicago Press, 1971), 1:291~92.

10 Pelikan, *The Christian Tradition*, 1:280.

11 Alister E. McGrath, *Christian Theology: An Introduction* (Oxford: Blackwell, 1994), 374.

하는 삶을 살 수 있다. 요컨대, 펠라기우스는 모든 사람이 영적으로 살아 있는 채로 태어난다고 믿지만, 아우구스티누스는 모든 사람이 영적으로 죽은 상태로 태어난다고 믿었다.

논쟁이 가열되자 금욕적 수도사이자 펠라기우스의 맹렬한 반대자인 요한 카시아누스(John Cassian, 360~435년 즈음)는 중재적 입장을 제시했는데, 그것이 동방정교회에서 우세한 견해가 되었다. 카시아누스에게, 인간은 영적으로 죽어있어서 하나님의 은혜가 아니면 그분을 기쁘시게 할 수 없는 존재(아우구스티누스)도 아니고, 영적으로 살아서 자신의 공로로 하나님을 기쁘시게 할 수 있는 존재(펠라기우스)도 아니다. 오히려, 그는 인간은 영적으로 '병든' 상태여서 구원받는데 하나님의 은혜가 절대적으로 필요하지만, 자유 의지를 갖고 있어서 하나님께서 내뻗으신 손을 붙잡을 수 있다고 제안했다. 카시아누스와 동방에 있는 그의 형제들은 펠라기우스 이단을 확실하게 거부했지만, 아우구스티누스가 주장한 원죄의 결과로 인한 전적 타락을 완전히 받아들이지도 않았다.

주후 431년에 에베소에서 열린 교회의 세 번째 공의회에서 인간과 죄의 본성에 대한 펠라기우스의 가르침은 정죄 되었다. 그러나 공의회는 아우구스티누스나 카시아누스가 제시한 해결책 모두 받아들이지 않았다. 따라서 모든 정통 그리스도인은 인간과 죄에 대한 펠라기우스의 지나치게 낙관적인 견해를 거부해야만 했지만, 원죄, 타락, 자유 의지와 같은 문제를 어떻게 해야 가장 잘 이해할 수 있는가에 흔들릴 수 있는 여지가 생겼다. 이 일로 이어지는 세대에 더 깊은 토론과 논쟁이 일어났다.

중세시대(500~1500년)

중세 초기에 죄에 대한 아우구스티누스의 견해는 로마의 지배 권력이 점차 강해지던 서방(라틴어를 말하는) 교회들에 편만해졌다. 가톨릭교회는 제2차 오랑쥬 회의(529년)에서 그 문제에 관해 교리적 견해를 표현했는데,12 누구든 원죄나 전적 타락, 그리고 자유 의지의 손상을 부정하는 자는 정죄 되었다.

> 누구든 아담의 범죄가 그의 자손이 아니라 자신만 손상했다거나 그 손상이 죄의 대가로 단지 육신의 죽음을 가져올 뿐이며, 따라서 영혼의 죽음인 죄 자체가 한 사람을 통해 온 인류에게로 퍼져나갔다고 고백하지 않는다면 그는 하나님께 불의를 행하는 것이다.13

인간과 죄에 관한 고전적 견해 네 가지

펠라기우스주의	카시아누스주의	2차 오랑쥬회의	아우구스티누스주의
• 아담의 죄는 자신에게만 해를 입혔다.	• 아담의 죄는 온 인류에게 해를 입혔다.	• 아담의 죄가 온 인류를 멸망시켰다.	• 아담의 죄가 온 인류를 멸망시켰다.
• 모든 사람은 영적으로 살아 있고 무죄하게 태어났다.	• 모든 사람은 영적으로 병들어 태어났고 치유가 필요하다.	• 모든 사람은 영적으로 죽어있고 죄를 지었다.	• 모든 사람이 영적으로 죽어있고 죄를 지었다.
• 인간은 자신의 능력으로 선을 행할 수 있다.	• 인간은 하나님의 은혜와 협력할 수 있다.	• 인간은 은혜로 말미암아 하나님과 협력할 수 있다.	• 인간은 자신의 힘으로 선을 행할 수 없다.

2차 오랑쥬회의는 분명히 원죄와 타락에 관해 아우구스티누스 편을 들었지만, 은혜와 구원에 관한 그의 교리의 모든 측면을 인정하지 않아서, 예를 들어 개별 신자가 예정되어 있는지, 하나님의 구원하시는 은혜가 인간의 완고한 의지로 거부될 수 있는지, 또는 택자가 구원받은 은혜로부터 떨어질 수 있는지 등에 관한 논쟁의 여지를 열어두었다. 그렇지만 아우구스티누스가 처음부터 죄에 관한 의지의 예속

---

12 또는 '2차 오랑쥬 회의.' 오랑쥬는 남프랑스의 아비뇽 북쪽에 있다. 1차 회의는 441년에 열렸다.

13 Canons of Orange in J. Patout Burns, trans., ed., *Theological Anthropology* (Philadelphia: Fortress, 1981), 113.

과 은혜와 협력할 수 없는 인간의 완전한 무능력을 강조한 점은, 점점 더 인간에게 자연적 자유 의지의 흔적이 일부 남아있다고 인정하려는 중세 신학자가 소화하기 어려운 부분이었다. 야로슬라브 펠리칸(Jaroslav Pelikan)이 관찰하듯, "아우구스티누스주의에 관한 중세의 논의는⋯ 보통 의지의 자유를 구출하는 것이 목표였다."14 따라서 많은 사람이 중세 신학을 완전한 아우구스티누스주의라기보다 반(半)아우구스티누스주의라고 부른다. 아우구스티누스가 타락한 인간 상태에서 어두움만을 보았다면, 그의 이후 많은 신학자가 적어도 불티만이라도 보고 인정하고 싶어 했다.

많은 역사가, 특히 개신교 역사가는 중세시대에 인간 타락과 죄의 권세 교리가 전체적으로 왜곡되었음을 관찰한다. 적어도 일부 교사와 설교가 중에는 아우구스티누스의 견해에서 벗어나 믿음을 행사하고 은혜를 공로로 얻을 수 있는 인간의 자연적 능력을 강조하여 2차 오랑쥬회의가 정죄한 것과 비슷해 보이는 의심스러운 견해로 전락한 이들도 있었다. 알리스터 맥그래스(Alister McGrath)는 말한다.

> 교리사에서 희한하고 설명할 길 없는 특징은 2차 오랑쥬회의 결정문이 10세기부터 16세기 중반에 이르도록 알려지지 않았던 것으로 보인 점이다. 따라서 중세시대 신학자들은 이 결정적 선언을 접할 수 없었고⋯ 그 존재도 몰랐던 것으로 보인다.15

로마 가톨릭 신학자는 교의적 결정을 안내자로 삼지 않고 아우구스티누스라는 정박지에서 벗어나 점차 반아우구스티누스주의로⋯ 반펠라기우스주의로⋯ 어떤 경우는 완전한 펠라기우스적 관점으로(!) 떠내려갔다.

---

14 Pelikan, *The Christian Tradition*, 4:140.

15 Alister E. McGrath, *Iustitia Dei: A History of the Christian Doctrine of Justification*, 3rd ed. (Cambridge: Cambridge University Press, 2005), 97~98.

예를 들면, 끌레르보의 베르나르두스(Bernard of Clairvaux, 1090~1153년 즈음)는 중세시대의 정서로 초기 아우구스티누스 관점보다 더 낙관적인 "인간 본성을 확신하는 견해"를 붙들었다.16 그는 하나님의 은혜가 이미 인간의 지속적 능력에 나타나 있어서 하나님 형상을 반영하고 하나님의 구원하시는 은혜가 그 형상 안에서 성장하게 한다고 믿었다.17 게다가 그는 다른 이들보다 하나님 형상에 대한 논의를 더욱 좁게 잡아 "영혼 안에 있는 하나님 형상은… 필연으로부터 자유, 합리적 판단에 근거한 자발적인 동의에서 발견된다."라고 제시했다.18 따라서 하나님 형상은 실질적으로 의지의 자유와 동일시된다.

인간의 몸과 영혼의 관계, 출산에서 그들 각각의 기원, 그 결과 타락한 인간 상태에 관한 페트루스 롬바르두스(Peter Lombard, 1096~1164)의 견해는 후대 중세 스콜라 신학자들이 전형적으로 그 쟁점들을 어떻게 이해했는지 보여준다. 어떤 학자가 그것을 요약했다.

> 부모는 자손에게 육체만 물려줄 뿐이다. 하나님은 각 사람의 영혼을 직접 창조하시는데, 영혼은 하나님의 창조로 선하다. 그것은 이성적 능력, 자유 의지를 포함한다… 부모는 습득한 특성의 유전에 따라 타락으로 부패한 육체를 자녀들에게 물려줄 수밖에 없다. 이 오염된 육체에는 죄를 짓는 경향이 있다… 그리고 인간의 몸과 영혼 간의 친밀한 연합으로 부모에게서 유래한 오염된 육체는 무죄한 상태로 하나님이 주신 영혼과 아기집에서 혼합되어 그것 역시 부패한다.19

---

16 Emero Stiegman, "Bernard of Clairvaux, William of St. Thierry, the Victorines" in G. R. Evans, ed., *The Medieval Theologians: An Introduction to Theology in the Medieval Period* (Oxford: Blackwell, 2001), 135.

17 Stiegman, "Bernard of Clairvaux, William of St. Thierry, the Victorines," 136~37.

18 Stiegman, "Bernard of Clairvaux, William of St. Thierry, the Victorines" 137.

19 Marcia L. Colish, "Peter Lombard" in Evans, *The Medieval*

토마스 아퀴나스(Thomas Aquinas, 1225~1274)도 비슷하게 "인간과 자연 모두에 대해 더욱 친절한 견해"를 제시했다. "의지는 자유로우며 선을 향한 자연적 욕망은 죄에도 불구하고 지속한다."20 이 일로, 후기 중세 사상가들은 인간과 죄에 대한 카시아누스 견해 쪽으로 기울었다.

같은 세기의 끝에 아우구스티누스주의의 선봉장인 토마스 브라드와딘(Thomas Bradwardine, 1290~1349년 즈음)같은 사람은 오캄의 윌리엄(William of Ockham, 1287~1347)같은 비아우구스티누스주의자를 펠라기우스주의자라고 비난했다.21 오캄의 문제가 무엇이었길래 그런 명칭을 얻었을까? 그는 사람이 자신의 노력으로 타락한 상태에서 구원에 필요한 은혜를 공로로 얻을 수 있다고 주장했다.22 이것은 의심스럽게도 구원을 자력으로 얻는 것처럼 보이게 했는데, 은혜를 값없이 얻는 하나님의 선물보다 노력에 대한 보상으로 만들었기 때문이다. 중세 후기의 이단성에 대한 고발은 종교 개혁자들이 인간과 죄에 대한 교회의 신학을 다시 아우구스티누스에게로 돌려놓게 하는 주된 동인이었다.

종교개혁시대(1500~1700년)

마틴 루터(Martin Luther, 1483~1546년)가 1517년 비텐베르크교회 문에 '95개 조항'을 못 박는 모습은 개신교 종교개혁의 아이콘이 되

Theologians, 175.

20 A. M. Fairweather, ed., "General Introduction" in *Aquinas on Nature and Grace*, The Library of Christian Classics (Louisville, KY: Westminster John Knox, 1954), 22.

21 Eugene R. Fairweather, ed., "The Thirteenth Century and After: Certain Tendencies" in *A Scholastic Miscellany: Anselm to Ockham*, The Library of Christian Classics (Louisville, KY: Westminster John Knox, 1956), 373.

22 Steven Ozment, *The Age of Reform, 1250~1550: An Intellectual and Religious History of Late Medieval and Reformation Europe* (New Haven, CT: Yale University Press, 1980), 41.

었다. 그것은 독일 수도사이자 신학 교수가 중세 말 로마 가톨릭교회에서 그와 다른 사람이 타락한 교리라고 여긴 것에 항거한 결정적 순간이었다. 하지만 그것은 결국 무엇에 관한 것이었는가? 교황의 폭정? 사제계급의 부도덕성? 오직 믿음으로 구원? 성경의 권위 대 전통? 이 모든 문제가 격렬한 논쟁 주제들이지만, 가장 치열한 논쟁—개혁자 자신들 가운데—의 하나는 인간과 죄에 관해서이다.

명석한 가톨릭 젊은 신학자 루터는 자신의 연구 과정에서 중세 후기 학자들과(자기 스승들을 포함하여) 아우구스티누스와 초기 아우구스티누스 신학자 사이에 현격한 모순이 있음을 깨달았다. 루터는 로마 교회가 전적 타락, 죄에 예속된 타락한 인간 의지, 그리고 인간의 은혜에 대한 절박한 필요성에 관한 본래 신학적 확신에서 떨어졌음을 확신했다. 그는 이전의 대학교 학자들이 인간의 자유 의지에 관한 견해에 있어서 펠라기우스보다도 더 나아갔다고 비판했다.[23] 사실 루터에게 있어서 의지가 타락의 결과로 얼마나 손상되었느냐가 종교개혁에서 **결정적** 요점이었다.[24]

당대의 많은 젊은 학자들처럼 그는 중세 후기 신학 전체를 펠라기우스 이단에 오염된 것으로 보기 시작했다. 오컴의 윌리엄, 가브리엘 비엘(Gabriel Biel, 1420~1495년)과 같은 학자는 인간의 노력으로 은혜를 얻을 수 있다고 가르쳤다. 핵심은 인간이 전적으로 타락했느냐, 아니면 하나님의 은혜를 얻을 수 있는 (또는 협력할 수 있는) 일부 자연적 능력을 갖췄는지 아니었는지였다.[25] 따라서 루터와 동료들은 종교개혁을 기본적으로 펠라기우스주의에 대항한 오래된 싸움의 새로운 버전이라고 보았는데, "그것은 결코 철저하게 검토된 적이 없고 현재 로마의 후원 아래 지배적인 사상이 되었다."[26] 루터의 가까운

---

[23] McGrath, *Christian Theology*, 67.

[24] Pelikan, *The Christian Tradition*, 4:140~41.

[25] Ozment, *Age of Reform*, 42를 보라.

친구이자 동료 필립 멜랑히톤(Philipp Melanchthon, 1497~1560)은 이 조류의 도전에 관해 썼다.

> 우리는 고대 펠라기우스주의자를 우리 시대의 새로운 펠라기우스주의자보다 쉽게 물리칠 수 있다. 우리와 동시대인은 원죄의 사실을 부인하지 않으면서도 그것이 모든 인간의 행동과 모든 인간의 노력을 죄로 만들 정도로 강력한 힘을 가졌음을 부정한다.27

이 쟁점과 관련하여 인간이 하나님 형상에 따라 창조되었다는 교리가 새롭게 등장했다. 루터는 영속적인 영적, 이성적, 혹은 도덕적 자질로서 하나님 형상을 강조하여 사람들이 타락 이후 어느 정도 자유 의지를 갖는다는 중세적 강조점을 제거했다. 대신에 그는 하나님 형상이 타락으로 손상된 정도가 아니라 구원에 관계된 한 그 모든 실제적인 목적에 있어서 **지워졌다**고 가르쳤다. 타락한 인간은 하나님의 형상을 잃어버렸다. 그는 이제 마귀의 형상을 반영하고 있고28 하나님을 기쁘시게 할 어떤 일을 의지하거나 행할 그 어떤 자유 의지도 사라졌다.

모든 개혁자가 루터를 따르지는 않았다. 많은 사람이 하나님 형상과 자유 의지에 관한 그의 입장이 과장되었다고 생각했다. 대부분 타락 후 인간 속의 하나님 형상은 진정으로 왜곡되고 뒤틀렸지만, 완전히 파괴된 것은 아니라고 믿었다.29

주요 개신교 개혁자들-루터, 울리히 츠빙글리(Ulrich Zwingli, 1484~1531년), 장 칼뱅(1509~1564)-은 원죄와 전적 타락에 관한 아우구스티누스의

---

26 Pelikan, *The Christian Tradition*, 4:139.

27 Philipp Melanchthon, *Loci Communes Theologici: Sin* 4, in Wilhelm Pauck, ed., Melanchthon and Bucer, The Library of Christian Classics (Philadelphia: Westminster, 1959), 33.

28 Pelikan, *The Christian Tradition*, 4:142.

29 Pelikan, *The Christian Tradition*, 144.

교리를 채택했다.30 그러나 이 점에 대해 완전히 동의했다는 것은 과한 표현일 것이다. 재침례교 전통에 속한 많은 사람이 유아세례를 부정하면서 아우구스티누스의 교리 역시 부정했다. 대다수 재침례교인은 유아와 어린이들은 하나님 앞에 무죄하기에 원죄의 오염을 씻어내려는 유아세례가 불필요하다고 보았다.31 그러나 루터파와 개혁파 신학자들은 원죄, 전적 타락, 의지의 예속 같은 교리를 부정하는 것을 중세 로마가톨릭 펠라기우스주의로 퇴보하는 것으로 여겨 그것을 강력히 거부했다.

종교개혁 이후 개혁파 전통에서 인간과 죄에 관한 아우구스티누스 견해에 대한 동의가 있었지만, 그것은 더 많은 논쟁을 낳았다. 젊은 목사와 신학자들은 자유 의지와 타락의 문제를 칼뱅과 개혁자들이 쓴 용어보다 덜 어둡고 강한 용어로 다루기 시작했다. 1610년 네덜란드의 야코부스 아르미니우스(James Arminius, 1560~1609)의 길을 따라 일단의 저항자들(Remonstrants, '저항하다, 반대하다, 혹은 불평하다'라는 의미의 단어에서 나옴)은 타락이 자유 의지에 행사하는 힘에 대한 엄격한 칼뱅주의적 이해를 반대하고 나섰다. 그들은 죄, 자유 의지, 예정, 그리고 하나님 은혜의 불가항력성에 관한 아우구스티누스의 독특한 견해가 불합리하게 독점하고 있다고 보고 다른 견해를 주장했다.

네덜란드 저항자들은 칼뱅주의자들이 실질적으로 아우구스티누스를 신학적 제왕으로 모시고 다른 어떤 견해도 '펠라기우스적'으로 간주한다고 비판했다. 그들의 관점에서 볼 때 칼뱅주의 입장을 유일하게 합당한 견해로 통용하는 것은 초대교회에서 양극단 사이에 카시아누스주의와 2차 오랑쥬회의의 반아우구스티누스주의를 포함한 다

---

30 츠빙글리의 원죄 교리는 사역 초기에 불분명하고 확실하지 않았지만, 성숙해 가면서 고전적 아우구스티누스 교리에 정착한 것으로 보인다 (Pelikan, *The Christian Tradition*, 4:225~26을 보라).

31 Ozment, *Age of Reform*, 346; Pelikan, *The Christian Tradition*, 5:42를 보라.

양한 중재적인 견해들이 있었다는 점을 인식하지 못하는 처사였다. 많은 이들이 정통신앙에서 이 문제가 흑과 백, 칼뱅주의 **아니면** 펠라기우스주의가 아니었다고 주장했다. 이 문제에 관해 그들은 그리스도의 몸 안에 다양성을 위한 여지가 있다고 말했다.32

그 시점 이후 칼뱅주의와 아르미니우스주의 추종자는 인간과 죄의 문제를 두고 계속해서 다투었다. 따라서 종교개혁 이후 로마가톨릭과 개신교는 서로 간에, 또한 자기들끼리 논쟁을 계속했고, 특히 원죄의 효과, 인간의 타락, 그리고 자유 의지 문제를 두고 다투었다. 그러나 교단 간에, 또한 집안 내부의 논쟁은 근대시대에 와서 더 중요하고 심각한 도전에 자리를 내어주었다.

근대·현대시대(1700년~현재)

성경적으로 '계몽(조명, enlightenment)'은 성령께서 죄와 무지로 어두워진 인간 마음에 역사하시는 것, 자신의 죄를 보고 하나님께서 용서와 구원으로 변화시키시는 빛을 받도록 타락한 마음이 밝혀지는 것을 말한다.33 그러나 18세기에는 거의 모든 사상과 제도에 도전하려는 혁명 정신에 고무되어 새로운 형태의 '계몽'이 유럽 지성인 사회에 불붙기 시작했다. 죄인에게 구원자가 절박하게 필요함을 보여주는 대신, 이 운동은 인간이 결국 그렇게 악하지 않으며 사실상 완전히 스스로 문제를 결정할 수 있다는 점을 강조하고자 했다. 1784년 독일 철학자 이마누엘 칸트(Immanuel Kant, 1724~1804)는 어떤 고전적 교리들을 어느 정도 멸절할 개념을 제시했다.

계몽은 인류가 자신이 초래한 미성숙함에서 벗어나는 것이다. **미성숙함**은 다른 사람의 인도를 받지 않고 자신의 이성을 사용할

---

32 Pelikan, *The Christian Tradition*, 5:225.

33 예를 들면, 시편 19:8; 에베소서 1:18; 히브리서 6:4~6; 10:32을 보라.

수 없는 무능력이다. 무능력의 원인이 이해력이 부족한 데 있다기보다 다른 사람의 인도를 받지 않고 이것을 사용할 결단과 용기가 부족한 데 있다면, 그것은 **자신이 초래한 것이다**. **스스로 생각하라**(sapere aude)! 당신 **자신의** 이성을 사용할 용기를 가지라! 이것이 계몽의 좌우명이다.34

그와 같은 개인적 능력과 인간 잠재력에 관한 견해로 원죄, 전적 타락, 의지의 예속 같은 교리는 가장 억압적이고 인간의 진보를 가로막는다고 여겨져 거부되었다. 맥그래스는 "원죄라는 정통 교리로 표현되는, 인간 본성이 어떤 의미에서 결함이 있거나 부패했다는 관념은 강력하게 거부되었다"라고 말한다.35 칼 바르트(Karl Barth)는 올바르게 지적한다.

> 계몽주의 신학은… 삼위일체나 기독론, 또는 성경의 기적들, 또는 세상에 대한 성경의 그림, 또는 성경에서 확인되는 구속 사건의 초자연성에 대한 비판으로 시작하지 않았다. 그 시작점은… 인간의 타락에 관해 개혁자들이 너무 엄격하게 주장한 것으로 생각하는 것—해결할 수 없는 인간의 죄책, 죄에 대한 인간의 급진적인 노예 상태, **의지의 예속**(servum arbitrium)—을 거부하는 것이었다. 계몽주의는 본래 인간 자신의 상황이 별로 그렇게 나쁘지 않다는 것을 깨달음을 의미한다.36

---

34 Immanuel Kant, "An Answer to the Question: What Is Enlightenment?" James Schmidt, trans. in James Schmidt, ed., *What Is Enlightenment: Eighteenth-Century Answers and Twentieth-Century Questions* (Berkeley: University of California Press, 1996), 58.

35 McGrath, *Christian Theology*, 84.

36 Karl Barth, *Church Dogmatics* (New York: T & T Clark, 1956), 4:479.

보수적 칼뱅주의자는, 특히 식민지 미대륙에서, 소위 유럽의 새로운 빛에 맞춰 춤추기까지 오래 걸렸다. 많은 사람은 뉴잉글랜드 회중교회 목사이자 신학자인 조나단 에드워즈(Jonathan Edwards, 1703~1758)의 노선을 유지했다. 그러나 심지어 에드워즈조차 어떤 의미에서 소위 칼뱅주의의 어둡고 음울함에서 미묘하게 벗어나게 하는 데 이바지했다. 그가 강력하게 지원했던 제1차 대각성 운동(1730~40년대) 기간에 "인간 본성에 대한 칼뱅주의의 어두운 견해는 구원하는 은혜의 강력한 메시지로 사람들을 끄는 하나님의 주권의 순전한 광채와 초월성으로 밝아졌다."37 전적 타락을 부정하지 않으면서도 그와 다른 복음 전도자들은 대신에 하나님의 구원하는 은혜의 영광을 강조했다.

동시에 영국 감리교 운동의 지도자 존 웨슬리(John Wesley, 1703~1791)는 네덜란드 아르미니우스주의자들이 1세기 전에 했던 방식과 유사하게 인간의 자유 의지 교리를 수정했다. 웨슬리는 전적 타락이라는 고전 교리를 받아들였지만, 그리스도의 죽음이 타락의 파괴성을 완화했고 모든 사람에게 복음에 반응할 수 있는 충분한 자유 의지를 허락해 준다고 믿었다. 이것은 초기 개혁파 목사와 신학자들이 가졌던 아우구스티누스주의/칼뱅주의 견해로부터 실제로 한 걸음 멀어졌음을 보여준다.

에드워즈 이후 계몽주의 사상의 영향은 천천히 뉴잉글랜드 신학에 스며들었고 결국 많은 미국 교회와 신학교를 지배하기에 이르렀다. 인간과 죄에 대한 예전 칼뱅주의 학파의 입장은 인간 본성과 자유 의지에 대한 보다 낙관적이고 심지어 긍정적인 견해에 밀려났다. 예를 들어, 예일대학교 나다니엘 테일러(Nathaniel Taylor, 1786~1858) 교수는 에드워즈의 고전적 칼뱅주의 전통 출신이었지만, 그의 보수적 비평가 눈에는 펠라기우스주의에 가까워 보이는 방식으로 말했다.38

---

37 Ray S. Anderson, "Evangelical Theology" in David F. Ford, ed., *The Modern Theologians: Introduction to Christian Theology in the Twentieth Century* (Oxford: Blackwell, 1997), 481.

38 Anderson, "Evangelical Theology," 481.

2차 대각성 운동 때(1790~1840 즈음) 인간 본성과 능력에 관한 이 견해는 부흥 설교자들 사이에 유행했고, 그들의 일부는 완전히 원죄와 전적 타락이라는 고전 교리를 버렸다. 이 이탈의 극단을 대표하는 사람이 부흥 설교자 찰스 피니(Charles Finney, 1792~1875년)인데, 그는 원죄와 전적 타락을 너무 심하게 비판하여 일부는 그가 정통이라기보다 펠라기우스주의자라고 생각했다.

> 이 [원죄] 교리는 교회와 세상 모두에 거침돌이며 하나님께 무한히 불명예스럽고 하나님과 인간 지성 모두에 역겨운 것으로 모든 강단에서, 모든 교리 공식에서, 세상에서 추방해야 한다. 이것은 스스로 검토해 보는 수고를 할 사람은 누구나 알 수 있듯, 이방 철학의 유물이고 아우구스티누스가 기독교 교리 가운데 몰래 집어넣은 것이다.39

근대시대에 신학자도 하나님 형상의 의미를 재조사했다. 인간 안에 있는 하나님 형상은 어떤 개신교 개혁자들이 가르쳤듯이 정말로 **지워졌는가**? 아니면 어떤 방식으로든 유지했는가? 목사들과 신학자들은 하나님의 형상이 손상되었지만 파괴되지는 않았다고 더 긍정적으로 말하기 시작했다. 이 점도 역시 인간 이성과 자유 의지에 관한 새로운 낙관주의를 지지하는 요인이었다.40

그리고 1859년 11월, 한 권의 책이 그 이후 인간 본성에 관한 논의를 바꿨다. 이후 무수한 다른 책이 인간 진화의 이론을 퍼뜨렸지만, 찰스 다윈(Charles Darwin)의 『종의 기원』41은 점점 더 기독교 정통신학의 대안을 찾던 사회에 잘 받아들여졌다. 다윈은 1876년 "유감스럽

---

39 Charles G. Finney, *Systematic Theology*, J. H. Fairchild, ed. (Whittier, CA: Colporter Kemp, 1946), 252.

40 Pelikan, *The Christian Tradition*, 5:405~06.

41 Charles Darwin, *On the Origin of Species by Means of Natural Selection, or the Preservation of Favoured Races in the Struggle for Life* (New York: Appleton, 1864), xi.

지만, 인간이 어떤 열등한 유기체의 후손이라는 것은 많은 사람에게 매우 불쾌한 일일 것이다"라고 썼다.42 보수적 정통 신자는 그 이론을 완전히 거부했는데, 아담과 하와로부터 모든 인류가 기원했다는 기독교 교리, 타락과 그 결과 우리 죄악 상태에 관한 성경의 설명, 그리고 다른 관련된 가르침에 정면으로 맞선다고 보았다.

단순히 말해서 다윈주의가 옳다면, 인간과 죄에 대한 고전적 기독교 가르침은 더는 유지할 수 없었다. 펠리칸은 말한다.

> 여러 면에서 진화 가설은 하나님 형상으로 창조되었다는 교리보다 원죄 교리에 더 심각하게 위협하다는 것을 내포했다. 창세기의 처음 몇 장에 있는 설명의 문자적 역사성을 받아들이지 않는 사람조차 인류의 공통 기원을 붙들기 원했다.43

오래지 않아 많은 사람이 대진화44가 사실이고 인류가 죄로 타락한 한 부모 부부에게서 기원하지 않았다면, 타락, 자유 의지, 그리고 원죄와 연결된 죄와 죽음에 관한 모든 논의는 무가치하고 공허하다고 주장했다.

성경과 지배적인 과학 이론을 동시에 포용하기 원한 신학자는 두 가지가 완전히 반대로 가는 것처럼 보인다는 것을 깨달았다. 인류는 하나님의 창조하신 최고의 걸작품으로 그들의 높은 위치에서 떨어져 부패하고 죽어 마땅한 상태가 되어 절박하게 구원을 필요로 하는가? 아니면 우리는 자연 선택에서 가장 최근 산물로서 무수한 일련의 '열등한 유기체'에서 나왔는가?

---

42 Charles Darwin, *The Descent of Man, and Selection in Relation to Sex* (New York: Appleton, 1876), 618.

43 Pelikan, *The Christian Tradition*, 5:207.

44 아래 피해야 할 '위험 1. 과학을 내세우는 회의론의 유혹'을 보라.

19세기 계몽주의 비평과 진화론에 영향을 받은 자유주의 신학은 고전적 원죄 교리를 완전히 버리든지, 아니면 옛 방식이 낡았다고 믿든 지로 반응했다. 헨리 워드 비처(Henry Ward Beecher, 1813~1887)는 그 시대의 정신을 대표하여 다음과 같이 말했다.

> 지금 과학자들은 인간의 전체 구조와 기능과 정신적 능력의 발전 방법에 관해, 잠정적이고 실험적이지만, 엄청난 양의 실제적이며, 탐색적이고, 분별력 있는 사고를 세상의 모든 역사를 합쳐 쏟아부어 왔던 것보다 더 많이 적용한다. 더 많은 사람이 이것을 연구하며 성과를 내고 있고 그 결과는 직간접적으로 일종의 공적 사고와 감정을 만들어내기 시작했다. 종교에서는 심리학파에 속한 정신 철학자들이 예전 기독교 교리의 자취를 밟으려고 하지 않는다. 그들은 인간에 관한 같은 총체적 관념을 붙들려고 하지 않는다. 목회자가 자기 신학 체계를 있는 그대로 사실에 맞추지 않고 사람들이 연구하는 것을 인식하지 못한다면, 강단은 광야에서 외치는 자의 소리와 같아질 때는 머지않다.45

후기 계몽주의(post-Enlightenment)와 후기 다윈주의(post-Darwinism)가 인간과 죄를 재정의한 이후, 구속에 관한 새로운 이해가 등장하여 예수 그리스도께서 죄인을 위해 죽음의 형벌을 받고 신자에게 은혜로 새 생명을 주시려고 오셨다는 견해를 대체했다. 그런 개정의 예를 월터 라우셴부쉬(Walter Rauschenbusch)의 『사회 복음을 위한 신학』에서 볼 수 있는데, 그는 원죄에 관한 일반 자유주의 견해를 대변하며 또한 자기 의제에 맞는 죄에 관한 새로운 교리를 희망차게 피력했다. "대중의 마귀적 세력에 대한 미신적 신앙은 대체로 교육으로 사라졌다… 동시에 원죄에 대한 믿음도 사라져 간다."46 라우셴부

---

45 Henry Ward Beecher, "The Study of Human Nature" in *Popular Science* (July 1872), 330~31.

쉬는 이렇게 기독교에서 나온 신화로 여겨지는 것들을 바꾸어 오직 보수주의자들만이 거부할 것으로 대체했다.

> 내가 그리려고 한 것과 같은 사회적 개념의 악의 왕국은 점점 증가하는 인종적 단합에 대한 의식에 강력하게 호소하는 힘이 있다. 이것은 현대적이며 우리의 가장 활발한 관심과 개념에서부터 자연스럽게 자라난다. 골동품 가구에 앉아 있기를 좋아하는 보수주의자들에게 호소하기보다 이것은 급진파에게 호소력이 있을 것이다. 이것은 억압에 대한 정치적이고 사회적인 대항을 포함한다.47

유럽과 미대륙의 점점 더 많은 신학자, 목사, 신학생, 교회가 인간과 죄에 관한 고전적 견해를 버리고 현대적 견해를 채택하자 보수적 개신교인은 결정적으로 대응했다.48 20세기 초에 원죄와 타락을 포함한 신앙의 근본 교리들을 지키기 위해 정통 개신교 복음주의자 연합이 등장했다. 이 '근본주의자'로 불리는 사람은 많은 논쟁과 투쟁을 통해 고전 교리들을 보존하고자 했다.

보수적 복음주의자―한 세기에 앞서 근본주의자의 신학적 후예―은 이제 인간과 죄에 관한 교리에 통일성과 다양성을 모두 가진 전통을 유지하고 있다. 예전의 내부 논쟁이 계속되고 있다.

- 칼뱅주의 대 아르미니우스주의
- 아우구스티누스주의 대 카시아누스주의
- 전적 타락 대 부분적 타락
- 자유 의지 대 의지의 예속
- 창조기사에 대한 문자적 대 비문자적 해석보수적 복음주의자 사

---

46 Walter Rauschenbusch, *Theology for the Social Gospel* (New York: Macmillan, 1922), 90.

47 Rauschenbusch, *Theology for the Social Gospel*, 90.

48 Anderson, "Evangelical Theology" in Ford, *The Modern Theologians*, 482.

이에 이것들과 다른 많은 문제에 관한 토론은 끝이 없어 보인다. 왜 그래야만 하는가? 그들은 교회사 내내 논쟁해 왔다. 21세기에도 역시 인간과 죄에 대한 교리와 관련된 새로운 문제들, 예를 들어 진화론, 성 지향성, 아담과 하와의 역사성, 인간이 몸과 구별되는 비물질적 측면을 가졌는가 등에 관한 새로운 관심이 일어나고 있다.

타락한 인류의 내적인 죄악성을 말하는 것은 절대로 인기가 없을 것이다. 그런 의미에서 그리스도인은 항상 광야에서 외치는 자의 소리와 같을 것이다. 그러나 인간과 죄에 관한 교리를 회고할 때 우리는 창조 세계에서 하나님 형상**이면서** 반역으로 타락한 상태에 있는 인간의 독특한 위치를 기독교 신앙에서 뺄 수 없음을 기억한다. 이 사실에 비추어 우리는 함께 고백한다.

> 우리는 우리 첫 부모가 유혹을 받아 악을 택해 하나님에게서 타락했고, 죄의 권세 아래 놓였으며, 그 형벌로 영원한 죽음을 맞았다고 믿는다. 우리는 이 불순종으로 우리와 모든 사람은 죄악된 상태로 태어났고, 하나님의 법을 어겼으며, 누구도 그분의 은혜 없이는 구원받을 수 없음을 고백한다.[49]

---

[49] *Brief Statement of the Reformed Faith* in Schaff, *Creeds of Christendom*, 3:922.

교부시대 (100~500년)	중세시대 (500~1500년)	종교개혁시대 (1500~1700년)	근대 · 현대시대 (1700년~현재)
• 모든 그리스도인은 하나님이 인간 몸과 영혼을 하나님 형상으로 지었으나, 무죄상태에서 죄와 죽음으로 타락했다고 믿었다(100~500년) • 인간에게 있는 하나님 형상을 점점 이성적 능력으로 여겼다(100~500년). • 초기 교부는 운명론에 맞서 인간의 자유 의지를 주장했다(400년). • 펠라기우스: 인간은 태어날 때 영적으로 살아 있어서 영생을 얻을 능력을 가진다(410년 즈음). • 아우구스티누스: 인간은 영적으로 죽은 채 태어나서 은혜 없이는 선을 행할 수 없다(410년 즈음). • 카시아누스: 인간은 영적으로 병들어서 하나님의 은혜와 협력할 수는 있지만, 그분 도움이 없이는 자신을 구원할 수 없다(420년 즈음). • 에베소 공의회(431년)에서 펠라기우스주의를 정죄했다.	• 동방 정통에서는 인간 상태에 더 낙관적 견해를 취해, 하나님 은혜에 반응할 수 있다는 자유 의지를 믿었다(500~1500년) • 서방의 2차 오랑쥬회의(529년)는 전적 타락과 은혜 필요성에 대한 아우구스티누스의 견해를 인정하고 부분적 타락에 대한 동방의 견해를 거부했다. • 2차 오랑쥬회의는 로마 가톨릭 신학이 펠라기우스주의로 기울며 잊혔다(1000~1500년) • 인간에게 있는 하나님 형상은 이성 및 자유 의지와 연결되어 타락한 인간에게도 부분적으로 보존되었고, 그래서 그분의 은혜에 자유롭게 반응할 수 있다(1000~1500년). • 후기 중세 스콜라 학자 일부는 펠라기우스와 비슷한 죄 교리를 가르쳤다.	• 루터와 츠빙글리 같은 개혁자는 펠라기우스주의와 비슷한 로마가톨릭 가르침에 맞서 원죄와 전적 타락에 관한 아우구스티누스의 가르침을 다시 주장했다(1500~1550년). • 루터는 인간 안의 하나님 형상은 타락 때 상실되었고 그리스도를 통해서만 회복된다고 말했다(1520). 다른 주요 개혁자는 이것이 손상되었지만 파괴되지는 않았다고 믿었다. • 재침례교도와 아르미니우스주의자는 원죄와 전적 타락에 관한 아우구스티누스주의와 칼뱅주의 교리를 반대하여 카시아누스주의와 비슷한, 완화된 견해를 취했다(1500~1700년).	• 계몽주의 사상가는 원죄와 전적 타락의 고전적 교리를 거부했다(1700~1800년). • 유럽의 기독교 국가는 계몽주의 인간 이해에 순응하여 자유신학을 낳았고, 인간 이성과 능력을 높이 평가했다(1700~1900년). • 북미 기독교는 인간과 죄의 고전적 견해를 느리게 조금씩 상실했다(1750~1850년) • 2차 대각성 운동 때(1790~1840년) 전적 타락과 원죄에 관한 고전적 교리에서 격적으로 이탈했다. • 다윈의 이론은 인간이 하나님의 형상으로 창조되었다는 것과 인간과 죄에 대한 모든 고전적 교리에 도전했다.

반드시 기억해야 할 사실

아마 요즘 젊은이 가운데, 1950년대 미국에서 방영한 드라마「드래그넷(*Dragnet*)」을 원작… 또는 1960년대 재방송… 아니면 1987년 리메이크… 아니면 실패한 2003년 TV 시리즈 재상영을 한 편이라도… 시청한 사람은 거의 없을 것이다. 그러나 구세대 사람은 그 드라마의 으뜸상징(trademark)을 절대 잊지 못한다. 예를 들면, "무고한 사람들을 보호하기 위해 실명을 사용하지 않았습니다"라는 해설이라든가, "덤-더-덤-덤"하는 드라마의 테마 음악,1 그리고 특별히 자주 (잘못) 인용하는 문구인 "사실만을 말하세요" 등이 있다.2 양복을 입은 두 명의 로스앤젤레스 형사들이 목격자와 면담하는 과정에서 목격자가 말 그대로 벌벌 떨면서 개인적인 의견과 사건과 상관없는 생각들을 마구 쏟아낼 때, 조 프라이데이(Joe Friday) 경사는 한 손을 들어 목격자의 말을 멈추게 하고, "우리는 사실만을 듣고 싶습니다"라며 다시 사건으로 돌아오게 한다.

　기독교 신학을 탐구하는 데도 때때로 우리가 바라는 것은 오직 사실—모든 세부사항을 일관되게 묶어주는 기본 근거—뿐이다. 그렇다. 우리는 신학의 복잡한 문제와 논쟁거리인 의문, 그리고 논리적 함의를 연구하는 데 일생을 바칠 수 있다. 그러나 우선 우리는 모든 다른 것의 축이 되는 가장 중심 진리를 정리해야 한다. 다음 사실은 이미 여러 배경에서 언급했지만, 우리의 탐구에 결정적으로 중요하기에 그

1　45세 이하라면 televisiontunes.com/Dragnet.html을 보라.

2　조 프라이데이(Joe Friday)는 댄 아크로이드(Dan Aykroyd)가 불성실한 영화 버전(1987)에서 그 역할을 할 때까지 실제로 "마담, 사실만 말하세요"라고 말한 적이 없다.

것들만을 다루는 단원을 마련하여 강조한다.

사실 1. 삼위일체 창조주가 기독교 세계관의 기초다

"왜 아무것도 없는 게 아니라, 무엇인가 있는 것일까?"

존재에 관한 이 기본 질문에 대답은 사실상 세 가지로 정리할 수 있다. '무신론'은 하나님이 없으며, 따라서 무언가 항상 존재해왔다고 말한다. '범신론'은 하나님이 모든 것이므로, 모든 것이 하나님이라고 주장한다. '유신론'은 인격적인 창조주 하나님이 무에서 유를, 존재하는 모든 것을 만드셨다고 믿는다.

이렇게 서로 다른 대답은 시간이 남아도는 철학자와 신학자의 서로 아무런 연관성도 없는 사색의 결과만은 아니다. 이 대답은 사람의 세계관에 영향을 미치므로, 우리의 일상생활에 필수적이다. 제임스 자이어(James Sire)는 다음 말로 설명한다.

> 세계관이란 마음의 약속이자 근본 방향으로, 어떤 이야기 또는 일련의 추정들로 표현할 수 있으며… 현실의 기본 구성에 관한 것이고… 우리가 살아가고 움직이고 존재하는 토대라고 믿는다.[3]

성경은 창조에 관해 서로 '경쟁하는' 견해가 있다고 인정한다. "왜 아무것도 없는 게 아니라 무엇인가 있을까?"라는 질문에 여러 가지로 대답하는 수많은 이론과 철학이 있다. 사도 바울은 이것에 관해 기록하였다.

> [5]이른바 신이라는 것들이 하늘에든 땅에든 있다고 칩시다. 그러면 많은 신과 많은 주가 있는 것 같습니다. [6]그러나 우리에게는 아버지

---

[3] James W. Sire, *Naming the Elephant: Worldview as a Concept* (Downers Grove, IL: InterVarsity, 2004), 122.

가 되시는 하나님 한 분이 계실 뿐입니다. 만물은 그분에게서 났고, 우리는 그분을 위하여 있습니다. 그리고 한 분 주님이신 예수 그리스도가 계십니다. 만물이 그분으로 말미암아 있고, 우리도 그분으로 말미암아 있습니다. ⁷그러나 누구에게나 다 지식이 있는 것은 아닙니다. 어떤 사람들은 지금까지 우상을 섬기던 관습에 젖어 있어서, 그들이 먹는 고기가 우상의 것인 줄로 여기면서 먹습니다. 그들의 양심이 약하므로 더럽혀지는 것입니다. (고전 8:5~7)

히브리서 저자는 이러한 기독교 세계관의 기초가 궁극적으로는 과학적인 증거나 철학적 추측, 개인적인 경험 또는 논리적인 논쟁에 있는 것이 아니라, "믿음으로 우리는 세상이 하나님의 말씀으로 지어졌다는 것을 깨닫습니다. 보이는 것은 나타나 있는 것에서 된 것이 아닙니다."(히 11:3)라고 기록했다.

그리스도인은 모든 것이 삼위일체 하나님으로부터 말미암았다고 믿으며, 그는 선하시고, 전지전능하신 아버지이시며 성령의 능력으로 자기 아들을 통해 자기를 나타내시는 분이심을 믿는다. 무신론이나 범신론과 달리, 이 세상에는 목적과 의미, 질서와 아름다움이 있는데, 그것은 세상이 창조주의 작품이기 때문이다. 그리고 인간은 세상을 이해하고 가치를 확인하며 결정을 내릴 수 있게 하는 어떤 틀, 기준, 내지는 믿음 체계를 가지고 있다.

우리는 삼위일체 창조주가 기독교 세계관의 기초임을 반드시 기억해야 한다.

사실 2. 모든 인간은 하나님 형상으로 창조되어 고유한 존엄성을 지닌다

인간의 기원을 설명하는 대안 이야기들은 사실상 인간의 존엄성을 파괴하거나 타락하게 한다. 우리가 어떻게든 창조주 하나님의 도움이

나 안내가 전혀 없이 맹목적 자연 선택으로 진화했다면, 우리 인간의 복잡성은 다른 동물들 가운데 생존의 우위에 있게 할 수는 있으나 인간을 다른 동물들과 뚜렷이 다르게 만들지는 못한다.

인간은 지구상의 그 어떤 생명체와는 달리, 하나님의 형상을 따라 독특하게 창조되었고, 바로 이것이 개인의 존엄성 근거이다. 우리가 다른 피조물과 공유하는 유사성은 그 '재료'가 흙으로부터 왔다는 것이다(창 1:24; 2:7). 그러나 인간은 하나님의 창조 질서에서 특별한 부르심에 독특하게 맞춰진 신체적, 지적, 영적인 능력을 부여받았다.

오늘날은 그 어느 때보다 인간이 무엇인지, 사람이 무엇인지에 대한 의문이 더 격렬한 논쟁을 일으킨다. 사람의 생명이 위태로운 상태다. 성경은 우리가 하나님 형상으로 창조되었다고 선포하고 있다. 아직 태어나지 않은 사람부터 죽은 사람까지, 회개하지 않은 죄인부터 자신을 희생하는 성자까지, 백악관에 있는 사람으로부터 다리 밑의 노숙자까지, 모든 사람에게는 하나님 형상을 지닌 피조물이라는 존엄성과 가치가 내재한다. 성별, 나이, 인종, 경제적 수준에 상관없이 모든 인간은 특별한 의미를 지닌 존재다. 그리고 다른 어떤 세계관도 진정으로 이러한 인간의 평등을 확언하지 못한다.

그러므로 인간, 곧 모든 사람과 개개인이 하나님의 형상으로 창조되었다는 것이 우리가 절대 잊어서는 안 되는 사실이다.

사실 3. 하나님은 사람이 공동체를 이루고 번성하도록 만드셨다

인간은 관계적인 존재이며, 함께 살아가고 번성하며 성장하고 발전하도록 창조되었다. 다음 이야기가 그 사실을 설명한다.

> 13세기에 프레데릭 2세(Frederick II)는 어린아이가 자라면서 모국어를 가르쳐주지 않으면, 과연 어떤 언어를 할지 너무나도 궁금했다. 그래서 여러 어린 아기를 대상으로 실험을 하면서 유모에게 아

기에게 최소한의 돌봄을 제공하고 완전한 침묵을 유지하라고 지시했다. 아기는 한 해를 못 넘기고 죽었다. 죽음의 원인은 언어의 박탈감이 아니라, 사랑의 박탈감이었다.4

하나님께서는 사람이 혼자 살아가게 하지 않으셨다. 사람이 다른 사람을 꺼리거나 꺼림을 당할 때, 또는 사랑의 관계를 경험하지 못할 때, 위축되고 죽는다.

공동체에서 살아가고 번성해야 할 필요성은 태초까지 거슬러 올라간다. 하나님은 자신의 창조물을 바라보시고 "참 좋았다"(창 1:31)라고 말씀하신 후에, 그의 완벽한 질서에서 '좋지 않은' 한 가지를 보셨다. "남자가 혼자 있는 것이 좋지 않으니"(창 2:18).

하나님은 아담에게 짝이 필요한 문제를 해결하시려고 모든 동물이 아담 앞을 지나가게 하셨으나, "그 남자를 돕는 사람, 곧 그의 짝이 없었다"(창 2:20). 어떤 동물도 사람에게는 평생 함께할 동료가 되지 못했다.

인간은 사회적 존재이며 공동체, 곧 가까운 우정, 친밀한 교제, 서로를 묶어주는 관계에서 살아가도록 창조되었다.5 하나님 자신이 아버지와 아들과 성령의 영원한 관계를 기뻐하시는 사회적 하나님이신 것과 마찬가지로 우리 역시 개인적이면서도 사회적 피조물이다.6

조지 캐리(George Carey)는 다음 말로 적절히 표현하고 있다. "인간은 **진공에서**(*in vacuo*) 생존하거나 성장할 수 없다. 인간으로 성숙하려면 우리 각자는 다른 사람과 같이 있어야 한다."7 우리는 사람이

---

4 George Carey, *I Believe in Man* (Grand Rapids, MI: Eerdmans, 1977), 108.

5 Leroy T. Howe, *The Image of God: A Theology for Pastoral Care and Counseling* (Nashville: Abingdon, 1995), 38.

6 예를 들면, Stanley J. Grenz, *The Social God and the Relational Self: A Trinitarian Theology of the Imago Dei*. The Matrix of Christian Theology series (Louisville, KY: Westminster John Knox, 2001)을 보라.

홀로 머무는 것이 좋지 않다는 사실을 반드시 기억해야 한다. 하나님은 우리가 함께 살아가고 번성하도록 창조하셨기 때문이다.

사실 4. 모든 사람은 죄인이고, 모두가 죄를 범했으며, 모두에게 구주가 필요하다

나는 죄를 짓기 때문에 죄인이 아니다. 나는 죄인이기 때문에 죄를 짓는다. 그리고 나는 죄를 짓는 죄인이기 때문에, 죄를 지은 적이 없으신, 짓지도 않으시는, 지을 수도 없으신 구원자가 필요하다.

인간은 원래 선한 존재로 창조되었으나 그러한 선함과 무죄에서 타락은 모든 인류를 죄와 죄책 가운데 빠뜨렸다. "그러므로 한 사람으로 말미암아 죄가 세상에 들어왔고, 또 그 죄로 말미암아 죽음이 들어온 것과 같이, 모든 사람이 죄를 지었기 때문에 죽음이 모든 사람에게 이르게 되었습니다."(롬 5:12). "한 사람의 범죄 행위 때문에 모든 사람이 유죄판결을 받았는데"(18절). "모든 사람이 죄를 범하였습니다. 그래서 사람은 하나님의 영광에 못 미치는 처지에 놓여있습니다"(3:23).

물고기는 헤엄을 친다. 새는 날아다닌다. 뱀은 스르르 기어간다. 죄인은 죄를 짓는다. 그것은 우리 타락한 본성에 있는 것이다. 그 누구도 벗어날 수 없다. 당신이 인간이라면, 곧 아담과 하와의 자연적인 후손이라면, 당신은 타락한 죄인들의 가족으로 태어났다. 우리는 그들의 인간성과 타락, 곧 필멸성, 연약함, 불완전함, 죄책과 정죄를 물려받았다.

그러나 여기에서 벗어날 수 있는 길이 있다. 예수님은 남자로부터 나지 않고 여자에게서 났으나, 죄의 심판과 책임에 구애받지 않는 분이시다. 사실 그리스도는 모든 면에서 다른 인간과 같이 시험을 받았으나 "죄가 없는"(히 4:15) 분이시다. 따라서 그분만이 완전하고 받을

---

7 Carey, *I Believe in Man*, 108.

만한 희생제물이자 죄인들을 대속하실 수 있다. "하나님께서는 죄를 모르시는 분에게 우리 대신으로 죄를 씌우셨습니다. 그것은 우리가 그리스도 안에서 하나님의 의가 되게 하시려는 것입니다"(고후 5:21).

그러므로 우리는 모든 사람이 죄인이며 모두가 죄를 지었다는 사실을 절대 잊어서는 안 되며, 또한 우리에게 죄 없으신 구원자가 있다는 사실을 반드시 기억해야 한다.

사실 5. **천사와 귀신들은 그들의 무한한 창조주의 유한한 피조물이다**

천사들과 사탄, 귀신들에 대한 근거 없는 믿음이 수없이 많다.

많은 민속 신학은 천사가 착한 사람의 죽은 영혼이라고 가르친다. 그래서 불쌍하고 나이 든 밥 삼촌, 그의 마음에 축복이 있어라. 그가 천국에 간 것은 하나님이 성가대에서 노래하고 하프를 연주할 다른 천사가 필요했기 때문이다. 그렇게 생각하면 '나쁜 사람'의 영혼은 산 사람을 괴롭히는 귀신이 된 것일 수 있겠고, 그럼 밥 삼촌 천사는 더욱 자기 일을 열심히 해야 할 것이다!

로마가톨릭과 동방정교회에서는 천사장 미카엘이 신자를 도우려고 호출된 성자라고 한다. 어쨌든 성 미카엘의 그림을 보면 항상 날카로운 칼과 방패를 들고 있다. 그리고 때로는 그의 큰 장화로 사단의 목을 밟고 있는 모습을 볼 수 있다. 영적인 전쟁에서 누가 그를 자기편에 두고 싶지 않겠는가?

또 어떤 사람은 천사가 모든 곳에 있다고 생각한다. 어린아이를 다치지 않게 받쳐주기도 하고, 인내심이 부족한 사람이 기도할 때 주차할 자리를 미리 맡아주기도 하면서 말이다. 현시대에 큰 인기를 누리는 신비주의에서 천사는 때때로 마술사와 같은 보호자가 되고 영적인 위로자가 '되며 보이지 않는 동반자가 된다. 마치 상상 속의 친구나 안심 담요처럼 말이다.

또한, 얼마나 많은 종교적인 사람이 인간을 공포에 사로잡히게 하는 데 혈안이 된 마귀와 그의 악당과 같은 귀신들의 무리를 두려워하며 살고 있는지 모른다. 그들은 너무나 많은 영화에서 아무것도 모르는 피해자들이 귀신들(또는 사탄 자신)로부터 공격을 받는 것을 보았으며 이것을 피할 유일한 방법은 퇴마사를 부르는 것밖에 없다고 생각한다.

이런 모든 혼란에서 중요한 것은 한 가지 사실을 똑바로 아는 것이다. 곧, 천사, 사탄, 귀신은 유한하고 제한적인 피조물들로 창조주의 통치권 아래에서 활동한다는 사실이다. 천사적 존재가 선하든 악하든 그는 하나님이 허락하시는 것만 할 수 있다. 그렇다. 하나님은 그분이 가지신 이유로 사탄과 귀신이 사람을 시험하고 속이거나 때로는 공격하도록 긴 끈을 묶어두고 허락하기도 하신다. 그러나 성경이 분명히 말하는 것은 이들은 하나님의 승인 없이 이러한 일들을 절대로 할 수 없다는 사실이다.8 그리고 그분의 선한 천사가 그분 뜻을 "위하여 섬기라고 보내심"을 받았다는 사실을 알기에(히 1:14), 우리가 천사에게 도움을 구하는 기도를 하는 것은 아무 의미가 없고, 그들의 두목께 직접 간구할 수 있다는 사실을 깨달아야 한다.9 모든 피조물을 다스리시는 유일하신 그분과 이야기하면서 악한 세력으로부터 보호해 주실 것도 구할 수 있지 않겠는가?10

우리는 천사와 귀신이 유한한 존재이며 무한하신 창조주의 통치 아래 있다는 사실을 반드시 기억해야 한다.

사실 6. 하나님은 악의 근원이 아니다

우리는 하나님이 태초에 모든 것을 선하게 창조하셨다는 사실을 다시 확인했다(창 1:31). 신약성경은 또한 "온갖 좋은 선물과 모든 완

---

8 예를 들면, 욥기 1:9~11; 누가복음 22:31~32; 고린도후서 12:7~9를 보라.

9 예를 들면, 에베소서 2:18; 히브리서 4:16을 보라.

10 예를 들면, 요한복음 17:15; 에베소서 6:16; 데살로니가후서 3:3를 보라.

전한 은사는 위에서, 곧 빛들을 지으신 아버지께로부터 내려옵니다"(약 1:17)라고 기록했고, "하나님은 빛이시요, 하나님 안에는 어둠이 전혀 없다"(요일 1:5)라고 말씀하고 있다.

만일 이 모든 것이 진실이라면, 다시 말해, 하나님은 빛이며 선하시다면, 왜 이렇게 세상에는 어두움과 악함이 있는 것인가? 그분께서 모든 것을 창조하지 않으셨던가? 그러면 어떻게 이럴 수 있을까?

역사적으로 대부분 그리스도인은, 여전히 오늘날에도, 아우구스티누스의 **신정론**(theodicy: '악의 존재를 전능하고 도덕적으로 완벽한 창조자의 섭리로 설명한다'라는 뜻의 용어[용어해설 참조])을 따랐다. 이 주장은 자유 의지의 변증이라고 종종 불리는데, 이는 전능하시고 좋으신 하나님께서 유한한 존재들을 선하게 창조하시고 그들에게 선택할 수 있는 자유를 주셨다고 말한다. 어떤 사람이 하나님에게 반대하는 선택을 할 수도 있음을 아셨다고 해도(악의 **가능성**), 인간이 그러한 선택을 자유롭게 한 것에 과실이 하나님께 있지 않다. 이 세계의 악함은 그러한 개인 선택의 결과물이며, 자연적 악함에는 이들이 초래한 결과인 육체적 심판도 포함한다(창 3장).

토마스 오든(Thomas Oden)은 다음 내용을 말한다.

> 따라서 [자유의지 변증에 의하면] 죄를 초래한 것은 하나님이라기보다 인간의 자유며, 그것은 하나님의 선해도 왜곡 가능성이 있는 창조물이다. 죄는 우리가 스스로 지으며 하나님이 하시는 것이 아니다. 하나님께서 협력하시는 것은 죄가 아니라 인간의 자유다. 하나님께서는 자유 의지가 행동할 수 있도록 능력을 부여하심으로 협력하시며, 자연적 인과관계라는 이차적인 무대를 제공하심으로 우리의 자유가 비록 넘어지기 쉽지만 세워질 수 있도록 하신다… 이러한 이유에 근거하여 우리가 기억해야 하는 공식이 있다. **하나님은 우리 행동의 결함**(defect)**이 아니라 결과**(effect)**에 동조하신다**.[11]

아픔과 고난, 고통과 부당함, 비극과 죽음 같은 개인 경험으로 우리는 하늘을 향해 주먹질하며 이 세상의 죄와 괴로움에 하나님을 원망하고 싶을 때가 있다. 그러나 태양 빛을 막으므로 드리우는 그림자를 두고 태양에게 책임을 지울 수 없듯이, 하나님도 죄에 대한 책임이 없으시다. 죄 자체는 사물이 아니다. 악은 여기서 저기로 흐르며 파멸을 초래하는 새까만 어떤 물질이 아니다. 그리고 사망은 무작위로 희생자를 요구하는 어떤 어슴푸레한 형체가 아니다. 죄, 악함, 사망은 의, 선함, 생명의 **부정**(negations)이다. 하나님이 그것들을 만든 것이 아니다. 하나님은 "다시는 죽음이 없고, 슬픔도 울부짖음도 고통도 없을"(계 21:4) 때까지만 그것들을 용인하실 것이다.

우리는 타락한 이 세상의 가장 깊은 어둠 가운데서도 하나님이 악을 만들지 않으셨다는 사실을 반드시 기억해야 한다.

반드시 기억해야 할 다섯 가지 사실

1. 삼위일체 창조주가 기독교 세계관의 기초다.
2. 모든 인간은 하나님의 형상으로 창조되어 고유한 존엄성을 지닌다.
3. 하나님은 사람들이 공동체를 이루고 번성하도록 만드셨다.
4. 모든 사람은 죄인이고, 모두가 죄를 범했으며, 모두에게 구주가 필요하다.
5. 천사와 귀신은 그들의 무한한 창조주의 유한한 피조물이다.
6. 하나님은 악의 근원이 아니시다.

---

11 Thomas C. Oden, *Classic Christianity: A Systematic Theology* (San Francisco: HarperOne, 2009), 150.

피해야 할 위험

어린이는 위험 경고가 재미를 망치고 자유를 억압한다고만 생각하지만, 우리는 나이가 들어가면서 그런 경고가 사실은 해를 당하지 않게 보호하려는 경고임을 깨닫는다. 많은 경우, 우리는 다른 사람이 사고나 부상, 심지어 죽음을 경험하면서 힘들게 배우고 나서야 경고를 받아들인다. 이러한 경고에 주의를 기울이면 그와 유사한 아픔과 심적 고통을 피할 수 있다.

기독교 신학 연구에도 나름의 위험이 있다. 역사를 통해 교리적, 실제적 오류가 그리스도의 몸을 반복해서 감염한 일을 볼 수 있다. 이에 대응하여 교회는 비주류 신념이나, 불건전한 관행, 그리고 파괴적 이단에 대항해 엄중한 경고의 형식으로 일련의 면역 체계를 개발해왔다. 그러나 각 새로운 세대는 백신을 접종받아야 한다. 그렇지 않으면 피할 수도 있는 아픔과 고통에 굴복하거나 다음 세대에게 교리적 질병과 실제적인 전염병을 물려주는 위험을 무릅쓴다.

다음의 '피해야 할 위험들'은 인간과 죄 교리에 올바른 사고를 하고 건강한 삶을 영위하는 데 가장 심각하고 시급한 위협의 대표이다. 세대가 영적 건강을 유지하고 다음 세대를 더 잘 준비시키는 데 다음 경고에 주의를 기울여 감염의 위협에 대비한 예방접종을 받을 수 있다.

위험 1. 과학을 내세우는 회의론의 유혹

나(네이선)는 전기공학자로서 전형적인 기계 애호가이다. 나는 전기나 기계 장치를 무척이나 좋아한다. 한 보험설계사가 우리 집에 오리지널 '보우마 브레인(Bowmar Brain)'을 들고 왔던 날을 아직도 기억한다(자, 구글에서 검색하는 동안 기다려 주겠다). 네 가지 기능이 있으며 LED 디스플레이가 장착된 휴대용 전자계산기다.

오늘날 우리가 들고 다니는 스마트폰에는 아폴로 11호의 우주인이 사령선과 달 착륙선에 가지고 있었던 것 이상의 연산력이 탑재되어 있다. 그러나 그것이 진정 요점일까? 장치들은 그야말로 멋지다!

결론은 내가 과학 산업을 비방하지는 않겠다는 말이다. 나는 인간의 창의성이 탐구를 통해 발휘되는 것이 멋진 일이라고 생각한다. 나는 새로 나온 도구와 장난감을 좋아한다. 그리고 과학적 발견을 통해 우리 일상생활에서 많은 문제가 해결되었다는 사실도 부인할 수 없다. 기술에서 의학까지, 산업에서 농업으로, 과학은 실로 지난 2세기 동안 엄청난 혁신을 일으켰다. 나는 이 사실을 부인할 수 없으며 부인하지도 않을 것이다.

그러나 어떤 과학에는 유혹적인 면이 있어서 나를 완전히 잃어버리게 만든다. 이것은 마치 어떤 사람들이 우리를 작은 '생각 없는 보우마(Bowmar Brainless)'로 만들려는 것과 다를 바 없다.

어떤 회의론자(과학 공동체에는 불균형적으로 많다)는 과학이 검증한 것만을 믿어야 한다고 제안한다. 그들은 "증거를 따라가라!"라고 말한다. 그리고 그러한 탐구로 창조주의 존재를 의심하거나 부인하는 데 이른다. 그들은 그런 믿음에는 근거가 없다고 말하며, 믿음을 가진 적이 있었어도 믿음을 저버리고, 다른 사람의 믿음까지 조롱한다.

그러나 이 회의론자가 인정하고 싶지 않으려는 바가 있다. 사실, 하나의 믿음을 또 다른 믿음과 맞바꾼 것이다. 그들이 **증거**에 근거한다고 주장하는 관점은 실은 증거가 없다. 정말로, 전혀, 아무 증거도 없다. 생명의 기원에 관해서는 **아무런 증거가 없다**. 그들이 가진 것, 이 지점에서 그들이 가진 전부는 다름 아닌 믿음이다.

과학에 맹신이 가장 분명하게 보이는 분야가 바로 생물학적 진화론 영역이다. 우리가 이 책에서 **대진화**(macroevolution)라고 부르는 것은 단순히 신적 개입 없이 생명이 발생하고 발전하여 인간이 되었다는 관념이다. 이러한 견해는 기독교 신앙의 경계를 벗어나는 것이다. 이것은 **불신앙**(unfaith)이다. 증거에 근거한다고 주장해도 그 증거가 주장을 뒷받침하지 못하기에 거짓말일 뿐이다.1

그러므로 과학에는 위험요소가 있다. 과학의 달콤한 노래를 들으면서(나도 그것을 좋아하지만) 우리 사고가 어리석어질 수 있고, 과학이 우리를 합당하게 인도해 줄 수 있는 범위를 넘어서서 과학을 따라가는 실수를 범할 수도 있다.2 과학이 당신의 믿음을 몰아내는 무언가를 제시하려 한다면 그것에 귀를 기울이지 말아야 한다. 그 부분의 과학 노래는 거짓이다.

위험 2. 타락에 관한 잘못된 생각

우리는 여러 차례에 걸쳐 원죄 교리를 언급했다. 여러분이 기억하듯이, 그것은 바로 아담의 죄가 온 인류를 영적 몰락으로 떨어뜨렸다는 가르침이다. 우리가 '반드시 알아야 할 성경 본문 8'과 '반드시 기억해야 할 사실 4'에서 보았듯이, 교회는 신약시대부터 일관성 있

---

1 이 주제에 관한 많은 유용한 책의 하나는 한 유명한 무신론자가 무신론을 지지한다고 생각한 증거가 실제로 유신론을 증거함을 깨달은 경위를 설명한다. Antony Flew with Roy Abraham Varghese, *There Is a God: How the World's Most Notorious Atheist Changed His Mind* (New York: HarperOne, 2007)을 보라.

2 이 심오한 논의는 이 책의 범위를 벗어난다. 과학적 유혹에 대한 성경적 해독을 위해서는 모든 사람을 위한 조직신학 I권인 『계시, 성경, 삼위일체』, 곽철호·최정기 옮김 (이천: 성서침례대학원대학교출판부, 2018), 39~42을 보라. 더글라스 K. 블라운트(Douglas K. Blount)는 이해를 추구하는 믿음이라고 불리는 관점을 효과적으로 주장한다. 더 깊이 있는 논의에 관심 있다면 세계적인 기독교 철학자 Alvin Plantinga의 탁월한 책, *Where the Conflict Really Lies: Science, Religion, and Naturalism* (Oxford: Oxford University Press, 2011)을 참고하라.

게 이 교리를 믿고 가르쳤다. 이는 신약성경이 이것 말고 다른 타당한 선택지를 우리에게 제공하지 않기 때문이다. 아담의 죄는 모든 인류에게 영적 몰락을 가져왔다.

공통 조상에 관한 현대 과학 이론은 역사적 아담과 하와에 어떤 여지도 거의 주지 않는다. 많은 과학자는 아담과 하와가 존재하지 않았다고 주장하며, 혹여 존재했더라도 성경에 기록한 내용과 같지 않다고 말한다. 과학은 주장하기를, 그들이 실제로 존재했다면 그들은 아마도 현재 우리가 인간에게서 볼 수 있는 유전적 재료들의 우연한 모체가 되는 원인(原人, hominid)이었을 것이라고 한다. 그들이 만약 우리의 조상이라면, 그들에겐 특별한 것이 전혀 없을 것이다. 적어도 신체적으로는 그랬을 것이다.

과학은 그리스도인이 성경과 전통에 근거해 항상 긍정한 믿음 일부를 부인한다. 원죄의 교리는 신학적으로 충분한 근거가 있다. 역으로, 아담과 하와가 실제 역사에 존재하지 않았다면, 아담의 타락은 인류에 아무런 영향을 미치지 않았을 것이다. 그 결과는 어마어마하다.

그러나 현대 과학이 인정하려 들지 않겠지만, 생물학적 조상에 관한 과학 이론은 그 자체가(사실이 아닌) 어떤 믿음에 기반을 둔다. **이것은 과학적 '사실'과 기독교적 '믿음'에 관한 것이 아니라, 궁극적으로 믿음 대 믿음 문제이다.**3 인류의 기원에 관한 과학적 사실은 없

---

3 리차드 도킨스(Richard Dawkins)의 논증은 여기에서 교훈적이다. 안토니 플루(Antony Flew)가 썼듯이, "도킨스 자신은 다른 곳에서 우주에 대한 자신의 무신론은 믿음에 근거한다는 것을 고백했다. 엣지 파운데이션(Edge Foundation)의 '당신이 믿는 것은 증명할 수 없어도 사실이라고 믿습니까?'라는 물음에 도킨스는 대답했다. '나는 우주 어디에나 있는 모든 생명, 모든 지성, 모든 창조와 모든 우주에 있는 '설계'가 다윈의 자연 선택의 직간접적 산물이라고 믿는다. 이것은 우주에 다윈의 진화 기간이 끝나고 설계가 후에 이루어졌다는 뜻이다. 설계는 진화를 선행할 수 없고 따라서 우주의 기반을 이룰 수 없다.' 그렇다면 최소한 도킨스가 궁극적 지성을 거부한 것은 증거가 없는 믿음의 문제다"(Anthony Flew, and Roy Abraham Varghese, *There Is*

다. 현대 과학은 어떤 철학적 전제(즉, 믿음)로 시작하여 그 믿음에 따라 수집한 정보를 해석한다.

그러므로 이것이 타락에 관한 잘못된 생각의 위험이다. 많은 과학자와 역사학자는 아담의 타락 이야기가 신화나 전설이라고 말한다. 이러한 선언 때문에 믿음을 버리는 그리스도인은 허구 대신 사실을 선택하는 것이 아니고, 유일하게 타당한 선택을 하는 것도 아니다. 이러한 선택은 내부적으로 일관성 있고 지적으로 솔직한 믿음 대신 과거 무신론자들의 철저한 검증도 견뎌내지 못하는 풋내기와 같은 믿음을 선택하는 것이다.4

그렇게 하지 말라. **이해를 추구하는 믿음**의 사람이 되라.

위험 3. 나도 좋고, 너도 좋다

1960년대 후반, 토마스 해리스는 『나는 좋다-너도좋다(*I'm OK-You're OK*)』를 집필했다.5 그 책은 새로운 심리학 이론인 '교류분석(transactional analysis)'을 보통 사람에게 적용했는데, 이로 한 세대가 삶에 대한 특정한 관점(따라서 제목이 요약이다)을 채택하여 세상을 바꾸길 바랐다.

나(네이선)는 그 책의 주장에 옳은 점이 많다고 인정하지만, 절대 설득되지 않았다. 그러나 논쟁의 여지가 없는 한 가지 사실은 이 책이 자기계발(self-help) 장르 전체에 중대한 역할을 한 책이라는 점이다. 역대 자기계발서 인기도서의 하나이다(1500만 권 이상이 팔렸다고 한다). 다음에 반스 앤 노블(Barnes & Noble) 서점에 가서 네 개의 선

---

*a God*에서 Richard Dawkins, *What We Believe but Cannot Prove*, John Brockman, ed. [London: Pocket, 2005], 9를 인용한다].

4 Flew, *There Is a God*, xviii에 따르면, '새로운 무신론'은 이미 신뢰를 잃은 논리실증주의를 맹목적으로 붙들고 있을 뿐이다.

5 Thomas A. Harris, M.D., *I'm OK—You're OK* (New York: Harper & Row, 1969).

반이 있는 진열대 두 개에 가득 꽂혀있는 『애완용 햄스터의 IQ를 높이는 방법(How to Increase Your Hamster's IQ)』이라는 책을 본다면 아마도 저자 토마스 해리스에게 감사해야 할 것이다.

확실히 하면, 다른 사람을 받아들이는 인생관 선택은 대단히 좋다. 이 책에서는 모든 사람이 하나님의 형상으로 지어졌으므로 모든 사람을 존엄하게 대해야 한다고 주장한다. 그러나 그 과정 어딘가에서, 어떤 문화에서, 하나님이 우리 모두를 받아들인다는 것과 비슷한 어떤 개념이 생겼다. 일반적으로 그 개념은 다음과 같이 흘러간다.

"사람은 근본적으로 선하다. 우리는 모두 실수하지만, 우리 대부분은 나쁜 쪽보다 착한 쪽을 더 낫게 여긴다. 하나님은 당연히 이것을 아신다. 우리는 **인간**이다. 하나님은 우리에게 그 이상의 것을 기대하시지 않는다."

이것은 '나도 좋아, 너도 좋아—우리 모두 좋아'의 영적 버전일 수 있다. 그런데 성경에 따르면, 이것은 거짓이다. 사실, 이 견해는 우리 인간에게는 영적인 문제가 없다고 암시한다. 이 관념의 다른 버전에서는 우리에게 영적인 문제가 있다는 사실을 인정하기도 하지만, 우리에게 그 문제를 고칠 수 있는 능력이 있다고 주장하기도 한다. 모든 버전이 하나님 말씀의 진리를 부정한다.

이 견해에 따르면, 우리 죄 문제는 사실상 진짜 문제가 아니거나 우리가 처리할 수 있는 수준의 문제, 곧 우리가 스스로 해결할 수 있다는 것이다. "죄의 삯은 죽음이요, 하나님의 선물은 우리 주 예수 그리스도 안에서 누리는 영원한 생명입니다"(롬 6:23)라는 말씀과 완전히 다른 견해이다. 우리는 절대로 이 문제를 해결할 수 없다. 그리고 이것은 우리를 죽일 것이다. 영원히. 이것이 진리이다. 곧, "모든 사람이 죄를 범하였습니다. 그래서 사람은 하나님의 영광에 못 미치는 처지에 놓여있습니다. 그러나 사람은, 그리스도 예수 안에서 얻는 구원으로 말미암아, 하나님의 은혜로 값없이 의롭다는 선고를 받습니다"(롬 3:23~24). 하나님만이 우리 죄 문제를 고치실 수 있다.

양보할 수 없는 기준은 이것이다. 곧, 하나님이 그리스도를 통해 주시는 값없는 선물이 없으면(2부 참조), 나는 괜찮지 않다, 우리는 괜찮지 않다. 우리는 망할 수밖에 없다. 이것과 다르게 가르친다면, 헛된 희망을 줄 뿐이다.

위험 4. 나쁜 주인에게 깃든 선한 영

강요를 받으면, 모든 사람은 거울 앞에 서서 자신의 모습에서 결함을 찾아낼 수 있다. 결함에 별다른 생각이 없는 사람들도 있다. 또 다른 사람은 결함이야말로 때로 이 세상에서 자신이 누구인지, 어디로 가고 있으며, 어떤 일을 할 것이며, 누구와 함께 시간을 보낼 것인가를 좌우하는 심오하며 고통스러운 것이라는 사실을 받아들일 수 있다. 두 번째 부류의 사람은 우리의 '진정한' 무형의 자아가 우리를 사로잡고 있는, 죄에 물들고 망가진 육체로부터 자유로워지기를 기다리고 있다는 거짓된 생각이 가져오는 부정적인 영향을 특히 잘 받기 쉽다.

이러한 견해는 플라톤 철학에 영향을 받은 이단적 영지주의로 거슬러 올라간다. 곧, 창조된 세계와 물질적인 모든 것이 악하며, 본질에서 영적 존재이었던 우리에게 형벌이 있다는 가르침을 말한다. 오늘날에도 어떤 교사는 우리 모든 문제의 원천을 물질적 육체라고 기소하기도 하지만, 이 위험은 대부분 이 세상의 고통에서 벗어나 완전히 영적인 존재가 되려는 갈망에서 가장 많이 나타난다. 이러한 상상의 천국에서는 사람이 육체의 짐을 모두 벗어버리고 자유롭게 떠다닐 것이다.

그러나 이 거짓 '소망'은 성경의 가르침과는 거리가 멀다. 성경은 우리가 악하고 망가진 육체에 갇힌 영적 존재가 아니라고 선포한다. 진정한 '나'는 나의 영이나 혼이 아니다. 내 몸은 단지 내 영적이고 무형의(다른 말로 하면 진짜의, 실제의) 자아의 부착물에 불과한 것이 아니다. 우리 육체는 창조된 존재로서 우리가 누구인가를 말해주는 매우 본질적인 것이다. 주님의 사역이 분명히 알려 주듯, 사람을 고치실 때 그분은 종종 육체적, 영적 질병을 모두 고쳐 주셨다.6

'나쁜 주인에게 깃든 선한 영'이라는 관점은 중대한 문제들을 일으킨다. 이 시각을 가지고 있다면, 자기 몸을 쓰고 내다 버리는 쓰레기와 다를 바 없이 보는 경향을 보인다. 그리고 자기 신체적 결함에 괴로워하는 사람이 자기를 가망 없고 가치 없는 존재로 보게 하는 또 하나의 이유이다. 사실 하나님께서는 몸을 가진 피조물인 우리 안에서, 또 우리를 통해서 일하기 원하신다.

그러면 우리는 육체에 관해 어떤 시각을 가져야 할까? 시편 139:13~14는 하나님이 창조하신 존재인 우리를 그분께서 어떻게 친절함과 온화함을 가지고 특별히 돌보시는지 확인하게 한다. 창세기 2:7은 하나님이 첫 사람을 어떻게 더럽고 평범한 흙으로부터 아름답고 뛰어난 사람의 몸을 가장 친밀한 방식으로 빚으셨는지 알려준다. 하나님께서 사람의 몸에 생기를 불어넣으신 시점부터 인간은 심신의 연합체가 되었다('반드시 알아야 할 성경 본문 3'). 우리는 한 인격체 안의 몸과 영혼이 되도록 **의도**됐다.

궁극적으로 우리 소망이 그리스도에게 있는 이유는 그분으로 이 몸의 부활을 약속받았기 때문이다. 곧, 하나님은 자신이 창조하신 것을 새롭게 하시겠다는 약속하셨다.7 죽음으로 깨진 몸과 영혼의 연합은 하나님께서 항상 우리를 향해 의도하신 영광스러운 연합으로 다시 한번 새롭게 탄생한다.

위험 5. 들보가 박힌 증상

우리는 대부분 예수님께서 선포하신 메시지에 친숙하다.

---

6 예를 들면, 마태복음 9:1~8; 마가복음 10:46~52; 누가복음 17:11~19을 보라.
7 예를 들면, 에스겔 37:1~9; 고린도전서 15:53~54; 계시록 21:5을 보라.

> ⁴¹어찌하여 형제의 눈 속에 있는 티는 보고 네 눈 속에 있는 들보는 깨닫지 못하느냐? ⁴²너는 네 눈 속에 있는 들보를 보지 못하면서 어찌하여 형제에게 말하기를, "형제여, 나로 네 눈 속에 있는 티를 빼게 하라 할 수 있느냐?" 외식하는 자여, 먼저 네 눈 속에서 들보를 빼어라. 그 후에야 네가 밝히 보고 형제의 눈 속에 있는 티를 빼리라. (눅 6:41~42)

이 말씀은 우리가 죄 교리와 관련하여 직면하는 위험을 잘 말한다. 우리는 모두 다른 사람의 잘못을 판단하는 일에 **아주** 능하다. 그러나 종종 우리는 자기 잘못을 인정하는 일은 잘하지 못한다. 우리의 눈 속에는 들보가 있다. 들보가 박힌 증상인 것이다.

우리와 관련한 그런 관점의 결여는 해로운 결과를 만든다. 첫째로 우리 자신의 잘못을 놓침으로 교만 죄에 빠질 수 있다. 우리는 다른 사람에 대하여는 어떤 행동이 죄라는 것에 동의하지만, 바로 그 행동이 내 삶에 있을 때는 그것을 보지 못한다. 바울은 그러한 사고에 대해 직접 언급한다. "나는 내가 받은 은혜를 힘입어서, 여러분 각 사람에게 말합니다. 여러분은 스스로 마땅히 생각해야 하는 것 이상으로 생각하지 말고, 하나님께서 각 사람에게 나누어주신 믿음의 분량대로, 분수에 맞게 생각하십시오"(롬 12:3).

마찰과 갈등을 일으키는 우리 잘못이나 실패를 둘러대거나 심각하게 여기지 않을 때, 우리는 자기를 다른 사람보다 더 낫거나 더 중요하다고 믿는 덫에 쉽게 걸린다. 이러한 사고방식은 두 번째 들보가 박힌 증상의 결과로 나타난다. "내가 다 해결할 수 있어"라는 사고방식을 우리 가정, 교회, 공동체 안으로 가지고 들어올 때, 우리는 확실히 자기 '들보'로 다른 사람에게까지 상처를 입힌다.

바울은 기독교 공동체의 특징을 계속해서 강조하고 있다. 우리는 한 몸의 지체이며 서로의 지체이다(12:4~5). 사도 바울은 우리 자신에 지나치게 높은 견해를 가질 때 하나님께서 사람이 함께 나누기 바라시는 진정한 공동체를 망친다고 알고 있었다.

또 자기를 다른 사람보다 '더 낫게' 여김으로 다른 사람을 자기 실제 모습보다 '더 못하게' 볼 수 있다. 이 증상은 다른 사람의 눈에 있는 '티'를 마치 '들보'인 양, 확대해서 보게 할 수 있다. 이처럼 들보가 박힌 증상은 공동체를 파괴적 갈등과 분열의 위험에 빠지게 한다.

위험 6. Ken-L식 율법주의

나(네이선)은 케넬레이션(Ken-L-Ration) 애완견 사료 광고를 기억한다. 솔직히 말하면, 그것이 텔레비전이었는지 라디오였는지(아니면 둘 다였는지) 잘 기억나지 않는다. 그러나 내가 생생히 기억하는 것은 그 광고 노래이다.

> 내 개는 네 개보다 더 빨라
> 내 개는 네 개보다 더 커
> 내 개는 캐널레이션 사료를 사주니까 더 나아
> 내 개는 네 개보다 더 멋져

나는 개에 대한 자부심 비유는 잘 모르지만, 이 광고 노래는 기억하기 쉽고 죄에 대한 쟁점을 잘 반영한다. 곧, 우리 인간은 다른 사람을 무시하면서 우리 자신을 높이는 행동규칙들을 아주 잘 생각해 낸다. 우리 자신의 죄는 스스로 만든 규칙에서 종종 드러나지 않거나 최고로 낮은 '등급'이 매겨지며, 따라서 우리는 자신에 대해 실제보다 더 낫게 느낀다. 이것이 바로 Ken-L식 율법주의라고 부를 만한 것인데, 우리는 이것으로 자기가 **남보다 낫다**는 확신을 얻는다. 우리는 인정받고 그들은 정죄 받는다.

그렇지만 마음의 죄는 어떻게 할 것인가? 교만은? 이기심은? 이 태도들은 율법주의 목록에는 거의 나타나지 않는데, 그러면 우리 규칙은 더는 우리의 목적에 어울리지 않기 때문이다. 예수님은 이러한 마음의 문제를 지적하셨다. "[19]마음에서 악한 생각들이 나온다. 곧, 살인과 간음과 음행과 도둑질과 거짓 증언과 비방이다. [20]이런 것들이 사람을 더럽힌다"(마 15:19~20). 예수님 말씀의 일부는 사람 마음이 어떤 면에서 우리 죄 행위의 근원이라고 말한다.[8] 그러므로 Ken-L식 율법주의는 죄에 대한 오해에서 비롯한다. 죄에는 잘못한 행동이 포함되지만, 그러한 행동만이 죄는 아니다. 죄에는 또한 우리가 단순히 인류라는 반항적 종족의 일원이라는 사실(이것은 원죄 교리다), 그리고 죄악된 마음에서 나오는 태도도 포함된다. 요점은 이것이다. Ken-L식 율법주의는 다른 사람의 **관찰 가능한 행동**에만 초점을 두는 동시에 잘못한 행동을 할 수 있는 자신의 역량은 한쪽으로 밀쳐 놓는다. 나에게는 여전히 나의 인간적인 죄 문제와 여전히 씨름하고 있는 마음이 있으며, Ken-L식 율법주의에 동참하는 것은 정확히 예수님이 금하신 것, 곧 형제의 눈에 있는 티는 보지만 자기 눈 속에 있는 들보를 보지 못하는 것이다(마태복음 7장을 보라).

이한 잘못된 개념은 또 다른 오류를 만든다. 죄를 악행과 동일시할 때, 우리는 명백히 볼 수 있는 일, 곧 '사람을 다치게 하거나', '누군가에게 상처 주는' 행동으로 죄를 다시 정의한다. 그러면 결과적으로 "무엇이 문제인가? 아무도 다치지 않았으니 죄가 아니지 않은가."라는 잘못된 결론을 내린다.

예수님은 이 생각을 잠재우셨다. 죄는 다른 사람을 다치게 하는 행동으로 축소될 수 없다. 죄는 더 깊이 들어간다. 예를 들어, "[27]'간음하지 말아라'라고 말한 것을, 너희는 들었다. [28]그러나 나는 너희에게 말한다. 여자를 보고 음욕을 품는 사람은 이미 마음으로 그 여자

---

[8] 또 누가복음 16장에서 예수님은 확실히 '선한' 마음에서 나오는 말과 '악한' 마음에서 나오는 말을 구별하신다. 그러나 이 특정 이야기는 마음이 그릇된 행동의 근원이라는 것을 제시하기보다는 종류가 다른 마음에서 나오는 말들 가운데 차이가 있음을 강조하는 것으로 보인다.

를 범하였다"(마 5:27~28). 생각, 태도, 동기… 하나님을 떠난 우리 모든 것이 죄로 오염되었다(2부를 보라).

위험 7. 마귀가 한 짓이다

하나님께서 지으신 모든 피조물이 선택할 능력을 갖추고 있지는 않다. 사람은 수시로 의기양양하게 결정을 하며 동물도 서 있을지 움직일지 날아다닐지 선택하지만, 식물은 공급받은 영양분에 기초하여 살 수도 죽을 수도 있다. 햇빛이 너무 강하거나 물이 부족할 경우도 재앙의 또 다른 요인일 수 있다.

유혹이 찾아올 때 종종 사람들은 땅의 식물처럼 가장하여 주위 세상이 쏟아내는 것은 무엇이건 받아들일 수밖에 없다는 식으로 반응이 유행처럼 보인다. 그래서 **유혹이 내 집 문 앞에 웅크리고 있으면 넘어갈 수밖에 없다**고 생각한다. 이런 관점에서 보면 죄는 개인적 실패가 아니라 마귀나 다른 악한 사람 또는 환경의 존재 자체이고, 그것들이 재앙을 초래하고 올바른 선택의 여지를 남겨두지 않는다.

이 접근법은 다른 많은 방식으로 이름 붙였다. 어떤 사람은 합리화라고 부른다. 또 어떤 사람은 핑계 대기라고, 또 다른 사람은 탓하기라고 말한다. 어떤 현수막 아래 있든 그 습관은 인류가 오래된 만큼이나 오래됐다. 첫 번째 불순종을 범했던 때, 아담과 하와는 모두 자신이 아닌 다른 존재에게로 주의를 돌려서 책임을 다른 누군가에게 전가하려 했다(창 3:11~13). 그러나 인류 최초 부부의 실상은 단순했다. 하나님 앞에서 자신의 의무를 다하지 못한 것이다. 그들과 그들이 내린 결정에 감당해야 할 책임에 그 누구도 개입할 수 없었다. 그들이 자기 선택에 책임을 져야 했다.

남 탓으로 돌리기 놀이에 빠지기가 아주 쉽다. 여느 효과적인 자기 보존 전략과 마찬가지로, 불평에는 어느 정도의 진실이 있을 수 있다. 인간의 죄성에 더해 사탄과 그의 귀신들은 우리가 유혹과 죄에 직면할 때 마주하는 악의 일부다. 그러나 이것은 문제의 한 측면일 뿐이다. 마귀가 세상의 모든 죄와 질병과 고통의 직접 원인이고 따라서 우리 자신의 죄성에 대한 책임을 면제받아야 한다고 말할 수는 없다.

세상에서 죄 문제는 훨씬 더 복잡해서 "마귀가 나에게 그렇게 하라고 시켰다"라고 주장하는 것으로 해결할 수 없다. 또한, 그 방정식의 일부는 우리 악한 세상 자체인데, 그것은 죄의 무게 아래에서 신음하고 있다(롬 8:20~22). 많은 요인이 악에 이바지하고, 마귀, 다른 사람, 허리케인, 또는 우리 자신의 죄악된 욕망이 우리를 직접, 간접으로 유혹할 수 있지만, 오직 우리 자신이 죄를 짓기로 선택한다.

그러므로, 우리는 책임져야 하는 죄를 깨달으면, 자백해야 한다. 이 세상의 많은 악의 대표자가 끊임없이 사람을 희생시키는 것이 사실이나, 우리 자신의 죄를 두고 다른 사람을 비난하는 위험에 빠지지 않게 계속 경계해야 한다.

위험 8. 도망쳐라, 미련한 사람아!

2001년도 중반, 톨킨(Tolkien)의 소설 『반지 원정대』를 각색한 영화에서, 원정대가 죽음의 모리아 광산을 찾았을 때였다. 그들은 그곳에서 나오기 직전에 그들 지도자인 간달프가 죽음의 벼랑에서 괴물 발로그와 전투를 하는 것을 구경하고 있었다. 싸움에서 졌지만, 그 짐승은 떨어지는 길에 마법사를 화염 채찍으로 붙잡는다. 간달프는 자신의 확실한 죽음의 낙하 직전에 매달려서 겁에 질린 동료 대원들에게 마지막으로 충고했다. "**날아라,** 미련한 사람들아!"[9]

결정적인 순간에 외친 그의 현명한 조언은 죄에 직면한 그리스도인의 삶에 완벽하게 적용할 수 있다. 우리를 끌어 내리려는 위험을 깨달았을 때 우리가 할 수 있는 제일 나은 선택은 간단하다. 곧, 도

---

[9] *The Fellowship of the Ring*, Peter Jackson, director (Los Angeles: New Line Cinema, 2001).

망치는 것이다. 도망치기는 사도 바울이 돌보는 그리스도인을 권면할 때마다 한결같이 전한 말이다. 성적인 부도덕함에서부터(고전 6:18), 우상숭배에서부터(10:14), 모든 종류의 악에서부터(딤전 6:11), 청년의 정욕에서부터(딤후 2:22) 도망치라고 말한다. 많은 사람이 이것을 알지 못한 채, 개인적 유혹에 맞서서 싸워야 한다고 잘못 생각한다.

간달프의 조언 두 번째 부분은 우리 경험과도 잘 맞는다. 그가 동료들을 미련한 사람들이라고 한 이유는 그들이 주위 동굴이 무너지는 상황에서 얼이 빠진 나머지 그냥 그곳에 서 있었기 때문이다. 그들은 사악한 일이 계속 다가오는 것을 수동적으로 보고만 있었고 죽을 위기에 처했다. 우리도 종종 그와 같은 행동을 한다. 악의 권세와 매력에 사로잡혀 그 가운데서 꼼짝도 못 하고 있다가 유혹에 압도되었다고 느끼고 결국 죄를 선택한다.

그러나 우리가 유혹과 죄에 강하게 저항하면-그 과정에는 수없이 도망치기도 포함한다, 결국 마귀가 우리를 피한다는 약속을 받았다(약 4:7). 따라서 우리가 죄에 저항하면 두 가지 유익이 있다. 곧, 우리는 죄짓지 않고, 마귀는 우리 앞에서 떠난다.

타락한 인간이 유혹의 참화에 어떻게 대처하는가를 보여주는 성경의 대표적 예가 창세기에 있다. 요셉이 노예로 팔리자, 주님은 그에게 은혜를 곧바로 부어주셨다. 그러나 머지않아 주인의 아내가 불법적인 만남을 갖자고 그를 유혹했다. 이것은 몇 날 동안 계속되었고 요셉은 그때마다 거부했다. 결국 "여인이 요셉의 옷을 붙잡고 '나하고 침실로 가요!'라고 졸랐다. 그러나 요셉은, 붙잡힌 자기의 옷을 그의 손에 두고서, 뿌리치고 집 바깥으로 뛰어나갔다"(창 39:12).

많은 경우에 도망치기만이 우리 삶의 복잡한 유혹을 해결하는 유일한 방법일 수 있다. 우리는 유혹이 문 앞에 찾아올 때 "해결할 수 있다"라고 생각하는 오류에 빠지지 않도록 주의해야 한다. 우리 자신의 연약함을 인정하고 유혹과 죄의 능력을 깨달을 때, 우리는 지혜로운 조언을 따라 '악인의 길'에서 돌이킬 수 있다(잠 4:14~15).

피해야 할 일곱 가지 위험
1. 과학을 내세우는 회의론의 유혹
2. 타락에 관한 잘못된 생각
3. 나도 좋고, 너도 좋다
4. 나쁜 주인에게 깃든 선한 영
5. 들보가 박힌 증상
6. Ken-L식 율법주의
7. 마귀가 한 짓이다
8. 도망쳐라, 미련한 사람아!

실천해야 할 원리

고정관념으로가 아니라, 7세~11세 소년 대부분이 얼마나 **엉망진창**인지 안 적이 있는가? 그들 머리카락이 헝클어져 있지 않다면 곤두서 있다. 그들 얼굴이 더럽지 않다면, 티셔츠로 닦아냈기 때문이다. 또 그들이 어쨌거나 정말로 알맞고 어울리는 옷을 입고 있다면, 그들은 뭔가 뒤집어 입었거나 앞뒤를 바꾸어 입었을 것이다.

감사하게도, 그들은 소년에서 청년으로 성장하면서 대부분 한 가지 일을 시작하는데, 그것은 그들을 새끼 돼지에서 어린 왕자로 바꾸어 놓는다. 곧 그들은 실제로 거울에 있는 자신을 보기 시작한다. 단지 우스꽝스러운 표정을 지으려고 그러는 것이 아니다. 정말로 **의도적으로** 보고 인식한다. "나는 완전히 엉망이군!" 바로 그때, 그렇게 인식한 다음에야, 그들은 제대로 행동하는 단계를 밟을 수 있다.

야고보도 비슷한 생각을 하는데, 독자에게 말씀을 듣기만 하는 사람이 되지 말고 행하는 사람이 되라고 촉구한다.

> [23]말씀을 듣고도 행하지 않는 사람은 있는 그대로의 자기 얼굴을 거울 속으로 들여다보기만 하는 사람과 같습니다. [24]이런 사람은 자기의 모습을 보고 떠나가서 그것이 어떠한지를 곧 잊어버리는 사람입니다. [25]그러나 완전한 율법 곧 자유를 주는 율법을 잘 살피고 끊임없이 그대로 사는 사람은, 율법을 듣고서 잊어버리는 사람이 아니라, 그것을 실행하는 사람인 것입니다. 이런 사람은 그가 행한 일에 복을 받을 것입니다. (약 1:23~25)

지금까지 우리는 창조, 인류, 죄에 관하여 핵심적 성경 구절들을 검토했고, 역사를 조사했으며, 반드시 기억해야 할 사실과 피해야 할 위험을 살폈다. 우리가 몇 가지 실천해야 할 원칙들을 찾아보지 않은 채 그 자리에서 멈춘다면, 우리 자신의 모습을 알지 못한 채, 헝클어지고 지저분한 소년으로 남는다. 하나님의 말씀을 주의 깊게 바라보고 우리 자신을 자세히 들여다보는 것이 아주 중요한데, 우리 사고를 단정하게 하고, 우리 태도를 정화하며, 우리 행동을 바로잡을 기회를 가질 수 있기 때문이다.

원리 1. 하나님을 창조주로 예배하고 영화롭게 하라

우리 시선을 사로잡는 계시록 4장에서 사도 요한은 그가 받은 환상으로 우리를 안내하는데, 거기에서 천국의 보좌가 있는 방을 본다. 보좌에 앉으신 분은 눈이 부시고, 그 둘레에는 24명의 장로가 자기 보좌에 앉아 있다. 이에 더해, 살아 있는 네 개의 피조물이 있고, 그들이 정확히 무엇이건 간에, 우리는 그들이 무엇을 하는지 정확하게 듣는다. "그들은 밤낮 쉬지 않고 '거룩하십니다, 거룩하십니다, 거룩하십니다, 전능하신 분, 주 하나님! 전에도 계셨으며, 지금도 계시며, 또 장차 오실 분이십니다!'라고 외치고 있었습니다"(8절).

살아 있는 피조물들이 이렇게 할 때, 장로들은 엎드려 그들 왕관을 하나님의 보좌 앞에 던지며 선포한다. "우리의 주님이신 하나님, 주님은 영광과 존귀와 권능을 받으시기에 합당하신 분이십니다. 주님께서 만물을 창조하셨으며, 만물은 주님의 뜻을 따라 생겨났고, 또 창조되었기 때문입니다"(11절).

이것이 여러분에게는 어떨지 모르지만, 내게는 처음에 다소 기대하지 못한 상황이었다. 나는 그들이 하나님의 성품이나 그분의 존재가 주는 인상에 관해 무언가 말할 거로 생각했다. 아니면 예수님을 언급하거나 그가 구름을 타고 오시는 것을 말하리라 생각했다. 하지만 아니었다. 그들은 창조자이신 하나님을 찬양한다.

더 깊이 생각해 보니, 이것은 내가 상상했던 것보다 훨씬 더 대단한 일이다. 한마디로 말하면, 장로들은 그분이 누구이신가(그분만이 모든 것을 창조하실 능력을 지니셨다) 그리고 그분이 무엇을 하셨는가(그분은 진실로 모든 것을 창조하셨다)를 인정함으로 하나님을 찬양한다.

이 본문은 우리가 우주에 어떻게 반응해야 하는지 가르쳐준다. 그것은 우주가 무에서 양자 파동으로 나온 물리적 우연체라고 가정하는 것이 아니다.1 반대로, 창조 질서는 이정표로서 하나님을 바라보도록 지시한다. 모든 창조물의 첫 번째 책임은 창조주를 인정하고, 그분을 창조주로 찬양하는 일이다.

이것이 성경에서 몇 안 되는 천국 장면의 하나로 핵심일 만큼 중요하다면, 이것을 실천하는 일은 매우 중요하다.

원리 2. 하나님의 창조 세계를 그분 손에서 나온 선물로 알고 누리라

하나님께서 아담이 타락한 결과로 땅을 저주하신 다음에, 인간은 창조 영역과 충돌했고 여전히 충돌한다. 허리가 휘는 노동, 신성모독적 예술, 깨어진 관계는 인간이 창조된 세계에서 움츠러들 수밖에 없는 이유를 충분히 설명한다.

그러나 단순히 우리를 둘러싼 악을 피하는 것은 세상을 전능하신 하나님이 창조하신 것으로 이해하는 그리스도인에게 가능한 해결책이 아니다. 창조자이신 하나님의 실재를 받아들이는 가장 좋은 방법의

---

1 현대 과학 이론을 받아들이기 위해 요구되는 믿음으로 당신의 머리를 둘러싸 보라. "Jim Hartle, Stephen Hawking, 그리고 Alex Vilenkin은 우주의 양자 파동을 통해 '무로부터' 존재에 도달하게 되었다고 추정했다. '무'는 어떤 경우 환상적으로 고밀도 에너지를 가진 혼돈의 시공간 거품이다"(Flew, *There Is a God*, 142). 어떤 사람들은 창조주의 존재가 암시하는 책임을 피하려고 발버둥 치면서 우주는 무로부터 나왔다고 제안한다—그러나 그 무는 사실상 **무가 아니다**. 누군가 제발 "그것은 무에 대한 맹목적 믿음이다"라고 말할 수 있는가? 아, 이번엔 내가 '무'를 정의해야 한다.

하나는 그것을 선물로 즐기는 것이다. 바울은 디모데에게 다음 말을 분명하게 말했다. "하나님께서 지으신 것은 모두 다 좋은 것이요, 감사하는 마음으로 받으면, 버릴 것이 하나도 없습니다"(딤전 4:4).

그리스도인은 이 권면을 자연 세계에 적용할 수 있다. 성경적 사고를 하는 사람은 개미를 "살펴보라"라는 충고를 떠올릴 것이며 피조물을 관찰하고 음미하면서 배울 것이 많다는 것을 알 것이다(잠언 6:6). 하나님이 만드신 것에서 유익을 얻으면 축복이며, 그것에 감사함으로써 올바르게 반응한다.

그러나, 우리 감사는 자연의 아름다움을 넘어 하나님의 창조적 형상 보유자가 가진 대리인 역할을 통해 우리에게 주어진 영역으로까지 넓혀야 한다. 곧, 미술, 음악, 의학, 건축, 영화와 기술 등 수많은 것들이 거기에 속한다. 우리는 무언가를 만들 때, 우리의 창조자를 반영한다. 도로시 세이어스(Dorothy Sayers)는 주장했다. "하나님과 인간에게 공통되는 특징은 명백히… 무언가를 만들어내는 욕구와 능력이다."[2]

하나님께서 우리에게 창조 세계를 주심에 감사는 우리가 사용할 수 있게 만들어진 것들을 책임감 있게 사용해야 한다는 뜻이다. 우리가 지구의 공기, 물, 땅에서 나오는 수많은 자원을 사용하는 수많은 방법을 발견했다는 사실은 하나님이 창조하신 선물을 활용할 수 있는 많은 방식에 관해 무언가 말한다. 그러나 우리가 창조 세계를 사용할 때는 지배권을 행사하라는 본래의 창조 명령에 항상 진실하게 머물러야 하는데, 그것은 지배권에 돌봄의 개념이 들어간다는 말이다.

창조된 존재로서, 우리는 감사와 기쁨으로 창조를 받아들여야 한다. 창조 세계의 많은 측면이 아름다움과 생명을 담고 있다. 또 지나친 방종과 식탐은 피해야 하지만, 하나님의 위엄을 계시하는 세상으로부터 우리를 멀어지게 하는 금욕주의도 피해야 한다(롬 1:20).

---

[2] Dorothy Sayers, "The Image of God" in *Letters to a Diminished Church* (Nashville: Thomas Nelson, 2004), 25.

원리 3. 모든 사람을 하나님 형상 보유자로 존귀하게 대하라

성경의 가장 역설적 가르침 하나는 모든 인류가 잃어버린 바 되었다는 인식에서 나온다. 우리는 모두 타락한 사람으로서 죄로 부패했고, 우리 죄책은 우리 자신의 자발적 도전과 반항의 행동으로 가중되었다. 우리는 죄를 지은 죄인이고, 죄인이기에 죄를 짓는다.

그렇지만, 우리는 **왜곡**되었어도 **무가치한** 존재는 **아니다**. 우리는 **손상**되었지만, 여전히 **가치 있는** 존재다.

우리는 인간의 죄성과 타락의 성격을 상세히 논의했다. 성경이 풍성하게 확증하듯이, 우리는 죄로 너무나 망가져서 우리 스스로는 바로잡을 수 없다. 그 망가진 것을 고치려면 하나님의 조치가 필요하다. 그러나 우리가 망가진 상태인데도 성경은 우리를 가치 있고 하나님 형상으로 창조되었으며 그 형상이, 비록 벗겨졌지만, 없어지지 않았다고 묘사한다.

분명히 이것은 하나님의 구원하시는 사역 결과가 아니다. 야고보서 3장에 따르면, **모든** 사람이 하나님 형상으로 지어졌다. 이것은 누군가 태어나지 않았거나 죽어가도 상관이 없다. 병에 걸렸거나, 장애가 있거나, 부하거나 가난하거나, 신자거나 아니거나, 동성애자거나 이성애자거나, 종교적이거나 비종교적이거나, 남자거나 여자거나 아이이거나, 우리는 모두 마지막 한 사람까지 존엄하게 대우받을 가치가 있다. 다시 말해, 우리가 하나님을 축복하려고 사용하는 입으로, 하나님의 형상대로 지어진 사람을 저주하는 일은 합당하지 않다(약 3:9).

우리 복음주의 진영에 속한 많은 사람에게 해당하는 문제가 있다. 우리는 거룩함에 관한 성경의 명령에 매우 집중한다(유 23절, "그 살에 닿아서 더럽혀진 속옷까지도 미워하십시오"; 살전 5:22, "갖가지 모양의 악을 멀리하십시오"; 요이 11절, "그에게 인사하는 사람은, 그가 하는 악한 일에 동참하는 것입니다."). 각 구절은 유효한 원칙을 담고 있지만, 그렇게 행동함으로써 우리는 결국 다른 사람 대부분을 저주받은 존재로 취급한다. 거룩함을 추구하려다가 야고보서가 말하는 원칙을 위반한다. "나의 형제자매 여러분, 이렇게 해서는 안 됩니다"(약 3:10).

실천해야 할 원리는, 모든 인간을 내재적 존엄성을 가진 존재, 곧 하나님 형상으로 지어진 사람으로 대하라 이다.

원리 4. **여러분은 구주가 절대적으로 필요한, 무기력하고, 소망 없고, 불운한 죄인임을 인정하라**

나쁜 소식은 여러분이 뼛속 깊이까지 죄인이라는 것이다. 여러분이 죄를 짓기 때문에 죄인이 아니다. 누구도 그렇게 쉽게 벗어나지 못한다. 여러분이 죄인이기 때문에 죄를 짓는다. 여러분이 그것을 고치려고 할 수 있는 것이 아무것도, 절대로 **아무것도** 없다.

이런 의미에서, 여러분은 무기력하다. 그리고 여러분이 무기력하기에, 희망이 없다. 그리고 여러분은 희망이 없으므로, 불운하다. 곧, 다른 사람의 죄로 피해자이자, 하나님과 자신 그리고 다른 죄인을 대적하는 죄의 가해자이다.

여러분은 혼자가 아니다. 나도 같은 상황에 있다. 그리고 온 세상에 있는 다른 모든 사람도 그렇다. 우리는 **모두** 죄를 짓는 성향을 지니고 태어났으며, 죄책도 갖고 태어났다. 죄는 죽음을 가져오므로(롬 6:23), 우리는 본성상 하나님의 심판을 받아야 한다. 여러분과 내가 죄인임을 인정했다면, 다시 말해 비극적인 소식을 받아들였다면, 우리는 무엇을 할 수 있는가? 그 사실을 인정이 첫 단계이지만, 우리가 그 단계에서 끝낸다면 실수이다.

좋은 소식은 우리에게 한 가지 희망이 있음이다. 구주의 성육신, 죽음, 그리고 부활이 그것이다. '온 세상의 다른 모든 사람'이 죄인이라고 말한 것을 기억하라. 그렇지만 예외가 있다. 예수 그리스도, 하나님의 아들은 예외이다. 하나님은 우리 힘으로 성취할 수 없었던 것을 그분을 통해 우리를 **위해** 제공하셨다. 여전히 우리가 허물과 죄로 영적으로 죽어있을 때 그분은 자기를 새로운 생명의 원천으로 주셨다.

우리가 해결책인 복된 소식을 받아들이기 전에 우리는 그 문제-우리의 죄성-를 먼저 인정해야만 한다. 역설적으로, 우리는 반대되는 것을 행함으로 이 원칙을 실천한다. **우리는 아무것도 하지 않는다.** 어떻게 우리는 하나님의 용서와 정결과 씻음, 또한 새롭게 하심과 회복을 받을 수 있는가? 오직 "주 예수를 믿으시오. 그리하면 그대와 그대의 집안이 구원을 얻을 것입니다"(행 16:31).

원리 5. 죄와 사망을 하나님과 그분의 선하심에 원수로 여기며 미워하라

죄는 하나님의 창조물이 아니라 하나님을 거부하는 행위이다. 죄는 하나님께서 자기 뜻을 이루시려고 사용하시는 중립적인 도구가 아니라, 그분이 계시하신 도덕적 뜻에 대항하여 행동하는 힘이다. 하나님은 죄의 결과를 뒤집으시고, 죄로 고통을 겪는 사람을 속량하시려고 주권을 행사하신다. 비슷하게, 죽음 역시 죄인이나 성도의 친구가 아니다. 성경은 죽음을 '최후의 적'이라고 부른다(고전 15:26). 죽음은 저주이며 악이다.

하나님은 죽음조차도 이기신다. 그리고 예수님은 그리스도인을 위해 죽음 저편에 서신다. 그러나 그 어느 것도 죽음 자체가 선하거나 친구라는 것을 의미하지 않는다.

그 문제와 관련해, 진리를 붙들고 하나님 심장을 따라 우리 심장이 계속 뛰게 하려면, 우리는 죄와 죽음, 사악함과 불의를 미워해야 한다. 죄를 눈감아주거나, 반란에 미소짓거나, 불건전한 일에 나 몰라라 하는 대신, 죄악에 맞서 씨름하고, 반란을 응징하며, 거룩함을 위해 싸워야 한다.

죽음에 관한 한, 우리는 소망이 없는 사람처럼 슬퍼하지 않는다(살전 4:13). 그렇다고 죽음이 이제 신실한 형제라도 되는 것처럼 그것에 교제의 오른손을 내밀지도 않는다. 하루하루 인생의 유혹 그리고 시험과 씨름하며, 의로움과 풍성한 삶을 끌어안고, 죄를 혐오하고 죽음을 미워하는 태도를 기르라.

실천해야 할 원리

1. 하나님을 창조주로 예배하고 영화롭게 하라.
2. 하나님의 창조 세계를 그분 손에서 나온 선물로 알고 누리라.
3. 모든 사람을 하나님 형상 보유자로 존귀하게 대하라.
4. 여러분은 구주가 절대적으로 필요한, 무기력하고, 소망 없고, 불운한 죄인임을 인정하라.
5. 죄와 사망을 하나님과 그분의 선하심에 원수로 여기며 미워하라.

과거와 현재의 목소리

인간과 죄

인간 그리고 죄의 기원 및 본성에 관한 가르침은 교회사 내내 많은 토론과 논쟁 주제였다. 현대 교회에는 하나님 형상의 성격, 인간 타락과 죄의 깊이, 인간 자유 의지의 범위에 관한 다양한 의견이 있다. 여기에 비그리스도인의 견해까지 논의를 넓히면 문제는 더욱 복잡해진다(또한 종종 언사가 더욱 날카로워진다).

아래에 선택 인용문은 교리 연구자가 앞 시대의 자료들에서 직접 들을 수 있게 돕는다. 어떤 문제에 관해서는 한목소리로 말한다. 다른 문제에 관해서는 조화를 이룬다. 그러나 또 다른 문제에 대해서는 다른 음조를 가진 다른 노래들처럼 충돌하기도 한다. 그렇지만 우리는 여러분이 이 발췌문과 인용을 통해 과거와 현재의 목소리가 가진 통일성과 다양성을 음미하는 데 도움이 되기를 바란다.[1]

---

[1] 다른 언급이 없으면, 교부 글은 『니케아 이전 교부들(*Ante-Nicene Fathers*, ANF)』이나 『니케아와 니케아 이후 교부들(*Nicene and Post-Nicene Fathers*, NPNF)』에서 인용한다. 초기 그리스도인 문헌 다음에 나오는 괄호 표기는 이 자료를 가리킨다. 예를 들어, ANF 3:34는 Roberts와 Donaldson 판 『니케아 이전 교부들』 3권의 34쪽을 말한다. NPNF는 두 시리즈를 포함하는데 이것을 위해 나는 첫 숫자(1이나 2)로 시리즈를 가리키고, 다음에 시리즈의 권수를, 마지막에는 그 권의 쪽을 표시한다. 예를 들어, NPNF 1.3:34는 첫 시리즈, 3권, 34쪽을 말한다. 이 글에 대한 좀 더 최근 번역들이 있지만, 이것을 사용한 것은 그것이 저작권 공유이며 쉽게 온라인으로 접근할 수 있기 때문이다(at www.ccel.org).

교부시대(100~500년)

디다케(*Didache*, 50~70년 즈음)

"죽음의 길은 이것이다. 무엇보다 그것은 악하며 완전히 저주받은 것으로서 살인, 간음, 정욕, 음행, 절도, 우상숭배, 마술, 점술, 도둑질, 위증, 위선, 이중성, 사기, 교만, 악의, 완고함, 탐욕, 욕설, 질투, 뻔뻔함, 자만, 자랑 등이다. 그것은 선한 사람을 박해하는 자들의 길로서 그들은 진리를 미워하고 거짓을 사랑하며 의의 보상을 알지 못하고 선한 것이나 의로운 심판을 믿지 않는다. 그들은 선한 일이 아니라 악한 일에 민첩하며, 그들에게는 온유함이나 인내를 찾아볼 수 없다. 그들은 무가치한 것을 사랑하고 보상을 바라며 가난한 사람에게 무자비하며 압제 받는 사람을 위해 일하지 않고 그들을 지으신 분을 알지도 못한다. 그들은 아이들을 죽이는 자요, 하나님의 창조 세계를 부패시키는 자로서 궁핍한 사람에게서 돌아서며 괴롭힘 받는 사람을 압제하고, 부유한 사람을 옹호하며, 가난한 사람에게 무법한 재판관이 되며, 완전히 죄악된 자들이다."[2]

로마의 클레멘스(Clement of Rome, 95/96년 즈음)

"무엇보다도, 자기 지성의 가장 탁월하고 가장 위대한 작품으로서, 하나님께서는 그분의 거룩하고 무오한 손으로 그분 자신의 형상을 대표하도록 인간을 지으셨다. 그래서 하나님께서 말씀하셨다. '우리가 우리 형상과 우리 모양대로 인간을 만들자.' 그리고 하나님은 인간을 만드시되 남자와 여자로 그들을 창조하셨다."[3]

---

[2] *Didache* 5.1~2 in Michael W. Holmes, ed., *The Apostolic Fathers: Greek Texts and English Translations of Their Writings*, 3rd ed. (Grand Rapids, MI: Baker, 2007), 353.

[3] Clement of Rome, *First Epistle* 33.4~5 in Holmes, *The Apostolic*

안디옥의 테오필루스(Theophilus of Antioch, 170년 즈음)

"하나님은 악한 것은 만들지 않으셨고, 모든 것이 선했다. 그렇다, 아주 선했다. 그렇지만 인간이 지은 죄가 거기에 악을 가져왔다. 인간이 범법자가 되었을 때, 그것들도 그들과 함께 범법자가 되었다. 집주인 자신이 올바르게 행동하면 그 가족 모두도 필연적으로 올바르게 행동한다. 그러나 주인이 죄를 지으면 하인들도 그와 함께 죄를 짓는다. 마찬가지로 인간이 죄를 범했을 때 그가 주인이기에 그에게 속한 모든 것이 그와 함께 죄를 지었다."4

"하나님은 사람을 낙원에 두시고 그것을 경작하며 지키라는 말씀하시면서 그에게 모든 나무 – 명백히 생명 나무도 – 의 열매를 먹으라고 명령하셨다. 그러나 지식의 나무 열매는 먹지 말라고 하셨다. 그리고 하나님은 그를 그가 지음을 받은 땅에서 옮겨 낙원에 들이시고 그가 발전할 수 있는 수단을 주셔서 성숙하고 완전해지도록… 그가 불멸을 소유하고 하늘에 올라갈 수 있게 하셨다. 인간은 중간 상태로, 즉 완전히 필멸(mortal)도 아니고 완전히 불멸(immortal)도 아닌 상태로 지어졌지만, 그 두 가지의 어느 것도 할 수 없는 상태다. 또한, 낙원이라는 장소도 미적 관점에서 땅과 하늘의 중간 상태로 지어졌다. '경작하라'라는 표현에 따르면, 하나님 명령에 순종하는 것 말고 다른 노동의 형태가 암시되어 있지 않은데, 불순종하면 그는 죄로 실제로 그렇게 했듯 자신을 파멸한다."5

Fathers, 89.

4 Theophilus, *To Autolycus* 2.17 (ANF 2:101).

5 Theophilus, *To Autolycus* 2.24 (ANF 2:104).

리용의 이레나이우스(Irenaeus of Lyons, 180년 즈음)

"본래 처녀지(virgin soil)에서 지어진 한 사람의 불순종으로, 많은 사람이 죄인이 되었고 생명을 몰수당했다. 따라서 본래 처녀에게서 태어난 한 사람의 순종함으로, 많은 사람이 의를 얻고 구원을 받는다."6

카르타고의 테르툴리아누스(Tertullian of Carthage, 210년 즈음)

"그때 진흙에 (하나님에 의해) 부여한 형태와 표현이 어떤 것이었든 간에, 그리스도는 그분 생각에서 어느 날 사람이 되실 것이었다. 말씀 역시 당시 땅과 마찬가지로 진흙과 살이셨기 때문이다. 그래서 아버지는 전에 아들에게 말씀하셨다. '우리가 우리 형상대로 우리 모양을 따라 사람을 만들자.' 그리고 하나님은 사람, 곧 그가 빚으시고 형성하신 피조물을 만드셨다. 하나님의 형상(다른 말로 그리스도의 형상)을 따라 그분이 그를 지으셨다. 그리고 말씀도 하나님이셨는데 그는 하나님 형상으로서 '하나님과 동등한 것을 도둑질이 아니라고 생각하셨다.' 따라서 육신을 입고 오실 그리스도의 형상을 입은 그 진흙은 단순한 작품이 아니라, 하나님의 약속이며 보증이기도 했다."7

"영혼은 육체 안에 있는 이상 결코 육체를 벗지 않는다. 육체가 영혼과 교류하지 않는 것은 아무것도 없다. 이것[육체]이 없으면 그것[영혼]은 존재하지 못한다. 또 사고가 육체에 의해 작용하지 않는지 주의 깊게 생각하라. 육체를 통해 사고가 구별되고 외적으로 알려지기 때문이다."8

"영혼만으로는 '사람'일 수 없고(그것은 이미 사람이란 이름이 붙여진 진흙 형체에 연이어 심어졌다) 영혼이 없는 육체도 '사람'이 아니다. 여기

---

6 Irenaeus, *Against Heresies* 3.18.7 (ANF 1:891).

7 Tertullian, *On the Resurrection of the Flesh* 6 (ANF 3:549).

8 Tertullian, *On the Resurrection of the Flesh* 15 (ANF 3:555).

에서 영혼이 추방되면 이것은 **시체**라 불린다. 따라서 **사람**이란 명칭은 어떤 의미에서 두 개의 긴밀하게 연합한 실체의 결속이며 그 명칭 아래서 그것들은 응집된 본성들(coherent natures)이 아닐 수 없다."9

"그러면 어떻게 살아 있는 존재가 잉태되는가? 몸과 영혼 둘 다 실체가 단번에 하나로 형성되는가? 아니면 둘의 하나가 형성과정에서 다른 것을 앞서는가? 우리는 정말로 둘이 완전히 동시에 잉태되고 형성되며, 그것들이 잉태될 때 둘의 하나가 먼저 자리를 차지하는, 한순간의 간격도 없다고 주장하는 바이다."10

"모든 영혼은… 그리스도 안에서 거듭날 때까지 출생으로 아담 안에 그 본성을 두고 있다. 게다가 영혼은 거듭남이 없이는 그전까지 내내 부정하게 남아있다. 부정하기 때문에 이것은 악하게 활동하며 육체를(둘의 연결로) 수치로 채운다. 이제 육체가 악해도 그것에 따라 살면 안 되고, 그 일은 영을 거슬려 욕망하는 것으로 정죄 된다. 그것 때문에 육신적이라고 비판받지만, 육체는 자신의 연유로 그런 악명을 쓴 것이 아니다. 그것 자체로는 죄를 부추기거나 명령하려고 어떤 것을 생각하거나 느끼지 않는다. 그러면 어떻게 그렇게 되는가? 이것은 단지 수종을 드는 것뿐이며 그 수종은 종이나 가족 같은 친구-살아 있고 인간인 존재-가 행하는 것과 같지 않고 차라리 그릇이나 그와 비슷한 것과 같다. 그것은 몸이지 영혼이 아니다. 컵은 목마른 사람을 섬길 수 있다. 그러나 목마른 사람이 컵을 입에 대지 않으면 컵은 수종을 드는 일을 하지 못한다. 그러므로 인간의 차이 또는 구별되는 특성은 결코 진흙으로 된 요소에 있지 않다. 육체 역시 영혼의 기능과 인격적 특질을 가진 인간이 아니다. 생명의 기능을 하기 위한 자산 혹은 도구로 영혼에 붙어있지만, 이것은 다른 실

---

9 Tertullian, *On the Resurrection of the Flesh* 40 (ANF 3:574).

10 Tertullian, *Treatise on the Soul* 27 (ANF 3:207).

체와 다른 상태를 가진다. 따라서 성경에서 육체를 정죄하는 것은 영혼이 육체가 없이는 어떤 색욕, 식탐, 술 취함, 잔인, 우상숭배, 그리고 육체의 다른 일들도 작용 – 감각에만 한정된 것이 아니라 효력을 발휘하는 결과로서 작용 – 하지 않기 때문이다. 죄의 감정은 실제로 결과로서 효력을 발휘하지 않는다면 보통은 영혼의 탓으로 돌려진다."11

"그렇다면 악한 영의 간섭으로 영혼에 개입하는 악 외에도 타락한 본성에서 비롯한 앞선, 어떤 의미에서 자연적인 악이 있다. 우리가 전에 말했듯이 우리 부패한 본성은 그 자체의 신과 아버지, 곧 [그] 본성의 기원을 가진 별개 본성이다. 그러나 영혼에는 선한 부분도 있는데 본래적이고, 신성하며, 순전한 선함이 그 고유한 본성이다. 하나님에게서 나온 것은 멸절되었다기보다는 혼탁해졌다. 그것은 하나님이 아니므로 혼탁해질 수 있다. 그러나 멸절될 수 없는 것은 하나님에게서 나왔기 때문이다. 그러므로 빛이 불투명한 물체에 가려지면 그런 밀도 있는 몸체의 개입으로 빛이 명백하지는 않더라도 여전히 남아있듯, 영혼 안에 있는 선은 악에게 억눌려서 그 혼미한 성질로 그 빛이 완전히 덮여서 전혀 보이지 않던가, 아니면 다만 한 줄기 광선으로 우연히 출구를 찾아 어렵사리 비칠 수도 있다. 따라서 어떤 사람은 아주 악하고 어떤 사람은 아주 선하지만 모든 사람의 영혼은 한 부류를 형성한다. 곧, 가장 나쁜 영혼에도 선한 것이 있고 가장 선한 영혼에도 악한 것이 있다."12

알렉산드리아의 클레멘스(Clement of Alexandria, 215년 즈음)

"형상과 모양을 따라 지음을 받음은 관한 것이 아니라(필멸의 것이 불멸의 것과 같이 지어진다는 것은 잘못되었다) 정신과 이성에 관한 것

---

11 Tertullian, *Treatise on the Soul* 40 (ANF 3:220).

12 Tertullian, *Treatise on the Soul* 41 (ANF 3:220).

으로 주님은 거기에 적절하게 형상의 도장을 찍으셔서 선을 행하고 통치하게 하신다."13

락탄티우스(Lactantius, 300년 즈음)

"하나님께서 당신의 탁월하신 위엄에 따라 무로부터 세상을 지으시며 하늘을 빛들로 장식하시고 땅과 바다는 살아 있는 것들도 채우셨을 때, 인간을 흙으로 만드시고 그분 자신의 형상을 닮도록 지으셨으며 그에게 숨결을 불어넣어 살아 있게 하시고 그를 동산에 두셨다. 그분은 거기에 모든 종류의 열매 맺는 나무를 심으시고 선악에 관한 지식을 두신 나무를 먹지 못하게 하시면서 지키지 않으면 생명을 잃겠지만 하나님의 계명을 지키면 불멸의 상태로 남는다고 경고하셨다. 그때 하나님의 종의 하나인 뱀은 사람이 불멸의 존재로 만들어진 것을 시기하여 계략을 써서 하나님의 명령과 법을 어기도록 유혹했다. 이렇게 해서 그는 실로 선과 악을 아는 지식을 받았으나 하나님께서 그에게 영원히 살도록 주신 생명을 잃고 말았다."14

알렉산드리아의 아타나시우스(Athanasius of Alexandria, 318년 즈음)

"창조주께서는 인류를 지으시고 살아남기를 의도하셨다. 그러나 인간은 더 나은 것을 가볍게 여기고 그것을 가지기를 거부하고 그들 자신에게 더 가까운 것들을 선호하여 추구하기 시작했다. 그러나 그들에게 가까운 것은 몸과 그 감각이었다. 그들의 정신은 생각으로 깨달은 것들을 버리고 자신을 생각하기 시작했다. 그러다가 그들은 몸과 감각에 속한 것들을 붙잡고 그것이 자신의 환경인 것처럼 속아서 하나님께 속한 것들을 묵상하기보다 자신을 더 좋아하는 정욕에

---

13 Clement of Alexandria, *Stromata* 2.19 (ANF 2:370).

14 Lactantius, *Epitome of the Divine Institutes* 27 (ANF 7:231).

빠졌다. 이런 것들을 편안하게 여기며 자신에게 그렇게 가까운 것들을 떠나기를 원치 않음으로 그들이 원래 하나님으로부터 받은 능력을 완전히 잊고 온갖 정욕에 번민하고 혼란스러워하면서 그들의 영혼은 육체적 쾌락에 얽매였다."15

카이사레아의 바실리오(Basil of Caesarea, 364년 즈음)

"아담이 위치 면에서가 아니라 자유 의지와 관련하여 최고점에 있었던 때가 있었다. 그가 생명을 얻은 직후 위로 하늘을 보고 그가 보는 것으로 크게 즐거워했던 때였다. 그는 자기 후원자를 사랑했는데, 그분은 그가 영원한 삶을 즐기게 하시고 낙원의 기쁨 가운데 쉬며 천사와도 같은 권세를 가지게 하셨으며, 대천사들과 같이 생명 길을 가며 하나님의 음성을 듣게 하셨다. 이 모든 일 가운데 하나님께 보호받고 그에게 속한 복을 누리자 그는 금방 모든 것으로 충만해졌다. 만족함으로 교만해지면서 영적인 아름다움보다 육신의 눈에 기쁨을 주는 것처럼 보이는 것을 더 좋아하고 배를 채우는 것을 영적 즐거움보다 더 가치 있게 여겼다. 그러자 즉시 그는 낙원과 복된 삶으로부터 추방되어 필연적으로가 아니라 생각하지 않아서 악해졌다. 이 일로, 그는 또한 악한 자유 선택을 통해 죄를 범했고 죄로 죽었다. '죄의 삯은 사망이요'[롬 6:23]. 생명에서 멀어진 만큼 그는 죽음에 가까워졌다. 하나님은 생명이시고 생명을 박탈당하는 것은 죽음이기 때문이다. 그러므로 아담은 하나님에게서 멀어짐으로 인해 스스로 죽음을 준비했다."16

---

15 Athanasius, *Against the Heathen* 3.1~2 (NPNF 2.4:5).

16 Basil, *Homily Explaining that God Is Not the Cause of Evil*, 7 in St. Basil the Great, *On the Human Condition*, Nonna Verna Harrison, trans., Popular Patristics Series, John Behr, ed. (Crestwood, NY: St. Vladimir's Seminary Press, 2005), 35~36.

니사의 그레고리우스(Gregory of Nyssa, 385년 즈음)

"하나님은 인간을 자신만의 고유한 선에 참여하도록 지으셨고 모든 탁월한 것에 관한 본능을 그 안에 주입하셔서 그의 욕망이 그에 따른 움직임으로 실현될 때마다 그것과 닮아가도록 하셨다. 그분은 인간에게서 결코 모든 것의 가장 탁월하고 소중한 것, 곧 사람이 자신의 주인이 되는 것과 자유 의지를 갖는 것을 빼앗지 않으실 것이다… 악이 자라는 것은 하나님의 뜻에서 비롯하지 않는다… 그러나 악은 영혼이 어떤 방법으로든 아름다운 것으로부터 물러나는 순간, 내적인 의지로부터 생성된다… 즐거워하는 것을 마음대로 선택하는 것이 자유 의지가 가진 특별함이기에, 그분은 당신의 본성이 당신을 통제하며 자유롭게 하셨다. 그러나 좋은 것보다 나쁜 것을 선택하는 무모함을 볼 때 현재 악행들의 근원이 하나님이 아니라는 것을 당신은 안다."[17]

요한네스 크리소스토무스(John Chrysostom, 390년 즈음)

"그분은 '우리 형상을 따라 우리 모양대로 우리가 사람을 만들자'라고 말씀하셨다. 이 '우리 형상대로, 우리 모양에 따라'는 무엇을 의미하는가? 통치 이미지이다. 하늘에는 하나님을 능가하는 존재가 없는 것과 같이, 땅에서는 인간을 능가하는 존재가 없게 하셨다. 이것은 그분께서 자신의 형상에 따라 그를 만드심으로써 영예를 주신 한 이유이자 첫 번째 측면이다. 둘째, 우리에게 이런 다스릴 권세를 주신 것은 섬김의 대가가 아니라, 전적으로 사람을 사랑하는 마음에서 우러난 선물이다. 셋째, 하나님은 그것을 본성에 속한 것으로 수여하셨다. 통치에 관해서는 어떤 것은 자연적이나 다른 것은 선택적이다. 사자가 네발짐승 위에 서는 것이나 독수리가 새들 위에 서는 것은

---

[17] Gregory of Nyssa, *The Great Catechism* 5 (NPNF 2.5:137).

자연적이지만, 황제가 우리 위에 군림하는 것은 선택적이다. 그는 본성적 권위로 그의 동류인 백성을 다스리는 것이 아니기 때문이다. 그래서 종종 그는 자신의 주권을 상실한다. 자연적으로 타고나지 않은 경우가 그러한데 그 경우는 즉시 변화와 지위변동을 인정한다. 그러나 사자의 경우는 다르다. 사자는 독수리가 새들을 다스리듯 네 발짐승들을 자연적으로 다스린다. 그러므로 주권의 성격은 그 종류에 일정하게 부여된 것이어서 어떤 사자도 그것을 빼앗기지 않는다. 하나님은 그런 주권을 처음부터 우리에게 주셔서 우리를 만물 위에 세우셨다. 그분은 이런 측면에서만 우리 본성에 영예를 주신 것이 아니라 우리가 놓인 바로 그 위치의 탁월성에서도 영예를 주셨는데, 낙원을 우리의 특별한 거처로 정하시고 이성과 불멸의 영혼이라는 선물을 부여하셨다."18

히포의 아우구스티누스(Augustine of Hippo, 420년 즈음)

"내가… 내 입장에서 내 영혼에 관해 말하자면, 어떻게 이것이 내 몸에 들어왔는지 확실히 모른다. 내가 나에게 준 것이 아니기 때문이다. 나에게 그것을 주신 분은 내 아버지로부터 나누어 주셨는지, 아니면 첫 사람에게 하신 것처럼 나를 위해 새롭게 창조하신 것인지 아신다. 그러나 그분 자신이 그분이 선하게 여기시는 때 내게 가르쳐 주신다면 나는 알 것이다. 그렇지만 지금 나는 알지 못하며 내가 모른다는 무지를 그분처럼 고백하는 것이 부끄럽지 않다."19

"내가 당신[빅토르의 빈켄트(Vincent Victor's)]의 진술을 이해하기로는 속사람은 혼이고 가장 깊은 존재는 영이라고 했는데, 그것은 마치 혼이 몸에 열등하듯 영이 혼보다 열등하다고 말하는 것과 같다.

---

18 Chrysostom, *To the People of Antioch* 7.3 (NPNF 1.9:391~92).

19 Augustine, *A Treatise on the Soul and Its Origin* 1.25 (NPNF 1.5:325).

그렇게 되면 몸이 자신의 내적 공간에 (당신 생각에) 혼이라는 다른 몸을 받아들이듯, 또한 혼도 역시 자신 안에 빈 곳을 가지고 있어서 영이라는 제 삼의 몸을 받아들여야 한다. 그래서 전체 인간은 셋으로 구성되는데 바깥사람, 속사람, 그리고 가장 깊은 사람이다. 자 당신 말대로 혼이 육신적이라고 한다면 아주 어리석은 결론이 따르는 것을 깨닫지 못하겠는가? 바라건대, 그 둘의 무엇이 그를 창조하신 분의 형상을 따라 하나님을 아는 지식으로 새로워지는지 말해 보라. 속사람인가, 가장 깊은 사람인가? 내가 보기에 사도는 속사람과 바깥사람 외에 속사람, 곧 가장 깊은 사람 안에 있는 어떤 다른 사람도 알지 못한다."[20]

"인간 본성은 첫째 아담에게 있어서 부패하지 않았기 때문에, 어느 때든 둘째 아담을 의사로 필요로 하지 않는다고 주장하는 사람은 하나님 은혜의 원수로 유죄판결된다. 의심이나 오류가 신앙의 건전함과 함께 갈 수 있느냐의 문제가 아니라, 우리를 그리스도인이 되게 하는 믿음의 법 자체에 관한 문제다… '한 사람으로 말미암아 죄가 세상에 들어오고 죄로 말미암아 사망이 들어와서 모든 사람에게 이르렀고 그 안에서 모두가 죄를 지었다'라고 한 순간부터 우리 본성 전체가 의심할 바 없이 파괴되었고 파괴자의 손에 떨어졌다. 그로부터 누구도—한 사람도—구원자의 은혜 없이는 구원받지 못했고, 못하고 있고, 못할 것이다."[21]

---

[20] Augustine, *A Treatise on the Soul and Its Origin* 4.20 (NPNF 1.5:363).

[21] Augustine, *A Treatise on the Grace of Christ and on Original Sin* 2.34 (NPNF 1.5:248).

중세시대(500~1500년)

보에티우스(Boethius, 520년 즈음)

"창조주께서는 천사들의 명부, 곧 천사들이 시민인 하늘의 도성의 명부가 줄어들기를 원치 않으셨기에, 땅에서 인간을 지으셔서 생명의 숨결을 불어넣으셨다. 그분은 그에게 이성을 부여하시고 선택의 자유로 장식하셨으며 낙원의 즐거움 가운데 두시면서, 먼저 그가 죄 없이 남아있다면 그와 그의 자손에게 천군에 더해질 수 있다는 언약을 주셨다. 고상한 본성이 교만의 저주를 통해 낮은 곳으로 떨어졌을 때 더 낮은 실체가 겸손의 축복을 통해 상승하게 하셨다. 하지만 질투의 아비는 자신이 머무를 자격을 박탈당한 자리에 사람이 오르는 것을 싫어하여 그와, 창조주께서 인류를 지속시키려고 그의 옆구리에서 빼내신 짝을 유혹하여 불순종에 대한 형벌을 받게끔 했다. 그는 인간에게 신성이란 선물을 약속했는데 자신을 타락하게 만든 교만한 시도였다…

"첫 사람이… 그의 아내 말을 듣고 그를 창조하신 분의 명령을 어겼을 때 그는 추방되어 땅을 갈아야 했고, 안식하는 정원으로부터 차단당하자 그는 자기 허리에서 난 자녀를 알지 못하는 지역으로 옮겼다. 그는 출산을 통해 후손들에게 첫 사람인 자신이 불순종의 죄로 일으킨 형벌을 전이했다. 몸과 영혼의 부패가 이어지자 죽음도 왔으며, 그는 최초로 자기 아들 아벨에게서 이 죽음을 맛봤다. 자기 자녀를 통해 그에게 주어진 형벌이 얼마나 큰 것인지 알려는 것이었다. 만약 그가 최초로 죽었더라면 어떤 의미에서 그의 형벌을 알지 못했을 것이다―어떤 사람은 느끼지 못했을 것이라고 표현할 것이다. 그렇지만 그는 그것을 다른 사람에게서 먼저 맛봄으로 그의 멸시에 대한 적당한 보상을 깨달았고, 죽도록 운명지어진 자로서 그것을 경험함으로써 더욱 생생하게 느꼈다. 첫 사람이 자연적 전파를 통해 후손들에게 전이한 범죄에서 나온 이 저주를 펠라기우스가 부인했는데, 그는 자신의 이름을 딴 이단을 세웠고 그것은 가톨릭(보편적) 신앙이라고 알려진 것으로부터 즉시 추방되었다. 첫 사람에게서 나온 인류는 강력하게 증가하고 늘어났지만, 첫 부모 때 낙원의 즐거움을 잃었기에, 갈등하고 전쟁을 일으키며 이 땅에서 불행한 후예가 되었다."22

2차 오랑쥬 선언(Canons of Orange II, 529년)

"만약 누군가 사람 전체, 곧 몸과 영혼 모두가 아담의 범죄로 나쁘게 변하지 않았고 다만 몸이 부패에 종속되었고 영혼의 자유는 손상되지 않았다고 말한다면, 그는 펠라기우스의 오류에 속은 것이며, '죄를 짓는 영혼은 죽으리라'[겔 18:20], '네 자신이 누구에게 복종하든 네가 복종하는 자의 종이라는 것을 알지 못하느냐?'[롬 6:16], 그리고 '사람은 그를 정복하는 사람에게 종이 된다'[벧후 2:19]라는 말씀을 반대하는 자다."23

"만약 누군가 아담의 범죄가 자신에게만 해를 입히고 그의 자손에게는 해를 입히지 않았다거나 그 손상이 죄에 대한 형벌로 몸의 죽음만 가져왔다고 주장하며 영혼의 죽음인 죄 자체가 한 사람을 통해 온 인류에 전파되었다는 것을 고백하지 않는다면, 그는 하나님께 불의를 행하고 '한 사람으로 말미암아 죄가 세상에 들어오고 죄를 통해 사망이 들어와서 모든 사람에게 전파되었으며 그 안에서 모두가 죽었다'[롬 5:12]라고 말하는 사도를 거스른다."24

---

22 Boethius, "On the Catholic Faith" in *The Theological Tractates and the Consolation of Philosophy*, H. F. Stewart and E. K. Rand, trans., The Loeb Classical Library (London: Heinemann, 1918), 57, 59, 61.

23 Canons of Orange in Burns, *Theological Anthropology*, 113.

24 Canons of Orange in Burns, *Theological Anthropology*, 113.

대 그레고리우스(Gregory the Great, 600년 즈음)

"확실히 아담과 하와는 금지된 나무의 열매를 먹었어도 그 이후로도 육신으로 900년 이상을 살았다. 그러므로 그가 육신에 있어서 죽은 것이 아니라는 점이 명백하다. 따라서 그가 영혼에 있어서 죽지 않았다면 하나님께서 그에게 그가 먹는 날에는 정녕 죽으리라고 말씀하셨을 때 그에 관해 잘못된 선언을 내리셨다는 불경한 결론이 따른다. 이 오류는 사라져야 하며 참된 신앙에서 추방되어야 한다. 우리가 말하는 바는 첫 사람이 죄를 짓던 날, 첫 사람은 그 영혼이 죽었으며, 그를 통해 온 인류가 죽음과 타락의 형벌로 정죄 되었다는 점이다."25

다마스쿠스의 요한(John of Damascus, 740년 즈음)

"그분[하나님]은 사람을 자기 손으로 자기 형상과 모양에 따라 보이는 속성과 보이지 않는 속성을 가지도록 창조하신다. 한편으로 그는 인간의 몸을 흙으로부터 지으셨고, 다른 편으로 그의 숨결을 불어넣음으로 추론하고 사고하는 영혼을 그에게 부여하셨는데, 이것이 우리가 '그의 형상에 따라'를 의미하는 바다. '그의 형상에 따라'라는 어구는 명백히 지성과 자유 의지로 이루어진 본성의 측면을 가리키지만, '그의 모양에 따라'는 가능한 한 덕성에 있어서 닮음을 의미한다.

"게다가 몸과 영혼은 단번에 만들어졌지, 오리게네스(Origen)가 무지하게 생각한 것처럼, 하나가 먼저 만들어지고 다음에 다른 것이 만들어진 것이 아니다.

"그때 하나님은 사람이 악이 없는, 올바르고, 덕스러운, 고통이나 근심이 없는, 모든 미덕으로 영광스러운, 모든 선함으로 장식된 자로… 땅에 있는 것들의 왕으로, 그러나 더 높으신 왕께 충성하는 자

---

25 Gregory, *Epistles (To Eulogius)* 7.34 (NPNF 2.12:227).

로, 땅과 하늘, 시간에 속한 것과 영원한 것, 보이는 영역과 생각의 영역, 위대함과 비천함, 영과 육의 중간자가 되도록 지으셨다."26

"모든 것의 기원은 하나님이시지만, 그 파괴는 우리 사악함 때문에 초래되어 우리에게 형벌이나 유익을 준다. 하나님은 죽음을 창조하지 않으셨고 살아 있는 것들이 멸망하는 것을 기뻐하지 않으신다. 그러나 죽음은 차라리 사람의 일이다. 곧, 그 기원은 다른 모든 형벌과 마찬가지로 아담의 범죄에 있다. 하지만 다른 모든 것은 하나님께 돌려져야 한다."27

리용의 아몰로(Amolo of Lyons, 852년 즈음)

"우리는 또한, 하나님이 처음부터 인간 안에 자연적으로 심으신 자유롭고 올바른 의지의 선택이 첫 범죄로 망가지고, 약해지며, 타락했기에, 그리스도의 선물로 회복되고 치유되며 양육되어 자신의 타락한 악덕에서 풀려나지 못한다면 진리와 의를 사랑하게 될 수 없다고 믿어야 한다… 그러므로 그 의사[그리스도]만이 자유로운 선택의 연약함을 고치신다. 인간은 정죄된 근원적 죄 때문에 정신과 사고가 악을 행하는 경향성과 의도를 가지며 자유 선택 자체가 예속되어 있다."28

---

[26] John of Damascus, *An Exact Exposition of the Orthodox Faith* 2.12 (NPNF 2.9:30~31).

[27] John of Damascus, *An Exact Exposition of the Orthodox Faith* 2.28 (NPNF 2.9:41).

[28] Amolo of Lyons, *On Grace and Foreknowledge* 4 in Victor Genke and Francis X. Gumerlock, eds. and trans., *Gottschalk and A Medieval Predestination Controversy: Texts Translated from the Latin*, Mediaeval Philosophical Texts in Translation 47, Roland J. Teske, S.J., ed. (Milwaukee, WI: Marquette University Press, 2010), 202.

캔터베리의 안셀무스(Anselm of Canterbury, 1077년 즈음)

"아, 비참한 인간이여, 그는 자신이 만들어진 목적을 잃어버렸다! 아, 어렵고도 두려운 운명이여! … 오호라, 온 인류를 위한 슬픔과 하데스의 아들이 온 세상에서 부르는 애가여! 그는 과식으로 숨이 막혔고, 우리는 주림으로 한숨 짓는다. 그는 풍요했지만, 우리는 구걸한다. 그는 행복함 속에 소유했지만 비참하게 그의 소유를 버렸다. 우리는 불행한 가운데 결핍으로 고통당하며 비참한 갈망을 느낀다. 아, 우리는 공허한 채로 남아있다… 그는 그렇게 쉽게 할 수 있었는데 왜 우리를 위해 남겨두지 않아서 우리가 이토록 그 결핍을 무겁게 느끼도록 만들었는가? 그는 왜 우리를 빛으로부터 차단하고 어둠에 덮이게 했는가? 무슨 목적으로 그는 우리에게서 생명을 빼앗고 죽음의 고통을 안겨주었는가? 우리는 비참하다. 우리는 어디에서 쫓겨났고 어디로 몰려가는가? 어디에서 내던져졌는가? 어디에서 멸망하게 됐는가? 조국에서 추방으로, 하나님을 보는 데서 현재의 눈멂으로, 불멸의 기쁨에서 죽음의 쏘는 것과 공포로 바뀌었다. 그렇게 큰 선과 그렇게 큰 악의 비참한 교환이로다! 무거운 상실, 무거운 슬픔, 무거운 우리의 운명이여!"[29]

"사람은 천사들과 동등하기까지 아직 이르지 못했지만, 그들 가운데 빠진 수가 차면 인간은 그것을 얻는다. 그들이 유혹받았더라도 죄를 범하지 않아서 자신의 본래 거룩함을 보존했다면 그들은 그들의 모든 자손과 더불어 더는 죄를 짓지 않도록 확정되었을 것이다. 그들이 죄에 굴복했을 때 그들은 너무도 약해져서 이후로는 자신의 힘으로는 죄를 짓지 않고 살 수 없었다. 그가 첫 시험에서 거룩함을

---

[29] Anselm, *Proslogion* 1 in Sidney Norton Deane, trans., *St. Anselm: Proslogium; Monologium; An Appendix in Behalf of the Fool by Gaunilon; and Cur Deus Homo*, reprint ed. (Chicago: Open Court, 1926), 4~5.

택했을 때 보장받았을 자유보다 첫 유혹에 항복한 뒤에 사악함이 사람을 훨씬 더 강력하게 예속한다고 누가 감히 인정하겠는가? 인간 본성은 우리 첫 부모의 인격에 포함되었기에 완전히 그들 안에서 죄에 넘겨졌듯이(하나님께서 처녀에게서 창조하실 수 있던 분만이 예외인데, 그분은 같은 능력으로 우리를 아담의 죄로부터 구하실 수 있었다), 그들이 죄를 범하지 않았다면 인간 본성은 완전히 정복되었을 것이다."30

"그러면 만약 아담과 하와가 본래의 의를 보존했더라면 그들에게서 태어난 사람은 그들처럼 본래 의로웠을 것이다. 그렇지만 그들이 본래 강하고 정결한 상태에 있어서 어려움 없이 언제나 의를 지킬 수 있는 능력을 지녔어도 개인적으로 죄를 범했기에 그들 전 존재는 약해지고 부패했다. 죄를 지은 후 몸은 야생동물의 몸과 같아졌기에 약해졌고 부패와 육신적 욕구에 종속되었다. 영혼도 그것이 상실한 소유물의 결핍은 물론 몸의 부패와 그 욕구들로 인한 육신적 열망으로 오염되었다. 인간 본성 전체가 아담과 하와 안에 있었고 여기에 속한 어떤 것도 그들 밖에 있지 않았기에 전체로서 약해지고 부패했다."31

라온의 안셀무스(Anselm of Laon, 1115년 즈음)

"그러므로 처음부터 선하신 창조주는 자신이 영들의 선한 창조자였던 것과 같이 사람이 진리 가운데 선하도록 사람을 지으셨다. 사람은, 번식할 수 있는 자연적 능력을 갖췄지만, 그의 죄로 이 선한 능력을 타락시켜 부패 중의 부패만을 낳았다⋯ 따라서 부패하지 않은 것이 부패한 것과 연결되어 그것에 속한 잘못은 하나님이 아니라 인간에게 있다."32

---

30 Anselm, *Why God Became Man (Cur Deus Homo)* 1.18 in *St. Anselm*, 218~19.

31 Anselm, *The Virgin Conception and Original Sin* 2 in Eugene R. Fairweather, ed., *A Scholastic Miscellany: Anselm to Ockham*, Library of Christian Classics (Louisville, KY: Westminster John Knox, 1956), 185.

생빅토르의 위그(Hugh of St. Victor, 1140년)

"첫 사람이 죄를 짓지 않았다면 언제나 창조주 얼굴을 지금 명상하며 보았을 것이고, 언제나 그를 봄으로 언제나 그를 사랑했겠으며, 사랑함으로 언제나 그분께 붙어있었겠으며, 영원하신 분께 붙음으로 끝이 없는 생명을 얻었을 것이다. 명백히 인간의 한 가지 진실한 선은 그의 창조주를 완벽히 아는 것이다. 그러나 그는 죄로 무지로 눈멀었고, 주님 앞에서 쫓겨났고 친밀한 명상의 빛으로부터 멀어졌다. 그가 신성의 달콤함을 잊기 시작하자 자신의 마음을 지상적 욕망에 뒀다. 따라서 그는 땅에서 유리하고 방황하는 자가 되었다."33

토마스 아퀴나스(Thomas Aquinas, 1265년 즈음)

"원죄에는 두 가지 것이 있다. 하나는 본래 의를 박탈당한 것이고 다른 하나는 이 박탈이 우리 첫 부모의 죄와 관계되어 그들로부터 타락한 근원을 통해 사람에게 전이한 것이다. 첫 번째와 관련해서 원죄에 정도의 차이가 없는 것은 본래의 의라는 선물을 완전히 잃었기 때문이다. 죽음이나 어두움처럼 어떤 것을 완전히 제거하는 박탈에는 더함이나 덜 함이 없다… 같은 식으로 두 번째 것에도 가능하지 않다. 모든 것이 같게 우리 타락 근원의 첫째 원리와 관련되어 있으므로 그 원리로부터 원죄는 죄책(guilt)의 성격을 띤다. 관계는 더함이나 덜 함이 없다. 결과적으로 원죄는 어떤 사람이 다른 사람보다 더할 수 없음이 분명하다."34

---

32 Anselm of Laon, *A Fragment on Original Sin* in *A Scholastic Miscellany*, 261~62.

33 Hugh of St. Victor, *Love, the Cure of the Soul's Sickness* in Ray C. Petry, ed., *Late Medieval Mysticism*, Library of Christian Classics (Louisville, KY: Westminster John Knox, 1957), 92~93.

요한 타울러(John Tauler, 1350년 즈음)

"하나님이 인간을 창조하신 의도는 루시퍼와 그의 천사들이 쫓겨난 천국의 처소를 소유하게 하려는 것이었다. 루시퍼는 인간에 대한 극도의 미움으로 그를 유혹해 하나님께 불순종하게 했고, 그래서 인간은 하나님과 천사들과 같게 의도한 모든 은혜와 선물을 잃었고, 순수한 본성에 독이 들어가 부패했다. 이 독으로 인간은 이성이 어두워지며 의지는 왜곡되고 악의를 지녔고 그의 욕망은 부끄러운 정욕이 지배하고 죄에 대한 의분을 잃어버리는 치명적 상처를 입었다. 인간은 존귀에 처하나 그것을 깨닫지 못함으로써 멸망해가는 짐승과 같아졌다."35

토마스 아 켐피스(Thomas a Kempis, 1400년 즈음)

"어려서부터 악으로 치우치기 쉬운 본성을 극복하려면 주님의 은혜, 큰 은혜가 필요하다. 첫 사람 아담을 통해 본성이 죄로 타락하고 약해졌으며 그 오점에 대한 형벌이 온 인류에게 떨어졌다. 주님께서 선하고 바르게 창조하신 본성 자체가 악덕의 상징과 타락한 본성의 연약함으로 간주는, 그것을 가만 놔두면 악행과 비천한 일을 저지르기 때문이다. 그것에 남은 미약한 힘은 재 속에 숨어 있는 불씨이다. 그 힘은 자연적 이성으로서 두꺼운 어둠에 휩싸여 있고, 그것이 인정하는 모든 일을 이루지 못하고 진리의 완전한 빛이나 건전한 애정을 즐기지 못해도, 여전히 선과 악을 판단하고 옳고 그름을 구별하는 힘을 갖고 있다."36

---

34 Thomas Aquinas, *Summa Theologica* (New York: Fathers of the English Dominican Province, 1911), 2(1).82.4.

35 John (Johannes) Tauler, *Sermons*, 1 ("Sermon for the First Sunday in Advent") in Susannah Winkworth, trans., *The History and Life of the Reverend Doctor John Tauler with Twenty-Five of His Sermons* (London: Allenson and Co., 1905), 200~01.

종교개혁시대(1500~1700년)

마르틴 루터(Martin Luther, 1525)

"바울이 어떻게 성경에 근거해 자기 생각을 증명하고 있는지 함께 살펴보자[로마서 3:10~23 인용]… 여기에서 만약 누군가 할 수 있다면, '편리한 해석'을 만들어내고, '비유'를 발명하고, 이 말씀이 '모호하고 이해하기 어렵다'라고 주장하게 해보라! 그에게 감히 '자유 의지'를 옹호해 보게 하라…! 그러면 나는 바로 모든 것을 포기하고 내 신념을 포기할 것이며, 나 자신이 '자유 의지'를 고백하고 주장하는 사람이 되겠다.

"이 이유로 우리가 여기에서 듣는 것은, 모든 인간, 율법 아래 있는 모든 사람, 곧 유대인이나 이방인 모두가 하나님 앞에 불경하게 여겨진다는 사실이다. 깨닫는 사람도 없고, 하나님을 찾는 사람도 없으며, 다 치우쳐 한가지로 무익해진다. 물론 모든 인간 중에, 또한 '율법 아래 있는 사람들' 가운데는 '자유 의지'의 힘을 다해 가장 선하고 칭찬받을 만한 사람, 모든 가치 있고 선한 것을 열망하는 사람도 틀림없이 있다.

"그렇다면 예외 없이 하나님을 찾지도, 보지도 않고 하나님을 모르는 사람이 어떻게 선을 행하려고 노력할 수 있겠는가? 예외 없이 선에 미치지 못하고 전적으로 무익한 자들이 어떻게 선을 이룰 수 있는 능력을 갖추겠는가? 말씀이 이 이상 얼마나 더 명확할 수 있을까? 말씀이 분명하게 선포하고 있지 않은가? 모든 사람은 하나님을 알지도 못하고 하나님을 멸시하며, 그리고는 악으로 돌아서서 선에는 쓸모가 없다."[37]

---

[36] Thomas à Kempis, *The Imitation of Christ*, 5, Aloysius Croft and Harold Bolton, trans. (Milwaukee, WI: Bruce, 1940), 195~96.

[37] Martin Luther, *On the Bondage of the Will, Written in Answer to*

"우리는 모두 한 사람, 아담과 같은 죄와 정죄 아래에 있는데 어떻게 죄나 정죄 받을 행위를 하지 않으려고 하겠는가? 그가 '모두'라고 말할 때는 누구도 예외일 수 없다. '자유 의지'의 힘이나 어떤 일하는 자도 예외가 아니고, 일하든 안 하든, 시도하든 하지 않든, 그는 필연적으로 '모든' 사람에 포함될 수밖에 없다. 그 죄가 우리 자신의 것이 아니라면 우리는 아담의 죄로 죄를 짓거나 정죄를 당하지도 않는다. 누가 다른 사람의 죄로, 그것도 하나님 앞에서, 정죄당할 수 있겠는가? 또 그 죄가 모방이나 행위로 우리 것이 되는 것도 아닌 것은, 그렇게 되면 아담의 그 한 죄로 말미암지 않을 것이기 때문이다. 왜냐하면, 그 경우 그것은 그가 범한 죄가 아니라 우리 자신이 범한 것이기 때문이다. 그것은 출생을 통해 우리 것이 되었다… 그러므로 원죄 자체로 '자유 의지'는 죄를 짓고 그로 정죄당하는 것 외에 어떤 다른 능력도 갖추지 못한다."[38]

아우그스부르크 신앙고백(Augsburg Confession, 1530년)

"아담의 타락 이후, 모든 사람은 일반 자연의 법칙에 따라 죄를 지니고 태어난다. 곧, 하나님을 두려워하지 않고, 하나님을 신뢰하지도 않으며, 육체의 소욕을 가지고 태어난다. 이러한 질병 또는 원래의 결함은 확실히 죄로 정죄를 받고 영원한 사망을 초래한다."[39]

울리히 츠빙글리(Ulrich Zwingli, 1531년)

"우리는 천사와 인간의 영혼이 절대 잠을 자거나 쉬지 않는다고 주장한다… 영혼은 너무나도 필수적 본질이기에 그 자체에 생명이

---

the Diatribe of Erasmus on Free-Will, 140 in Henry Cole, trans. (London: Simpkin and Marshall, 1823), 317~19.

[38] Luther, *On the Bondage of the Will*, 152 in Cole, 345~46.

[39] *The Augsburg Confession*, 2 in Philip Schaff, ed., *The Creeds of Christendom*, 4th ed. (New York: Harper & Row, 1877), 3:8.

있으며, 그것이 머무는 거처에도 생명을 불어넣는다. 천사가 육체를 취할 때마다, 그것이 공기든 특별히 창조된 것이든, 그는 즉시 그것에 생명을 준다. 그래서 그것은 움직이고 일하고 행동하며 동작한다. 인간의 영혼이 몸에 들어가는 순간, 그 몸은 살아서 성장하고 움직이며 삶의 모든 다른 기능들을 수행한다. 그러나 그것이 사실이라면, 영혼이 몸으로부터 놓였을 때 어떻게 뻣뻣하게 누워 잠든 채로 있을까? … 공기가 온 우주 전체에 존재하는 것처럼 영혼도 사람의 몸 전체에 스며들어 있다. 불이 언제나 타고 있는 것 같이, 영혼 또한 언제나 활발히 활동하고 있다."40

후안 데 발데스(Juan de Valdes, 1540년 즈음)

"첫 번째 인간은 하나님께 불순종함으로 하나님의 형상과 모양을 잃었고, 따라서 그는 변화에 종속해 죽어야 하는 존재가 됐다. 그는 악의를 품고, 잔인하며, 불경하며, 믿음이 없고, 거짓을 일삼았다."41

"나는 성령으로 거듭나지 않은 모든 사람 안에 두 가지 양태의 타락이 존재한다고 생각한다. 하나는 자연적인 것이고, 다른 하나는 습득한 것이다. 자연적인 타락은 욥기 14:4에 표현되어 있고… 사도 바울의 경우 에베소서 2:3에… 또한 그와 비슷하게 성경이 우리의 인간 본성이 정죄 아래 있다고 한 모든 곳에서 확인할 수 있다고 이해한다. 그리고 인간의 습득한 타락은 창세기 6:12에 제시되어 있고… 바울의 본문 로마서 7:9에… 또 성경에서 일반적으로 우리 육

---

40 Ulrich Zwingli, *An Exposition of the Faith* in G. W. Bromiley, ed., Zwingli and Bullinger, Library of Christian Classics (Philadelphia: Westminster, 1953), 273~74.

41 Juan de Valdés, *One Hundred and Ten Considerations* 1 in George H. Williams and Angel M. Mergal, eds., *Spiritual and Anabaptist Writers*, Library of Christian Classics (Philadelphia: Westminster, 1957), 336.

체의 타락에 관해 말씀하는 모든 본문에 있다고 본다. 습득한 타락은 자연적인 타락에서 발전된 것이며, 자연적 타락은 습득한 타락으로 더욱 활기를 띤다."42

장 칼뱅(John Calvin, 1560년 즈음)

"하나님의 영광이 사람의 겉모습에 드러난다 해도, 그 형상의 고유한 영역은 영혼이라는 사실은 의심할 수 없다. 그러므로 나는 우리 외적 형태가 다른 하급 동물로부터 구별하고 분리하는 만큼 우리를 하나님과 더 가깝게 한다는 것을 부인하지 않는다… 단지 이처럼 눈에 보이거나 외부 특징으로 분명해지는 하나님 형상은 영적이라는 점을 이해하라… 따라서 영혼이 사람은 아니지만, 사람이 그의 영혼에 있어서 하나님의 형상이라고 부르는 데 문제가 없다. 그렇지만 내가 최근에 결정한 원리를 유지하려고 하는데, 곧 하나님의 형상은 다른 모든 종류의 동물을 능가하는 인간의 본질 모든 부분까지 확장한다는 것이다. 그러므로 이 말은 아담의 지성이 명료하고, 그의 감정이 이성에 복종하며, 그의 모든 감각이 적절히 통제되고, 그가 진실로 자신의 탁월함을 창조주의 감탄할만한 선물로 돌렸을 때의 온전함을 가리킨다. 그리고 하나님의 형상의 주된 자리는 사람의 정신과 마음, 또는 그의 영혼과 그 능력이지만, 육체에서조차 영광의 빛이 어느 정도 비치지 않는 부분은 없다."43

"인간의 잘못으로 저주가 위아래 세상의 모든 지역으로 퍼졌으므로, 그 저주가 인간의 모든 자손에게로 확대가 불합리하다고 할 수 없다. 사람에게 있는 하늘의 형상이 지워진 후, 그는 한때 자신을 두르고 있던 장신구들, 곧 지혜, 미덕, 공의, 진실함과 거룩함을 빼앗겼고 그 자

---

42 De Valdés, *Considerations*, 6 in *Spiritual and Anabaptist Writers*, 343.

43 John Calvin, *Institutes of the Christian Religion*, 1.15.3.

리에 치명적인 질병과 맹목, 무기력, 허영, 불순함, 불의를 가졌고, 또한 자기 후손까지 연루시켜 똑같이 비참한 지경에 떨어뜨렸다. 초대 기독교 저자는 이 유전적 부패를 원죄(Original Sin)라고 불렀는데, 그것은 이전에 선하고 순결했던 본성을 박탈당했음을 의미한다."44

디트리히 필립스(Dietrich Philips, 1560년 즈음)

"아담과 하와는… 뱀의 간교함에 속아(창 3:6) 죄에 의해 타락하였고(롬 5:12; 고전 15:21), 그래서 그들은 하나님의 형상, 흠 없이 창조된 본성과 탁월한 이성에 의한 거룩함, 하나님과 그분의 창조 세계에 대한 높은 수준의 지혜와 지식, 그리고 하나님에 대한 열렬한 그들의 사랑과 순종을 모두 잃어버렸다. 그들은 이 모든 것을 상실한 채, 의에서 불의로, 불멸의 상태에서 부패와 저주로, 영원한 생명에서 영원한 사망으로 옮겨졌다."45

2차 헬베수스 신앙고백(Second Helvetic Confession, 1566년)

"사람은 태초부터 하나님의 형상에 따라, 의와 참된 거룩함으로 선하고 바르게 창조되었다. 그러나 뱀의 부추김과 자기 잘못으로 선함과 올바름에서 타락하여, 죄와 사망, 그리고 여러 다양한 재앙에 예속됐다. 그가 타락하여 얻은 결과는 그대로 그의 자손에 전달되어 그들도 죄와 사망, 갖가지 재앙에 예속됐다.

"우리는 죄를 우리 첫 번째 부모에게서 비롯한 또는 전파된, 인간의 자연적 타락으로 보며, 그로 우리는 악한 욕정에 빠져 하나님에게서 완전히 돌아섰으며, 악독과 불신, 경멸과 하나님을 미워하는 것으로

---

44 Calvin, *Institutes of the Christian Religion*, 2:214.

45 Dietrich Philips, *The Church of God* in Williams and Mergal, *Spiritual and Anabaptist Writers*, 230.

가득 차서 모든 악에 빠지기 쉬운 상태가 되었고, 우리가 생각하는 것처럼 우리 힘으로 선한 일을 행한다는 것은 불가능하다(마 12:34~35).

"그뿐 아니라 우리는 나이가 들수록, 사악한 생각과 말, 그리고 행동으로 하나님의 법을 대적하여 악한 나무에 합당한 부패한 열매를 맺는다. 그런 관점에서 우리 자신의 공과대로 하나님의 진노 대상이 되는 것이 마땅하며 합당한 형벌을 받을 위험에 처해 있다. 그러므로 우리는 모두 구원자이신 그리스도께서 우리를 되돌리지 않으셨다면, 하나님에게서 버려졌을 것이다.

"그러므로 우리가 이해하는 죽음이란 단지 우리 죄로 언젠가 모두가 겪어야 하는 육체의 죽음뿐 아니라 우리의 죄와 타락으로 영원한 형벌도 의미한다…

"그러므로 우리는 원죄가 모든 사람에게 있다는 사실을 인정하고, 그것에서 비롯하는 모든 다른 죄들은, 그것이 치명적이든 아니면 가벼운 것이든 마땅히 죄라고 해야 하며, 거기에는 절대로 용서받을 수 없는, 성령을 훼방하는 죄도 포함된다.46

39개 신조(Thirty-Nine Articles of Religion, 1571년)

"원죄란 아담을 따라 하는 것이 아니라(펠라기우스주의자들이 그렇게 헛되이 말하듯), 모든 인간 본성의 흠과 부패로서, 아담의 후손에게 자연적으로 대물림되고, 그 일로 사람은 원래의 의로움에서부터 아주 멀어지고 그 본성은 악으로 기울어져서 육신은 항상 영을 대적하는 욕망을 갖는다. 그러므로 이 세상에 태어나는 모든 사람은 하나님의 분노와 저주를 받아 마땅하다. 그리고 이러한 본성의 오염은 계속 남아서 그들 안에서 재생한다."47

---

46 *The Second Helvetic Confession*, 7 in Schaff, *Creeds of Christendom*, 3:842~43.

47 *The Thirty-Nine Articles of Religion* (Church of England), 9 in

야코부스 아르미니우스(James Arminius, 1605년 즈음)

 "하나님이 우리 첫 부모와 맺은 언약의 조건은 이것이다. 곧, 그들이 이 명령을 지킴으로 하나님의 은혜와 호의 안에 머문다면, 그들이 받은 선물은 그들이 받은 신성한 은혜에 의해 그들 후대까지 이어진다. 그러나 만약 그들이 불순종함으로 그들이 받은 축복에 합당하지 않은 자가 되면, 그들 후손도 마찬가지로 그것을 받지 못하고 그와 반대되는 악의 영향을 쉽게 받는다. 바로 이 때문에 그들로부터 자연적으로 태어난 모든 사람이 일시적 사망과 영원한 사망에 굴복했고, 성령의 은사와 원래의 의를 누릴 수 없다. 이러한 형벌은 보통 '하나님 형상 박탈'과 '원죄'로 불린다."[48]

웨스트민스터 신앙고백(Westminster Confession, 1646년)

 "우리의 첫 부모는 사탄의 교묘한 유혹에 속아 금지된 과실을 먹음으로 죄를 지었다. 하나님은 자신의 지혜롭고 거룩한 의도에 따라, 그 죄를 허용하셔서 자기 영광을 나타내는 의도대로 사용하기를 기뻐하셨다. 이 죄로 그들은 본래 의와 하나님과의 교제로부터 떨어져 죄 가운데 죽었고, 영혼과 육체의 모든 부분과 기능이 전체로서 오염되었다. 그들은 온 인류의 뿌리로서 이 죄책이 그들에게서 태어난 모든 후손에게 전가되었고, 죄와 타락한 본성 가운데 죽음도 그들에게 전달되었다. 이러한 원래의 타락으로, 우리는 완전히 모든 선을 대적하며 그것을 바라거나 행할 수도 없고, 전적으로 모든 악에 치

Schaff, *Creeds of Christendom*, 3:492~93 (with modifications to Old English spelling).

[48] James Arminius, "Disputation 31: On the Effects of the Sin of Our First Parents," 9 in *The Works of James Arminius*, James Nichols, trans. (London: Longman, et al., 1828), 2:375.

우쳐 실제로 범죄를 저지른다. 이러한 본성의 타락은 이생에서 거듭난 사람들에게도 남아있다. 그것은 그리스도를 통해 용서받고 억제된다고 해도 그 자체와 그에 따른 모든 행동은 진정 죄라고 말할 수 있다."49

블레스 파스칼(Blaise Pascal, 1660년 즈음)

"원죄는 사람 눈에 어리석어 보이지만… 이 어리석음은 인간의 모든 지혜보다 더 지혜롭다. **그것은 인간보다 더 지혜롭다.** 원죄가 없다면 사람이 무엇이라고 말할 수 있겠는가? 그의 전체 상태는 바로 이 눈에 띄지 않는 지점에 달려있다. 원죄란 이성에 반대되는 것이며, 이성 자체의 방법으로는 결코 발견할 수 없으며, 그것이 이성에 제시되면 거부하는데, 인간이 어떻게 그것을 자신의 이성으로 알 수 있는가?"50

근대 · 현대시대(1700년~현재)

조지 윗필드(George Whitefield, 1739년)

"이제 우리 가운데 원죄 교리를 부인하는 일이 드물지 않음을 나는 알고 있다… 그러나 이를 부인하는 사람은 우선 성경의 권위가 틀렸음을 입증해야 한다… 그렇게 할 수 없다면 우리는 모두 죄악 중에 잉태되고 태어났다고 주장해야 한다. 다른 이유가 아니라 이 한 가지 이유, 곧 거짓 없으신 하나님께서 우리에게 그렇게 말씀하셨기 때문이다…

---

49 *The Westminster Confession of Faith*, 6.1~5 in Schaff, *Creeds of Christendom*, 615~16 (with modifications).

50 Blaise Pascal, *Pensées*, A. J. Krailsheimer, trans. (New York: Penguin, 1966), 246.

"원죄의 교리를 부인하는 자여, 당신이 누구든 양심이 화인을 맞았다면 나에게 말해 보라. 당신은 자신의 본성이 야수와 마귀가 뒤섞인 혼합물이라는 것을 알지 못하는가? …

"아담은 금지된 열매를 먹고 나자 하나님에게서 도망쳐 숨었다. 왜 그랬는가? 그가 벌거벗었기 때문이다. 곧, 그는 불순종에 대한 합당한 벌로 하나님의 생명에게서 멀어졌다. 이제 우리는 모두 그때 아담처럼 본성상 벌거벗었고 하나님을 상실한 상태에 있으며, 결과적으로 변화를 받아 다시 하나님의 본성을 덧입기 전까지는 우리도 하나님으로부터 도망쳐야만 한다.

"만일 내가 여러분에게 다른 교리를 전한다면, 나는 내 영혼에 해를 끼치고 하나님과 당신 앞에서 거짓 증인이다. 그리고 이와 다른 교리를 전하는 사람이 있다면, 그가 누구든 얼마나 품위가 있고 유명하든 상관없이 형벌을 받는다."51

존 웨슬리(John Wesley, 1745년 즈음)

"먼저, 우리는 교리 체계로 여기는 기독교와 가장 세련된 이단의 한가지 확연한 근본적 차이점을 배우겠다. 많은 고대의 이교도는 특정 사람의 악행을 자세히 묘사해왔다. 그들 탐심이나 잔인함, 그들 사치와 방탕함을 많은 말로 비난했다. 어떤 사람은 심지어 '적어도 한두 가지의 악덕이 없이 태어나는 사람은 없다'라고 말하기도 했다. 그러나 여전히 인간의 타락을 인정한 사람은 없었고, 따라서 그들은 인간의 전적 타락을 몰랐다. 그들은 모든 사람 안에 선한 것이 전혀 없고 온갖 악으로 채워져 있음을 몰랐다. 그들은 특정 사람을 지배

---

51 George Whitefield, "The Indwelling of the Spirit, the Common Privilege of All Believers" in *The Christian's Companion: or, Sermons on Several Subjects* (London: Booksellers in Town and Country, 1739), 255~58 (with modifications to Old English spelling).

한 특정한 악덕들에 의해서라기보다 무신론이나 우상숭배, 교만, 자기 의지, 세상을 사랑하는 것 등, 홍수로 세상에 태어나는 모든 인간의 본성 전체가 영혼의 모든 기능에 있어서 전적으로 타락했음을 전혀 몰랐다. 그러므로 이것은 이교 신앙과 기독교 신앙을 구분하는 첫 번째 중대한 차이점이다. 이교 신앙은 많은 사람이 많은 악에 감염되었고, 태어나면서부터 그런 성향이 있다고 하면서도 선천적인 선이 악을 훨씬 능가한다고 가정한다. 그러나 기독교 신앙은 모든 사람이 '죄 가운데 잉태되었고', '악한 모양으로 빚어졌다'라고 선포한다. 모든 사람 안에는 '하나님을 대적하며', 하나님의 법에 '굴복하지 않고 굴복할 수도 없는 육신적 마음'이 있다. 그것은 영혼 전체를 오염시키며 사람 속, 곧 '육신 안에 거하여' 그의 자연적인 상태에서는 '선한 것이 있을 수 없고,' '그 마음의 상상과 생각은 악하고,' 악할 뿐이며, '지속해서' 그렇다.

"따라서 우리가 둘째로 배우는 것은, 원죄나 다른 이름으로 부르는 이것을 부인하는 자는 기독교 신앙과 이교 신앙을 구별하는 근본적인 차이점에 있어서 여전히 이교도 위치에 있다는 사실이다. 그들은 사실 사람이 많은 악덕을 지니고, 어떤 이는 심지어 그것을 가지고 태어나며, 따라서 우리가 완전히 지혜롭거나 도덕적인 상태로 태어나지 않는다고 인정하며, '우리는 선한 경향성만큼 악한 경향성을 가지고 태어나며, 모든 사람은 본질로 아담이 창조되었을 때만큼 지혜롭고 도덕적이다'라고 돌려서 말할 사람은 거의 없을 것이다. 그러나 판결 기준은 이것이다. 사람의 본성은 모든 종류의 악으로 가득 차 있는가? 그에게는 어떤 선함도 없을까? 그는 완전히 타락했는가? 그의 영혼은 전적으로 부패했는가? 또는 본문으로 다시 돌아와, '그 마음의 생각이 단지 항상 악할 뿐인가?' 이것을 인정하면 당신은 이제까지 그리스도인이다. 이것을 부인하면 당신은 여전히 이교일 뿐이다."[52]

---

[52] John Wesley, "Sermon 20, On Original Sin," 3.1~2 in *Sermons on Several Occasions*, 10th ed. (London: Thomas Tegg, 1829), 1:200~01.

조나단 에드워즈(Jonathan Edwards, 1757년)

"신학자가 '원죄'라고 부른 용어는 죄로 마음이 내적으로 부패한 상태를 의미한다. 그러나 원죄의 교리를 이야기할 때, 이것이 통속적으로 이해되는 범위는 인간 본성의 타락을 물론이고 아담이 범한 최초의 죄의 전가, 또는 다른 말로 하면, 하나님의 심판에서 아담의 자손들이 죄의 형벌에 참여하도록 책임지거나 감당해야 하는 상태를 포함한다. 내가 아는 한, 그 하나를 받아들이는 사람은 대부분 다른 하나도 받아들이고, 하나를 반대하는 이들은 다른 하나도 반대했다."[53]

"나는 [원죄의] 교리를 아주 중요한 교리라고 생각하며, 이것을 모든 사람이 의심할 바 없이 이를 사실로 고백할 것이다. 정말로 그렇다면 온 인류는 본질로 완전한 파멸상태에 있고, 이는 그들이 종속된 도덕적인 악에 있어서나 그들이 당하는 고통스러운 악에 있어서 같으며, 전자는 후자의 결과이자 형벌이다. 그렇다면 의심할 바 없이, 그리스도에 의한 위대한 구원은 그 질병에 대한 치료로서 이러한 파멸상태와 직접 관련 있다. 온전한 복음, 혹은 구원의 교리는 이것을 가정하여야만 한다. 모든 참된 믿음, 또는 복음의 참된 개념은 이것 위에 세워져야 한다."[54]

감리교 신앙고백(Methodist Articles of Religion, 1784년)

"아담의 타락 이후 인간 상태는 스스로 돌이켜 자기 자연적 힘이나 행함으로 믿음을 가지거나 하나님을 찾도록 자신을 준비시킬 수

---

[53] Jonathan Edwards, *Great Christian Doctrine of Original Sin Defended*, 1.1.1 in *The Works of Jonathan Edwards*, Edward Hickman, ed. (Edinburgh: Banner of Truth Trust, 1834), 1:146.

[54] Edwards, *Original Sin Defended*, Preface in *The Works of Jonathan Edwards*, 145.

없다. 그러므로 우리를 앞서는 그리스도를 통한 하나님의 은혜 없이는 하나님이 기뻐 받으실 선을 행할 능력이 없다. 하나님의 은혜는 우리가 선한 의지를 갖게 하고 우리가 그 선의지를 가질 때 우리와 함께 역사한다."55

뉴햄프셔 침례교 신앙고백(New Hampshire Baptist Confession, 1833년)

"우리는 사람이 창조자의 법에 따라 거룩하게 창조되었다고 믿는다. 그러나 자발적 범죄로 그러한 거룩하고 행복한 상태에서 타락했고, 그 결과 온 인류는 이제 강제가 아니라 선택으로 죄인이다. 인간은 본성상 하나님의 법이 요구하는 거룩함을 전혀 지니고 있지 않아, 악을 행하려는 경향이 분명하고, 따라서 변명이나 핑계의 여지가 없이 영원한 멸망이라는 합당한 정죄를 받는다."56

자유 의지 침례교 신앙고백(Confession of the Free-Will Baptists, 1868년)

"우리의 첫 부모는 본래 유예 상태에서는 의로운 상태였다. 그들은 자연스럽게 창조주에게 순종하기를 더 좋아하고 열망했으며, 유혹자의 영향으로 하나님의 명령에 불순종하기 전까지는 그분 뜻을 어기려는 바람이나 열망이 없었다. 이전에 그들 본성은 의를 행하는 경향성만 지녔다. 최초 범죄 결과, 아담의 자손이 세상에 태어날 때 상태는 아담의 상태와 너무나도 달라서 아담이 타락하기 전 누렸던 의로움과 순결함을 갖지 못했다. 그들은 자연 상태에서 하나님께 순종하려 하지 않고 오히려 악을 행하고자 한다. 그러므로 누구도 어떤 자연적인 선함과 스스로 행위로 하나님의 자녀가 될 수 없다. 모

---

55 T*he Methodist Articles of Religion*, 8 in Schaff, *Creeds of Christendom*, 3:809.

56 *The New Hampshire Baptist Confession* 3 in Schaff, *Creeds of Christendom*, 3:743.

든 사람은 구원을 위해 그리스도의 보혈로 이루어진 속량과 성령의 역사를 통해 순종하도록 새롭게 창조되는 일에 의지해야 한다. 이 두 가지 모두 아담의 모든 후손에게 값없이 제공된다."[57]

아우구스투스 H. 스트롱(Augustus H. Strong, 1907년)

"죄는 현존하는 사실이다. 하나님은 죄의 원천이 아니다. 곧, 죄가 인간의 성장에 필요한 사건이 되도록 사람의 본성을 창조하거나, 인간이 거룩함을 유지하는 데 필요한 그분의 초자연적인 은혜를 거두어가지 않으셨다. 그러므로 이성은 죄가 하나님께 반항하는 인간의 자발적인 행위에서 비롯했다는 성경 교리를 받아들일 수밖에 없다. 그 의지의 행위는 하나님을 향하고 있으나, 덕을 행하도록 확정되어 있지 않고, 여전히 반대되는 선택을 할 수 있다. 그렇게 반대로 할 수 있는 능력을 본래 소유하는 것이 시험과 도덕적인 성장에 필수적인 조건이었다. 그러나 이러한 능력을 죄를 짓는 방향으로 발휘하는 것은 이성에 근거하여 절대 설명될 수 없다. 죄는 본질로 불합리하기 때문이다. 죄는 사악한 독단적 행동이며, 그것의 유일한 동기는 하나님을 떠나 자신을 최고의 자리에 놓으려는 욕망이다."[58]

달라스신학대학원(Dallas Theological Seminary, 1924년)

"우리는 사람이 본래 하나님의 형상과 모양대로 창조되었다가 죄로 타락했으며, 죄의 결과로 영적 생명을 잃어버린 채 죄 가운데 죽은 상태이고, 마귀의 권세에 매였다고 믿는다. 우리는 또한 이 영적 죽음, 또는 인간 본성의 전적 타락은 인류 전체에 전염되었고, 사람

---

[57] *Confession of the Free-Will Baptists*, 4.2 in Schaff, *Creeds of Christendom*, 3:750.

[58] Augustus H. Strong, *Systematic Theology* (Philadelphia: Judson, 1907), 2:586~87.

이신 그리스도 예수만이 유일한 예외이심을 믿는다. 그러므로 아담의 모든 자손은 신적 생명의 불꽃을 갖지 못했을 뿐 아니라 본질로 예외 없이 하나님 은혜와 분리되어 악하다고 믿는다."59

헨리 C. 디슨(Henry C. Theissen, 1949년)

"[인간이] 하나님을 닮았다는 것은 양보할 수 없는 사실로서, 이것은 속량을 위한 인간의 자격이므로, 중생하지 않은 사람의 생명에도 가치를 부여한다(창 9:6; 고전 11:7; 약 3:9). 인간 본래의 상태에 관한 이 개념은, 최초 인간이 무지하며 또한 사실상 정신 능력이 없는 동물보다 나을 것이 거의 없다고 생각하는 진화론자의 개념과 얼마나 다른가!"60

"모든 사람이 죄인이라면, 이 상황을 어떻게 설명할 것인가? 이토록 보편적 결과에는 보편적 원인이 있어야 한다. 성경은 아담과 하와의 죄가 그들의 모든 후손을 죄인으로 만들었다고 가르친다(롬 5:19, '한 사람이 순종하지 않음으로 말미암아 많은 사람이 죄인으로 판정을 받았는데'). 곧, 아담의 죄가 인류의 모든 구성원에게 전가되고, 돌려지며, 책임을 물었다. 우리가 타락한 본성을 갖고 하나님의 정죄 아래 이 세상에 태어난 것은 아담의 죄 때문이다(롬 5:12; 엡 2:3)."61

밀라드 J. 에릭슨(Millard J. Erickson, 2013년)

"우리는 아담의 죄에 어떤 방식으로든 연루되었다. 어떤 의미에서 그것은 우리 죄이다. 그러나 이것은 무엇을 의미하는가? 한편으로

---

59 Dallas Theological Seminary Doctrinal Statement, "Article IV: Man, Created and Fallen."

60 Henry C. Thiessen, *Lectures in Systematic Theology* (Grand Rapids, MI: Eerdmans, 1949), 220.

61 Thiessen, *Lectures in Systematic Theology*, 260.

이것은 연합적 머리됨의 관점에서 이해할 수 있다. 곧, 아담이 모든 사람을 대표하여 행한 것이다. 우리 대표로서 아담과 하나님 사이에 어떤 계약이 있었고, 그래서 아담의 행동은 우리를 구속한다. 그렇지만 아담의 죄에 우리가 연루되었다는 것은 자연적 머리됨의 관점에서 더 잘 이해할 수 있을 것이다… 우리의 신체적, 영적인 면과 물질적, 비물질적 특성을 모두 포함한 인간 본성 전체가 첫 부부로부터 자손을 거쳐 더 앞선 조상과 우리 부모를 통해 대물림했다. 이것에 근거하여 우리는 사실상 아담 안에 존재하고 있었고, 따라서 그의 행위 안에서 우리 모두 죄를 지었다. 그렇다면 원죄의 결과로서 우리가 정죄 받고 죽는 것은 부당하지 않다."[62]

---

[62] Millard J. Erickson, *Christian Theology* (Grand Rapids, MI: Baker, 2013), 580.

서재에 두고 읽어야 할 책

이 책은 폭넓은 정통 개신교 복음주의 관점에서 주요 교리의 중심 주제, 핵심 본문, 기본 방향 등을 제시한다. 이 주제를 상세하게 탐험하려면 몇 차례 생애를 보내야 한다. 그래서 그것들 일부라도 더 깊이 연구하게 도우려고 여러분 서재에 두고 읽어야 할 책을 추천한다. 우리는 각 책의 내용과 경향을 간단히 설명하고, 또한 등급([초급], [중급], [고급])도 표시한다. 창조, 인간, 죄, 천사, 그리고 사탄에 관한 다양한 복음주의 진영의 대표적 목소리와… 그 주제를 더 잘 이해하게 돕는 몇몇 주변적인 책도 있다.

창조에 관한 책(비기독교 관점 책도 포함)

Barrett, Matthew, and Ardel B. Caneday, eds. *Four Views on the Historical Adam*. Counterpoints. Grand Rapids, MI: Zondervan, 2013. 『아담의 역사성 논쟁』. 김광남 옮김. 서울: 새물결플러스, 2015. 네 명의 복음주의 학자가 자기 해석을 진술하고 변호한다. [중급]

Behe, Michael. *Darwin's Black Box: The Biochemical Challenge to Evolution*. 2nd ed. New York: Free Press, 2006. 『다윈의 블랙박스』. 김창환 외 옮김. 서울: 풀빛, 2001. 단순화할 수 없는 복잡성이 지적 설계자의 증거라고 주장한다. [고급]

Charles, J. Daryl, ed. *Reading Genesis 1~2: An Evangelical Conversation*. Peabody, MA: Hendrickson, 2013. 『창조 기사 논쟁』. 최정호 옮김. 서울: 새물결플러스, 2016. 창조기사를 읽는 다양한 방법에 관한 구약 학자의 논문 모음집이다. [중급]

Copan, Paul, and William Lane Craig. *Creation Out of Nothing: A Biblical, Philosophical, and Scientific Exploration*. Grand Rapids, MI: Baker, 2004. 창조 교리를 지지한다. [중급]

Dawkins, Richard. *The Blind Watchmaker: Why the Evidence of Evolution Reveals a Universe without Design*. Rev. ed. New York: W. W. Norton & Co., 1996. 『눈 먼 시계공』. 이용철 옮김. 서울: 사이언스북스, 2004. 창조 세계에 설계자의 증거가 있다고 하는 윌리엄 페일리(William Paley)와 다른 사람의 주장에 동물학자가 대답한다. [고급]

_____. *The Greatest Show on Earth: The Evidence for Evolution*. New York: Free Press, 2009. 『지상 최대의 쇼』. 김명남 옮김. 서울: 김영사, 2009. 도킨스는 소진화와 대진화의 증거를 제시하려고 하며 진화론을 비평하는 사람, 특히 창조주를 믿는 사람을 비판한다. [고급]

Degler, Carl N. *In Search of Human Nature: The Decline and Revival of Darwinism in American Social Thought*. New York: Oxford University Press, 1991. 역사학자가 다윈이 끼친 영향력을 평가한다. [고급]

Dembski, William A., ed. *Mere Creation: Science, Faith, and Intelligent Design*. Downers Grove, IL: InterVarsity, 1998. 다양한 관점에서 지적 설계를 변호하는 논문 모음집이다. [고급]

Dembski, William, and James M. Kushiner. *Signs of Intelligence: Understanding Intelligent Design*. Grand Rapids, MI: Brazos, 2001. 지적 설계를 변호하는 논문 모음집이다. [중급]

Dembski, William, and Jonathan Witt. *Intelligent Design Uncensored*. Downers Grove, IL: InterVarsity, 2010. 지적 설계 이론을 지지하는 논증을 쉽게 이해하게 돕는 개론서이다. [초급]

Hagopian, David G., ed. *The Genesis Debate: Three Views on the Days of Creation*. Mission Viejo, CA: Crux, 2001. 성경 신학자 세 팀이 창세기 1~2장에 관한 자기 해석을 변호한다. [고급]

Johnson, Phillip. *Darwin on Trial*. Downers Grove, IL: InterVarsity, 2010. 『심판대의 다윈』. 이승엽·이수현 옮김. 서울: 까치, 2006. 과학철학자가 다윈의 이론을 비판한다. [중급]

Larson, Edwards J. *Trial and Error: The American Controversy Over Creation and Evolution*. New York: Oxford University Press, 2003. 진화와 창조 가르침에 관한 미국 학교의 교과서 논쟁을 자세히 살핀다. [고급]

Moreland, J. P., ed. *The Creation Hypothesis: Scientific Evidence for an Intelligent Designer*. Downers Grove, IL: InterVarsity, 1994. 지적 설계에 관한 과학자와 철학자의 논문 모음집이다. [중급]

Moreland, J. P., and John Mark Reynolds, eds. *Three Views on Creation and Evolution*. Counterpoints Series. Grand Rapids, MI: Zondervan, 1999. 『창조와 진화에 대한 세 가지 견해』. 박희주 옮김. 서울: IVP, 2001. 젊은 지구, 오래된 지구, 창조적 진화을 검토한다. [중급]

Morris, Henry M. *Scientific Creationism*. Green Forest, AR: Master, 1985. 창조론을 과학적 관점으로 변호한다. [초급]

Morris, John. *The Young Earth: A Real History of the Earth—Past, Present, and Future*. Green Forest, AR: Master, 2007. 젊은 지구 창조론에 관한 개론서이다. [초급]

Nelson, Paul. *A Case for Young-Earth Creationism*. Grand Rapids, MI: Zondervan, 2012. 알기 쉽게 변증한다. [초급]

Number, Ronald L. *The Creationists: From Scientific Creationism to Intelligent Design*. Cambridge, MA: Harvard, 2006. 『창조론자들』. 신준호 옮김. 서울: 새물결플러스, 2016. 창조론이 미국 문화에 끼친 영향에 관한 지적 역사를 살핀다. [고급]

Ross, Hugh. *Creation as Science: A Testable Model*. Colorado Springs: NavPress, 2006. 다양한 창조론 모델에 관한 과학적 증거를 논의한다. [중급]

Schwarz, Hans. *Creation*. Grand Rapids, MI: Eerdmans, 2002. 창조에 관한 성경 신학책이다. [중급]

Strobel, Lee. *The Case for a Creator: A Journalist Investigates Evidence That Points Toward God*. Grand Rapids, MI: Zondervan, 2009. 『창조 설계의 비밀』. 홍종락 옮김. 서울: 두란노, 2005. 창조 신앙을 변증한다. [초급]

Van Till, Howard J. *A Case for Theistic Evolution*. Grand Rapids, MI: Zondervan, 2012. 창조적 진화를 알기 쉽게 설명하는 개론서이다. [초급]

Walton, John H. *The Lost World of Genesis One: Ancient Cosmology and the Origins Debate*. Downers Grove, IL: InterVarsity, 2009. 창조를 문학적 관점에서 큰 성전으로 해석해야 한다고 주장한다. [중급]

Woodward, Thomas, and Phillip E. Johnson. *Doubts About Darwin: A History of Intelligent Design*. Grand Rapids, MI: Baker, 1993. 지적 설계 운동의 역사와 영향을 검토한다. [초급]

인간과 하나님 형상 교리에 관한 책

Allen, Ronald B. *The Majesty of Man: The Dignity of Being Human*. Rev. ed. Grand Rapids, MI: Kregel, 2000. 인간이 하나님 형상으로 창조되었다는 의미를 설명하는 개론서이다. [초급]

Barbour, Ian G. *Nature, Human Nature, and God*. Minneapolis, MN: Augsburg Fortress, 2002. 인간 본성에 관한 종교와 과학의 만남을 토론한다. [고급]

Barger, Lilian Calles. *Eve's Revenge: Women and a Spirituality of the Body*. Grand Rapids, MI: Brazos, 2003. 페미니즘 비판 및 여성 영성을 통합적 관점으로 변호한다. [중급]

Berkouwer, G. C. *Studies in Dogmatics: Man, the Image of God*. Dirk W. Jellema, trans. Grand Rapids, MI: Eerdmans, 1962. 개혁신학 관점에서 하나님 형상에 관한 고전적 연구이다. [고급]

Boa, Kenneth. *Augustine to Freud: What Theologians and Psychologists Tell Us About Human Nature (and Why It Matters)*. Nashville: B & H, 2004. 인간 본성에 관한 견해의 역사를 개관한다. [초급]

Boston, Thomas. *Human Nature in Its Fourfold State*. Edinburgh: Banner of Truth, 1964. 『인간 본성의 4중 상태』. 스데반 황 옮김. 서울: 부흥과개혁사, 2015. 개혁신학 전통의 고전이다. [고급]

Brown, Warren S., Nancey Murphy, and H. Newton Malony, eds. *Whatever Happened to the Soul? Scientific and Theological Portraits of Human Nature*. Minneapolis, MN: Augsburg Fortress, 1998. '비환원주의 물리학 접근'을 위한 과학자와 학자들의 논문 모음집이다. [고급]

Brunner, Emil. *Man in Revolt: A Christian Anthropology*. Philadelphia: Westminster, 1939. 신정통주의 입장의 고전이다. [고급]

Burns, Patout J., ed. *Theological Anthropology. Sources of Early Christian Thought*. Minneapolis, MN: Augsburg Fortress, 1981. 교부 견해를 개관하고 원전을 발췌한다. [중급]

Collins, C. John. *Did Adam and Eve Really Exist? Who They Were and Why You Should Care*. Wheaton, IL: Crossway, 2011. 하나님 형상으로 특별히 창조되었다는 역사성을 변호한다. [중급]

Cooper, John W. *Body, Soul, and Life Everlasting: Biblical Anthropology and the Monism-Dualism Debate*. Rev. ed. Grand Rapids, MI: Eerdmans, 2000. Defends a holistic dualist view of human nature. 인간 본성에 관한 총체적 이원론(holistic dualist view)을 변호한다. [고급]

Cortez, Marc. *Theological Anthropology: A Guide for the Perplexed*. New York: T &T Clark, 2010. 인간 본성, 인격성, 하나님 형상에 관한 개론서이다. [초급]

Crabbe, M. James C., ed. *From Soul to Self*. London: Routledge, 1999. 영혼의 본성에 관한 다양한 분야의 에세이 모음집이다. [중급]

Glover, Jonathan. *Humanity: A Moral History of the Twentieth Century*. 2nd ed. New Haven, CT: Yale, 2012. 『휴머니티: 20세기의 폭력과 새로운 도덕』. 김선숙・이양수 옮김. 서울: 문예출판사, 2008. 도덕철학자가 최근 역사의 야만성과 그 미래적 의미를 검토한다. [고급]

Green, Joel B. *Body, Soul, and Human Life: The Nature of Humanity in the Bible*. Grand Rapids, MI: Baker, 2008. 깊이 있게 검증한다. [고급]

Green, Joel B., and Stuart L. Palmer, eds. *In Search of the Soul: Four Views of the Mind-Body Problem*. Eugene, OR: Wipf and Stock, 2010. 인간의 물질적, 비물질적 측면의 관계에 관한 다양한 견해를 토론하는 논문 모음집이다. [중급]

Gundry, Robert H. *SOMA in Biblical Theology, With Emphasis on Pauline Anthropology*. Cambridge, MA: Cambridge University Press, 1976. 성경 용어 '몸'에 관한 고전적 단어 연구이다. [중급]

Harrison, Nonna Verna. *God's Many-Splendored Image: Theological Anthropology for Christian Formation*. Grand Rapids, MI: Baker, 2010. 동방교회의 신학적 인간론을 설명한다. [중급]

Hoekema, Anthony. *Created in God's Image*. Grand Rapids, MI: Eerdmans, 1986. 『개혁주의 인간론』. 이용중 옮김. 서울: 부흥과개혁사, 2012. 개혁주의 신학적 인간론을 종합적으로 설명한다. [중급]

Hughes, Philip E. *The True Image: The Origin and Destiny of Man in Christ*. Grand Rapids, MI: Eerdmans, 1989. 기독론에 뿌리를 둔 개혁주의 인간론을 설명한다. [중급]

Isherwood, Lisa, and Elizabeth Stuart. *Introducing Body Theology*. Sheffield, UK: Sheffield Academic, 1998. 페미니즘에 관한 쉬운 개론서이다. [중급]

Machen, J. Gresham. *The Christian View of Man*. Carlisle, PA: Banner of Truth, 1984. 성경적 인간론을 요약하는 라디오 메시지 모음이다. [초급]

Middleton, J. Richard. *The Liberating Image: The Imago Dei in Genesis 1*. Grand Rapids, MI: Baker, 2005. 『해방의 형상』. 성기문 옮김. 서울: SFC, 2010. 종합 연구서이다. [고급]

Moreland, J. P. *The Soul: How We Know It's Real and Why It Matters*. Revised. Chicago: Moody, 2014. 인간의 비물질적 측면에 관한 성경적 근거를 살핀다. [초급]

Pannenberg, Wolfhart. *Anthropology in Theological Perspective*. Philadelphia: Westminster, 1985. 『인간이란 무엇인가?: 신학적 시각으로 본 현대 인류학』. 유진열 옮김. 서울: 쿰란, 2010. 신학적 인간론을 철저히 연구한다. [고급]

Pinker, Steven. *The Blank Slate: The Modern Denial of Human Nature*. New York: Viking, 2002. 『빈 서판』. 김한영 옮김. 서울: 사이언스북스, 2004. 인간은 종의 생존을 위해 물려받은 구조를 갖고 태어난다고 주장한다. [고급]

Schwarz, Hans. *The Human Being: A Theological Anthropology*. Grand Rapids, MI: Eerdmans, 2014. 인간론을 종합적으로 연구, 곧 성경적, 역사적, 신학적, 과학적으로 연구한 전문서이다. [고급]

Sherlock, Charles. *Doctrine of Humanity*. Contours of Christian Theology. Downers Grove, IL: InterVarsity, 1997. 성경적 가르침을 알기 쉽게 제시한다. [초급]

Shults, F. LeRon. *Reforming Theological Anthropology: After the Philosophical Turn to Relationality*. Grand Rapids, MI: Eerdmans, 2003. 최근 관심에 비추어 관점을 바꾸려고 시도한다. [고급]

Stevenson, Leslie, ed. *The Study of Human Nature: A Reader*. Oxford: Oxford University Press, 1999. 인간 본성에 관한 다양한 세계관 관점을 반영한 일차 자료 모음집이다. [초급]

Stevenson, Leslie, David L. Haberman, and Peter Matthews Wright. *Twelve Theories of Human Nature*. New York: Oxford University Press, 2012. 인간 본성에 관한 열두 가지 세계관 관점을 설명한다. [초급]

타락, 부패, 죄에 관한 책

Bazyn, Ken. *The Seven Perennial Sins and Their Offspring*. New York: Continuum, 2002. 일곱 가지 큰 죄를 현대 예를 들며 논의한다. [중급]

Berkouwer, G. C. *Studies in Dogmatics: Sin*. P. C. Holtrop, trans. Grand Rapids, MI: Eerdmans, 1971. 죄론에 관한 고전적 개혁주의 견해이다. [고급]

Blocher, Henri. *Original Sin: Illuminating the Riddle*. Downers Grove, IL: InterVarsity, 2000. 인류 역사 그리고 원죄를 창세기와 로마서를 근거로 변호한다. [중급]

Calvin, John. *The Bondage and Liberation of the Will*. Grand Rapids, MI: Baker, 1996. 하나님의 주권에 비추어 인간 행동에 관한 질문을 평가한다. [고급]

DeYoung, Rebecca Konyndyk. *Glittering Voices: A New Look at the Seven Deadly Sins and Their Remedies*. Grand Rapids, MI: Brazos, 2009. 악덕과 그 지속적 파괴성의 증거에 관한 역사를 간략히 살핀다. [중급]

Feinberg, John S. T*he Many Faces of Evil: Theological Systems and the Problem of Evil*. Rev. ed. Wheaton, IL: Crossway, 2004. 악의 문제와 다양한 관점들에 관한 고전적 논의이다. [중급]

Jacobs, Alan. *Original Sin: A Cultural History*. New York: HarperOne, 2008. 기독교 전통에서 원죄 교리를 추적한다. [고급]

Luther, Martin. *The Bondage of the Will*. J. I. Packer, O. R. Johnston, trans. New York: Revell, 1957. 인간의 자유에 관한 개혁자의 관점이다. [고급]

Murray, John. *The Imputation of Adam's Sin*. Phillipsburg, NJ: P & R, 1959. 『아담의 죄는 왜 원죄인가?』. 신성철 옮김. 서울: 형상사, 1994. 개혁주의 관점에 입각한 고전적 강해서이다. [중급]

Peters, Ted. *Sin: Radical Evil in Soul and Society*. Grand Rapids, MI: Eerdmans, 1994. 악의 사회적 원인과 결과를 탐색한다. [중급]

Peterson, Robert A., and Christopher W. Morgan, eds. *Fallen: A Theology of Sin*. Wheaton, IL: Crossway, 2013. 죄론의 쟁점에 관한 신학자와 성경학자의 논문 모음집이다. [중급]

Plantinga, Cornelius, Jr. *Not the Way It's Supposed to Be*. Grand Rapids, MI: Eerdmans, 1995. 『우리의 죄, 하나님의 샬롬』. 오현미 옮김. 서울: 복있는 사람, 2017. 죄에 관한 교리를 '샬롬'의 파괴로 다루는 고전 연구이다. [중급]

Ramm, Bernard. *Offense to Reason: A Theology of Sin*. Rev. ed. Vancouver: Regent College, 2000. 죄는 비이성적이며 깨어진 세상에 대한 유일한 설명이라고 주장한다. [중급]

Shuster, Marguerite. *The Fall and Sin: What We Have Become as Sinners*. Grand Rapids, MI: Eerdmans, 2004. 죄의 기원과 인류에 끼친 영향에 관한 종합적 연구이다. [중급]

Smith, David L. *With Willful Intent: A Theology of Sin*. Wheaton, IL: Victor, 1994. 죄와 그 결과를 알기 쉽게 논의한다. [초급]

Yancey, Philip. *Disappointment with God: Three Questions No One Asks Aloud*. Grand Rapids, MI: Zondervan, 1988. 『하나님, 당신께 실망했습니다』. 김성녀 옮김. 서울: IVP, 2013. 악 문제에 동정적으로 접근한다. [초급]

천사, 사탄, 귀신에 관한 책

Arnold, Clinton E. *Powers of Darkness: Principalities and Powers in Paul's Letters*. Downers Grove, IL: InterVarsity, 1992. 바울의 세계관 그리고 귀신과 어둠의 세력에 관한 그의 가르침을 검토한다. [중급]

Boa, Kenneth. *Sense and Nonsense about Angels and Demons*. Grand Rapids, MI: Zondervan, 2007. 천사와 귀신에 관한 성경 가르침을 개관한다. [초급]

Bubeck, Mark I. *The Adversary: The Christian Versus Demon Activity*. Chicago: Moody, 2013. 영적 전쟁을 안내한다. [초급]

Cuneo, Michael W. *American Exorcism: Expelling Demons in the Land of Plenty*. New York: Doubleday, 2001. 점증하는 귀신 축출 현상을 사회학적으로 연구한다. [고급]

Dickason, C. Fred. *Angels: Elect and Evil*. Chicago: Moody, 1981. 천사에 관한 본문을 알기 쉽고 종합적으로 분류한다. [초급]

_____. *Demon Possession and the Christian: A New Perspective*. Wheaton, IL: Crossway, 1989. 그리스도인도 귀신의 영향을 받을 수 있다고 주장한다. [초급]

Garrett, Duane A. *Angels and the New Spirituality*. Nashville: B & H, 1995. 고전적이고 온건한 입장으로 설명한다. [초급]

Graham, Billy. *Angels: God's Secret Agents*. New York: Doubleday, 1975. 『천사이야기』. 편집부 옮김. 서울: 홍성사, 1996. 이 주제에 관해 가장 널리 읽힌 책의 하나이다. [초급]

House, H. Wayne, and Timothy J. Demy. *Answers to Common Questions about Angels and Demons*. Grand Rapids, MI: Kregel, 2011. 기본 쟁점을 논의한다. [초급]

Jones, David Albert. *Angels: A History*. Oxford: Oxford University Press, 2010. 천사에 관한 성경적, 역사적, 문화적 이해를 개관한다. [중급]

Lane, A. N. S., ed. *The Unseen World: Christian Reflections on Angels, Demons and the Heavenly Realm*. Grand Rapids, MI: Baker, 1997. 신학자와 일반 학자의 논문 모음집이다. [중급]

Lightner, Robert. *Angels, Satan, and Demons: Invisible Beings that Inhabit the Spiritual World*. Nashville: Thomas Nelson, 1998. 성경적 가르침에 관한 입문서이다. [초급]

McCallum, Dennis. *Satan and His Kingdom: What the Bible Says and How It Matters to You*. Minneapolis, MN: Bethany House, 2009. 종합적 연구서이다. [초급]

Noll, Stephen. *Angels of Light, Powers of Darkness*. Downers Grove, IL: InterVarsity, 1998. 성경적 교리를 검증한다. [중급]

Page, Sydney H. T. *Powers of Evil: A Biblical Study of Satan and Demons*. Grand Rapids, MI: Baker, 1995. 사탄 및 귀신들과 관련한 성경 모든 본문을 다룬다고 주장한다. [중급]

Richards, Larry. *Every Angel in the Bible*. Nashville: Thomas Nelson, 2001. 천사에 관한 성경 용어를 검토한다. [초급]

Russell, Jeffrey Burton. *The Prince of Darkness: Radical Evil and the Power of Good in History*. Ithaca, NY: Cornell University Press, 1988. 『악마의 문화사』. 최은석 옮김. 서울: 황금가지, 1999. '악한 자'와 급진적 악을 문화적으로 이해한 역사를 살핀다. [고급]

Unger, Merrill F. *Biblical Demonology: A Study of Spiritual Forces at Work Today*. Grand Rapids, MI: Kregel, 1994. 귀신론에 관한 입문서이다. [초급]

_____. *Demons in the World Today*. Carol Stream, IL: Tyndale, 1971. 성경에 비추어 주술을 평가한다. [초급]

_____. *What Demons Can Do to Saints*. Chicago: Moody, 1991. 귀신들이 그리스도인에게 다양하게 영향을 끼칠 수 있다고 주장한다. [초급]

'구원에 이르는 지혜':
복음, 속죄, 구원하는 은혜

글렌 R. 크레이더 Glenn R. Kreider

참여 저자

네이선 D. 홀스틴 Nathan D Holsteen

마이클 J. 스비겔 Michael J. Svigel

2부

조감도

전체로 보면, 성경은 은혜를 설명하는 이야기다. 하나님께서 우주를 창조하셨다. 하나님께서 아브라함과 그의 후손을 선택하셔서 '민족들의 빛'으로 삼으셨다. 하나님께서 이스라엘을 이집트 포로 생활에서 해방하셨다. 여러 세기에 걸친 성공과 실패를 통해 하나님께서 사람과 맺은 언약을 지키셨다. 마침내 때가 이르러 메시아이신 예수님을 보내셨고, 예수님은 은혜의 복음을 선포하시고 그 과정에서 죽임을 당하셨다. 그리고 하나님께서는 그 일을 주도하시는 가운데 이 세상의 실패를 통해 역사하셨고, 예수님을 죽음에서 일으키셨으며, 그의 부활을 통하여 모든 이에게 생명을 주셨다. 따라서 은혜는 우리가 그것을 좋아하든 그렇지 않든 기독교 신앙의 중심주제다. 그것은 오래 남을 모든 것의 가장 중심부에 있는 진리이며 모든 것의 동기와 목적이다.[1]

도널드 맥컬로(Donald McCullough)

이자크 디네센(Isak Dinesen)의 책 『바베트의 만찬(*Babette's Feast*)』을 바탕으로 제작한 영화에서 낭비 같은 한 관대한 행위가 한 덴마크 마을 주민을 바꾼다.[2] 그 영화는 한 엄숙한 루터교회 목사에 초점

---

[1] Donald McCullough, *If Grace Is So Amazing, Why Don't We Like It? How God's Radical Love Turns the World Upside Down* (San Francisco: Jossey-Bass, 2005), 19.

[2] Isak Dinesen (Karen Blixen), *Babette's Feast and Other Stories* (New York: Penguin, 2013). Film: *Babette's Feast*. Gabriel Axel, dir.

을 맞춘다. 그는 자기 추종자에게 '새 예루살렘'을 소망하며 살라고, 이 삶은 견디고 살아남아야 한다고 가르쳤다. 그에게는 두 딸이 있었다. 목사가 구혼자를 모두 거절하였기에 두 딸 모두 미혼이었다. 나이가 들면서 두 딸은 아버지 생활방식에 익숙했으며, 아버지가 죽은 후에도 그가 남긴 기독교 버전에 따라 살면서 점점 규모가 줄어드는 회중을 인도했다.

어느 비 오는 날 밤 한 낯선 여자가 그들 집을 찾아왔다. 바베트는 남편과 아들이 프랑스 시민 전쟁에서 죽었으며, 그녀 혼자 파리를 도망쳐야 했다. 그녀는 덴마크 말을 못 했지만, 한 남자가 써 준 추천서를 지니고 있었다. 그 남자는 목사의 두 딸이 그 남자가 마을에 있었을 때부터 알았던 사람으로, 오페라 가수였으며, 오래전에 두 자매의 한 명에게 청혼한 사람이었다. 그 방문객에 대한 동정심 때문이기도 했지만, 그보다 그 추천서 때문에 두 자매는 그녀를 받아들였.

바베트는 새로운 생활에 안주했으며, 그 마을 노인을 섬기는 일을 도왔다. 그리고 12년 동안 친구나 가족으로부터 아무런 소식이 없다가, 편지 한 통이 왔다. 그녀 가족의 한 명이 그녀 이름으로 복권을 사고 있었는데, 당첨된 것이다.

교회는 목사 탄생 100주년 행사를 위해 조촐한 축하연을 계획하고 있었는데, 바베트의 행운은 그 행사와 같은 때에 일어났다. 바베트는 목사의 두 딸 허락을 얻어 정성스럽게 프랑스식 만찬을 준비했으며, 여러 주에 걸쳐 준비했고, 그녀는 프랑스에서 재료들을 주문했다. 그 과정을 지켜보면서 금욕주의 성향의 교회 성도들은 그 식사를 즐기지 않기로 서로 맹세했다. 그렇게 하는 것은 돌아가신 목사의 가르침을 배반하는 일이라는 믿음 때문이었다. 하지만 그들은 바베트가 난처해하지 않도록 만찬을 허용하기로 했다.

(Copenhagen: Panorama Film A/S, 1987).

마침내 저녁때가 되어 그 엄숙한 덴마크 사람들은 그들이 경험한 것과 전혀 다른 향연을 누렸다. 그들 결심에도 불구하고, 그들이 마신 술 때문이기도 했지만, 그들 벽은 허물어지고 있었다. 그들은 음식을 먹으며 교제를 즐겼으며, 서로 죄를 고백하기까지 하였고, 껄끄러운 관계가 회복하기 시작했다. 마지막 장면에서 목사의 딸들은 바베트가 이전에 앙글라이스(Anglais) 카페에서 일한 세계적으로 유명한 프랑스 요리사였다는 것과 그녀가 그들을 위해 식사를 준비하려고 그녀의 복권 당첨금 전부를 사용했다는 것을 알았다.

오직 은혜로, 오직 믿음을 통해, 오직 그리스도 안에서

필립 얀시(Philip Yancey)는 그 이야기를 다음과 같이 요약한다.

> 12년 전에 바베트가 상냥하지 않은 사람들에게 왔다. 그들은 루터의 추종자로서 은혜에 관한 설교를 거의 일요일마다 듣고 한 주의 마지막 날들은 경건과 금욕적 삶으로 하나님의 호의를 얻으려고 노력하는 사람이었다. 하지만 은혜는 만찬의 형태로 그들에게 찾아왔다. 바베트의 만찬, 그것은 결코 얻으려고 애쓰지 않았던, 그것을 받을 능력이 없었던 사람에게 주어진, 한 생애가 낭비된 식사였다. 은혜가 노르 보스버그(Norre Vosberg)에 왔다. 항상 그렇듯이 거저, 아무런 조건 없이, 그 집에 왔다.[3]

은혜, 곧 공로 없이 얻는 호의는 대가를 지급하지 않고, 노력으로 얻지 않으며, 따라서 결코 갚을 수 없다. 은혜는 기독교 신앙의 중심이다. 그것은 성경 줄거리다. 은혜는 기독교를 세상의 모든 종교와 구분하는 요소다.[4] 세상 종교는 심은 대로 거두는 법칙에 뿌리를 두

---

[3] Philip Yancey, *What's So Amazing About Grace?* (Grand Rapids, MI: Zondervan, 1997), 23. 얀시는 영화 이야기를 어느 정도 자세하게 말한다(19~23쪽).

고 있으며, 그들의 신(또는 비인격적인 힘)은 사람이 노력한 대로, 또는 그들이 받을 자격이 있는 것을 준다. 세상 종교의 기초가 되는 인과응보(Karma) 법칙은 "이 세상에서는 사람이 어떤 이유로 마땅히 받을 것 외에는 어떤 것도 그에게 일어나지 않는다"라는 견해다.5 U2의 리드보컬 보노(Bono)는 그 반대 내용을 말한다.

> 모든 종교의 중심에는 인과응보(Karma)의 개념이 있다. 당신이 한 일이 당신에게 되돌아온다. 눈에는 눈, 이에는 이… 모든 행위는 같거나 그에 대응하는 것을 만나기 마련이다. 나는 인과응보가 우주의 중심임을 의심하지 않는다. 나는 절대적으로 그것을 확신한다. 하지만 "심은 대로 거둔다."라는 이 모든 생각을 뒤집는, 은혜라 불리는 개념이 우리에게 다가온다. 은혜는 이성과 논리를 넘어선다. 사랑은 당신 행위의 결과를 가로막는데, 나의 경우 이것은 아주 좋은 소식이다. 내가 어리석은 일들을 수없이 많이 행하기 때문이다… 그리스도의 죽음이 뜻하는 것은 그리스도께서 세상의 죄를 담당하셨으며, 따라서 우리가 행한 것이 우리에게 되돌아오지 않고, 우리의 죄의 속성이 죽음을 가져오지 않는다는 것이다. 그것이 요점이다. 그것은 우리를 겸손하게 한다… 우리를 천국의 문으로 들어가게 하는 것은 우리가 행한 선행이 아니다.6

---

4 어떤 사람은 삼위일체의 교리가 기독교 신앙의 중심이고 핵심 교리라고 주장한다. 하나님이 삼위일체이시며, 그가 은혜로우시기에 그 둘을 분리할 방법이 없다.

5 Mahasi Sayadaw, "The Theory of Karma" at www.buddhanet.net/e-learning/karma.htm (2014년 6월 17일 접속함). '도덕적 인과관계의 법'인 인과응보는 '불교의 근본 교리'이며 아시아 다른 여러 종교도 마찬가지다. 우리는 이 용어를 전문 의미보다 인과관계의 견해를 가리키는 약칭으로 사용한다.

6 *Bono in Conversation with Michka Assayas* (New York: Riverhead, 2005), 203~04.

기독교 구원 교리는 딱 한 단어로 요약할 수 있다. 바로 **은혜**다. 예수 그리스도의 인격과 사역으로 죄인은 구원받고, 의롭게 되며, 하나님과 화목하고, 영원한 삶의 소망을 가질 수 있다. 그리고 이러한 복들 가운데 어느 것도 우리의 노력으로 얻어지지 않는다. 1부에서 우리는 죄로 우리가 얻는 것이 죽음임을 살폈다(롬 6:23). 죄의 결과에서 해방을 뜻하는 구원은 사람이 공로를 쌓아 얻을 수 있는 어떤 것이 아니다. 하나님이 주시는 복은 은혜에 의해, 그리스도에 대한 믿음을 통해 얻는다.

구원은 오직 은혜로, 오직 믿음을 통해, 오직 그리스도 안에서 주어진다. 이것은 성경의 증언이며 오래전부터 정통 개신교 복음주의 전통의 고백이었다.

망가진 것을 고치신다!

우리는 망가진 세상에 살고 있다. 어느 것도 의도하는 방식으로 움직이지 않는다. 살아 있는 모든 것은 죽어가고 있으며 언젠가 죽는다. 어떤 생물체도 살아서 세상을 벗어나지 않는다.

모든 피조물이 저주받았으며, 사방에 부인할 수 없는 증거가 있다. 지진, 기근, 폭풍, 화재, 토네이도 같은 자연재해가 뉴스를 도배한다. 성폭행, 살인, 전쟁, 사고 등 사람이 만들어낸 비극이 어느 것도 의도하는 대로 되지 않음을 기억하게 한다.

우리는 하나님께서 세상을 지금 모습으로 창조하지 않으셨음을 알고 있다. 창조된 것은 **좋았다**. 창세기 1장은 "참 좋았다."라는 후렴이 반복되어 강조되며, 모든 것이 "참 좋았다."라고 하신 하나님의 선언에서 정점에 이른다(1:31). 하지만 창세기 3장에서 모든 것이 망가졌다. 아담과 하와가 하나님의 말 대신 뱀의 말을 듣고 그들을 지으신 분을 배반했을 때, 그들은 세상에 악, 타락, 부패, 죽음이 들어오게 했다. 타락과 망가짐은 이제 모든 세상 이야기의 주요 줄거리다.

하지만 하나님께서는 직접 만드신 세상을 사랑하신다. 모든 것을 아신다. 동산에서 인간의 반역은 그분을 놀라게 하지 않았으며, 피조물에 대한 그분 계획을 망가뜨리지 않았다. 제2 계획안으로 전환도 필요하지 않았다. 인간의 죄는 정죄와 심판, 그리고 모든 피조물에 대한 저주를 가져왔지만, 하나님께서는 그들 반역을 자기 영원한 목적의 한 구성 요소로 생각하셨다. 그분은 그 이후로 자기 피조물을 속량하시기 위해 일하셨으며, 우주에 있는 어떤 것도 그 계획을 방해할 수 없다.

성경은 하나님께서 피조물의 반역에 자비롭고 사랑스럽게 반응하심을 기록한 이야기이다. 그는 반역한 사람이나 그가 만드신 세상을 파괴하지 않으셨다. 그는 자기 성품에 따라 반응하셨다.

> [6]… "주, 나 주는 자비롭고 은혜로우며, 노하기를 더디하고, 한결같은 사랑과 진실이 풍성한 하나님이다. [7]수천 대에 이르기까지, 한결같은 사랑을 베풀며, 악과 허물과 죄를 용서하는 하나님이다. 그러나 나는 죄를 벌하지 않은 채 그냥 넘기지는 아니한다. 아버지가 죄를 지으면, 본인에게 뿐만 아니라 삼사 대 자손에게까지 벌을 내린다." (출 34:6~7)

하나님의 자비롭고 신실한 사랑은 악과 반역을 이긴다.

은혜는 망가진 것을 고친다.

유일한 구원자 예수 그리스도

하나님의 속량 계획에서 중심인물은 예수님이시다. 구약 전체가 다가올 메시아를 통한 하나님의 속량 사역을 가리킨다(요 5:39 참조). 말씀이 성육신으로 육신이 되셨으며(요 1:14), 온전한 신성에 온전한 인성을 더하시고 자신이 만드신 세상에 오셨다.

바람에게 명하시자 순종했다. 빵을 나누시자 여러 배로 늘었다. 호수 위를 걸으시자 물이 그를 지탱했다. 귀신들을 만나셨을 때 그들은 그를 알아보고 도망했다. 병들고 고통받는 사람에게 말씀하셨을 때 그분 능력은 분명히 드러났다. 피조물은 자신을 지으신 분에게 반응했다.

그는 자신이 부르셨던 백성에게 오셨다. 그들 대부분 그분을 받아들이거나 믿지 않았다. 일부 그렇게 했지만 대부분 그렇게 하지 않았다(요 1:11~12).

예수님의 가르침과 치유의 사역과 다가오는 왕국 선포는 유대교 지도자의 반대를 불러왔다. 그들은 로마 총독의 손을 빌려 그를 죽이려고 모의했다. 그리고 그분 죽음으로 이야기가 끝난 것처럼 보였다. 그분 제자의 한 사람의 말처럼 "우리는 그분이야말로 이스라엘을 구원하실 분이라는 것을 알고서, 그분에게 소망을 걸고 있었던 것입니다"(눅 24:21). 예수님은 죽으셨고, 그와 함께 그들의 속량 소망도 묻혔다.

하지만 하나님의 아들은 무덤에 머물지 않으셨다. 예수님은 부활하셨다. 그 후로 아버지께로 올라가시기 전 40일 동안 많은 사람에게 나타나셨다. 그가 떠나셨던 모습과 같은 방식으로 다시 오신다고 하나님의 천사 하나가 약속했다(행 1:11).

그리스도의 사역은 끝나지 않았다. 그의 모든 원수를 물리치기까지 하실 일이 더 많이 남아있다.

예수님이 처음 오셔서 성취하신 일에는 속죄 사역이 있다. 잃어버려진 인류를 위한 구원을 확보하는 데 필요한 사역이었다. 예수님은 십자가에서 죽음으로 하나님께서 약속하신 죄를 위한 희생을 성취하셨다. 세상 죄를 지고 가는 하나님의 어린 양으로서 우리 대신 죽으셨다(요 1:29). "다 이루었다"라고 선포하시고(요 19:30), 죽으셨다. 죄를 위한 희생이 더는 필요하지 않다(히 10:10~14).

그리스도의 죽음은 죄의 결과가 사망임을 입증한다(롬 6:23). 세상의 죄를 친히 지심으로써, 우리를 위해 죄가 되심으로써(고후 5:21) 죄의 결과를 담당하셨다. 하지만 죄와 죽음은 생명을 주시는 분, 자신이 생명이신 분을 이길 수 없다. 그분은 무덤에서 걸어 나오셨다.

자기 방식으로 목숨을 버리셨고, 다시 그것을 취하셨다(요 10:17~18). 그분 부활은 하나님께서 그의 희생을 받아들이셨다는 것과 그가 가르치신 모든 것이 사실임을 입증했고, 또한 소망을 품게 했다. 복음, 곧 좋은 소식은 죽음이 최후 결정권을 가진 게 아니라, 언젠가 모든 것이 고쳐짐을 의미한다(고전 15장).

구원에 이르는 지혜

우리는 그리스도의 초림과 재림 사이에, 십자가와 면류관 사이에, 오셔서 고난받아 죽은 때와 생명과 평안의 하나님 영원한 왕국을 세우시려고 다시 오실 때 사이의 시간에 살고 있다. 그동안 우리는 믿는 모든 자에게 구원을 가져오는 하나님의 능력인 은혜의 복음을 맡은 사람이다(롬 1:16). 우리는 그의 대사가 되는 특권을 가진 자로서 사람이 그와 화목하도록 간청한다(고후 5:20). 우리는 모든 민족을 제자 삼는 증인이다(행 1:8; 마 28:18~20).

복음이란 무엇인가?

복음이라는 단어는 '좋은 소식'을 뜻한다. 성경이 말하는 좋은 소식은 무엇인가? 신약성서는 헬라어 유앙겔리온(εὐαγγέλιον)을 다양한 방식으로 사용해도, 항상 소망과 해방과 속량의 메시지를 가리킨다.

고린도전서 15:3~8에서, 바울은 복음을 그리스도의 죽음과 부활로 말한다. 로마서 1장에서는 복음이 다윗의 후손이며 하나님의 아들이신 그리스도라는 인물에 기초한다고 말한다(1~5절). 갈라디아서 1장에서 그는 "³우리 아버지 하나님과 주 예수 그리스도께서 내려 주시는 은혜와 평화가 여러분에게 있기를 빕니다. ⁴예수 그리스도께서는 하나님 우리 아버지의 뜻을 따라 우리를 이 악한 세대에서 건져 주시려고, 우리의 죄를 대속하기 위하여 자기 몸을 바치셨습니다."라고 요약한다(3~4절). 에베소서 1장에서 바울은 복음이 삼위일체 하나님의 사역임을 강조한다. "³우리 주 예수 그리스도의 아버지이신 하나님을 찬양합시다. 하나님께서는 그리스도 안에서, 하늘에 속한 온갖 신령한 복을 우리에게 주셨습니다. ⁴하나님은 세상 창조 전에 그리스도 안에서 우리를 택하시고… ⁵하나님은 하나님의 기뻐하시는 뜻을 따라 예수 그리스도를 통하여 우리를 하나님의 자녀로 삼으시기로 예정하신 것입니다… ⁷우리는 이 아들 안에서 하나님의 풍성한 은혜를 따라 그의 피로 구속 곧 죄 용서를 받게 되었습니다… ¹¹하나님은 그리스도 안에서 우리를 상속자로 삼으셨습니다. 이것은 모든 것을 자기의 원하시는 뜻대로 행하시는 분의 계획에 따라 미리 정해진 일입니다… ¹³여러분도 그리스도 안에서 진리의 말씀, 곧 여러분을 구원하는 복음을 듣고서 그리스도를 믿었으므로, 약속하신 성령의 날인을 받았습니다. ¹⁴이 성령은, 하나님의 소유인 우리가 완전히 구원받을 때까지 우리의 상속의 담보이시며, 우리로 하여금 하나님의 영광을 찬미하게 하십니다"(3~5, 7, 11, 13~14절).

그는 또한 디모데를 격려하며 말한다. "⁸그러므로 그대는 우리 주님에 대하여 증언하는 일이나 주님을 위하여 갇힌 몸이 된 나를 부끄러워하지 말고, 하나님의 능력을 힘입어 복음을 위하여 고난을 함께 겪으십시오. ⁹하나님께서 우리를 구원해 주시고, 거룩한 부르심으로 불러주셨습니다. 그것은 우리의 행실을 따라 하신 것이 아니요, 하나님의 계획과 은혜를 따라 하신 것입니다. 이 은혜는 영원 전에 그리스도 예수 안에서 우리에게 주신 것인데, ¹⁰이제는 우리 구주 그리스도 예수께서 나타나심으로 환히 드러났습니다. 그리스도께서는 죽음을 폐하시고, 복음으로 생명과 썩지 않음을 환히 보이셨습니다"(딤후 1:8~10).

마지막으로, 베드로는 말한다. "³우리 주 예수 그리스도의 하나님 아버지께 찬양을 드립시다. 하나님께서는 그 크신 자비로 우리를 새로 태어나게 하셨습니다. 그리하여 그는, 죽은 사람들 가운데서 예수 그리스도가 부활하심으로 말미암아 우리로 하여금 산 소망을 갖게 해 주셨으며, ⁴썩지 않고 더러워지지 않고 낡아 없어지지 않는 유산을 물려받게 하셨습니다. 이 유산은 여러분을 위하여 하늘에 간직되어 있습니다. ⁵하나님께서는 여러분의 믿음을 보시고 그의 능력으로 여러분을 보호해 주시며, 마지막 때에 나타나기로 되어 있는 구원을 얻게 해 주십니다. ⁶그러므로 여러분이 지금 잠시동안 여러 가지 시련 속에서 어쩔 수 없이 슬픔을 당하게 되었다 하더라도 기뻐하십시오"(벧전 1:3~6).

다양한 방식으로 복음을 개관할 수 있지만, 복음은 여러 핵심 요소들을 가진다. 드러나든지 드러나지 않든지 구원 메시지는 삼위일체 하나님의 사역에 근거하고 있다. 그것은 하나님의 영원한 계획에 따라, 세상이 창조되기 전에 정해졌으나 그리스도께서 사시고 죽으시고 부활하셨던 때와 장소에서 성취되었다. 복음은 소망을 준다. 그리스도의 부활은 우리의 부활의 근거이며, 재림 때 그는 자신이 시작하신 일을 완성하고 성취하실 것이다(빌 1:6).

우리가 전하는 메시지는 "열심히 일하라"나 "이것을 하고 저것을 하지 말라", "이것을 말하라", "이곳으로 성지순례 하라", "이만큼 헌금하라", 심지어 "다른 이들을 위해 너의 삶을 희생하라"가 아니다. 우리 메시지는 창조자가 피조물이 되셨다는 내용이다. 창조자이면서도 피조물이며, 하나님인 동시에 사람인 분이시다. 그의 은혜 없이 우리가 할 수 없는 것을 우리에게 주시기 위함이다. 하나님께서는 우리가 아직 죄인이었을 때에, 반역하는 우리를 위해 그의 아들을 보내셨다(롬 5:8). 구원은 오직 은혜로, 오직 믿음을 통해, 오직 그리스도 안에서 주어지는 그의 선물이다.

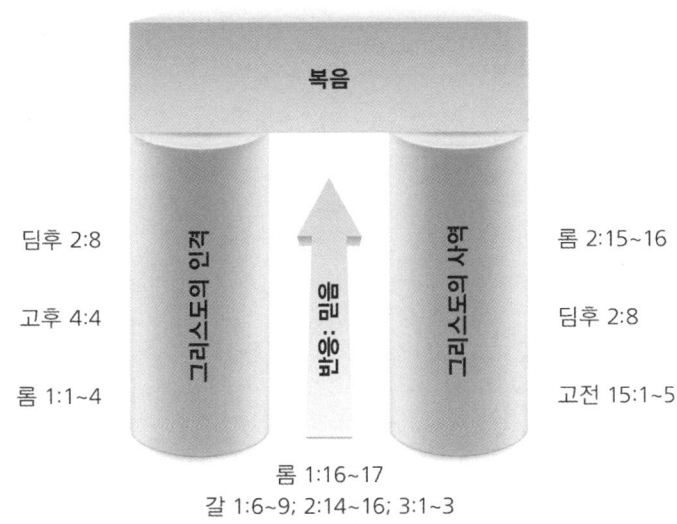

그리스도의 인격과 사역의 복음

2부 '구원에 이르는 지혜': 복음, 속죄, 구원하는 은혜

반드시 알아야 할 성경 본문

성경은 하나님께서 피조물을 속량하시는 이야기를 기록한다.1 우리가 사는 세상에서 그분이 행하시는 모든 것은 아들의 사역으로 모든 것을 새롭게 하시려는 계획에 근거한다. 그분은 다양한 방식으로 다양한 사람을 통해 다양한 환경에서 일하시지만, 하나의 통일된 속량 계획이 있다. 조나단 에드워즈(Jonathan Edwards)는 하나님의 사역을 자기 말로 표현했다.

> 속량 사역은 그것이 가진 우주적 주제와 목적을 생각할 때 광대한 계획이다. 그것은 인간이 타락한 때부터 세상이 끝날 때까지, 단순히 그것에 속한 여러 주제에 미치는 같은 효과를 반복하고 갱신함으로써 진행하기보다, 하나님의 수많은 연속된 사역과 경륜을 통해 서로 다른 방식으로 진행한다. 그리고 모든 것은 하나의 큰 목적과 효과에 도달하고, 모두가 한 계획을 구성하는 여러 부분으로서 연합되며 함께 하나의 커다란 사역을 형성한다.2

에드워즈에 따르면, 이 광대한 사역은 세 주요 시대로 나뉜다. "첫째는 인간의 타락부터 그리스도의 성육신까지, 둘째는 그리스도의 성육신에서 그의 부활까지, 또는 그리스도께서 낮아지셨던 전체 기간, 셋째는 그 이후로 세상 끝까지다."3

---

1 이 말은 하나님의 영광이 그분 관심사임을 부정하지 않는다. 하나님의 영광은 그분 속량 사역의 궁극적 목표다. Charles C. Ryrie, *Dispensationalism* (Chicago: Moody, 2007), 22를 보라.

2 Jonathan Edwards, *A History of the Work of Redemption* in John F. Wilson, ed., *The Works of Jonathan Edwards* (New Haven, CT: Yale University Press, 1989), 9:121.

우리는 구원의 역사에서 주요 문제와 중요한 발전을 소개하려고 다음 성경 구절을 선택했다. 포괄적이라기보다 대표적 구절이다. 더 많은 것을 살펴볼 수 있지만, 이것들은 하나님의 은혜 사역의 주요 요소를 개관한다. 그것들을 숙지함으로써 나머지 하나님의 말씀을 해석하고 이해하는 데 도움을 얻을 수 있다.

본문 1. 아브라함을 의롭게 한 믿음(창세기 15:6)

창세기에서 하나님은 우르 출신의 한 사람, 곧 아브라함을 택하셔서 온 세상 모든 사람에게 복을 전달하는 매개자로 삼으셨다(창 12:1~3).[4] 그리고 창세기 15장에서 하나님은 이전 약속을 중요한 조약으로 나타내시며 아브라함과 언약을 맺으셨다. 이것은 근본적인 성경의 속량 언약이었다.

주님은 아브람에게 나타나셔서 큰 상급을 약속하셨다(창 15:1). 아브람은 자신에게 자식이 없음을 주님께서 생각하시게 했다. 그가 자식이 없이 죽는다면 하나님은 어떻게 그의 복을 다음 세대에게 중재하실 것인가? 대답으로서 주님은 그를 밖으로 데려가셔서 그에게 하늘의 별을 보여주시며 말씀하셨다. "네 자손이 이와 같으리라"(5절).

그 응답으로 "아브람이 여호와를 믿었으며 여호와께서 이를 그의 의로 여기셨다"(6절). 한 의식이 이어졌으며, 그것은 하나님의 약속이 성취됨을 보증하였다. 이어서 하나님은 아브람의 후손이 400년 동안 종으로 지낼 것(13절)과 그다음에 그들이 돌아올 것(16절)을 미리 말씀하셨으며, 최종적으로 "이집트 강에서부터 그 큰 강 유브라데까지" 그의 후손에게 땅을 주실 것을 약속하셨다(18절).

---

[3] Edwards, *A History of the Work of Redemption* in *The Works of Jonathan Edwards*, 127.

[4] 후에 하나님은 그가 많은 민족의 아버지가 된다는 약속과 함께 그의 이름을 아브람에서 아브라함으로 바꾸셨다(창 17:5).

그때가 분명히 아브람이 믿음의 사람이 된 시점이 아니다. 그는 우르를 떠나 가나안에 이르렀을 때 그가 믿음의 사람임을 보여주었다. 히브리서 저자는 구체적으로 이 사실을 말한다.

> ⁸주님께서 거기에서 그들을 온 땅으로 흩으셨다. 그래서 그들은 도시 세우는 일을 그만두었다. ⁹주님께서 거기에서 온 세상의 말을 뒤섞으셨다고 하여, 사람들은 그곳 이름을 바벨이라고 한다. 주님께서 거기에서 사람들을 온 땅에 흩으셨다. (히 11:8~9)

따라서 성경은 의롭지 못한 사람이 의롭게 될 수 있는 수단을 강조한다. 의롭지 못한 사람이 의롭게 되는 것은 오직 믿음을 통해, 은혜에 의해서다. 아브라함의 믿음이 그에게 의로 '여겨졌다.'

많은 그리스도인은 자신이 거듭난 때를 생생하게 기억한다. 자신이 죄인이었으며 구원을 위해 오직 그리스도를 신뢰할 필요가 있었음을 이해했던 순간이다. 다른 사람은 신자가 된 시점을 기억해내려고 애쓴다. 그들은 그 상황에 대한 막연한 기억만 있을 뿐이다. 나(글렌)처럼 언제 그런 일이 있었는지 도무지 알지 못하는 사람도 있다. 나는 교회에 출석하는, 믿음의 가정에서 자랐다. 나는 내가 죄인이라는 것과 구원이 오직 부활하신 그리스도를 믿음으로 발견된다는 것을 믿지 않았던 때를 기억하지 못한다. 나는 내가 믿기 시작한 시점이 내가 진정으로 믿는다는 사실만큼 중요하지 않음을 이해했다. 마찬가지로, 언제 어떻게 아브라함이 만유의 하나님을 알게 되었는지는 의롭지 못한 사람인 그가 믿음을 통해 의롭게 되었다는 선언만큼 중요하지는 않다.

창세기 15:6의 취지는 성경의 나머지 부분에서 그 구절이 다양하게 사용된 것에서 분명히 드러난다. 첫째로, 하박국 2:4에서 하나님은 악인과 의인을 대조하시는데, 이 창세기 구절을 암시한다. "보라 그의 마음은 교만하며 그 속에서 정직하지 못하나, 의인은 그의 믿음으로 말미암아 살리라."

다음으로, 바울은 이 구절을 반복 인용한다. 로마서 4장에서 그 구절은 세 번 나타난다. 바울은 아브라함이 행위로 의롭게 된 것이 아님을 보여주며 말한다. "아브라함이 하나님을 믿으니, 하나님께서 그를 의롭다고 여기셨다"(3절). 바울은 일해서 얻는 삯을 선물인 믿음과 대조하며(4~5절), 선물은 일해서 얻는 게 아니다. 다윗을 예로 든 다음, 바울은 "하나님께서 아브라함의 믿음을 의로 여기셨다"라는 주장을 되풀이한다(9절).

이어서 바울은 아브라함이 할례를 받기 전에 그의 믿음이 그에게 의로 여겨졌으므로 그는 할례를 받은 사람과 할례를 받지 않은 사람을 모두 포함하여 '모든 믿는 사람의 조상'이라고 주장한다(11~12절). 그리고 곧바로 창세기 15장으로 돌아가서 "아브라함은 희망이 사라진 때에도 바라면서 믿었으므로 '너의 자손이 이처럼 많아질 것이다'라고 하신 말씀대로, 많은 민족의 조상이 되었습니다."라고 말한다(롬 4:18; 창 15:5 참고). 아브라함이 100세나 되었어도,

> [20]믿음이 없어 하나님의 약속을 의심하지 않고, 믿음으로 견고하여져서 하나님께 영광을 돌리며, [21]약속하신 그것을 또한 능히 이루실 줄을 확신하였다. 그것이 그의 믿음이 '그에게 의로 여겨진' 이유다(롬 4:20~22, 역자 번역; 창 15:6을 세 번째 인용).

바울은 이렇게 적용한다. "[23]'그것이 그에게 의로 여겨졌다'라는 말은 아브라함만 위한 것이 아니라, [24]하나님께서 의롭다고 여기실 우리, 곧 우리 주 예수를 죽은 사람들 가운데서 살리신 분을 믿는 우리까지도 위한 것입니다"(롬 4:23~24). 아브라함은 어떻게 불의한 자가 의로워질 수 있는지 보여주는 예이며, 그는 복이 그의 후손에게 오게 하는 수단이다.

나아가, 갈라디아서 3장에서 바울은 창세기 15:6을 사용하여 복음을 대적하는 자들을 꾸짖는다. 다시 한번 그는 '행위로' 구원과 은혜

로 구원을 대조한다. "하나님께서 여러분에게 성령을 주시고 여러분 가운데서 기적을 행하시는 것은 여러분이 율법을 행하기 때문입니까, 아니면 믿음의 소식을 듣기 때문입니까? 그렇지 않으면, 여러분이 복음을 듣고 믿어서 그렇게 하신 것입니까?"(갈 3:5). 바울은 대답한다. "[6]그것은 아브라함이 하나님을 믿으니, 하나님께서 그것을 의로운 일로 여겨주셨다는 것과 같습니다. [7]그러므로 믿음에서 난 사람들이야말로 아브라함의 자손임을 여러분은 아십시오"(6~7절). 이어서 바울은 하나님이 아브라함에게 "모든 이방인이 너로 말미암아 복을 받으리라"라고 약속하셨을 때 복음이 앞당겨 그에게 선언되었다고 단언한다(8절; 창 12:3 참고). 그리고 그는 구원이 오직 행위가 아니라, 믿음을 통해 은혜로 올 수 있다고 다시 확정한다.

율법에 복종함으로써 의로움을 얻으려고 하는 노력이 가진 문제는, 완벽하게 모든 율법을 지키지 않는 한 누구도 그것으로 의로움을 얻을 수 없다는 것이다. 불순종하는 자는 저주를 받으며, 많은 순종도 그것을 변화시킬 수 없다. 오히려 "율법책에 기록된 모든 것을 계속하여 행하지 않는 사람은 다 저주 아래에 있다"(갈 3:10). 따라서 바울은 "하나님 앞에서는, 율법으로는 아무도 의롭게 되지 못한다는 것이 명백합니다. '의인은 믿음으로 살 것이다'라고 하였기 때문입니다."라고 말할 수 있으며(11절), 이어서 믿음으로 말미암는 칭의의 복음으로 되돌아갈 수 있다(14절). 율법에 불순종은 죄 선고를 가져오고, 그리스도를 믿음은 의롭다 함을 가져온다. 구원은 믿는 사람에게 주어지는, 하나님의 은혜로운 선물이기 때문이다.

마지막으로, 야고보는 믿음이 행위와 절대적으로 연결되어 있음을 보여주려고 창세기 15:6을 인용한다. "이처럼 믿음에 행함이 따르지 않으면, 그 자체만으로는 죽은 것입니다"(약 2:17). 그는 살아 있는 믿음은 항상 행위를 동반한다고 말한다. 그는 이러한 바른 연결을 부정하려는 자를 '어리석은 사람'이라고 혹평한다(20절).

성경 암송 1
창세기 15:6
아브람이 주님을 믿으니, 주님께서는 아브람의 그런 믿음을 의로 여기셨다.

야고보는 아브라함을 예로 든다. 아브라함이 기꺼이 자기 아들 이삭을 드렸을 때(창 22장) "믿음이 그의 행함과 함께 작용한 것입니다. 그러므로 행함으로 믿음이 완전하게 되었습니다"(약 2:22). 이 사건은 "아브람이 주님을 믿으니, 주님께서는 아브람의 그런 믿음을 의로 여기셨다."라고 한 말씀을 성취하며, 따라서 그는 하나님의 벗이라 불렸다(23절).

아브라함은 하나님을 믿었으며, **그의 믿음으로** 의롭다 함을 받았다. 의롭다 함은 결코 노력으로 얻어지지 않는다. 그것은 하나님께서 은혜 가운데 우리에게 제공하시는 하나님의 선물이며, 오직 은혜를 통해 불의한 사람이 의롭다고 선언될 수 있다. 바울과 야고보에게 있어서 아브라함이 얻은 칭의는 의롭다 함을 받는 모든 사람의 모범이다.

본문 2. 고난을 겪는 종을 예언(이사야 53장)

예언자 이사야는 42:1~9; 49:1~13; 50:4~11; 52:13~53:12의 네 본문에서 주의 종이라 부르는 인물을 묘사한다.[5] 처음 세 본문에서 그 종은 이스라엘에 정의를 가져오며(42:1), 이방인을 위한 빛이고(42:6), 이스라엘을 하나님께로 돌아오게 하며(49:5), 구원을 땅끝까지 가져오

---

[5] 종의 노래에 관한 간략한 설명은 G. P. Hugenberger, "The Servant of the Lord in the 'Servant Songs' of Isaiah: a Second Moses Figure" in *The Lord's Anointed: Interpretation of Old Testament Messianic Texts*, P. E. Satterthwaite, R. S. Hess, and G. J. Wenham, eds. (Grand Rapids, MI: Baker, 1995), 105~40을 보라.

고(49:6), 고난을 견디며 궁극적으로 그 정당함이 입증된다(50:4~9). 세 본문 모두에서 종은 정의의 중재자가 되며 의로 다스린다.

네 번째 노래에서는 다른 내용을 묘사한다. 종은 지혜롭게 행하지만, 손상되어 흉하다(52:14).

> ²그는 주님 앞에서, 마치 연한 순과 같이,
> 　마른 땅에서 나온 싹과 같이 자라서,
> 　그에게는 고운 모양도 없고, 훌륭한 풍채도 없으니,
> 　우리가 보기에 흠모할 만한 아름다운 모습이 없다.
> ³그는 사람들에게 멸시를 받고, 버림을 받고,
> 　고통을 많이 겪었다. 그는 언제나 병을 앓고 있었다.
> 사람들이 그에게서 얼굴을 돌렸고,
> 　그가 멸시를 받으니, 우리도 덩달아 그를 귀하게 여기지 않았다.
> 　　　　　　　　　　　　　　　　(사 53:2~3)

종의 고난은 자신 때문이 아니라 대속을 위한 것이다.

> ⁴그는 실로 우리가 받아야 할 고통을 대신 받고,
> 　우리가 겪어야 할 슬픔을 대신 겪었다…
> ⁵그러나 그가 찔린 것은 우리의 허물 때문이고,
> 　그가 상처를 받은 것은 우리의 악함 때문이다.
> 그가 징계를 받음으로써 우리가 평화를 누리고,
> 　그가 매를 맞음으로써 우리의 병이 나았다.
> 　　　　　　　　　　　　　　　　(사 43:4~5)

이사야는 과거시제 동사를 사용하지만, 자기 관점에서 여전히 미래의 인물인 메시아, 곧 예수님을 묘사한다. 그분은 우리 때문에 고난을 받으실 것이다. "그러나 우리는 그가 징벌을 받아서 하나님에게 맞으며, 고난을 받는다고 생각하였다"(4절). 이사야는 결론을 내린다. "우리는 모두 양처럼 길을 잃고, 각기 제 갈 길로 흩어졌으나, 주님께서 우리 모두의 죄악을 그에게 지우셨다."(6절).

많은 복음주의자는 본문에 사용된 용어들이 그리스도의 십자가에서 고난이 아버지의 손에 의해 일어났으며 아버지께서 진노를 쏟으셨음을 분명히 나타낸다고 믿는다. 그들은 이사야가 아버지가 아들을 죽이셨다고 선포하고 있는 것으로 해석한다. 그리고 이것은 하나님께서 아브라함에게 그의 아들을 데리고 "내가 너에게 일러주는 산에서 그를 번제물로 바쳐라"라고 하신 것과 평행을 이룬다(창 22:2). 아브라함은 자기 아들을 그곳으로 데리고 가서, 제단을 쌓고, 나무를 벌여 놓고, 아들을 결박하여 제단 나무 위에 놓았다(9절). 하지만 하나님께서 그가 아들을 죽이기 전에 개입하셔서 대속의 제물을 공급하셨다(11~13절). 히브리서 저자는 이 사건을 해석한다.

> [17]아브라함은 시험을 받을 때, 믿음으로 이삭을 바쳤습니다. 더구나 약속을 받은 그가 그의 외아들을 기꺼이 바치려 했던 것입니다… [19]하나님께서는 이삭을 죽은 사람들 가운데서도 되살리실 수 있다고 아브라함은 생각했던 것입니다. 그러므로 비유하자면, 아브라함은 이삭을 죽은 사람들 가운데서 되받은 것입니다. (히 11:17, 19)

두 사건에는 중요한 차이가 있다. 아브라함의 아들은 죽지 않았으며 하나님께서 대체물을 공급하셨지만, 하나님의 아들은 죽었으며, 히브리서 해석에 따르면 아버지의 손에 죽으셨고, 하나님께서 공급하신 대체물이었다.

어떤 복음주의자는 이 대속 견해를 '우주적 자녀 학대(cosmic child abuse)'로 묘사한다.[6] 그리고 또 다른 견해는 예수님의 희생을 아버지

---

6 예를 들어, Steve Chalke and Alan Mann, *The Lost Message of Jesus* (Grand Rapids, MI: Zondervan, 2003), 182를 보라. 벨 주니어 (Daniel M. Bell Jr. in "God Does Not Demand Blood: Beyond Redemptive Violence" in *God Does Not Entertain, Play "Matchmaker," Hurry, Demand Blood, Cure Every Illness*, ed. D. Brent Laytham [Grand Rapids, MI: Brazos Press, 2009], 39~62) 또한 다음과 같이 강력한 말로 주장한다. "하나님은 하나님과 사람 사이의 관계를 바르게 하려고 폭력을 가하지도 고통을 원하지도 않으신다. 그리스도인의 심상에 그러한 것이 널리 스며있을지라도 교제

의 탓으로 돌리지 않는다. 예수님은 로마인의 손에 죽었으며, 하나님은 피조물에 주권적이시므로 그의 죽음은 하나님의 계획 일부라는 것이다. 이러한 관점에서 보면 그리스도의 죽음은 하나님의 뜻이 가진 주권 때문이며, 하나님은 능동적 원인은 아니다.

어쨌든, 하나님은 그분 세상에서 일어나는 모든 것의 직접 원인은 아니지만, 모든 것에 주권적이시다. 하나님은 선하시며, 그가 하시는 모든 것은 선하다. 그는 자기 주권 계획에 따라 자기 목적을 성취하시려고 세상에 존재하는 악을 사용하신다. 하지만, 다시 말하지만, 하나님은 결코 악의 원인이 아니시다. 분명히, 아버지가 아들을 죽이는 것은 아주 선하지 않은 행위일 것이다.

고난을 겪는 종에 관한 이사야의 묘사는 계속된다.

> ⁷그는 굴욕을 당하고 고문을 당하였으나,
>   아무 말도 하지 않았다.
> 마치 도살장으로 끌려가는 어린 양처럼,
>   마치 털 깎는 사람 앞에서 잠잠한 암양처럼,
>   끌려가기만 할 뿐, 아무 말도 하지 않았다.
> ⁸그가 체포되어 유죄판결을 받았지만
>   그 세대 사람들 가운데서 어느 누가,
> 그가 사람 사는 땅에서 격리된 것을 보고서,
>   그것이 바로 형벌을 받아야 할 내 백성의 허물 때문이라고 생각하였느냐?
> ⁹그는 폭력을 휘두르지도 않았고,
>   거짓말도 하지 않았지만,
> 사람들은 그에게 악한 사람과 함께 묻힐 무덤을 주었고,
>   죽어서 부자와 함께 들어가게 하였다. (사 53:7~9)

와 화해와 속량의 대가는 피와 고난이 아니다"(41쪽).

대체자로서 죽으신 이분은 죄가 없으시다. 그의 죽음은 부당하다.

이어서 이사야는 다시 그의 고난과 죽음을 하나님 탓으로 돌린다.

> 주님께서 그를 상하게 하고자 하셨다.7
> 주님께서 그를 병들게 하셨다.
> 그가 그의 영혼을 속건제물로 여기면,
> 그는 자손을 볼 것이며, 오래오래 살 것이다.
> 주님께서 세우신 뜻을 그가 이루어 드릴 것이다. (사 53:10)

분명, 이 구절에는 쉽게 해결할 수 없는 긴장 관계가 있다. 이사야의 언어를 강조한 나머지 속량을 풍자적으로 표현할 가능성이 있다. 아버지의 진노가 아들의 죽음으로만 풀릴 수 있다는 것이다. 다른 한편으로, 두려움으로 이러한 묘사에서 한발 물러서서 본문의 표현을 부정할 가능성도 있다. 이사야가 말하는 것은 종이신 예수께서 죄인들이 받아 마땅한 형벌을 친히 담당하실 것이라는 사실이다. 그의 고난과 죽음은 우리 대신 당하신 것이었다. 죄 있는 자가 용서를 받고 의롭게 될 수 있도록 무죄한 자가 죽으셨다(고후 5:21). 그리하여 하나님의 진노가 충족되었다.

하지만 감사하게도 이야기는 십자가에서의 고난과 죽음으로 끝나지 않는다. 이사야는 종이 그 정당성을 입증받는다고 예견한다.

> 11고난을 당하고 난 뒤에, 그는 생명의 빛을 보고 만족할 것이다. 나의 의로운 종이 자기의 지식으로
> 많은 사람을 의롭게 할 것이다.
> 그는 다른 사람들이 받아야 할 형벌을 자기가 짊어질 것이다.
> 12그러므로 나는 그가 존귀한 자들과 함께 자기 몫을 차지하게 하며,
> 강한 자들과 함께 전리품을 나누게 하겠다.

---

7 NASB는 좀 더 문자적으로 번역한다. "그가 상함을 받기를 여호와께서 기뻐하셨기에."

그는 죽는 데까지 자기의 영혼을 서슴없이 내맡기고,
　　남들이 죄인처럼 여기는 것도 마다하지 않았다. (사 53:11~12)

성경 암송 2

이사야 53:5~6

⁵그러나 그가 찔린 것은 우리의 허물 때문이고, 그가 상처를 받은 것은 우리의 악함 때문이다. 그가 징계를 받음으로써 우리가 평화를 누리고, 그가 매를 맞음으로써 우리의 병이 나았다. ⁶우리는 모두 양처럼 길을 잃고, 각기 제 갈 길로 흩어졌으나, 주님께서 우리 모두의 죄악을 그에게 지우셨다.

그는 보상을 받을 것이다. "그는 많은 사람의 죄를 대신 짊어졌고, 죄를 지은 사람들을 살리려고 중재"하였기 때문이다(12절). 그는 의로운 분이시므로 자기 죄를 위해 죽지 않으실 것이다. 그는 불의한 자를 위해 죽으시며 그들을 위해 자신을 희생시키실 것이다. 그리하여 그는 보상을 받을 자격이 있으며, 믿음을 통해 그에게로 온 자들과 함께 그 상급을 나눌 수 있으실 것이다. 바울의 말대로 그리스도의 속량 사역은 하나님의 정의를 보여주며, 또한 그가 '의로우시며 또한 예수 믿는 자를 의롭다'하는 분이 되게 한다(롬 3:26).

본문 3. 대속물이신 인자(마태복음 20:25~28)

마태복음 20장(막 10장, 평행구절)에서 예수님은 제자들을 따로 부르셔서 자기 죽음을 **다시 한번** 예견하셨다.[8] 그는 자기가 대제사장과 서기관에게 넘겨져 그들에 의해 정죄 받아, 이방인에게 넘겨져 조롱받고 채찍에 맞아 십자가에 못 박힐 것이나, 제삼 일에 살아난다고 말씀하셨다(18~19절).

---

8 마태복음 16:21; 17:12, 22을 참고하라.

아주 분명히 말씀하셨다. 그렇지 않은가?

하지만 제자들은 이해하지 못했다. 그들이 여전히 이해하지 못했거나 예수님을 믿지 못했다는 것은, 세배대의 두 아들의 어머니가 예수님께 와서 그들이 왕국에서 권세의 지위에, "하나는 주의 우편에, 하나는 주의 좌편에" 앉을 수 있도록 요청한 것에서 분명히 알 수 있다(21절).9 그들이 예수님이 마시려는 잔을 마실 준비가 되었는지 예수께서 물으셨을 때(22절), 그들은 그렇게 할 수 있다고 말했다.

예수님은 권세 자리는 자기가 주는 것이 아니라 아버지께서 예비하신 자에게 주신다고 대답하셨다. 하지만 그들이 예수님의 잔을 마시겠다고 한 것은 수락될 것이라고 덧붙이셨다(23절).

다른 제자들은 야고보와 요한에게 화를 냈고, 예수님은 그들을 모두 부르셔서 지도력에 관한 자기 견해와 자기 궁극적 목적을 그들과 나누셨다.

> 25예수께서는 그들을 곁에 불러 놓고 말씀하셨다. "너희가 아는 대로, 이방 민족들의 통치자들은 백성을 마구 내리누르고, 고관들은 백성에게 세도를 부린다. 26그러나 너희끼리는 그렇게 해서는 안 된다. 너희 가운데서 위대하게 되고자 하는 사람은 누구든지 너희를 섬기는 사람이 되어야 하고, 27너희 가운데서 으뜸이 되고자 하는 사람은 너희의 종이 되어야 한다. (25~27절)

마가는 "너희 가운데서 누구든지 으뜸이 되고자 하는 사람은 모든 사람의 종이 되어야 한다."라는 말을 포함한다(막 10:44).

이어서 예수님은 "인자는 섬김을 받으러 온 것이 아니라 섬기러 왔으며, 많은 사람을 위하여 자기 목숨을 몸값으로 치러 주려고 왔다"라고

---

9 마가복음 10:35~37에서 요청하는 자는 야고보와 요한이다. 두 이야기는 서로 모순되지 않는다. 그들의 어머니가 그들을 대표하여 주님께 요청한 것이 분명하다.

결론 내리신다(마 20:28). 예수님은 자기가 온 목적이 대속물이 되는 것, 죄의 종이 된 사람을 위해 대속의 값을 지급하는 것, 죄인들을 속량하기 위함이라고 말씀하셨다. 후에 바울은 그것을 이렇게 표현한다. "값으로 샀기 때문에 너희는 너희 자신의 것이 아니다"(고전 6:19~20).

성경 암송 3
마태복음 20:28
인자는 섬김을 받으러 온 것이 아니라 섬기러 왔으며, 많은 사람을 위하여 자기 목숨을 몸값으로 치러 주려고 왔다

예수님과 바울이 언급하지 않는 것은 속전이 누구에게 지급되었는지 이며, 이것과 관련해 추측하는 것은 효과가 없어 보인다. 예수님과 바울이 말하는 것은 그가 하신 것을 통해 속전의 값, 종에게 자유를 주기 위해 요구되는 값이 완전히 지급되었다는 사실이다. 예수님에 따르면, 이것은 그분이 오신 이유였다. 그는 자기 목숨을 속전으로 드리셨다. 나아가 그가 보여주신 자기희생의 모범은 그 이름을 주장하는 자가 따라야 한다(빌 2:3~8).

본문 4. 지상 명령(마태복음 28:18~20)

그리스도인에게 지상 명령이 가장 익숙한 구절이다. 죽으시고 장사되셨다가 부활하신 후 하늘로 오르시기 전 예수님은 갈릴리 한 산에서 제자들을 만나셨다. 열한 제자가 예수님을 보았을 때 "그들은 예수를 뵙고, 절을 하였다. 그러나 의심하는 사람들도 있었다."(17절).

분명히 그들의 경배 반응은 이해할 만했다. 이들은 처음부터 예수님과 함께 있었다. 그들은 예수님과 살았으며, 그와 함께 걸었고, 그의 가르침을 들었으며, 그가 기적을 행하시는 것을 보았고, 그들 자신도 기적을 행하기까지 했다. 그들은 그가 십자가에 못 박히신 것을 보았으며 그가 죽으신 것을 알았다. 하지만 부활하신 주님을 보았고 40일 밤과 40일 낮 동안 그와 함께했다. 분명 그들은 그를 신뢰할 모든 이유가 있었다.

"어떤 사람은 의심했다"라는 것은 이상해 보일 수 있다. 그를 그토록 잘 알고 있었고 실제로 그와 함께 있었으면서 어떻게 이 사람들이 의심할 수 있었겠는가? 그들은 무엇을 의심했는가?

이것은 신자들이 부활하신 주님을 의심한 첫 번째 경우가 아니었다. 누가는 엠마오로 가는 두 사람을 묘사한다(눅 24:13~24). 도중에 예수님을 만났을 때 그들은 그를 알아보지 못했다. 그들은 예수님을 예루살렘을 방문한 한 사람으로 생각하고 자신들이 바라던 것에 어떤 일이 일어났는지 설명했다. 그들은 이스라엘을 속량할 메시아 오셨다고 생각했었다. 하지만 비록 일부 제자가 무덤에 가서 그것이 비었음을 발견했다고 들었으나 그가 죽은 지 삼 일이나 되었다.

예수님은 '미련하고 마음에 더디 믿는' 의심하는 자들이라 부르시며 그들을 책망하셨다(25절). 그가 그들과 떡을 나누실 때야 그들은 그를 알아보았다.

그들은 예루살렘에 모여 있는 제자들에게로 돌아가서,10 자신들이 보고 들은 것을 증언하였으며, "그들이 이런 이야기를 하고 있을 때, 예수께서 몸소 그들 가운데 들어서서 말씀하셨다. '너희에게 평화가 있어라.'"(36절). 그들은 유령을 보고 있다고 생각하며 두려움으로 몸이 굳었다. 예수님께서 그들에게 이런 일이 일어날 것이라고 미리 여러 번 말씀하셨으나, 이상하게도 그들은 예수님이 부활하셨다는 것보다 자신들이 유령을 보고 있다는 것을 더 믿고 싶었던 것이 분명했다.

---

10 열한 제자가 있었다는 것은 도마도 거기 있었음을 의미할 것이다. 도마가 없었다고 말하는 요한복음 20:19~24는 부활 후 예수님께서 나타나셨던 또 다른 경우를 묘사한다(24절).

예수님은 그들에게 말씀하셨다. "³⁸어찌하여 너희는 당황하느냐? 어찌하여 마음에 의심하느냐? ³⁹내 손과 내 발을 보아라. 바로 나다. 나를 만져보아라. 유령은 살과 뼈가 없지만, 너희가 보다시피, 나는 살과 뼈가 있다."(38~39절). 예수님은 그들에게 자신의 상처를 보여주셨으나 "그들은 너무 기뻐서, 아직도 믿지 못하고 놀라워하고 있는데"(41절). 그들 앞에서 그분이 음식을 드셨을 때야 그들은 온전히 믿었다.

어떤 그리스도인은 쉽게 믿고, 쉽사리 흔들리거나 의심하지 않는다. 다른 사람은 여러 이유로 믿음과 씨름한다. 많은 그리스도인이 두려움, 불확실성, 해답을 얻지 못한 질문으로 힘들어한다. 어떤 사람은 도전과 씨름하며 근심과 낙심에 직면한다. 근심하는 사람은 때때로 왜 다른 이들의 경험이 자기 경험과 일치하지 않는지 이해할 수 없다. 낙심하는 사람은 종종 자기가 고립되었고 혼자라고 느낀다. 믿음에 있어, 제자들의 경험은 힘들어하는 사람에게 분명히 용기를 준다.

종교개혁가 장 칼뱅(John Calvin)은 제자들 경험을 묘사한다.

> 자신들을 향한 하나님의 은혜를 깨닫는 일에 불안해하며(이런 일은 종종 일어난다), 때때로 공포에 압도되어 전율하는 그리스도인의 경험(을 생각해보라). 그의 마음을 공격하는 유혹은 그토록 맹렬하다. 이것은 믿음의 확신(certainty)과 절대 일치하지 않는 것처럼 보인다. 앞에서 설명한 교리를 유지하려면 이러한 어려움을 해결해야 한다. 믿음은 분명하고 확고해야 한다고 말할 때 우리가 말하는 것은 확신(assurance)이다. 확신은 의심에 영향을 받지 않으며, 안정(security)도 마찬가지다. 근심은 이것들을 공격하지 않는다. 그보다 우리가 주장하는 것은 이렇다. 그리스도인은 지속해서 자기 불신(distrust)과 씨름하며, 따라서 그들은 결코 자기 양심이 혼란스러운 일로 방해받지 않는 가운데 평온한 안식을 누린다고 생각하지 않는다.[11]

칼뱅은 좋은 소식으로 결론을 내린다. "반면에, 우리는 어떤 방식으로 공격을 받든지 그들이 떨어져 나가 자신들이 하나님의 자비 가운데 형성했던 분명한 확신을 버릴 것이라고는 생각하지 않는다."[12] 칼뱅의 말 또한 우리 가운데 때때로 의심과 씨름하는 이들에게 용기를 줄 것이 분명하다.

누가에 따르면, 예수님은 제자들의 마음을 여시고 그들에게 성경의 가르침을 상기시키셨다(45절). "[46]이렇게 기록되어 있다. 곧 '그리스도는 고난을 겪으시고, 사흘째 되는 날에 죽은 사람들 가운데서 살아나실 것이며, [47]그의 이름으로 죄사함을 받게 하는 회개가 모든 민족에게 전파될 것이다' 예루살렘에서부터 시작하여 [48]너희는 이 일의 증인이다"(46~48절). 계속해서 누가는 예수님이 하신 말씀을 인용한다.

"그러나 성령이 너희에게 내리시면, 너희는 능력을 받고, 예루살렘과 온 유대와 사마리아에서, 그리고 마침내 땅끝에까지 이르러 내 증인이 될 것이다." (행 1:8)

지상명령은 마태복음 28:18~20에서 확인할 수 있다. '제자로 삼아'는 제자들에게 주신 명령이며, 그들을 통해 예수님의 모든 제자들에게 주신 명령이다. 어떤 제자는 침례를 베풀 때 사람들이 그리스도에 대한 믿음으로 나아와 침례 받는 것을 보는 특권을 가진다. 다른 제자는 가르치는 특권을 가진다. 어떤 제자는 공식적으로 가르치고, 다른 제자는 비공식적으로 가르친다. 하지만 모든 제자가 예수님의 신실한 제자를 만드는 사역에 참여해야 한다. 그것이 우리가 여기 있는 이유다. 이것이 우리의 거룩한 소명이다. 우리를 사랑하사 우리를 위해 자신을 주신, 모든 권세를 가지신, 부활하신 예수님이 우리에게 주신 소명이다.

---

11 Calvin, *Institutes*, 3.2.17.

12 Calvin, *Institutes*, 3.2.17.

> **성경 암송 4**
>
> **마태복음 28:18~20**
>
> [18]예수께서 다가와서, 그들에게 말씀하셨다. "나는 하늘과 땅의 모든 권세를 받았다. [19]그러므로 너희는 가서, 모든 민족을 제자로 삼아서, 아버지와 아들과 성령의 이름으로 침례를 주고, [20]내가 너희에게 명령한 모든 것을 그들에게 가르쳐 지키게 하여라. 보아라, 내가 세상 끝날까지 항상 너희와 함께 있을 것이다."

하나님께서 구원의 계획을 이루시려고 정하신 수단인 지상 명령을 의심하거나 실천하길 망설이지 않는 지혜가 있어야 한다.

본문 5. 믿음으로 말미암는 의(로마서 1:16~17)

바울은 로마교회에게 개인적인 인사를 전하고, 담대하게 선언한다. "[16]나는 복음을 부끄러워하지 않습니다. 이 복음은 유대 사람을 비롯하여 그리스 사람에게 이르기까지, 모든 믿는 사람을 구원하는 하나님의 능력입니다. [17]하나님의 의가 복음 속에 나타납니다. 이 일은 오로지 믿음에 근거하여 일어납니다.13 이것은 성경에 기록한바 '의인은 믿음으로 살 것이다'라고 한 것과 같습니다." 앞에서 바울은 자신을 '하나님의 복음을 위하여 택함을 입은 예수 그리스도의 종'(1절)으로 밝히면서 이 복음의 내용을 언급한 바 있다. 그는 "[2]이 복음은 하나님께서 예언자들을 통하여 성경에 미리 약속하신 것으로 [3]그의 아들을 두고 하신 말씀입니다. 이 아들은, 육신으로는 다윗의 후손으로 태어나셨으며, [4]성령으로는 죽은 사람들 가운데서 부활하심으로 나타내신 권능으로 하나님의 아들로 확정되신 분이십니다. 그는 곧

---

13 또는 "그 안에 믿음으로 시작하고 믿음으로 끝나는 하나님의 의가 드러난다."

우리 주 예수 그리스도이십니다."라고 말했다(2~4절). 복음은 온전히 사람이시며 온전히 하나님이신 예수께서 죽으시고 부활하셨다는 좋은 소식이다. 성령의 능력으로 부활하심으로써 그는 살아 있는 모든 것의 원수 된 자를 이기셨다.

성경 암송 5

로마서 1:16~17

[16]나는 복음을 부끄러워하지 않습니다. 이 복음은 유대 사람을 비롯하여 그리스 사람에게 이르기까지, 모든 믿는 사람을 구원하는 하나님의 능력입니다. [17]하나님의 의가 복음 속에 나타납니다. 이 일은 오로지 믿음에 근거하여 일어납니다. 이것은 성경에 기록한바 "의인은 믿음으로 살 것이다"라고 한 것과 같습니다.

이 복음이 바울에게 확신을 준 것은 그것만이 유대인과 이방인 모두에게 구원을 가져오는 수단이기 때문이다. 예수님은 유대인 메시아이시다. 그의 첫 번째 제자들은 유대인이었다. 하지만 복음은 이방인들에게도 재빨리 전파되었다. 그리스도 안에서 유대인과 이방인은 하나님과 화목하였고, 서로 화목하였다. 그리고 그리스도 안에서 불의한 자가 의롭게 된다. 이것은 오직 그의 의를 통해 일어나며 오직 은혜만으로, 오직 믿음을 통해, 오직 그 안에서 가능하다.

이어지는 두 장 반은 "모든 사람이 죄를 범하였습니다. 그래서 사람은 하나님의 영광에 못 미치는 처지에 놓여있습니다"(3:23)라는 말로 요약할 수 있는 주장을 더 자세히 변증한다. 불의한 자—우리 가운데 모든 사람—가 의로워지는 유일한 희망은 은혜로 주어지는 그리스도의 의다. 우리는 "그리스도 예수 안에서 얻는 구원으로 말미암아, 하나님의 은혜로 값없이 의롭다는 선고를 받습니다"(24절).

본문 6. 정죄함이 없음(로마서 8장)

바울의 주장은 로마서 8장에서 최고조에 이른다. 모두가 죄인이며 따라서 속량이 필요하며, 이 구원은 믿음을 통해 오직 은혜로 옴을 입증한 다음에 그것이 무엇을 의미하는지 말하기 시작한다.

믿음을 통해 은혜로 의롭게 된 사람은 더는 하나님의 심판 아래에 있지 않다(1절). 하나님의 은혜는 율법이 할 수 없었던 것을 성취하였다. 은혜가 죄인을 자유롭게 했다(2~3절). 성육신하신 아들의 사역으로 구원—우리 속량—이 성취되었다.

> ³육신으로 말미암아 율법이 미약해져서 해낼 수 없었던 그 일을 하나님께서 해결하셨습니다. 곧, 하나님께서는 자기의 아들을 죄된 육신을 지닌 모습으로 보내셔서, 죄를 없애시려고 그 육신에다 죄의 선고를 내리셨습니다. ⁴그것은, 육신을 따라 살지 않고 성령을 따라 사는 우리가, 율법이 요구하는 바를 이루게 하시려는 것입니다. (롬 8:3~4)

그리스도인은 죄와 죽음의 법에서 해방되어 이제 하나님의 영으로 산다. 사람은 성령을 소유하지 않고서 예수님을 소유할 수 없다(9절). 성령은 신자에게 부활의 소망을 주신다.

> 그리스도께서 여러분 안에 살아 계시면, 여러분의 몸은 죄 때문에 죽은 것이지만, 영은 의 때문에 생명을 얻습니다. (11절)

타락한 세상에서 신자는 자기 미래 부활을 확신하는 일에 어려움을 겪는다. 구원받는다는 것은 신자가 더는 고통을 받지 않는다는 뜻이 아니다(딤후 3:12 참고). 그것은 고통과 죽음이 궁극적으로 승리를 거두지 않는다는 의미다. 그리스도인은 피조물과 속량의 소망을 공유한다.

> ²⁰피조물이 허무에 굴복했지만, 그것은 자의로 그렇게 한 것이 아니라, 굴복하게 하신 그분이 그렇게 하신 것입니다. 그러나 소망은 남아있습니다. ²¹그것은 곧 피조물도 썩어짐의 종살이에서 해방되어서, 하나님의 자녀가 누릴 영광된 자유를 얻으리라는 것입니다. (롬 8:20~21)

피조물은 타락 이후 탄식하고 있으며, "첫 열매로서 성령을 받은 우리도 자녀로 삼아 주실 것을, 곧 우리 몸을 속량하여 주실 것을 고대하면서, 속으로 신음하고 있습니다"(23절). 하나님의 성령은 우리 삶에서 고통을 제거하지 않으신다. 그는 우리를 위로하시고 우리가 견디는 현재의 고난 가운데 우리에게 소망을 주신다. 그리고 우리는 부활의 약속이 분명함을 알고 있다. 약속하신 이가 참되시기 때문이다.

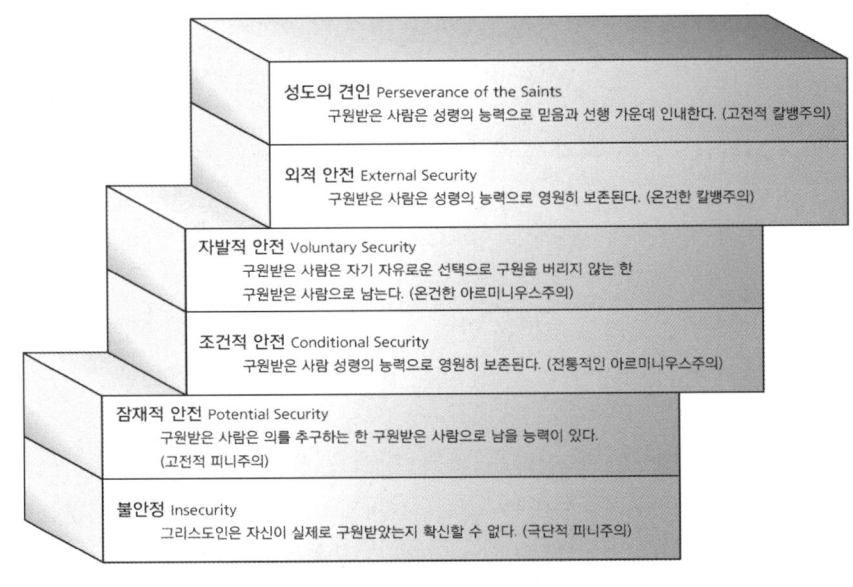

신자의 안전에 관한 다양한 견해

우리는 하나님이 선을 위해 일하시며, 우주의 주권자이신 창조주께 계획이 있으며, 그것을 성취하신다고 확신할 수 있다. "하나님을 사랑하는 사람들, 곧 하나님의 뜻대로 부르심을 받은 사람들에게는, 모든 일이 서로 협력해서 선을 이룬다는 것을 우리는 압니다"(28절)라는 요약적 진술에 이어, 하나님의 구원 사역 단계의 순서가 뒤따른다.

> [29]하나님께서는 미리 아신 사람들을 택하셔서, 자기 아들의 형상과 같은 모습이 되도록 미리 정하셨으니, 이것은 그 아들이 많은 형제 가운데서 맏아들이 되게 하시려는 것입니다. [30]그리하여 하나님께서는 이미 정하신 사람들을 부르시고, 또한 부르신 사람들을 의롭게 하시고, 의롭게 하신 사람들을 또한 영화롭게 하셨습니다. (롬 8:29~30)

하나님께서 미리 아신 사람은 예정되고, 부름을 받고, 의롭게 되며, 영화롭게 된다. 이 용어들이 서로 끊을 수 없이 연결되어 있다는 사실은 의롭다 함을 받았으나 아직 영화롭게 되지 않은, 이 땅에 있는 그리스도인에게 소망과 확신을 준다. **하나님은 처음부터 끝까지 자신의 목적을 이루실 것이다.**

바울은 이러한 '구원의 순서(ordo salutis)'를 말할 때 믿음이나 거듭남을 언급하지 않는다. 사람들 대부분은 자주 이러한 것들이 동시에 일어난다고 인정하지만, 어떤 신학자는 논리적으로 볼 때 거듭남이 믿음 이전에 일어난다고 제안한다. 거듭남이 없이 믿음이 불가능하다는 것이다. 다른 학자는 거듭남이 믿음을 앞선다면 구원을 위해 믿음이 필요하지 않다고 주장한다. 어쨌든 거듭남과 믿음을 분리하는 것은 불가능하다. 그것들은 그리스도인의 경험에서 밀접하게 연결되어 있다.

성경 암송 6
로마서 8:1
그러므로 그리스도 예수 안에 있는 사람들은 정죄를 받지 않습니다.

이어서, 가장 잘 알려진 성경 구절의 하나에서 바울은 다음과 같이 확언한다.

> ³⁸나는 확신합니다. 죽음도, 삶도, 천사들도, 권세자들도, 현재 일도, 장래 일도, 능력도, ³⁹높음도, 깊음도, 그 밖에 어떤 피조물도, 우리를 우리 주 예수 그리스도 안에 있는 하나님의 사랑에서 끊을 수 없습니다. (롬 8:38~39)

얼마나 놀라운 확신을 주는 말인가! 그리스도 안에서 우리 구원은 안전하다.

본문 7. 하나님의 주권적 선택(로마서 9장)

아브라함의 자손에게 약속한 복과 같이, 이스라엘 자손에게 약속한 복은 아브라함과 이삭과 야곱의 **믿음**을 공유하는 사람을 위한 것이며, 단순히 그들의 DNA를 공유하는 사람을 위한 것이 아니다. 하나님의 복은 믿음을 통해 은혜로 전해지지, 단순히 혈통으로가 아니다.

바울은 이것을 하나님께서 이스마엘이 아니라 이삭을, 에서가 아니라 야곱을 택하신 것으로 보여준다. 하나님께서 야곱을 택하시고 에서를 버리신 것은 유전적 특질(그들은 '한 사람으로 말미암은 자녀들'이었다[10절])이나 그들이 행한 일 때문이 아니라, 오직 하나님의 주권적인 선택에 의한 것이었다. 유전학이나 행위는 하나님 선택의 근거가 아니었으며, 바울의 주장에 따르면, 이 예는 누구도 하나님의 선택을 받을 자격이 없다는 원칙을 확증한다.

"야곱은 사랑하고 에서는 미워하였다"(13절)라는 말이 가리키는 하나님 선택은 정의와 관련한 문제를 일으킨다. 하나님의 선택이 그들이 행한 일에 근거하지 않는다면 하나님은 공정하지 않으신 것이 아닌가? 바울은 모세에게 주신 하나님의 대답을 인용함으로써 대답한다. "내가 긍휼히 여길 사람을 긍휼히 여기고, 불쌍히 여길 사람을 불쌍히 여기겠다"(15절, 출 33:19 참고). 그러한 선택은 "그러므로 그것은 사람의 의지나 노력에 달린 것이 아니라, 하나님의 자비에 달려있습니다"(롬 9:16). 하나님은 바로에게 말씀하셨다. "내가 이 일을 하려고 너를 세웠다. 곧, 너로 말미암아 내 능력을 나타내고, 내 이름을 온 땅에 전파하게 하려는 것이다"(17절; 출 9:16 참고). 토기장이가 자기 진흙으로 자기가 선택한 것을 만들 권리가 있는 것과 같이, 하나님은 자신이 선택한 대로 행하실 특권이 있다.

> **성경 암송 7**
>
> **로마서 9:14~16**
>
> ¹⁴그러면 우리가 무엇이라고 말을 해야 하겠습니까? 하나님이 불공평하신 분이라는 말입니까? 그럴 수 없습니다. ¹⁵하나님께서 모세에게 말씀하시기를 "내가 긍휼히 여길 사람을 긍휼히 여기고, 불쌍히 여길 사람을 불쌍히 여기겠다"라고 하셨습니다. ¹⁶그러므로 그것은 사람의 의지나 노력에 달린 것이 아니라, 하나님의 자비에 달려있습니다.

어떤 식으로 우리가 선택과 예정에 관한 성경의 가르침을 이해하고 연구한다고 하더라도 우리는 모두 어떤 인간이나 단체도 구원을 얻을 자격이 없다는 것에 동의할 수 있다. 구원은 하나님의 주권적인 은혜로 시작한다.

본문 8. 부활의 기쁜 소식(고린도전서 15장)

고린도전서 1:23에서, 바울은 "십자가에 못 박힌 그리스도를 전한다."라고 공표한다. 이와 비슷하게 2:2에서는 "나는 여러분 가운데서 예수 그리스도, 곧 십자가에 달리신 그분 밖에는, 아무것도 알지 않기로 작정하였습니다."라고 말한다. 어떤 사람은 이 말을 바울이 전파하는 것이 이 단어들로 요약된다는 의미로 받아들인다. 곧, 복음이 십자가에서 끝나며, 복음의 메시지가 십자가에 달리신 구세주라는 것이다. 하지만 '십자가에 달리신 그리스도'는 제유법(부분이 전체를 대표하는 것)으로 불리는 비유적 표현으로, 십자가는 예수님의 속량의 희생뿐 아니라 죽음으로부터 부활을 뜻한다.

고린도전서 15장에서 바울은 부활을 강조하는 자세한 논증을 펼친다. 그는 복음을 상기시킴으로써 시작하는데, "³… 그리스도께서 성경대로 우리 죄를 위하여 죽으셨다는 것, ⁴무덤에 묻히셨다는 것, 성경대로 사흗날에 살아나셨다는 것," 많은 사람에게 나타나셨다는 말로 복음을 요약한다(3~5절).

복음은 그리스도와 그의 사역에 관한 것이다. 첫째로, 그의 죽음은 '성경대로' 우리 죄를 위한 것이었다. 속죄는 이사야 53장에서 가장 분명하게 예언되었지만, 바울은 그것보다 더 많은 것을 암시한다. 달라스신학대학원의 교리는 이렇게 표현한다.

> 우리는 모든 성경이 주 예수 그리스도, 그의 초림과 재림 가운데 나타나는 그의 인격과 사역에 초점을 맞추고 있으며, 따라서 성경의 어느 부분도, 심지어 구약까지도, 그것이 그에게로 이어지기까지 그것을 바르게 읽고 이해했다고 할 수 없다고 믿는다.14

예수님 자신도 모든 성경이 자기를 가리킨다고 단언하신다(눅 24:27; 요 5:39~40). 따라서 우리는 단순히 개별 증거 본문에서뿐 아니라 구약성경 전체에서 그리스도를 찾는다.

둘째로, 그리스도는 묻히셨다가 부활하셨다. 그분이 묻히신 것은

---

14 달라스신학대학원 신조, "Article 1: The Scriptures," www.dts.edu/about/doctrinalstatement/ (2014년 4월 3일 접속).

그가 죽었다는 사실을 말하는 또 다른 증거이며, 그분 죽음은 그분 부활과 마찬가지로 '성경대로'였다. 분명히 고난을 겪는 종의 부활은 이사야 53장, 다니엘 12:1~2, 에스겔 37장에서 단언한다. 하지만 부활은 개별 본문에서만 발견되는 것이 아니다. 부활의 소망은 성경 전체에 걸쳐 암시된다.

셋째로, 그리스도께서는 많은 사람에게 나타나셨다. 바울이 이 편지를 쓸 당시 부활하신 예수님을 목격한 증인들이 많이 살아 있었다. 500명 이상의 그리스도인이 동시에 그를 보기도 했다(고전 15:6). 강력한 목격자의 증언이 있으며, 그것은 예수님이 살아계신다는 직접적인 증거다.

이것은 바울이 전파한 복음이며, 고린도 지역 그리스도인이 그것을 받아들였고, 그것 위에 서 있었다. 하지만 바울의 마음을 어지럽게 한 일이 고린도에서 일어났다. 교회에 속한 어떤 사람들이 부활을 부정하고 있는 것이 분명했다. 고린도전서 15장의 나머지 부분은 이러한 거짓 가르침을 반박한다. 우선, 바울은 그리스도께서 부활하셨는데 어떻게 교회 가운데 어떤 사람들이 그분 부활을 부정할 수 있는지 묻는다. 부활이 없다면 그리스도께서는 살아나지 않으셨으며, 기독교가 전파하는 것은 거짓이고, 우리의 믿음은 근거가 없다. 나아가, 그가 부활하지 않으셨다면 그가 살아계신다고 말하는 사람은 거짓 증인이다. 마지막으로, 그리스도께서 살아나지 않으셨다면 구원도 없다. "여러분은 아직도 죄 가운데 있습니다"(17절).

그리스도께서 부활하지 않으셨다면 복음이 있을 수 없다. 하지만 그리스도께서는 **부활하셨다**. 그는 죽은 사람의 첫 열매이시다(20절).

바울은 계속해서 첫 번째 아담과 두 번째 '아담'을 비교한다. "아담 안에서 모든 사람이 죽는 것과 같이, 그리스도 안에서 모든 사람이 살아날 것입니다"(22절). 모든 사람이 죽으며, 모든 사람이 부활할 것이다. 그리스도 안에 있는 사람은 영생으로, 그를 믿지 않은 자들은 영원한 정죄로 부활할 것이다.15 모든 죽은 사람이 부활할 때 하나님의 모든 대적은 정복된다. "맨 마지막으로 멸망 받을 원수는 죽음입니다"(26절).

> 성경 암송 8
>
> **고린도전서 15:51~52**
>
> 51보십시오, 내가 여러분에게 비밀을 하나 말씀드리겠습니다. 우리가 다 잠들 것이 아니라, 다 변화할 터인데, 52마지막 나팔이 울릴 때, 눈 깜박할 사이에, 홀연히 그렇게 됩니다. 나팔소리가 나면, 죽은 사람은 썩어 없어지지 않을 몸으로 살아나고, 우리는 변화할 것입니다.

마지막 부분은 부활한 몸을 다룬다. 지금 우리 육체와 하나님께서 일으키실 육체 사이에 연속성도 있지만, 차이도 있다. 지금 몸은 이 땅의, 일시적, 멸망할, 수치스러운, 약한, 자연적이지만, 부활한 몸은 하늘의, 영원한, 영예로운, 강한, 영적인 몸이다. 역사에 걸쳐 그리스도인 대부분은 후자의 표현을 '영적인' 것으로, 비물질적인 특성을 가리키기보다 '세속적'이지 않고 '영적인' 육체적인 몸을 가리키는 것으로 이해했다. 곧, 성령의 능력을 힘입어 완전히 의로운 몸으로 변한다는 것이다. 부활한 몸의 신체적 특성은 우리가 그리스도의 형상을 지닌다는 사실에서 확증된다(49절). 우리는 그의 부활한 몸에 관해 아는 것이 많지 않다. 우리가 아는 것은 그의 제자들이 그를 보았을 때 그를 알아보았다는 것이다. 예수님은 도마에게 자신이 몸으로 존재하신다는 것을 확인하도록 자신을 만져보게 하셨다(요 20:27). 따라서 부활 이전의 유한한 몸과 연속성이 분명히 존재했다.

부활은 언제 일어나는가? 이것은 커다란 비밀이다.

---

15 다니엘 12:1~2; 요한복음 5:28~29을 참고하라.

⁵¹… 우리가 다 잠들 것이 아니라, 다 변화할 터인데, ⁵²마지막 나팔이 울릴 때, 눈 깜박할 사이에, 홀연히 그렇게 됩니다. 나팔소리가 나면, 죽은 사람은 썩어 없어지지 않을 몸으로 살아나고, 우리는 변화할 것입니다. ⁵³썩을 몸이 썩지 않을 것을 입어야 하고, 죽을 몸이 죽지 않을 것을 입어야 합니다. (고전 15:51~53)

최종적으로 죽음이 정복되고, 승리에 삼켜진다(사 25:8 참고).

그리스도께서 부활하셨기에 우리 또한 부활할 것이다. 그리스도께서 부활하셨기에 우리에게는 우리가 서 있을 확실한 기초가 있다. 그리스도께서 부활하셨기에 우리는 우리 미래가 어떨지 알고 있다. 우리가 부활할 것이기에 우리가 하는 일은 의미가 있으며 결과가 있다.

본문 9. 화목하게 하는 사역(고린도후서 5장)

바울은 고린도로 또 보낸 편지에서 죽은 사람의 부활을 계속해서 이야기한다. 그는 자연적 몸을 '땅에 있는 집'에, 영적 몸을 '하늘에 있는 영원한 집'에 비유한다(1절). 이는 몸이 단순히 사람을 담고 있는 껍질에 지나지 않는다는 뜻이 아니다. 그는 일시적이며 망가지기 쉬운 장막을 영원히 지속하는 구조물과 대조하려고 주거의 은유를 사용한다. 예를 들어, 우리의 현재 상태는 우리가 산 집으로 이사하기는 날까지 거주하는 셋집과 비교할 수 있다.

그리스도인이 가진 소망은 무주택자가 되지 않고, 또는 '벗은 사람으로 발견되지' 않고(3절), "덧입게 되며, 그리하여 죽을 것이 생명에게 삼켜지는" 것이다(4절). 죽은 사람 부활은 죽음이 패배함을 의미한다. 생명 자체가 이 마지막 원수를 멸망하게 한다. 하나님은 우리에게 성령을 담보로 주심으로 죽지 않음을 덧입는 이러한 미래를 보장하신다(5절).

이어서 바울은 고린도 그리스도인에게 "우리는 믿음으로 살아가지, 보는 것으로 살아가지" 않으며(7절), 부활의 소망 빛 가운데 살 것을 기억하게 한다. "주님과 함께 있는" 것(8절)은 "이 장막에 있는 것"(4절)보다 낫기 때문이다. 하지만 어떤 방식이든 모든 상황에서 우리 주된 목표는 그리스도를 기쁘게 하는 것이다. 나아가, 부활의 약속을 가진 자로서 그리스도인은 믿지 않는 사람이 믿도록 설득할 동기가 있다.

> ¹⁴그리스도의 사랑이 우리를 휘어잡습니다. 우리가 확신하기로는, 한 사람이 모든 사람을 위하여 죽으셨으니, 모든 사람이 죽은 셈입니다. ¹⁵그런데 그리스도께서 모든 사람을 위하여 죽으신 것은, 이제부터는, 살아 있는 사람들이 자기 자신들을 위하여 살아가도록 하려는 것이 아니라, 자기들을 위하여서 죽으셨다가 살아나신 그분을 위하여 살아가도록 하려는 것입니다. (고후 5:14~15)

이어서 바울은 선포한다. "누구든지 그리스도 안에 있으면, 그는 새로운 피조물입니다. 옛것은 지나갔습니다. 보십시오, 새것이 되었습니다"(17절). 몇 사람은 이것을 그리스도인이 더는 죄를 지을 수 없는 완전히 새로운 피조물을 의미한다고 생각한다. 하지만 그 생각은 사람의 행동과 보편적 죽음이 보여주는 현실과는 강하게 맞선다. 많은 사람이 그것을 칭의에서 일어나는 위치적 구원을 말하는 것으로 받아들인다. 이 견해에서, 성화 또는 거룩함에서 자라가는 것은 이 실체를 실제로 적용하는 것을 말한다. 다른 견해는 바울이 부활이라는 미래의 소망을 묘사한다고 이해한다. 곧, 우리가 부활할 때 우리는 새로운 피조물이 되며, 새로운 창조 안에 산다는 것이다.

그리고 이제 우리에게 "화목하게 하는 직분"이 주어졌으며(18절), 우리는 "그러므로 우리는 그리스도의 사절입니다. 하나님께서는 우리를 시켜서 여러분에게 권고하십니다. 우리는 그리스도를 대리하여 간청합니다"(20절). 부활의 소망을 가지는 것은 우리가 다른 사람을 섬기는 사역을 하게 능력을 부여한다. 특별히 사람들이 하나님의 아들을 믿음을 통해 하나님과 화목하도록 권고하는 사역이다.

성경 암송 9

고린도후서 5:17~21

[17]누구든지 그리스도 안에 있으면, 그는 새로운 피조물입니다. 옛것은 지나갔습니다. 보십시오, 새것이 되었습니다. [18]이 모든 것은 하나님에게서 났습니다. 하나님께서는 그리스도를 내세우셔서, 우리를 자기와 화해하게 하시고, 또 우리에게 화해의 직분을 맡겨 주셨습니다. [19]곧, 하나님께서 사람들의 죄과를 따지지 않으시고, 화해의 말씀을 우리에게 맡겨 주심으로서, 세상을 그리스도 안에서 자기와 화해하게 하신 것입니다. [20]그러므로 우리는 그리스도의 사절입니다. 하나님께서는 우리를 시켜서 여러분에게 권고하십니다. 우리는 그리스도를 대리하여 간청합니다. 여러분은 하나님과 화해하십시오. [21]하나님께서는 죄를 모르시는 분에게 우리 대신으로 죄를 씌우셨습니다. 그것은 우리가 그리스도 안에서 하나님의 의가 되게 하시려는 것입니다.

고린도후서 5장은 그리스도의 사역과 우리의 소망을 한 데 모으는 종합 진술로 끝맺는다. 죄가 없으신 그리스도께서 마치 그가 죄를 지으신 것처럼 고난을 받으시고 죽으셨다. 자기 죄가 없는 분이 우리를 위해 죄가 되셨다. 그분의 속량 사역은 "우리와 우리 구원을 위한" 것이었다.[16] 이것은 대리 속죄, 죄 있는 자를 위한 무죄한 자의 죽음,

---

16 니케아-콘스탄티노플 신조의 표현(381년). www.creeds.net/ancient/nicene.htm(2014년 4월 3일 접속). 또한 Stephen J. Nichols, *For Us and for Our Salvation: The Doctrine of Christ in the Early Church* (Wheaton, IL: Crossway, 2007).

또한 우리가 하나님의 의를 얻는 것을 말하는 분명한 진술이다. 우리 자신의 의가 없는 우리는 그분 은혜의 선물로 의롭게 될 수 있다.

본문 10. 의인은 믿음으로 살리라(갈라디아서 2~3장)

바울이 갈라디아 교회들에게 편지를 쓰게 한 문제는 그의 편지에서 곧바로 분명해진다. 그들이 바울의 메시지를 듣고 구원을 위해 하나님의 은혜를 믿고, 그다음에 '다른 복음'으로 돌아선 것에 바울은 놀란다(1:6~7). 바울은 이 거짓을 강하게 정죄한다. "그러나 우리나, 또는 하늘에서 온 천사일지라도, 우리가 여러분에게 전한 것과 다른 복음을 여러분에게 전한다면, 마땅히 저주를 받아야 합니다"(8, 9절에서도 반복).

갈라디아 사람들은 인간적 노력에 호소하는 것에 "홀렸다"(갈 3:1). "여러분은 그렇게도 어리석습니까? 성령으로 시작하였다가, 이제 와서는 육체로 끝마치려고 합니까?"(갈 3:3). 이 '다른 복음'은 구원을 얻거나 유지하려는 행위, 곧 인간적 노력이 필요하다고 주장한다. 이 생각은 거절하고 정죄해야 한다.

바울은 자기가 전파하는 복음의 진실성을 보여주려고 아브라함이 믿음으로 의롭다 하심을 받은 것(3:6; 창 15:6 참고)과 믿는 사람의 조상임을 기억하게 한다. 아브라함은 믿음을 통한 은혜에 의하지 않고는 구원을 얻을 다른 길이 없음을 예시한다. "또 하나님께서 이방 사람을 믿음에 근거하여 의롭다고 여겨주신다는 것을 성경은 미리 알고서, 아브라함에게 '모든 민족이 너로 말미암아 복을 받을 것이다'라는 기쁜 소식을 미리 전하였습니다"(3:8; 창 12:3 참고).

아브라함이 의롭다 하심을 받게 한 수단은 유대인이나 이방인이나, 모든 죄인이 의롭다 하심을 받을 수 있는 유일한 수단이다. 율법을 지키는 것에 의존하는 사람은 저주를 받는다. 율법을 지킴으로써 구원을 얻을 수 없기 때문이다. 사실, 율법을 완벽하게 지킨 사람이라면 구원받을 필요가 없다. 예수님만이 율법을 완벽하게 지킬 수 있으셨다. 단 하나의 법을 한차례라도 어기면 그것은 사람을 범법자로 만들기에, 구원은 오직 믿음을 통해 은혜에 의해 이루어진다. 불의한 자는 **오직** 의로우신 분의 의를 받음으로써 의롭게 된다.

따라서 바울은 모세의 율법이 구원 수단이라는 잘못된 생각을 정죄한다. 순종으로는 축복을 절대 얻을 수 없다. "우리의 의는 다 더러운 옷과 같다"(사 64:6). 율법을 완벽하게 지킬 수 없는 사람은 율법을 어긴 사람, 곧 불의한 사람이다. 행위로 구원을 얻으려는 노력은 "다른 사람보다 더 큰 쓰레기 더미나 배설물 더미"를 모으려는 것과 같다.17 바울은 율법이 주어지기 전에 아브라함이 의롭다 하심을 받은 것과 율법이 하나님께서 아브라함에게 주신 언약을 취소할 수 없음을 보여준다. 그의 유업은 율법에 의한 것이 될 수 없었다. 만일 그랬다면 그것은 더는 약속에 의한 것이 아니며, "하나님은 약속으로 말미암아 아브라함에게" 그것을 주셨기 때문이다(갈 3:18). 율법은 그리스도께서 오시고 "우리가 믿음으로 의롭다 함을 얻기" 전까지 주어졌다고 바울은 설명한다(24절).

아브라함에게 선포한 '복음'은 모든 민족이 그를 통해 복을 받는다는 좋은 소식이었다. 이것은 모두가 예외 없이 **구원받는다**(will)기보다 모든 사람이 **구원받을 수 있다**(can)는 뜻이다. 속량 사역이 완성될 때 속량 받은 사람의 무리에 모든 족속과 방언의 사람이 있을 것이다(계 7:9~10). 그 복은 아브라함의 후손이신 그리스도를 통해 모든 백성에게 전달된다. 모든 민족을 위한 구원은 그를 믿는 믿음으로 이루어진다.

---

17 Jonathan Edwards, "Degrees of Glory" in *Sermons and Discourses, 1734~1738*, M. X. Lesser, ed., *The Works of Jonathan Edwards* (New Haven, CT: Yale University Press, 2001), 19:624.

삼위일체 관점에서 본 복음

1. 우주를 창조하신 하나님—성부, 성자, 성령—은 우리를 자기 형상대로 만드셨다(창 1:26~27). 하나님은 세 분의 위격이시며, 우리를 공동체를 위한 관계적 존재로 만드셨다. 우리 첫 번째 부모가 죄를 짓지 않았다면, 그들은 영원히 죽지 않는 삶 가운데 하나님과 관계와 서로와 관계에서 자라갔을 것이다.

2. 우리는 하나님과 관계를 위해 지어졌지만, 그분에게서 돌아섰다(롬 3:12). 우리는 모두 스스로 선택으로 유죄이며 정당하게 그분의 심판 아래에 있다. 죄는 우리의 창조자와 관계를 단절시켰다.

3. 삼위일체 하나님이시므로, 다른 신이 할 수 없는 어떤 것을 하실 수 있다. 첫째, 아버지는 아들을 성육신하신 신인(God-Man)으로 세상에 보내셨다(요 3:16). 예수님은 하나님이 어떤 분이신지, 그리고 사람이 어떤 존재가 되도록 의도하셨는지 우리에게 보여주셨다. 그분은 십자가에서 우리 죄의 형벌을 담당하셨다. 그리고 무덤에서 살아나셔서 죽음을 물리치시고 우리 구원을 확정하셨다.

4. 마지막으로, 하나님은 그분 성령을 통해 우리가 예수님을 믿게 부르신다(요 20:31). 우리는 그를 믿음으로써 하나님과 관계가 바르게 되며, 이어서 성령께서 우리의 삶에 들어오시고 우리를 하나님의 자녀로 만드신다(요 3:5~8). 우리는 영생을 선물로 받으며 아버지와 아들과 성령과 놀랄 만큼 친밀한 관계를 누린다. 우리가 원래 누리게 만들어진 관계이다.

> **성경 암송 10**
>
> **갈라디아서 2:16**
>
> 그러나 사람이, 율법을 행하는 행위로 의롭게 되는 것이 아니라, 예수 그리스도를 믿는 믿음으로 의롭게 되는 것임을 알고, 우리도 그리스도 예수를 믿은 것입니다. 그것은, 우리가 율법을 행하는 행위로가 아니라, 그리스도를 믿는 믿음으로 의롭다고 하심을 받고자 했던 것입니다. 율법을 행하는 행위로는, 아무도 의롭게 될 수 없기 때문입니다.

바울은 속량된 사람에 관해 다음과 같이 쓰고 있다.

> [26]여러분은 모두 그 믿음으로 말미암아 그리스도 예수 안에서 하나님의 자녀입니다. [27]여러분은 모두 침례를 받아 그리스도와 하나가 되고, 그리스도를 옷으로 입은 사람들이기 때문입니다. [28]유대 사람도 그리스 사람도 없으며, 종도 자유인도 없으며, 남자와 여자가 없습니다. 여러분 모두가 그리스도 예수 안에서 하나이기 때문입니다. (갈 3:26~28)

본문 11. 믿음을 통해 은혜로 얻는 칭의(에베소서 1~2장)

바울은 에베소 지역 그리스도인에게 보내는 편지를 삼위일체 하나님께 구원 사역에 감사드리는 기도로 시작한다. 그는 "그리스도 안에서 하늘에 속한 모든 신령한 복을 우리에게 주신" 하나님을 찬양한다(3절). 이 땅에 머무는 동안 우리는 언젠가 우리가 부활하여 주님과 영원히 살 때 주님과 함께 하늘에 간직된 모든 복을 누릴 것을 안다. 바울은 또한 하나님 아버지께서 행하신 선택 사역을 찬양한다. "하나님은 세상 창조 전에 그리스도 안에서 우리를 택하시고 사랑해 주셔서, 하나님 앞에서 거룩하고 흠이 없는 사람이 되게 하셨습니다"(4절). 그리고 "하나님은 하나님의 기뻐하시는 뜻을 따라 예수 그리스도를 통하여 우리를 하나님의 자녀로 삼으시기로 예정하신" 하나님 아버지를 찬양한다(5절). 성경에서 택하심과 예정에 관한 가르침을 우리가 어떻게 이해하든지 우리는 그것이 아버지의 사역이라는 것에 동의할 수 있다.

이어서 바울은 성자 하나님께서 행하신 속량 사역을 찬양한다. "우리는 이 아들 안에서 하나님의 풍성한 은혜를 따라 그의 피로 구속 곧 죄 용서를 받게 되었습니다"(7절). 그리고 우리 구원은 "그리스도 안에서 미리 세우신 하나님이 기뻐하시는 뜻을 따라" 하신 일이며(9절), "하늘과 땅에 있는 모든 것을 그리스도 안에서 그분을 머리로 하여 통일"하기 위함이다(10절). 하나님의 구원 사역은 그리스도가 그 중심이며, 속량의 궁극적 목표는 모든 것이 그의 주권 아래에 있게 하는 것이다.

마지막으로, 바울은 성령 하나님께서 (1) 주님께서 자신이 약속하신 것을 이루신다고 보증하시고, (2) 미래 유업을 미리 맛보게 하신다고 말한다(롬 8:23 참고). 성령은 우리가 하나님의 약속을 받을 것을 확인하는 보증이며, 믿었을 때 우리에게 주어진 보증(또는 첫 지급액)이다.

이어서 바울은 그리스도인이 하나님께서 마침내 모든 것을 완전히 그에게 복종시키고 예수님이 모든 것의 머리가 되시는 때를 기대하면서 하나님의 약속이 주는 소망과 부활의 능력을 알기를 기도한다. 그렇게 하는 동안 믿음의 백성은 기대하며 살아간다.

에베소서 2장에서, 바울은 이전에 그들이 어디에 서 있었는지 기억하게 한다. 그들은 그리스도 밖에서 '허물과 죄로' 죽어있었으며(1절), "그때 여러분은 허물과 죄 가운데서, 이 세상의 풍조를 따라 살고, 공중의 권세를 잡은 통치자, 곧 지금 불순종의 자식들 가운데서 작용하는 영을 따라 살았습니다"(2절), 하나님을 거역하는 가운데 "본질상 진노의 자녀였다"(3절). 하나님에게서 멀리 떨어져 있었으며 또한 하나님의 원수였으며, 그것에 아무것도 할 수 없었다. 이것은

타락 교리다. 우리는 "하나님의 은혜로부터 분리되어 근본적으로, 변할 수 없이 악한" 존재다.18

"하지만" 전적으로 "하나님은 자비가 넘치는 분이셔서, 우리를 사랑하신 그 크신 사랑으로" 모든 것이 변했다(4절). 그것은 하나님께서 우리에게 구원을 베푸신 동기였다. 그는 "자비가 넘치셔서"(4절), 인자와 진실이 많은 분이시다(출 34:6). 우리 구원은 예수 그리스도 안에서 발견된다. 그는 죽음에서 부활하셔서 아버지 우편에 앉아 계시며(엡 1:20), "그리스도 안에" 있는 모든 사람은 부활하여 그와 함께 앉는다(2:6; 롬 6:1~10 참고). 우리는 그 위치에서 우리 부활과 창조 질서의 속량을 기다린다.

여기에 우리가 간과할 수 없는 다른 어떤 것이 있다. 우리가 "허물로 죽은" 상태에 있을 때 하나님께서 "우리를 그리스도와 함께 살리셨다"라는 것이다(엡 2:5). 우리가 아무것도 할 수 없었을 때 그분이 우리를 위해 행하셨다. 우리가 죽어있었을 때 그분이 우리를 살리셨다. 구원은 하나님의 선물이며, 우리를 위한 그분 사역이다. 사도는 다음과 같이 요약한다. "8여러분은 믿음을 통하여 은혜로 구원을 얻었습니다. 이것은 여러분에게서 난 것이 아니요, 하나님의 선물입니다. 9행위에서 난 것이 아닙니다. 그러므로 아무도 자랑할 수 없습니다"(8~9절).

바울은 다른 곳에서 행위가 보상을 벌어들이며, 우리가 번 것은 죽음과 정죄라고 기억하게 한다. 아주 대조적으로, 하나님은 우리에게 구원의 거저 주시는 선물을 제공하시며, 그것은 노력으로 얻을 수 있는 것이 아니다(예. 롬 4:1~5; 6:23). **우리는 모두 의에 미치지 못하며, 그리하여 우리가 구원에 할 수 있는 한 가지는 그것을 필요로 하는 것뿐이다.**

---

18 달라스신학대학원 신조, "Article IV: Man, Created and Fallen," www.dts.edu/about/doctrinalstatement/ (2014년 6월 18일 접속).

구원은 믿음을 통해 은혜로 이루어진다. 구원의 복이 주어지는 수단인 믿음은 행위가 아니다. 그것은 우리가 할 수 있는 어떤 것이 아니다. 어떤 복음주의자는 믿음이 아니라 구원이 '하나님의 선물'이며, 믿음이 하나님의 은혜로운 주권에 보이는 사람의 반응이라고 주장한다. 다른 복음주의자는 믿을 수 있는 능력 자체가 하나님의 선물이라고 주장한다. 믿음이 선물이든 선물을 얻는 수단이든 우리는 믿음이 행위가 아니라는 사실에 동의할 수 있다. 그렇지 않으면 구원이 행위로 가능하기 때문이다.

다음 부분에서, 바울은 그리스도께서 자기 피를 수단으로 유대인과 이방인을 연합하신다고 설명한다. 그리스도께서는 "[15]… 그분은 이 둘을 자기 안에서 하나의 새 사람으로 만들어서 평화를 이루시고, [16]원수 된 것을 십자가로 소멸하시고 이 둘을 한 몸으로 만드셔서, 하나님과 화해시키셨습니다"(2:15~16). 하나님의 구원계획은 "영원부터 우리 주 그리스도 예수 안에서 예정하신 뜻"의 한 부분이다(3:11). 하나님의 그 뜻은 그리스도의 초림 때 나타났으며, 하나님께서 "하늘과 땅에 있는 모든 것을 그리스도 안에서 그분을 머리로 하여 통일시키는"(1:10) 때 절정에 이를, 하나님의 목적이다.

성경 암송 11

에베소서 2:8~10

[8]여러분은 믿음을 통하여 은혜로 구원을 얻었습니다. 이것은 여러분에게서 난 것이 아니요, 하나님의 선물입니다. [9]행위에서 난 것이 아닙니다. 그러므로 아무도 자랑할 수 없습니다. [10]우리는 하나님의 작품입니다. 선한 일을 하게 하시려고, 하나님께서 그리스도 예수 안에서 우리를 만드셨습니다. 하나님께서 이렇게 미리 준비하신 것은, 우리가 선한 일을 하며 살아가게 하시려는 것입니다.

다시 한번 바울은 구원이 **오직 은혜로, 오직 믿음을 통해, 오직 그리스도 안에서** 이뤄진다고 확증한다. 그것이 은혜로 된 것이며 행위로 된 것이 아니면, 그것은 오직 은혜로 성취된다. 그것이 믿음을 통해 되며 믿음을 떠나서는 구원이 없다면, 그것은 오직 믿음을 통해서 된다. 그리고 그것이 그리스도와 그의 사역에 기초한다면 그것은 오직 그리스도 안에서 이루어진다.

동시에, 구원하는 믿음은 그것으로 끝나지 않는다. 구원은 선한 행위에서 절정에 이른다(아래의 반드시 알아야 할 성경 본문 13을 보라). 우리가 선한 행위로 구원받지 않았지만, 선한 행위를 **위해**(혹은 그것에 **이르도록**) 구원받았다(2:10). 하나님께서 우리에게 이러한 일을 정하셨으며, 그분 계획은 항상 이뤄진다.

본문 12. 그리스도는 더 나은 분이시다(히브리서 9~10장)

히브리서의 주된 논지의 하나는 그리스도께서 하늘과 땅에 있는 모든 피조물보다 뛰어나시며, 따라서 새 언약이 옛 언약보다 뛰어나고(8:1~13) 그분의 제사장 직분이 레위 제사장의 직분보다 뛰어나다는 것이다(9:1~10). 멜기세덱의 반차를 따르는 대제사장이신 그리스도는(7:1~28) "그는 염소나 송아지의 피로써가 아니라, 자기의 피로써, 우리에게 영원한 구원을 이루셨습니다"(9:12). 더는 짐승을 드리는 제사가 필요하지 않은 것은 "영원한 성령을 힘입어 자기 몸을 흠없는 제물로 삼아 하나님께 바치신 그리스도의 피"가 훨씬 뛰어나기 때문이다(14절). 그리스도는 죄를 위한 희생 제사를 반복하기보다 "그러나 이제 그는 자기를 희생제물로 드려서 죄를 없이하시기 위하여 시대의 종말에 단 한 번 나타나셨습니다"(26절).

율법은 그리스도 안에서 발견되는 실체에 대한 그림자였다. 그것이 율법이 제사를 드리는 사람을 "온전하게 할" 수 없었던 이유다(10:1). 온전하게 했다면 제사를 계속해서 드려야 할 필요가 없었을 것이다. 대신 그 제사들에는 "³… 제사에는 해마다 죄를 회상시키는 효력은 있습니다. ⁴황소와 염소의 피가 죄를 없애 줄 수는 없습니다"(10:3~4).

어떻게 해서 예수의 희생이 더 나은가? 그는 **한 번에 영원히** 자기를 드리셨기 때문이다(9:12). 한 번의 제사로 모든 죄를 위해, 모든 시대를 위해, 그분 피가 속죄를 이루었으며, 그리하여 "그리스도는 하나님 오른편에 앉으셨다"(히 10:12).

그리스도의 희생은 죄 용서를 가져올 뿐 아니라 더 큰 문제인 우리 안에 거하는 죄를 다룬다. 다르게 말하면, 우리 죄가 용서되었으며 또한 언젠가는 죄의 가능성마저도 사라진다는 약속도 받았다. 새 언약이 보증하는 것은 우리가 그리스도 안에서 새로운 피조물이 된다는 것이다. "이 뜻을 따라 예수 그리스도께서 자기 몸을 단번에 드리심으로써 우리는 거룩하게 되었습니다"(10절). 우리는 그리스도 안에서 죄 용서받았으며 또한 그분 의를 전가 받음(imputation)으로 그분의 거룩하심 같이 거룩하게 되었다.

성경 암송 12

히브리서 10:19~22

¹⁹그러므로 형제자매 여러분, 우리는 예수의 피를 힘입어서 담대하게 지성소에 들어가게 되었습니다. ²⁰예수께서는 휘장을 뚫고 우리에게 새로운 살 길을 열어 주셨습니다. 그런데 그 휘장은 곧 그의 육체입니다. ²¹그리고 우리에게는 하나님의 집을 다스리시는 위대한 제사장이 계십니다. ²²그러니 우리는 확고한 믿음을 가지고, 참된 마음으로 하나님께 나아갑시다. 우리는 마음에다 예수의 피를 뿌려서 죄책감에서 벗어나고, 맑은 물로 몸을 깨끗이 씻었습니다.

나아가, 그리스도의 속죄 희생은 그분의 속량 사역의 끝이 아니다. '매일' 자신들의 임무를 수행했던 구약의 제사장들과 대조적으로(11절) 부활하신 예수님은 "[12]그러나 그리스도께서는 죄를 사하시려고, 단 한 번의 영원히 유효한 제사를 드리신 뒤에 하나님 오른쪽에 앉으셨습니다. [13]그리고서 그는 그의 원수들이 그의 발 아래에 굴복할 때까지 기다리고 계십니다. [14]그는 거룩하게 되는 사람들을 단 한 번의 희생제사로 영원히 완전하게 하셨습니다"(히 10:12~14). 예수 그리스도는 자기 사역을 완성할 때를 기다리고 계신다. 그리스도인은 그와 연합하였고 죄 용서를 받았지만, 이것이 끝이 아니다. 우리는 여전히 우리의 부활(예. 고전 15장) 그리고 새 하늘과 새 땅(계 21장)을 기대하고 있다.

본문 13. 행함이 없는 믿음은 죽은 것이다(야고보서 2:15~16)

복음주의 신학자 대부분은 주님의 형제 야고보가 신약성서의 가장 오래된 서신의 하나를 썼다고 믿는다.[19] 그것이 사실이라면 야고보는 바울서신 이전에 이 편지를 썼으며, 믿음을 통해 은혜로 얻는 칭의를 말한 바울의 글을 생각하지 않았을 수 있다.[20] 야고보는 살아 있는 믿음이 그것이 행하는 것으로 증명됨을 강조하며, 따라서 후에 바울이 우리가 "그리스도 예수 안에서 선한 일을 위하여 지으심을 받은 사람"이라고 한 것과 같은 태도를 보인다(엡 2:10).

---

[19] 야고보서 저자에 관해서는 R. W. Hall, "Letter of James" in *Dictionary of the Later New Testament and Its Developments*, Ralph P. Martin and Peter H. Davids, eds. (Downers Grove, IL: InterVarsity, 1997), 545~51을 참조하라.

[20] 야고보와 바울 사이에 모순이 없다. 관련된 유용한 논의로 Greg Koukl, "Faith and Works: Paul vs. James" at www.str.org/articles/faith-and-works-paul-vs.-james#.U6RVxi_Ut68 (2014년 6월 20일 접속)을 참고하라.

야고보는 "믿음이 있노라 하고 행함이 없는" 어떤 사람의 가치에 의문을 제기하며 자신의 편지를 시작한다(약 2:14). 그것은 단순히 옷이나 음식이 없는 사람에게 상투적인 말을 하면서 그를 전혀 도우려 하지 않는 것만큼 가치가 없다. "무슨 유익이 있으리요"(16절). 같은 방식으로 그는 결론을 내린다. "믿음에 행함이 따르지 않으면, 그 자체만으로는 죽은 것입니다"(17절). 우리가 믿음이 있음을 고백하고 그에 따르는 순종이 없으면 우리 믿음은 살아 있는 믿음이 아니다.

야고보는 우리가 믿음과 행위를 분리할 수 없음을 예시하려고 성경의 예를 든다. 실제로 믿음과 행위는 **절대적으로** 연결되어 있으며 분리할 수 없다. 첫째로, 아브라함은 하나님께 순종해 자기 아들 이삭을 기꺼이 드리려 했다.[21] "그대가 보는 대로 믿음이 그의 행함과 함께 작용한 것입니다. 그러므로 행함으로 믿음이 완전하게 되었습니다"(22절). 그의 순종은 성경을 성취한다. "[23] 그래서 '아브라함이 하나님을 믿으니, 하나님께서 그것을 아브라함의 의로움으로 여기셨다'라고 한 성경 말씀이 이루어졌고, 또 사람들이 그를 하나님의 벗이라고 불렀습니다. [24]여러분이 아는 대로, 사람은 행함으로 의롭게 되는 것이지, 믿음으로만 되는 것이 아닙니다"(약 2:23~24).

바울이 아브라함이 행위가 아니라 믿음으로 의롭다함을 받았다고 말할 때(롬 4:2~3), 그와 야고보는 서로 모순되는 말을 하는 것이 아니다. 오히려 그들은 서로 보완적이다. 야고보는 아브라함의 살아 있는 믿음이 하나님께 순종하여 이삭을 드린 것으로 드러났다고 말한다. 그리고 바울은 구원이 믿음을 통해 은혜로 됐으며, 신자의 살아 있는 믿음이 선한 행위를 낳는다고 확실하게 말한다.[22]

---

21 아브라함이 그 제사를 이행하지 않았지만(하나님께서 대체물을 공급하심), 야고보는 그가 자기 아들을 '드렸다'라고 강조한다. 히브리서가 말하는 대로 아브라함은 이삭을 제물로 드렸으며 "비유하자면, 아브라함은 이삭을 죽은 사람들 가운데서 되받은 것입니다"(11:19).

22 예를 들어, 갈라디아서 5:22~23; 에베소서 2:8~10; 빌립보서 2:12~13을 보라.

이어서 야고보는 이스라엘 정탐꾼을 구함으로써 의롭다고 간주된 기생 라합을 기억하게 한다(약 2:25). 그녀는 하나님을 믿었으며 그리하여 그들에게 자신과 자기 가족을 보호해 달라고 호소했다(수 2:9~13). 그녀 믿음은 믿음이 동기가 된 그녀 행위를 통해 모두가 볼 수 있게 드러났다.

성경 암송 13

야고보서 2:26

영혼이 없는 몸이 죽은 것과 같이, 행함이 없는 믿음은 죽은 것입니다.

야고보는 자신의 논지를 다시 말함으로써 결론을 내린다. "영혼 없는 몸이 죽은 것 같이 행함이 없는 믿음은 죽은 것이니라"(약 2:26). 살아 있는 믿음과 행위는 완벽히 조화를 이루며 존재한다. 믿음은 하나님의 축복을 회복하는 수단이며, 그리스도인의 살아 있는 믿음은 그것을 어떻게 실천하는가로 나타난다.

본문 14. 우리에게 산 소망이 있다(베드로전서 1장)

베드로는 삼위일체 하나님의 구원 사역을 찬양함으로써 시작한다. "[3]우리 주 예수 그리스도의 하나님 아버지께 찬양을 드립시다. 하나님께서는 그 크신 자비로 우리를 새로 태어나게 하셨습니다. 그리하여 그는, 죽은 사람들 가운데서 예수 그리스도가 부활하심으로 말미암아 우리로 하여금 산 소망을 갖게 해 주셨으며, [4]썩지 않고 더러워지지 않고 낡아 없어지지 않는 유산을 물려받게 하셨습니다. 이 유산은 여러분을 위하여 하늘에 간직되어 있습니다"(3~4절). 다시 한번 이 사역은 하나님의 크신 자비에 기초하고 있으며, 그리스도의 부활은 우리에게 산 소망을 준다. 그가 살아 계시므로, 그것은 '산' 소망이며, 우리가 아직 그것을 받지 못했기 때문에 그것은 산 '소망'이다. 우리가 소망하는 영원하며 변하지 않는 유업은 주님과 함께 하늘에 있다. 사실 우리의 유업은 주님이시며, 그 유업은 믿음을 통하여 우리의 소유가 되고, "하나님께서는 여러분의 믿음을 보시고 그의 능력으로 여러분을 보호해 주시며, 마지막 때에 나타나기로 되어 있는 구원을 얻게 해 주십니다"(5절).

우리는 우리 궁극적 소망이 이뤄지는 것을 기다리는 동안 슬픔과 시련을 견뎌야 할 수도 있다. 심지어 그것들은 목적이 있다. 그것들이 오는 것은 "하나님께서는 여러분의 믿음을 단련하셔서, 불로 단련하지만 결국 없어지고 마는 금보다 더 귀한 것이 되게 하시며, 예수 그리스도께서 나타나실 때 여러분에게 칭찬과 영광과 존귀를 얻게 해 주십니다"(7절). 하나님은 우리가 고통을 당하도록 하지 않으신다. 그것은 타락한 결과다. 대신 그는 우리를 깨끗하게 하고 다듬으려고 타락한 세상의 고난도 사용하신다. 그가 허용하시는 고통은 우리의 믿음을 성장하게 할 수 있다.

사도는 설명한다.

> [8]여러분은 그리스도를 본 일이 없으면서도 사랑하며, 지금 그를 보지 못하면서도 믿으며, 말로 다 표현할 수 없는 즐거움과 영광을 누리면서 기뻐하고 있습니다. [9]여러분은 믿음의 목표, 곧 여러분 영혼의 구원을 받는 것입니다. (벧전 1:8~9)

지금도 기쁨은 있다. 하나님께서 몸과 영의 구원을 약속하셨기 때문이다. 믿음은 소망을 증진하게 한다. 그것은 우리의 믿음이 보이는 것이 될 때까지 인내로써 기다리도록 격려한다.

이어서 베드로는 구원을 하나님의 예언자들 사역과 연결한다.

> [10]예언자들은 이 구원을 자세히 살피고 연구하였습니다. 그들은 여러분이 받을 은혜를 예언하였습니다. [11]누구에게 또는 어느 때에

이런 일이 일어날 것인지를 그들이 연구할 때에, 그들 안에 계신 그리스도의 영이 그리스도에게 닥칠 고난과 그 뒤에 올 영광을 미리 증언하여 드러내 주셨습니다. (벧전 1:10~11)

> **성경 암송 14**
>
> **베드로전서 1:3~5**
>
> ³우리 주 예수 그리스도의 하나님 아버지께 찬양을 드립시다. 하나님께서는 그 크신 자비로 우리를 새로 태어나게 하셨습니다. 그리하여 그는, 죽은 사람들 가운데서 예수 그리스도가 부활하심으로 말미암아 우리로 하여금 산 소망을 갖게 해 주셨으며, ⁴썩지 않고 더러워지지 않고 낡아 없어지지 않는 유산을 물려받게 하셨습니다. 이 유산은 여러분을 위하여 하늘에 간직되어 있습니다. ⁵하나님께서는 여러분의 믿음을 보시고 그의 능력으로 여러분을 보호해 주시며, 마지막 때에 나타나기로 되어 있는 구원을 얻게 해 주십니다.

예언자는 하나님의 은혜를 미리 말했다. 그들은 성령으로 미래를 예견했다. 메시아의 고난과 만물의 회복을 예언했다. 우리는 그들보다 더 분명하고 온전히 볼 수 있다. 그들은 미래를 예견했어도 자신들이 자신들의 시대 너머의 것을 예언하고 있음을 알고 있었기 때문이다.

예언자들은 자기들이 섬긴 그 일들이 자기들을 위한 것이 아니라, 여러분을 위한 것임을 계시로 알았습니다. 그 일들은 하늘로부터 보내주신 성령을 힘입어서 여러분에게 복음을 전한 사람들이 이제 여러분에게 선포한 것입니다. 그 일들은 천사들도 보고 싶어 하는 것입니다. (12절)

옛 예언자들은 예수님의 오심과 그가 성취하신 구원을 예언했다. 바울은 그것을 이렇게 묘사한다. "이제는 율법과는 상관없이 하나님의 의가 나타났습니다. 그것은 율법과 예언자들이 증언한 것입니다"(롬 3:21). 그리스도의 사역은 역사에서 성취된, 이 땅에서 하나님의 영원한 계획의 절정이다(엡 2:11~18 참고).

역사로 회고한 구원

글렌 R. 크레이더 Glenn R. Kreider
마이클 J. 스비겔 Michael J. Svigel

"내가 어떻게 하여야 구원을 받으리이까?"(행 16:30).

빌립보 간수는 이 말로 역사를 통해 셀 수 없이 많은 잃어버린 영혼들이 물었던 질문을 대변하였다. 이 말은 모든 장소, 모든 시대, 모든 문화에 속한 사람이 느꼈던 갈망을 표현한다.

바울과 실라는 대답했다. "주 예수를 믿으시오. 그리하면 그대와 그대의 집안이 구원을 얻을 것입니다"(31절). 하지만 이 단순한 질문과 단순한 대답 모두 그것들과 관련된 여러 문제를 일으키는데, 그것들을 오랫동안 논의하고, 심의하고, 토론했다. 예를 들면,

- **믿는다**는 것은 무슨 뜻인가? 그것은 신뢰와 헌신을 포함하는가?
- 예수님은 어떻게 구원하시는가? 그것이 어떻게 작용하는지 우리가 아는 것이 중요한가?
- 구원은 개인적인 행위인가? 삶 방식의 변화인가?
- 구원은 교회와 성례전을 포함하는가?
- 구원은 하나님과 사람의 협력으로 이루어지는가?
- 믿는다는 것은 자유 의지의 행위인가? 일생에 걸친 헌신인가? 한 번의 사건인가?
- 하나님은 구원하실 자를 선택하시는가? 아니면 우리가 구원받기로 선택하는가?
- 우리는 구원을 잃을 수 있는가?
- 사람은 의식적으로 예수님을 믿지 않고서 구원받을 수 있는가?

이러한 사도행전 16장의 '질문과 대답'은 역사에 걸친 해명, 변화, 도전으로 이어졌으며, 모든 시대의 그리스도인은 새롭게 질문하고 대답했다. "나는 어떻게 해야 구원받는가?" 어떤 요소들은 견실하고 분명한 채로 (시대에 걸쳐 변하지 않고) 남았지만, 차이점들은 다양한 전통과 종파로 이어져 오늘날까지 이르고 있다. 교부시대, 중세시대, 종교개혁시대, 근대·현대시대에 걸쳐 구원과 관계된 주요 주제 몇 가지를 추적하면서 이 교리의 기복과 부침을 살피겠다. 이것은 역사에 걸쳐 그토록 많은 사람이 질문하고 역점을 두며 다룬 그 질문과 대답을 더 잘 이해하게 돕는다.

교부시대(100~500년)

하나님께서 예수님을 통해 성령의 능력으로 우리를 구원하신다는 **사실**은 초대교회에서 보편적으로 인정되었다. 하지만 **어떻게** 하나님께서 우리를 구원하시는지 다소 분명치 않았다.

니케아(325년)와 콘스탄티노플(381년)에서 열린 공의회가 보편적으로 받아들인 믿음의 핵심을 명확히 표현하였을 때, 그리스도의 성육신이 "우리 사람과 우리의 구원을 위함"이었으며, 그리스도께서 "우리를 위해" 십자가에 못 박히셨고, 성령은 "생명을 주시는 분"이시며, "죄 용서를 위한 오직 하나의 침례"가 있다고 한목소리로 고백할 수 있었다.[1] 그들은 또한 기본적인 삼위일체의 창조와 속량의 이야기가 타협할 수 없는 진리라는 데 동의했는데, 그것은 구원에 필요한 믿음과 관련하여, 죄를 위해 죽으시고 부활하심으로써 승리하신, 성육신하신 신인(God-Man) 예수 그리스도의 인격과 사역에 초점을 두고 있었다. 따라서 이 핵심 진리를 부정한 사람은 구원받을 수 없었

---

[1] *The Constantinopolitan Creed* in Schaff, *Creeds of Christendom*, 1:29.

다. 하지만 그러한 것들을 제외하고 구원의 자세한 내용에 관해서는 확정적 동의가 거의 이루어지지 않았다.

역사가 J. N. D. 켈리(J. N. D. Kelly)는 다음과 같이 관찰한다.

> 성육신의 구원하는 효과에 관한 교회 개념들은 오랜 시간에 걸쳐 느리게 발전했다… 오늘날까지도 그것이 성취되는 방식에 관하여 최종적이고 보편적으로 수용되는 공식화된 정의가 없다.[2]

가장 오래된 시기의 주제와 강조점들 가운데 많은 것은 적합했으며, 일부는 그렇지 않았다.

초대교회는 구약성서를 물려받았으며 그것과 함께 믿음과 순종에 관한 강조도 물려받았다. 하나님은 주권적 은혜로 이스라엘을 택하셨다. 그분 백성은 믿음으로 하나님께 반응해야 했지만, 또한 그가 명하신 것에 순종하는 삶을 살아야 했다. 따라서 이 두 주제, 곧 믿음과 순종은 교회의 초기 가르침과 설교에서 긴장을 일으켰으며, 그것은 믿음과 선한 행위의 필연적 관계를 포함하는 구원 모델에서 종종 확인할 수 있다.

로마의 클레멘스(Clement of Rome, 96년 즈음)는 그 문제를 다음과 같이 표현하고 있다.

> 그리스도 예수 안에서 그분 뜻으로 부르심을 받은 우리는 자신이나 자신의 지혜, 이해, 경건, 거룩한 마음으로 행한 일들로 의롭다 함을 받은 것이 아니라, 믿음으로 의롭다함을 받았으며, 이 믿음에 의해 전능하신 하나님은 처음부터 존재했던 모든 이들을 의롭게 하셨다.[3]

---

[2] J. N. D. Kelly, *Early Christian Doctrines*, rev. ed. (New York: HarperOne, 1978), 163.

[3] Clement of Rome, *First Epistle* 32.4 in Holmes, The Apostolic Fathers, 87.

마찬가지로 서머나의 폴리캅(Ploycarp of Smyrna, 69~155년 즈음)은 "너희는 은혜로 구원을 받았으며, 그것은 행위 때문이 아니라 예수 그리스도를 통해 하나님의 뜻으로 되었다."라고 썼다.4

다른 교부들은 구원을 하나님 사역과 인간 협력의 결과로 보았다.5 알렉산드리아의 클레멘스(Clement of Alexandria, 150~215년 즈음)는 당시의 일반 관점을 예시한다.

> 사람은 스스로 열정적으로 일하고 자유를 얻으려고 노력하는 것으로 아무것도 성취할 수 없다. 하지만 단순히 자신이 그것을 매우 갈망하고 진지함을 보여준다면, 하나님의 능력이 더해짐으로써 그것을 얻는다. 하나님은 원하는 심령을 도우시기 때문이다. 하지만 그들이 자신들의 열정을 버린다면 하나님께서 주신 영 또한 제약을 받는다. 원하지 않는 자를 구원하는 것은 강요하는 자의 몫이지만, 원하는 자를 구원하는 것은 은혜를 베푸는 자의 몫이기 때문이다.6

이 견해는 동방교회(Eastern Church)에서 우세한 경향을 보였다. 그들은 일반적으로 신비주의 관점으로 구원을 이해했다. 구원은 사람이 그리스도와 연합함으로써 그리스도를 닮아가는 가운데 하나님의 은혜에 의해 비천한 죄인에서 거룩한 성도로 점차로 변화하는 과정이라는 것이다. 이 견해에서 타락한 사람은 여전히 자유 의지를 행사할 능력이 있으며, 이 자유 의지는 하나님의 변화시키는 은혜에 의해 도움을 받는다. 인간의 의지 자체는 구원하기에 충분하지 않지만, 하나님께서 오셔서 원하는 심령을 도우신다.7

---

4 Polycarp, *To the Philippians* 1.3 in Holmes, *The Apostolic Fathers*, 281.

5 Gregg R. Allison, *Historical Theology: An Introduction to Christian Doctrine* (Grand Rapids, MI: Zondervan, 2011), 455.

6 Clement of Alexandria, *Who Is the Rich Man Who Will Be Saved?* 21 (ANF 2:597).

구원은 가장 자주 '신성화(divinization)'로 이해되었다. 그것은 다른 말로 신격화 또는 인간의 신화(*theosis*)로 불린다. 야로슬라프 펠리칸 (Jaroslav Pelikan)은 신격화 교리를 다음 말로 요약한다.

> 그리스도와 동일시는 그리스도의 인간적 특성을 통하여 신자를 그리스도의 신적 특성과 연합으로 끌어 올리며, 따라서 하나님과 연합으로, 따라서 신격화로… 교회는 '구원'을 단순히 첫 번째 아담인 원래의 창조 안에서 상실한 것들 회복으로 간주할 수 없다. 그것은 두 번째 아담인 새로운 창조 안에서 주신 것에 참여하는 것이 되어야 한다.[8]

이런 식으로 구원을 사람의 존재 자체의 변화를 포함하여 신적 특성에 참여하는 것으로 이해하는 핵심은 구원이 하나의 사건보다 과정이라는 개념이다. 변화된 거룩한 생활과 영적인 성장의 과정과 분리될 수 없는 과정이라는 것이다. 대부분 이러한 관점을 공유했으며, 그것은 중세시대까지 계속되었다.

사람의 손상된 자유 의지와 하나님의 변화시키는 은혜가 협력하여 구원이 성취된다는 개념은, 아우구스티누스(Augustine)가 펠라기우스(Pelagius)의 가르침을 들은 때까지 지속했다. 로마에 있는 교회의 도덕적 상태에 충격을 받은, 영국의 엄격한 수도사 펠라기우스는 협력 견해에 반대했다. 그는 인간이 죄 없는 상태로 태어나며, 그들의 영적 도덕적 능력은 아담의 죄와 타락에 영향을 받지 않는다고 주장했다. 은혜는 하나님의 율법, 그리스도의 모범, 교회의 사역 형태로 인간에게 온다. 결국, 사람은 선과 악을 선택하고 선을 행함으로써 구원을 받을 자격을 얻을 수 있는 완전한 자유를 가지고 있다는 것이다.[9]

---

[7] Kelly, *Early Christian Doctrines*, 183~88, 372~74.

[8] Pelikan, *The Christian Tradition*, 1:155.

[9] McGrath, *Christian Theology*, 21을 보라.

아우구스티누스는 성경적이며 전통적 가르침으로부터 이탈에 격렬하게 반대했다. 그는 아담의 원죄로 인한 인간의 보편적 타락을 강조했다. 이러한 맥락에서 사람은 무죄가 아닌 유죄의 상태로 태어나며, 손상된 자유 의지로 인해 스스로는 오직 악을 행할 수 있을 뿐이다. 보편적인 죽음은 원죄가 실재임을 입증한다. 모든 사람은, 어린 아기조차 죄인으로 태어나며, 타락한 자로서 믿거나 어떤 선을 할 수 있기 전에 은혜가 필요하다. 따라서 구원은 펠라기우스가 가르치는 것처럼 사람의 노력 문제가 될 수 없으며, 또한 당시의 많은 사람(특별히 헬라어를 사용하는 동방의 교회들)이 가르쳤던 것처럼 하나님께서 원하는 심령을 도우려고 오신 결과도 아니다.10 아우구스티누스는 구원이, 죄 있고, 원하지 않으며, 믿지 않는 죄인을 위해 홀로 하나님께서 하시는 일이라고 말했다.

앞에서 말했듯이, 사람과 죄에 관한 우리 이해는 사람이 어떻게 구원받는지에 관한 견해에 영향을 미친다. 사람이 영적으로 살아 있는 상태로 태어난다면(펠라기우스주의자) 그들은 능동적인 노력으로 자신의 구원을 얻을 수 있다. 그런 경우 인간은 타락하지 않았으며 자신의 힘으로 하나님을 기쁘게 할 수 있다. 따라서 하나님의 은혜는 도움이 될 수 있지만, 필요한 것은 아니다. 하지만 사람이 영적으로 죽은 상태로 태어난다면(아우구스티누스주의자) 그들은 구원을 향하여 어떤 걸음도 내디딜 수 없다. 사람이 전적으로 타락한 상태, 하나님을 기쁘게 할 수 없는 상태로 태어난다면 구원을 위해 하나님의 은혜는 절대적으로 필요하다. 마지막으로, 사람이 영적으로 병든 상태로 태어난다면(또 다른 대안의 견해) 그들은 하나님의 도우심을 구할 수 있지만, 그러한 도우심을 떠나서는 결코 구원받을 수 없다. 그런 경우 사람은 영적인 의미에서 '불치의 병'에 걸린 상태로 태어나며, 하나님의 은혜가 필요하고 **또한** 병든 사람의 협력, 곧 그들이 영적인 약을 먹는 것이 요구된다.

---

10 Vladimir Lossky, *The Mystical Theology of the Eastern Church* (Crestwood, NY: St. Vladimir's Seminary Press, 2002), 196~99를 보라.

인간이 구원을 받을 자격이 있다는 생각은 동방과 서방 모두에서 확고하게 거부되었다. 수도사 요한 카시아누스(John Cassian)의 견해는 동방 교회의 관점과 더 일치했으며,11 여전히 강렬하게 펠라기우스주의에 반대했고, 특별히 그들이 그리스도의 인격과 사역을 경시하는 것을 비난했다.

> 그들[펠라기우스주의자들]은 실제로 사람은 자기가 원하면 또한 죄가 없을 수 있다고 주장하기까지 한다. 그들은 예수 그리스도가 단지 죄가 없는 사람이라면 모든 사람 또한 그리스도가 (삼위일체에 참여하지 않고서 단순한 사람으로서 하나님의 도우심 없이도) 될 수 있는 것은 무엇이든지 자신들도 될 수 있다고 상상했기 때문이다. 그리고 그렇게 그들은 누구나 노력하고 애씀으로써 그리스도께서 성실과 노력을 통해 얻으셨던 것과 똑같은 것을 얻을 수 있는 것처럼 모든 사람과 우리 주 예수 그리스도 사이에 차이가 없다고 지어내었다. 그리하여 그들은 더욱 심각하고 부자연스러운 광기로 치달아, 우리 주 예수 그리스도가 인류를 속량하시려고 이 세상에 오신 것이 아니라 선한 행위의 예를 보여주시려고, 곧 사람이 그의 가르침을 따르고 같은 도덕적 행로를 따라 살아감으로써 같은 도덕적 상급에 이르게 하려고 오셨다고 말하기에 이르렀다. 그들은 하나님께서 인간을 구원하시기 위해 대신 죽으심으로 이루신 것을 사람이 자신의 삶을 통해 얻을 수 있다고 선언함으로써 모든 신성한 강림의 혜택과 모든 신성한 속량의 은혜를 가능한 한 파괴한다.12

---

11 하나님의 은혜와 인간의 의지의 협력으로서(Vladimir Lossky, *Orthodox Theology: An Introduction*, Ian and Ishita Kesarcodi-Watson, trans. [Crestwood, NY: St. Vladimir's Seminary Press, 1978], 85를 보라); 카시아누스는 아우구스티누스의 전적 타락과 속박된 의지의 교리를 지지하지 않았다 (Owen Chadwick, "Introduction" in Colm Luibheid, ed. and trans., *John Cassian: Conferences* [New York: Paulist Press, 1985], 25~27을 보라).

12 John Cassian, *Seven Books on the Incarnation of the Lord: Against Nestorius* 1.3 (NPNF 2.11: 552~53).

서방교회는 아우구스티누스의 영향력 아래 카르타고의 지역 공의회(Council of Carthage, 419년)에서 펠라기우스와 그의 추종자를 이단으로 정죄했다. 에베소 공의회(Council of Ephesus, 431년)는 이 정죄를 받아들이고 강화했다.13 하지만 앞에서 언급했듯이 에베소 공의회는 구원에 관한 아우구스티누스의 모든 가르침을 채택하고 승인하지는 않았다.

> ### 속량(역사적 설명)
>
> 그리스도인은 항상 그리스도의 죽음이 구원한다는 **사실**에 동의했지만, 정확하게 **어떻게** 그것이 구원하는 지에 관해서는 일치하지 못했다. "그리스도의 죽음은 우리를 위해 무엇을 성취하셨는가?"라는 질문에 대답하려는 여러 설명이 제시되었다.
>
> - **총괄갱신**(Recapitulation)—그리스도께서는 삶의 모든 단계(출생, 성장, 죽음)를 총괄갱신, 또는 요약, 또는 다시 행하셨다. 그가 우리의 삶과 죽음에 참여하셨기에 우리는 그와 연합함으로써 그분 부활에 참여한다. 두 번째 아담이신 그리스도는 첫 번째 아담과 그의 후손들이 실패한 부분에서 성공하셨다. 이 견해는 특별히 교부시대에 널리 보급되었다.
> - **형벌의 대체**(Penal Substitution)—그리스도의 죽음은 우리 죄의 대가를 지급했다. 유죄인 인류를 벌하는 대신 하나님은 우리 대신 무죄한, 완전한 신인(God-Man)의 자발적이고 대체적인 죽음을 수용하셨다. 이 견해의 여러 형태가 모든 교회 시대에 꾸준히 지지를 얻었다.
> - **변상**(Satisfaction)—그리스도의 죽음은 인간의 죄가 일으킨, 하나님의 정의를 위반한 것을 변상했다(되돌려 놓았다). 인간의 죄는 그것이 가져오는 위반에 상응하는 대가가 지급되어야 한다. 그리스도의 순종, 죽음은 우리가 진 빚을 상쇄

---

13 Philip Schaff, ed., "Excursus on Pelagianism" (NPNF 2.14:229).

했다. 이러한 견해는 중세시대 후기 캔터베리의 안셀무스 (Anselm of Canterbury)에 의해 널리 보급되었다.
- **도덕적 감화**(Moral Influence)—그리스도의 죽음은 하나님 사랑의 크기를 보여주며, 그것은 죄인 마음에 사랑의 반응을 낳고, 그리하여 그들 삶에 도덕적 변화를 가져온다. 이 견해는 의견을 달리하는 이단적 목소리들 가운데, 특별히 현대 시대에 일반적으로 보급되었다.
- **모범**(Example)—그리스도의 죽음은 그리스도인이 자기보다 남을 앞세우며, 극단적 복종, 순종, 겸손으로 섬기는 가운데 자기희생의 삶을 살아야 하는 범위를 예시한다. 모든 그리스도인은 그리스도의 죽음이 진정한 희생과 사랑을 가르친다고 믿지만, 이 견해는 속량을 한정적으로 설명하며 주로 현대 자유주의 신학자들 가운데 지배적이다.
- **정부**(Government)—하나님은 속죄 없이도 죄를 용서하실 수 있다. 그리스도의 죽음은 속량하는 데 필요하지 않았다. 하지만 하나님께서 단순히 죄를 용서하시면 용서받은 사람은 의롭게 살 동기가 없을 것이다. 그리스도의 죽음은 인간의 죄에 대한 형벌보다 회개하는 신자에게 자기 죄가 받아야 할 것을 보여주고 기억하게 하려는 것이다. 이 견해는 현대에 대체의 속죄와 주관적14 속죄에 대한 대안으로 떠올랐다.
- **승리자 그리스도**(Christus Victor)—그리스도의 죽음과 부활은 죄, 죽음, 마귀를 멸망하며, 그리스도와 연합한 신자는 이 우주적인 승리에 동참한다. 모든 시대의 신자가 그리스도의 죽음과 부활이 우주적인 영원한 승리를 성취하였다고 믿지만, 그리스도의 승리를 강조하는 이러한 구체적이며 독립된 주제는 교부시대와 중세시대에, 특별히 동방 정교회 전통에서 가장 보편적이었다.

> • **속전**(Ransom)—그리스도의 죽음은 죄인을 속박에서 속량하기 위한 값을 지급했다. 어떤 사람은 사탄의 권세에 종노릇을 하는 것으로부터 죄인을 해방하려고 그 속전이 사탄에게 지급됐다고 믿었지만, 더 많은 사람은 죄에 대한 벌금(죽음)을 갚고 믿는 사람을 그 속박에서 해방하려고 그 속전이 하나님께 지급되었다고 믿는다. 이 견해는 교회 역사를 통해 보편적이었지만, 속전이 사탄에게 지급됐다는 구체적인 견해는 기본적으로 소수 교부의 주장이었다.

예를 들어, 아우구스티누스는 무조건적 선택, 곧 하나님께서 자신의 주권적인 선택으로 자신이 구원할 사람을 예정하시고 구원하지 않을 사람을 무시하셨다고 믿었다. 그는 또한 택함을 받은 사람이 하나님의 구원하시는 은혜에 반드시 반응하며(저항할 수 없는 은혜) 계속해서 그것에 반응하고, 절대 떠내려가지 않을 것(믿음과 선한 행위를 통한 택한 사람의 견인)이라고 가르쳤다. 이 교리를 동방은 물론 서방에서 모든 신학자가 온전히 받아들이지는 않았다. 하지만 그들 모두 펠라기우스주의를 배척했으며, 서방의 신학자 대부분은 아우구스티누스의 원죄와 인간 타락의 교리를 받아들였다.

그리하여 교부시대의 끝에 가서는 구원 문제에 관한 견해는 양극단 사이에 다양한 다른 견해가 존재하는 모습이었다. 한쪽 극단은 동방과 서방에서 정죄된 펠라기우스주의자로 인간이 노력으로 구원을 얻을 수 있다고 과도하게 긍정적으로 생각하는 견해이며, 다른 한쪽 극단은 아우구스티누스주의자로 하나님의 은혜가 인간의 의지에 직접 작용하여 가능케 하지 않는 한 인간이 선을 행할 수도, 심지어 믿을 수도 없다고 매우 비관적으로 보는 견해였다. 이들 극단 사이에는 여러 관점이 있었다. 반(semi)아우구스티누스 견해가 말하는

---

14 예를 들어, 도덕적 감화와 예증(또는 모범)의 견해이다.

은혜에 의해 가능해지는 협력, 카시아누스주의(Cassianism)가 주장하는 하나님의 은혜의 도움으로 가능해지는 자유 의지의 견인, 동방 교회가 강조하는 그리스도와의 신비한 연합과 생명을 주는 은혜의 수단에 의한 변화가 그것이다.

중세시대(500~1500년)

"내가 어떻게 하여야 구원을 받을 수 있습니까?"

초대나 중세시대 그리스도인에게 이 질문을 하면, 아마도 교회의 성례전을 통한 하나님의 은혜와 협력을 말할 것이다. 지금의 표현으로 말하면 "먼저, 아담과 하와에게서 물려받은 원죄의 죄책을 제거하려 세례를 받고, 이어서 하나님께서 힘주시는 대로 그리스도와 교회의 가르침을 믿고 순종하라. 계속해서 성례전, 특별히 고백 성사와 성찬에 참여함으로써 육신의 죄를 처리하고 성령의 능력에 참여하라."이다. **어떻게** 교회의 거룩한 의식이 실제로 은혜를 전달하는지는 논란이 되었으며, 그 논란은 교부시대에서 시작되어 중세시대 전체를 걸쳐 지속했다.

동방의 신학자는 계속해서 구원을 그리스도와 신비한 연합, 신적 속성에 참여(인간의 신화, *theosis*), 교회와 함께하는 하나님의 은혜와 협력의 관점에서 이해했다. 그들은 그리스도께서 죄와 죽음을 이기신 것과 그의 부활과 높아지심에서 나타난 능력을 통해 신자가 새 생명에 참여하는 것을 크게 강조하는 경향이 있었다. 하지만 서방에서는 원죄와 타락에 관한 아우구스티누스의 교리의 영향으로 죄책과 죄의 형벌 문제, 그리하여 그리스도의 희생적 죽음을 통한 속죄 사역을 이해하는 데 더 큰 관심을 보였다.

동방 (정교) 교회는 일반적으로 펠라기우스주의에 대한 정죄에서 나타난 정통의 더 넓은 경계에 만족지만, 서방 (로마가톨릭) 교회는 계속해서 죄와 구원에 관한 교리들을 제한하고 규정하려고 노력했다.

529년 지역 회의인 2차 오랑쥬 회의(Orange II)는 원죄에 관한 아우구스티누스의 견해를 확정했지만, 앞에서 말한 대로 예정, 불가항력적 은혜, 견인에 관한 가르침을 침묵했다. 달리 말해, 그 의회는 하나님의 은혜를 받은 사람이 후에 그의 변화시키는 은혜에 저항하고 궁극적으로 떠내려가는 배교의 가능성의 문제는 미해결 상태로 두었다. 따라서 2차 오랑쥬 회의의 신학은 종종 반(semi)아우구스티누스주의로 불린다. 하지만 아우구스티누스를 지지하는 가운데 그 의회는 동방교회가 취하고 있다고 보았던 부분적(또는 반) 펠라기우스주의에 반대하는 결정적 태도를 보였다.

> 또한, 우리는 모든 선한 일에서 우리가 앞서서 행하며 이어서 하나님의 자비를 통하여 도움을 받는 것이 아니라, 우리 자신이 앞서 상급을 받을 만한 어떤 선한 일을 행함이 없이 하나님께서 먼저 우리 안에서 그를 믿고 그를 사랑할 생각이 들게 하시며, 따라서 우리는 세례의 성례전을 신실하게 추구하고 세례 후 그의 도우심에 의해 그를 기쁘시게 하는 일을 행할 수 있다고 믿으며, 그것이 우리에게 유익함을 고백한다.15

구원에 은혜가 필요하고 충분함을 강조한 것과 함께 때때로 로마가톨릭 신학자들은 톨레도의 일드퐁서스(Ildefonsus of Toledo, 607~667년 즈음)와 그를 계승한 톨레도의 줄리안(Julian of Toldeo, 642~690년)이 그랬던 것처럼, 구원이 오직 은혜로 그리고 "오직 믿음"으로 된다고 단언했다. 하지만 그들은 또한 진정한 믿음이 행위를 낳으며 행위가 없는 믿음은 죽은 것이라고 강조했다.16 특별히 아우구스티누스 견해가 믿고 선을 행하는 소원과 능력이 성령의 은혜로우신 내적 사

---

15 *Canons of the Council of Orange II* in John H. Leith, ed., *Creeds of the Churches: A Reader in Christian Doctrine, from the Bible to the Present* (Louisville, KY: John Knox, 1982), 44~45.

16 Pelikan, *The Christian Tradition*, 27~28의 논의를 보라.

역의 결과로 보았듯이, 어떤 중세 신학자도 행위를 진정한 구원하는 믿음과 분리하지 않았다.

하지만 세월이 흘러 가톨릭 목사와 교사들은 점차 아우구스티누스가 가르쳤던 타락과 예정 교리와 그리스도께서 위하여 죽으신 택한 사람의 수를 제한하거나 예정을 입은 사람에게만 믿음의 견인을 보증하는 것으로 보이던 다른 교리들로부터 멀어져갔다. 실제로 아우구스티누스의 구원을 열정적으로 지지할수록 그들은 기존의 교회 권위자들의 분노를 샀다.

그러한 인물의 한 사람인 고트샬크(Gottschalk of Orbais, 808~867년 즈음)는 당시 많은 사람의 눈에 아우구스티누스의 견해를 위험한 극단으로 몰아가는 것으로 보였다. 그는 속죄가 제한적이라고, 곧 그리스도께서 오직 택한 사람, 창조 이전에 하나님께서 구원하시기로 예정하셨던 사람만을 위해 죽으셨으며, 또한 하나님은 그 외에 다른 이들을 저주받도록 예정하셨다고 주장했다. 나아가, 성례전의 구원하는 사역에 관하여 고트샬크와 그의 지지자는 세례가 오직 과거의 죄로부터 속죄를 위해 유효하며 성찬은 택함 받지 않은 자들에게 심판을, 택한 자들에게 영생을 가져오기 위해 도움이 되며, 따라서 하나님의 주권적인 은혜만이 성례전의 효과를 결정한다고 주장했다.17

그러한 견해들은 반 아우구스티누스주의나 심지어 반펠라기우스주의가 점점 자라가는 신학적 환경에서 인기가 없었으며, 또한 교회의 권위에 위협이 되었다. 어떤 사람은 구원받도록 예정되고 다른 사람은 저주받도록 예정되었다면, 그리고 이러한 선택이 인간의 관여나 영향력과 완전히 별개라면 무지한 농부가 택한 자이고 신부(또는 심지어 교황)가 버림받은 사람일 수 있었다. 어떤 의미에서 이 교리는 교회 안에 참 교회가 있게 하였다. 고트샬크와 극단적인 아우구스티

---

17 논의의 여지가 있는 고트샬크의 생애와 교리는 Victor Genke, "Introduction" in Genke and Gumerlock, *Gottschalk and a Medieval Predestination Controversy*, 7~63을 보라.

누스의 길을 따랐던 사람이 종종 의심과 경멸을 받았다는 것은 놀랄 일이 아니다.

아우구스티누스 당시 일부 신학자가 그랬듯이, 후기 중세시대(1000~1500년)에는 더 많은 신학자가 아우구스티누스가 하나님의 주권적인 은혜를 분명하고도 결정적으로 강조한 것에서 물러서서 인간의 의무를 훨씬 더 포함하는 구원 모델을 선호했다. 그 시대에 더 아우구스티누스주의에 가까운 신학자의 한 명인 토마스 아퀴나스(Thomas Aquinas)는 누구도 구원의 시작이 되는 은혜를 받을 자격이 없다고 가르쳤지만,18 또한 "모든 공로 있는 행위로 은혜의 증가를 얻을 수 있다"라고 가르쳤다.19 그렉 엘리슨(Greg Allison)은 아퀴나스가 "칭의에서 하나님과 사람 사이의 공동작업, 혹은 협력하는 노력을 믿었다"라고 말한다.20

아퀴나스 자신은 여전히 죄와 은혜에 관한 아우구스티누스의 견해가 보이는 곳에 있었지만, 중세 교회는 전적 타락과 무조건적 은혜를 실질적으로 포기하는 쪽으로 떠내려갔다. 결국, 인간은 온전히 타락한 것이 아니라 '박탈된' 것으로, 영적으로 죽은 것이 아니라 영적으로 **병든** 것으로 생각되었다. 이 생각은 서방의 중세 신학을 반아우구스티누스주의에서 반펠라기우스주의로 옮겼으며, 동방교회의 교리와 훨씬 더 가깝게 했다. 하지만 이 시대 초기 2차 오랑쥬 회의(529년)에서 로마 가톨릭교회가 적어도 반아우구스티누스주의 관점을 유지할 것을 요구했는데, **어떻게** 이러한 일이 일어날 수 있었는가?

5세기에서 16세기 중엽까지 사람들은 2차 오랑쥬 회의의 교회법을 몰랐던 것으로 보인다. 그리하여 중세시대 신학자들은 아우구

---

18 Thomas Aquinas, *Summa Theologica*, 2(1).14.5.

19 Thomas Aquinas, *Summa Theologica*, 2(1).14.8.

20 Allison, *Historical Theology*, 505. 앨리슨은 어떻게 이것이 사후에 칭의가 완성된다는 연옥 교리의 발전에 이바지했는지 설명한다(506~07쪽).

스티누스의 칭의의 교리에 관한 이러한 결정적인 진술을 읽지 못했으며, 그것의 존재를 알지 못했던 것으로 보인다.21

로마 교회는 자신들을 고정하는 닻인 구원에 관한 교리적 기준들로부터 풀려나면서 계속해서 펠라기우스 이단이라는 위험한 해역을 향하여 떠내려갔다. 하나님께서 은혜로 우리의 노력을 후원하신다고 하는 이 개념의 한 극단적인 형태가 "하나님은 하나님 안에 있는 것을 행하는 사람에게 은혜를 거절하지 않으신다."라는 후기 중세의 금언에서 나타난다.22 많은 사람이 구원을 은혜와 믿음과 선한 행위의 '혼합'의 결과로 보았다. 따라서 중세 가톨릭 신학은 이중적인 오류로 변질했다. 그들은 은혜에 의한, 믿음을 통한 칭의를 무시했으며, 인간의 의지와 노력으로 하나님의 은혜를 얻는다는 생각을 받아들였다.

사람이 이 땅에 사는 동안 구원을 위한 은혜를 얻기 위해 자기가 할 수 있는 일을 하지 못하며, 그리하여 영생을 얻을 자격을 얻지 못하더라도 로마 가톨릭주의는 사후의 정화 수단으로서 연옥의 교리를 발전시켰다. 연옥에 있는 사람을 위한 기도, 미사, 연보와 함께 그를 위한 면죄부는 그러한 정화 과정을 도울 수 있다고 가르쳤다. 교황은 이 땅에서 그리스도를 대표하는 자로서 영혼들을 연옥으로부터 놓아주려고 하늘에 있는 은혜의 창고로부터 공로를 배분할 권세를 가졌다고 주장했다. 수 세기 동안 이러한 추정된 권세를 사용하고 남용하는 일이 점점 더 많아졌다.

이 시대의 마지막에, 학자들로부터 성경적, 신학적, 역사적, 실질적 비평이 늘어갔으며, 평신도 가운데 불만이 쌓이기 시작했고, 여러 초기 개혁가들은 아우구스티누스의 요소들을 거듭 주장함으로써 파괴적

---

21 McGrath, *Iustitia Dei: A History of the Christian Doctrine of Justification*, 97~98. 1부에 같은 의견을 포함했지만, 이 논의에서도 중요한 내용이기에 다시 언급할 가치가 있다고 생각했다.

22 McGrath, *Iustitia Dei*, 108.

인 펠라기우스주의로 향하는 추세를 역전시키려고 시도했다. 강력한 아우구스티누스주의자들의 구원관은 교황의 권세와 교회의 권력자 집단에 도전했다. 그 한 명인 존 위클리프(1320~1384년)는 옥스퍼드대학교에서 교수로서 영향력 있는 지위를 이용하여 로마 교리를 맹렬하게 공격했다. 그의 논쟁적 글은 그를 따르는 자들에게 폭발적인 영향을 미쳤으며 또한 존 후스(John Hus, 1370~1415년)와 같은 다른 사람의 가르침에 영향을 미쳤고, 이어서 그들은 마르틴 루터의 견해에 영향을 미쳤다. 한 역사학자는 위클리프의 확신을 다음 말로 요약한다.

> 그는 교회가 믿는 사람 공동체이기보다 예정된 사람의 공동체이며, 따라서 하나님만이 누가 자신의 교회에 속하는지 아신다고 주장했다. 그리스도인은 심지어 교황이 교회에 속하는지 의심할 수 있다… 위클리프의 견해에서 교회는 뚜렷한 구원하는 기능이 없다. 구원은 은혜에 의존하며, 은혜를 통해 사람은 구원으로 예정된다. 성례전의 가치는 성례전을 대행하는 자의 예정에 달렸다. 나아가, 성례전은 구원을 위한 필요조건이 아니다.[23]

중세시대가 끝나갈 무렵 구원은 기본적으로 성례전 제도의 결과물로 생각되었다. 사람이 세례를 받아 승인된 후 고백 성사와 미사에 참여하고 결혼이나 성직수임의 성례전을 받고, 계속해서 교회의 의식에 참여하면 그들은 궁극적으로 구원을 얻을 자격이 주어진다는 것이었다. 티머시 조지(Timothy George)는 "하나님은 자신이 임명하신 권세에 의해 교회의 성례전을 통해 공로를 쌓음으로 구원이 분배되도록 정하셨다."라고 묘사한다.[24] "내가 어떻게 하여야 구원을 받을

---

[23] Adriaan H. Bredero, *Christendom and Christianity in the Middle Ages: The Relations Between Religion, Church, and Society*, Reinder Bruinsma, trans. (Grand Rapids, MI: Eerdmans, 1994), 46.

[24] Timothy George, *Theology of the Reformers* (Nashville: B & H, 1988), 43.

수 있습니까?"라는 질문에 어떤 사람은 "교회, 특별히 교황이 말하는 것은 무엇이든지 해야 합니다."라고 대답했을 것이다.

종교개혁 시대(1500~1700년)

"연보궤 안에서 동전이 울릴 때마다 연옥으로부터 한 영혼이 솟아오른다."25 이 말로 교황의 하수인이었던 존 테젤(John Tetzel)은 독일 농부들에게 그들이 사랑하는 사람을 연옥의 고통으로부터 속량하기 위해 적으나마 있는 수고로이 번 돈을 죄다 넘기도록 재촉했다. 땅과 하늘 사이에 '끼어있는' 영혼을 위해 교황이 베푸는 자비인 면죄부 판매는 바티칸의 성베드로성당(St. Peter's Cathedral)을 짓는 로마가톨릭교회의 거대한 건축 사업을 도왔다. 많은 비평가와 개혁가의 눈에 그러한 불법은 천 년 전에 있었던 펠라기우스의 이단적 가르침보다 더 심한 것으로 보였다.

하나님의 은혜를 벌거나 사야 하는 상품으로 전락하는 이 구원 교리의 노골적 타락에 대응해, 유럽 전체에 걸쳐 그 부당함을 외치는 여러 항의 목소리가 들렸다. 위클리프와 후스 같은 사람이 로마 교회가 아우구스티누스주의와 은혜에 의한 구원을 말하는 성경의 가르침을 버린 것을 비판했지만, 개혁의 불길이 어두운 중세 세상을 밝힌 것은 16세기가 되어서였다. 사실 종교개혁의 한 좌우명은 "어둠을 지나 빛으로(Post tenebras, lux)"가 되었다.

1517년 10월 31일, 아우구스티누스 수사이며 대학교수였던 마르틴 루터(Martin Luther)는 독일 비텐베르크(Wittenberg)에 있는 성 교회(Castle Church, 또는 올 세인츠 교회) 문에 (지금은 '95개 조항'으로 잘 알려진) 한 목록을 게시함으로써 로마의 면죄부 판매에 관한 학문적 토론을 요청했다.26 뒤이은 격렬하고도 목숨을 위협하기까지 하

---

25 Allison, *Historical Theology*, 508.
26 Martin Luther, "Ninety-Five Theses" in *Documents of the*

는 논쟁과 재판 가운데서도 그와 그의 신교도 동료들은 가톨릭교회가 잊어버리고 단념하고 거부하기까지 했던 아우구스티누스의 가르침을 부활시켰을 뿐 아니라 그것을 확장하고 다듬었다.

다른 완강한 아우구스티누스주의자처럼, 루터는 자연적 인간의 자유 의지의 개념을 거부하고 무조건적 선택을 신봉했다.27 아우구스티누스의 전적 타락과 은혜 필요성 교리에 크게 영향을 받았어도 루터주의 신학자들은 **칭의**를 수정해 정의했다. 아우구스티누스가 칭의를 (병든 자를 치료하기 위해 약과 영양분을 지속해서 공급하는 것과 같이) 하나님께서 변화시키는 은혜를 불어넣으시는 과정으로 보았던 반면, 루터는 (판사가 법정에서 사람들이 보는 앞에서 범죄자를 '무죄'로[의롭게 되었다고] 선언할 수 있는 것처럼) 칭의를 즉각 전가되는 의로 정의했다.28 곧, "하나님은 본질상 우리와 거리가 먼 그리스도의 의를 **우리 것**처럼 받아들이신다. **우리 죄가 실제로 제거되지는 않았지만, 더는** 그것은 우리 것으로 여기지 않는다."29 그렇다면 그리스도인은 죄인인 동시에 성도다. 그리스도의 사역 때문에 의롭다고 선언된 성도인 **동시에** 영광을 얻을 때까지 우리에게 있는 타락한 본성 때문에 죄인이다.30 신자는 부분적으로 의로우며 부분적으로 죄인이기에 구원에 있어서 하나님의 은혜와 협력해야 한다는 가톨릭 견해에 맞서 루터는, 우리가 온전히 의롭게 된 자인 동시에 온전히 죄인이라고 주장했다.

스위스 제네바의 장 칼뱅(John Calvin)은 믿음을 통해 오직 은혜로 구원을 변호하는 일에 동참했으며, 믿음으로 말미암는 칭의는 "신앙

Christian Church, Henry Betteson and Chris Mauder, eds. (New York: Oxford University Press, 1999), 205~12.

27 Allison, Historical Theology, 461.

28 George, Theology of the Reformers, 62~73.

29 George, Theology of the Reformers, 69.

30 Allison, Historical Theology, 511.

이라는 문이 회전하게 하는 경첩"이라고 보았다.31 하지만 루터와 대조적으로 칼뱅은 "의롭다 함을 받은 사람은 죄인이 아니라 의로운 사람의 신분이라고 생각하고, 또한 그러한 이유로 하나님의 심판대 앞에서 모든 죄인이 넘어지더라도 그는 확고하게 선다."라고 주장했다.32 또한, 그는 말했다. "우리는 단순히 칭의가 하나님께서 우리를 의로운 사람으로서 그의 호의 안으로 받아들이시는 승인이라고 설명한다. 그리고 우리는 그것이 죄의 사면과 그리스도의 의의 전가로 이루어진다고 말한다."33 따라서 칼뱅과 그의 가르침에서 비롯된 개혁 전통에서 칭의와 **성화**—점점 거룩해지는 변화된 삶—는 훨씬 더 밀접하게 연관되어 있다.

7세기 전의 고트샬크(Gottschalk)처럼, 장 칼뱅은 하나님께서 어떤 사람은 구원으로 다른 사람은 저주로 택하신다고 하는 '이중예정'을 지지했다.

> 우리는 예정을 하나님의 영원한 법령으로 부르는데, 그것에 의해 각 사람이 어떻게 될지 그분 의도대로 정하심을 말한다. 모두가 같은 조건으로 창조되지 않았다. 어떤 사람에게는 영생이, 다른 사람에게는 영원한 저주가 예정된다. 따라서 모두가 이들 두 결말의 하나로 창조되었기에 우리는 사람이 생명 또는 죽음으로 예정되었다고 말한다.34

이러한 견해는 중세시대에 그랬던 것처럼 칼뱅의 가르침 이후 계속해서 논쟁 됐다.

---

31 Calvin, *Institutes of the Christian Religion*, 3.11.1.

32 Calvin, *Institutes of the Christian Religion*, 3.11.2.

33 Calvin, *Institutes of the Christian Religion*, 3.11.2.

34 Calvin, *Institutes of the Christian Religion*, 3.21.5. See also Allison, *Historical Theology*, 463.

예정에 관한 칼뱅의 견해를 로마가톨릭이 트랜트(Trent) 종교회의에서 거부했고, 개혁신학자인 제임스 아르미니우스(James Arminius)도 거부했다. 그는 예정이 예견된 믿음에 기초한다고 말했다. 하나님은 누가 믿을지 아신다. 따라서 선택은 사람의 자발적인 선택으로 결정되며, 복음은 모두에게 선포될 수 있고, 모두가 믿을 기회가 주어져야 한다는 것이다. 실제로 아르미니우스는 그리스도의 속죄의 한 가지 효과는 사람이 믿거나 믿지 않을 선택을 할 수 있을 만큼 충분히 자신의 의지를 자유롭게 만들 일정량의 가능케 하는 은혜가 모두에게 주어지는 것이라고 주장했다. **아르미니우스주의 다섯 항변**(*Five Articles of Remonstrance*, 1610년)의 첫째에서, 그의 추종자들은 다음을 단언한다.

> 하나님은 그의 아들 예수 그리스도 안에 있는 영원하고 변함없는 목적에 의해 창세 전에 그리스도 안에서, 그리스도를 위해, 그리스도를 통해, 타락한, 죄 있는 인류 가운데 성령의 은혜를 통해 그의 아들 예수를 믿고, 이러한 믿음과 믿음의 순종을 통해 끝까지 인내할 자들을 구원하기로 정하셨다. 다른 한 편으로, 그는 순종하지 않고 믿지 않는 자들을 죄 가운데, 진노 아래에 버려두며, 그리스도에게서 멀어진 자로서 그들을 정죄하기로 정하셨다.35

그리하여 여러 면에서 칼뱅주의와 아르미니우스주의의 관점은 고대에 아우구스티누스와 카시아누스 사이에 자리한 여러 견해와 그 양극단 사이에 존재한 다양한 강조점과 관점을 반영하였다.

또한, 개혁의 불길과 함께 재침례교인(Anabaptist)의 전통이 부상했으며, 그것은 일부 사람이 급진적 종교개혁이라 부른 한 부분이었다. 그들의 가장 분명한 독특성은 유아세례를 거부하고 '신자의 침례(believer's baptism)'를 채택한 것이었으며, 그것은 로마가톨릭과 주류

---

35 Allison, *Historical Theology*, 468.

개신교를 격노케 했다. 재침례교인은 일반적으로 침례를 받고 교회의 삶에 참여하려고 자유 의지에 의한 회개와 믿음의 결정, 믿음의 고백, 제자의 삶을 살겠다는 약속이 모두 필요하다고 믿었다. 자진해서 받는 침례 강조는 종종 루터주의와 개혁주의 신봉자가 믿은 타락, 속박된 의지, 예정, 그리고 아우구스티누스의 다른 교리들 거부를 동반했다.36 티머시 조지(Timothy George)는 재침례교인 대부분이 "루터의 오직 믿음에 의한 칭의의 법정적 교리를 받아들이지 않았던 것은 그것이 거룩한 삶에서 일어나는 '살아 있는' 믿음의 참 교리에 방해가 된다고 보았기 때문이다."라고 말한다.37 그들 모두 구원이 은혜에 의해 믿음을 통해 이루어진다고 주장했지만, 그들이 이해한 은혜와 믿음은 로마가톨릭과 루터/개혁주의 전통 모두와 달랐다. 그들은 자신들이 구원에 관해 아우구스티누스의 견해보다 카시아누스나 아르미니우스와 좀 더 궤를 같이함을 발견했다.38

구원의 세 가지 솔라

개혁가들은 여러 번 '솔라(sola, '오직'을 뜻하는 라틴어)'를 사용하여 구원 교리를 분명히 말했다.

- **솔라 그라티아**(Sola Gratia)—구원은 처음부터 끝까지 **오직 은혜로** 말미암는다.
- **솔라 피데**(Sola Fide)—그저 주어지는 구원의 선물은 행위가 아니라 **오직 믿음에 의해** 받는다.
- **솔라 크리스투스**(Solus Christus)—구원은 **오직 그리스도** 안에 있으며, 다른 어떤 수단이나 중개자에 의하지 않는다.

---

36 C. Arnold Snyder, *Anabaptist History and Theology* (Kitchener, Ontario: Pandora, 1997), 151~53.

37 George, *Theology of the Reformers*, 269.

38 참고. Snyder, *Anabaptist History and Theology*.

근대 · 현대 시대(1700년~현재)

종교개혁의 소동이 일으킨 먼지가 가라앉은 후 여러 교사와 전통이 계속해서 구원에 관한 여러 견해를 발전하게 했다. 그 가운데 개혁주의 전통은 칼뱅주의의 전적 타락, 무조건적 선택, 특별 속죄, 불가항력적 은혜, 성도의 견인의 교리를 존속한 채 성장하고 성숙하며 발전했다. 칼뱅주의가 아닌 관점도 발전했는데, 특별히 재침례교인 가운데 메노파교인(Mennonites), 그리고 루터주의와 개혁주의 전통 가운데 (특별히 인간의 자유 의지와 이성에 대한 계몽주의의 교리 때문에) 아우구스티누스의 죄와 은혜 강조에 점점 더 불편함을 느낀 사람들이었다.

그런 가운데서도 현대시대에 구원 교리 이야기는 계몽보다 각성(부흥)으로 시작된다. "18세기 초기 이성과 종교적 의식에 깊이 빠져있던 유럽과 아메리카에서 부활의 바퀴가 구르기 시작했다."[39] 유럽 경건주의의 특징인 경험에 의한 믿음으로부터 시작되어, 칼뱅주의 청교도가 강조한 하나님의 주권적 은혜와 두려움에 강조에 반응하며, 차가운 신교도 제도주의(institutionalism)에 반대하며 1차 대각성 운동(Great Awakening)이 개인 회심을 새로이 강조하며 함께 폭발하였다.

다른 교회 배경과 개성을 가진 두 칼뱅주의자가 이 강력한 부흥의 양극단을 대표한다. 내성적이며 부드러운 목소리를 가진 분석적 회중주의자 조나단 에드워즈(Jonathan Edwards)는 성령께서 자신의 교구민들과 다른 교회의 그리스도인 마음을 움직이시는 것을 목격하며 놀라워하고 기뻐했다. 영국 성공회의 활동적이며 감정적 교인 조지 휫필드(George Whitefield, 1714~1770년)는 개인 회심과 확신을 부르짖으며 군중을 움직였다.

---

[39] D. Jeffrey Bingham, *Pocket History of the Church* (Downers Grove, IL: InterVarsity, 2002), 137.

그 두 사람은 차이점에도 서로를 존중했으며 많은 공통점이 있었다. 그들은 둘 다 깊은 열정을 가졌으며, 같은 관심사에 열정을 나타내었다. 그것은 영혼을 구원해 그분 왕국으로 불러들이려고 하나님께서 사용하시는 진정한 복음 설교였다.40

하지만 이것은 단순한 칼뱅주의 현상이 아니었다. 영국 성공회교도 부흥사이자 휫필드의 오랜 친구인 존 웨슬리(John Wesley)는 칼뱅주의의 무조건적 선택의 견해를 거부했다. "나는 이 선택이 조건적이며 그 반대인 영원한 형벌 또한 그렇다고 믿는다. 나는 둘 다에 관한 영원한 판결이 '믿는 사람은 구원을 얻으며, 믿지 않는 사람은 저주를 받으리라'라는 말에 명백히 나타난다고 믿는다."41 그는 아르미니우스주의 전통 출신이 아니었지만, 구원에 관한 확신은 훨씬 더 그들 견해와 일치했다.42 그가 보기에 아르미니우스주의자는 원죄, 전적 타락, 믿음을 통한 은혜로 칭의와 관련해서 칼뱅주의자와 일치했다. 하지만 뚜렷하게 칼뱅주의자는 무조건적 선택을 확언하지만, 아르미니우스주의자는 선택이 믿음에 달렸으며, 하나님은 그것을 예견하신다고 말한다. 또한, 칼뱅주의자들은 불가항력적 은혜를 믿지만, 아르미니우스주의자는 하나님의 은혜가 거부될 수 있으며 그것은 자주 그렇다고 말한다. 마지막으로, 칼뱅주의자는 신자가 은혜로부터 떨어질 수 없다고 믿지만, 아르미니우스주의자는 구원을 잃는 것이 가능하다고 믿는다. 웨슬리는 말했다.

---

40 George M. Marsden, *Jonathan Edwards: A Life* (New Haven, CT: Yale University Press, 2003), 206.

41 Allison, *Historical Theology*, 470. John Wesley, *The Works of John Wesley*, 7 vols., John Emory, ed. (New York: Emory and Waugh, 1831), 10:210을 보라.

42 John Wesley, "What Is an Arminian?" in *The Works of John Wesley*, 6:132~34.

마지막 두 항목인 불가항력 은혜와 절대 확실한 견인은 앞의 무조건적 작정(decree)의 자연적인 결과다. 하나님께서 영원히 절대적으로 이러이러한 사람을 구원하기로 정하셨다면 그 결과 그들은 하나님의 구원하시는 은혜에 저항할 수 없으며(그렇지 않으면 그들은 구원을 놓칠 것이다) 또한 그들은 저항할 수 없는 그 은혜로부터 최종적으로 떨어져 나갈 수 없기 때문이다. 따라서 사실상 그 세 질문은 "예정은 절대적인가 아니면 조건적인가?"라는 한 질문 안으로 들어온다. 아르미니우스주의자는 그것이 조건적이라고 믿지만, 칼뱅주의자는 그것이 절대적이라고 믿는다.43

웨슬리가 죽은 후 그를 따르는 감리교인은 공식적으로 영국 국교와 결별하였다. 그들은 계속해서 웨슬리의 전도와 순회 설교의 방식을 따랐으며, 또한 그때까지 기본적으로 영국 성공회, 장로교회, 회중주의 교단을 지배하였던 개혁신학의 대안으로 아르미니우스주의에 새로운 활력을 불어넣었다.

2차 대각성에 이르러 변방의 설교자들 사이에 칼뱅주의에 동의하지 않는 견해가 우세한 경향을 보였다. "신학적으로 1차 대각성이 강력한 칼뱅주의 유산을 유지했다면, 2차 대각성은 아르미니우스적 분위기에 좀 더 동정적이었다… 전도자들은 극적인 회심을 일으킬 수 있는 분위기를 만들려는 목적에서 나온 전략들을 사용했다."44 2차 대각성은 특별히 미국 남부와 서부에서 회중주의와 장로교회 외에도 침례교인과 감리교인과 같은 다른 교단의 폭발적 성장을 가져왔다. 구원의 교리가 종종 아르미니우스주의보다 더 펠라기우스주의인 것처럼 보였던 찰스 피니(Charles Finney) 같은 연극 형태 설교자는 군중을 흥분시켰어도 지속적 회심을 이끌지는 못했다. 자연적으로 전통적 칼뱅주의자는 이러

---

43 Wesley, "What Is an Arminian?," 134.

44 Bingham, *Pocket History of the Church*, 144~45.

한 부흥을 어느 정도 의심의 눈초리로 보았으며 그 효과가 하나님의 성령의 주권적 역사보다는 더 인간적 방법에 의존한다고 특징지었다.

	칼뱅주의	아르미니우스주의	피니주의
타락	전적 타락: 인간의 본성은 타락했으며 하나님 앞에서 유죄다. 그분의 행동 없이 누구도 구원의 소망이 없다.	전적 타락: 인간은 타락하고 부패했다. 하지만 하나님은 자비롭게 그리스도를 통해 자유 의지의 정도를 회복시키셔서 믿게 하신다.	도덕적인 타락: 불완전한 인간은 죄를 짓지만, 자연적 자유 의지와 하나님의 도덕적 법을 따를 능력과 의무를 둘 다 가지고 있다.
선택	무조건적 선택: 하나님은 자기 뜻에 따라, 어떤 예견한, 인간의 특성이나 행동과 상관없이 어떤 사람이 구원받도록 선택하신다.	조건적 선택: 하나님은 믿을 사람을 미리 아시고 그리스도 안에서 그들을 택하셔서 그의 형상과 같은 모양이 되게 하신다.	선견의 선택: 택함을 받은 사람은 자기 삶이 끝날 때까지 의에 거할 것을 하나님께서 아시는 사람이다.
속죄	특별(제한) 속죄: 그리스도의 속죄 죽음은 택한 사람만을 위해 의도되었으며 그들에게만 유효하다.	일반(무제한) 속죄: 그리스도의 속죄 죽음은 모든 사람에게 믿을 기회를 주기에 충분하다.	무제한 속죄: 그리스도의 죽음은 하나님께서 자신의 도덕적 법의 기준을 완화하지 않으시고도 회개하는 사람 모두 용서하실 수 있도록 하기 위함이다.
은혜	불가항력적 은혜: 하나님의 은혜는 택한 자(저항할 수 없는 자)를 거듭나게 하고 믿음으로 이끄는 데 필요하고 충분하다.	선행하는 저항할 수 있는 은혜: 하나님의 은혜는 거듭나지 않은 자가 믿을 수 있도록 힘을 주기 위해 일정량의 자유 의지를 주시지만, 사람은 그분의 부르심에 저항할 수 있다.	저항할 수 있는 은혜: 하나님의 은혜는 그리스도의 죽음과 회개와 맞바꾸어 그가 주시는 용서에서 나타난다. 은혜는 저항할 수 있고 잃어버릴 수 있다.
견인	무조건적 견인: 선택된 사람은 믿음과 의에서 영원히 인내할 수 있다. 그들은 구원을 잃어버릴 수 없다.	조건적 견인: 신자는 은혜를 거부하지 않는다면 인내할 것이다. 구원은 잃어버릴 수 있다.	견인이 없음: 신자는 변함없이 의의 삶에 참여해야 하며 그렇지 않으면 (반복해서 혹은 영원히) 구원을 잃어버릴 수 있다.

하지만 현대시대 교리와 관련하여 두 대각성 모두 개인적 회심(일반적으로 결정적이고, 감정적인, 한순간의 사건)을 '구원받은' 표시로 만들었다. 그리하여 사람들은 구원을 받으려고, '그리스도를 받아들이는 것,' '통로를 걷는 것,' 또는 '앞으로 나오는 것'을 말할 수 있었다. 이러한 형태의 부흥 운동은 현대시대에 걸쳐 지속하며 미래의 전도와 선교 사역뿐 아니라 전도 예배의 방법에 영향을 미칠 것이다. 그것들은 비슷한 방법을 따르는 경향이 있었다.

각성과 부흥 가운데서도 전통적 그리스도인은 고전적 구원 교리에 대한 한 가지 새로운 위협에 직면했다. 그것은 내부로부터 위협이었다. 보편주의자는 모든 사람이 궁극적으로 구원받는다고 가르쳤다. 그리스도의 죽음이 보편적으로 모든 사람을 위한 속죄였으며, 따라서 그들이 형벌로부터 자유롭게 되었기 때문이거나, 모두가 형벌을 통해 궁극적으로 죄와 죄의 책임을 벗을 것이기 때문이라는 것이다. 에드워즈의 칼뱅주의와 1차 대각성의 개인주의에 강하게 반대했던 보스턴 제일교회(First Church)의 목사 찰스 촌시(Charles Chauncy, 1705~1787년)는 두 번째 형태(형벌을 통해 죄를 벗는 것)를 대표했다.[45]

촌시보다 조금 나이가 적은 존 머레이(John Murray, 1741~1815년)는 인류 특성에 관해 더 밝은 전망을 주장했다. 보편주의가 한 단계 더 나아가게 했다. 하나님의 선하심과 은혜가 어떤 사람을 영원히 잃어버리게 할 어떤 속성도 이긴다고 주장하며 보스턴에 한 단체가 조직되게 도왔으며, 그 단체는 보편주의자 교회(Universalist Church)가 되었다.[46] 뉴잉글랜드 여러 목사와 적지 않은 평신도가 그를 뒤따랐으며, 보편적 구원을 옹호하고, 때때로 삼위일체와 그리스도의 신성과 같은 중요한 정통 개신교 교리들을 버렸다. 오늘날까지 전통적 복음주의자는 그들 교단 가운데 자유주의 진영이 내세우는 이 거짓 가르침의 망령과 계속해서 싸운다.

---

[45] John A. Buehrens, *Universalists and Unitarians in America: A People's History* (Boston: Skinner, 2011), 16을 보라.

[46] Buehrens, *Universalists and Unitarians in America*, 3~7.

역사로 회고한 구원

교부시대 (100~500년)	중세시대 (500~1500년)	종교개혁시대 (1500~1700년)	근대·현대시대 (1700년~현재)
• 그리스도의 인격과 사역이 구원의 중심임(100~500년) • 은혜와 협력을 위한 자유 의지가 우세함(100~400년) • 펠라기우스가 사람이 은혜와 상관없이 노력으로 구원받을 수 있다고 말함(410년 즈음) • 아우구스티누스가 전적 타락, 무조건적 선택, 성도의 견인을 가르침(400~430년 즈음) • 에베소 공의회(431년)에서 펠라기우스주의를 정죄했으나 아우구스티누스의 모든 견해를 지지하지는 않음 • 카시아누스와 동방 정교회가 아우구스티누스와 펠라기우스 사이의 중간 입장을 확증함(430년) • 대부분 침례와 성찬을 구원을 받는 은혜의 수단으로 생각함(100~500년)	• 동방 정교회가 구원을 교회를 통해 그리스도와 연합함으로써 얻는 신격화로 생각함(500~1500년) • 서방에서 2차 오랑쥬 회의(529년)가 아우구스티누스의 전적 타락과 은혜의 필요성의 견해를 확증하였으나, 예정과 견인에 관한 그의 가르침을 온전히 채택하지는 않음 • 대부분 일정량의 자유 의지와 인간이 하나님의 은혜와 협력함을 확증함(600~900년) • 점차 반펠라기우스적인 로마 교회가 강한 아우구스티누스주의에 반대(1000~1500년) • 위클리프와 후스 같은 아우구스티누스주의 개혁가의 항의가 박해와 처형으로 이어짐(1300~1400년)	• 로마가톨릭에 항의하여 루터와 츠빙글리와 다른 개혁가들이 타락과 선택과 은혜에 관한 아우구스티누스의 가르침을 거듭 주장(1500~1550년) • 개신교인이 오직 은혜로, 오직 믿음을 통해, 오직 그리스도 안에 있는 구원을 가르침(1500~1700년) • 개혁주의 교리 체계(『기독교 강요』)가 칼뱅주의 구원관을 세계에 전파(1550~1700년) • 재침례교인, 아르미니우스주의자가 완강한 칼뱅주의에 반대하여 과거의 카시아누스주의와 같이 자유 의지와 협력을 주장(1550~1700년) • 트렌트의 로마가톨릭 공회(1545~1563년)가 개신교의 구원관을 정죄	• 계몽운동이 전통적 개신교 구원 교리를 공격하고 현대 자유주의 신학을 낳음(1700~1800년) • 1차 대각성이 에드워즈와 휫필드 같은 칼뱅주의자와 웨슬리 같은 아르미니우스주의자를 연합하게 함 • 2차 대각성이 아르미니우스 신학, 자유 의지, 회개를 설득하는 감정주의를 강조함 • 개인 회심 경험과 구원의 시점이 강조됨(1800~현재) • 전통적 복음주의자가 구원을 단순히 사회적이며 윤리적 개혁으로 재평가하는 자유주의에 직면함

유럽과 북미에서의 계몽운동 영향의 결과로 죄 용서, 칭의, 부활, 영생, 천국과 같은 오랜 경험으로 보증된 교리에 여지를 남기지 않은 '구원'의 개념에 수문이 열렸다. 유력한 독일 신학자 알브레히트 리츨(Albrecht Ritschl, 1822~1889)은 이 문제의 틀을 새롭게 짜려 한 대표자이다.

> 그는 구원이 기본적으로 어떤 사후 삶에서 행복한 상태를 성취하는 문제가 아니라고 믿었다⋯ 그보다 구원은 기본적으로 이 땅에서 하나님의 나라를 온전히 열매 맺는 것이다. 결과적으로 기독교는 다른 세상을 위한 종교가 아니라 사랑으로 영감을 받은 도덕적 행동으로 세상을 변하게 하는 종교다.47

기본적으로 윤리적이며 주로 사회적, 정치적, 또는 심리적 취지의 이 '구원' 개념은 아돌프 폰 하르나크(Adolf von Harnack, 1851~1930년)와 월터 라우센부쉬(Walter Rauschenbusch) 같은 저명한 사상가들에게 영향을 미쳤다.48

20세기 초, 전통적 개신교인은 현대주의자의 재평가에 강하게 반대했다. 그들은 복음뿐 아니라 세계적으로 복음을 담대하게 선포하는 일에서 그리스도의 인격과 사역이 중심임을 거듭 주장하였다. 복음주의 운동의 이름 자체가 '복음'을 뜻하는 헬라어 유앙겔리온(εὐαγγέλιον)에서 유래하며, 드넓게 구원의 좋은 소식을 전파하려는 열정은 항상 효과적인 버팀줄이었다.

---

47 Stanley J. Grenz and Roger E. Olson, *Twentieth-Century Theology: God and the World in a Transitional Age* (Downers Grove, IL: InterVarsity, 1992), 56.

48 Grenz and Olson, *Twentieth-Century Theology: God and the World in a Transitional Age*, 59~62를 보라.

하지만 오늘날 복음주의자는 교회사 전체에서 교회를 끈질기게 괴롭힌 바로 그 문제의 일부를 두고 서로 다툰다. 칼뱅주의자와 아르미니우스주의자, 그리고 그들 사이에 중간 견해를 주장하는 사람은 계속해서 자유 의지, 속죄의 범위, 예정, 영원한 안전과 같은 문제를 두고 논쟁을 벌인다. 다른 사람은 복음 메시지의 내용, 구원에서 회개와 변화된 삶의 역할, 구원과 성례전의 관계를 두고 논쟁한다. 마지막으로, 복음을 듣지 못한 사람이나 구원의 메시지에 반응할 수 없는 사람의 영원한 운명의 문제에 많은 불일치가 있다. 이것들과 그와 유사한 논쟁들이 역사에 걸쳐 오랫동안 지속한 것을 볼 때 그러한 다툼은 미래에도 계속할 것이다.

반드시 기억해야 할 사실

모든 선생님이, 교실에서 아주 감동적인 강의를 하거나 학생을 삶을 변화하는 배움으로 이끌었대도… 학생에게서 "이것 시험에 나오나요?"라는 말만 들은 경험이 있을 것이다. 나쁘게 말해서, 그 질문은 실용주의에 뿌리를 두고 있다. 학생은 자신이 그 내용을 알아야 할 의무가 있을 것인지에만 관심을 기울인다. 어쨌든, 우리는 정보를 기억하는 일에 능력이 제한되어 있다는 것이 사실이다. 그래도 좀 더 관대한 반응은 어떤 사실들, 어떤 세부적인 것들이 다른 것들보다 더 중요하다는 것을 인식하는 것이다. 내가 1970년대 모든 필라델피아 필리즈(Philadelphia Phillies, 역자주. 미국 프로야구 팀)의 선발 선수들 이름을 여전히 알고 있는 것이 어떤 때에는 도움이 되겠지만, 내 아내의 생일과 우리의 결혼기념일을 아는 것이 훨씬 더 중요하다.

여기 구원의 몇몇 핵심 진리가 있다. 그것들은 홀로 있지 않고 한 체계를 조직하고 창조하는 데 도움을 주고, 그 체계에서 관계된 사실과 세부사항이 조화를 이루게 한다. 이것들은 주된 것을 주된 것으로 유지하게 도움을 주며, 또한 왜 주된 것이 주된 것인지 이해하게 돕는다.

사실 1. 자기 필요를 이해할 때에만 하나님의 은혜를 붙잡을 수 있다

여러 해 전에, 나(글렌)는 가족과 함께 뉴멕시코의 칼즈배드 캐번즈(Carlsbad Caverns) 주립공원을 방문했다. 우리는 빅 룸(Big Room)까지 2km를 걸어 내려갔다.[1] 거기서 다른 방문객 그리고 공원 경비

---

[1] www.nps.gov/cave/planyourvisit/selfguided_tours.htm (2014년 6월 18일 접속)을 보라.

원과 합류했는데, 그 경비원은 동굴이 19세기 말에 짐 화이트(Jim White)에 의해 발견되었다고 말했다. 그는 화이트가 탐험하면서 발견한 상황, 특별히 어둠과 고립의 위험을 설명했다.

이어서 그는 어떤 종류의 빛도 없는 가장 깜깜한 어둠을 경험할 기회를 제안했다. 그는 모두에게 시계를 포함해서 모든 종류의 빛의 근원을 제거해 달라고 했다. 그는 모든 불빛을 껐으며, 곧바로 우리는 **어둠**에 관한 새로운 것을 알았다. 눈앞도 볼 수 없었다. 이어서 그가 성냥을 켰으며, 그것에서 나오는 작은 빛만이 어둠을 몰아냈다. 그 동굴의 어둠은 우리에게 빛을 새롭게 생각하게 했다. 빛이 어둠을 몰아내는 것과 그것이 다른 빛들 가운데 있을 때보다 어둠에서 더욱 밝게 비치는 것과 마찬가지로, 그리스도의 십자가, 부활, 재림의 소식이 좋다고 느끼는 정도는 우리가 가진 절망적 필요를 얼마나 이해하고 있는지와 직접 비례한다.

동산에서 인간의 반역으로 아담의 모든 후손은 '아담 안에서' 태어난다. 우리는 단지 죄의 성향을 지니고 태어나며 또한 죄를 지은 자로 태어난다. "죄의 삯은 사망이다"(롬 6:23). 우리에게 있는 보편적 죽음은 죄가 보편적이라는 사실을 입증한다. 모든 살아 있는 것이 죽는 것은 시간문제다. 의학의 진보가 생명을 연장할 수 있지만, 누구도 육체적으로 살아서 세상 밖으로 나가지 못한다. 우리는 이 일에 무언가를 하기에는 절망적이고 무력하다.

이 어둠과 타락에 복음의 빛이 비친다. 동굴 속의 작은 성냥 한 개비와 달리, 복음은 가장 밝은 빛이다. 그것은 우리 유일한 희망이다. 하나님께서는 우리가 우리 자신을 위해 결코 할 수 없었던 것을 우리에게 주신다. 우리가 죄인이었을 때 우리를 사랑하셨다. 우리가 그의 원수였을 때 우리를 자기 친구로 만드시려고 자기 아들을 주셨다. 우리가 허물과 죄 가운데 죽어있었을 때 생명을 선물로 주셨다. 그리고 먼저 우리를 사랑하셨기 때문에 우리가 그분을 사랑한다.

요약하면, 우리는 이미 우리 구원을 위해 할 수 있는 모든 것을 제공했다. 그것은 우리에게 있는 절실한 필요다. 우리는 원죄로 유죄의 상태로 태어났으며, 이어서 우리가 하는 것을 통해 우리가 죄인임을 규칙적으로 일관성 있게 확증한다. 우리는 우리가 만지는 모든 것을 계속해서 망가뜨리는 망가진 사람이다. 우리는 우리가 할 수 없는 것을 우리를 위해 해 주실 다른 어떤 분이 필요하다. 그것이 그리스도께서 하신 것이며, 그분이 계속해서 우리를 위해 하시는 것이다.

사실 2. 구원은 오직 은혜로, 오직 믿음을 통해, 오직 그리스도 안에서 이뤄진다

구원은 우리를 위한 아버지와 아들과 성령의 사역이다. 아버지는 세상을 만드시기 전에 구원받을 사람을 아셨다. 그는 아들을 보내셔서 우리와 같은 자가 되고, 우리의 죄의 대가를 지급하시려고 자기 생명을 주며, 우리에게 영생의 확신을 주시려고 죽음으로부터 부활하게 하셨다. 신자는 담보, 계약금, 인장, 우리가 받을 유업의 첫 열매로서 성령을 받는다(롬 8:23). 성령은 우리 유업이 아니다. 앞으로 있을 형언할 수 없는 유업의 시작이시다(엡 1:14).

우리는 모두 아담 안에서 태어났다. 삼위일체 하나님의 사역으로, 우리는 이제 성령의 능력을 통해, 아버지의 뜻으로 그리스도와 연합하여 그분 안에 있다. 그리스도께 적용되는 것이 우리에게 적용된다. 우리가 거룩하기 때문이 아니라, 그분의 비길 데 없는 은혜 때문이다. 그리고 그리스도께 약속된 것이 우리에게도 약속된다. 우리가 그분 유업을 받을 자격이 있어서가 아니라, 그분의 비길 데 없는 은혜 때문이다. 우리는 그와 함께 죽었고, 그와 함께 장사되었으며, 그와 함께 부활할 것이라는 확신이 있다. 우리의 이 소망은 그분의 비길 데 없는 은혜 때문이다. 우리 정체성, 운명, 소망, 생명 자체가 그분 안에서 발견된다. "이 비밀은 여러분 안에 계신 그리스도요, 곧 영광의 소망입니다"(골 1:27).

> ### 성령의 구원 사역
>
> 1. 그리스도의 몸에 들어가게 하신다(고전 12:13)
> 2. 생명을 주신다(고후 3:6)
> 3. 속량을 보증하신다(엡 1:13~14)
> 4. 관계를 위해 내재하신다(요 14:16~17; 고전 6:19)
> 4. 변화를 위해 충만하게 하신다(엡 5:18~21)
> 5. 그리스도인이 열매를 맺도록 그 안에서 역사하신다(갈 5:22~23; 빌 2:12~13)

우리는 우리 자신을 통해, 우리 자신의 사역으로, 또는 우리 안에 있는 어떤 선한 것 때문에 구원되지 않았다. 우리는 오직 은혜로, 오직 믿음을 통해, 오직 그리스도 안에서, 곧 삼위일체 하나님의 사역으로 구원받았음을 잊지 말아야 한다.

사실 3. 구원은 이루려는 목적이 있다

나(글렌)는 그리스도인 가족과 신앙 공동체에서 자랐다. 나는 평생 복음을 들었다. 어릴 때 나는 '구원'이 회심 때에, 예수님을 믿는 순간 일어난다고 생각했다. 사람들은 종종 "너는 언제 구원받았어?"라고 내게 물었다. 그들이 기대하는 대답은 특정 나이나 특별한 날짜였다. 하지만 (어떤 식으로든, 구원받기 위해 그리스도를 신뢰하게 되는 것이 중요하다는 것을 경시하지 않더라도) 구원론의 초점은 특별히 시간적이라기보다 종말론적이다. 이러한 사실을 발견했을 때 나는 "언제 구원받았어요?"라는 질문에 "저는 여전히 기다리고 있습니다."라고 대답하려는 유혹을 받았다.

구원은 과거 어떤 시점에, 우리가 회심하고, 의롭다하심을 받고, 거듭났을 때 우리에게 일어났던 일만이 아니다. 기본적으로 구원은 미래적 초점, 곧 미래의 소망을 지닌다. 미래 유업의 첫 열매를 이미 받은 우리는 하나님의 약속이 성취되는 때, 곧 새 하늘과 새 땅을 기대한다(롬 8:22~25). 하나님의 속량 계획 궤적은 우리를 미래로 이끌며, 우리가 굳게 서서 인내하도록 용기를 준다. "약속하신 이는 미쁘시기" 때문이다(히 10:23).

우리에게 소망이 있는 것은 우리가 충분히 열심히 일한다면 더 좋은 세상을 만들 수 있기 때문이 아니다. 우리에게 소망이 있는 것은 하나님께서 새로운 창조를 약속하셨으며, 그의 약속은 분명하고 확실하기 때문이다. 그는 '착한 일'을 시작하셨으며 분명히 '이루실' 것이다(빌 1:6). 우리와 모든 피조물에게 그 약속이 진리인 것은 그것이 무에서 창조하시고, 망가진 것을 속량하시는 분, "죽은 자를 살리시며 없는 것을 있는 것으로 부르시는" 하나님에게서 온 것이기 때문이다(롬 4:17).

사실 4. 구원은 교회를 마음에 두고 있다

나(글렌)는 태어난 지 몇 주 안 된 때에 어머니의 팔에 안겨 예배에 참석하면서 지역 교회에 참석했다. 물론 나는 그날을 기억하지 못한다. 하지만 나는 분명히 그 교회에서 다른 수많은 기억이 있다. 나는 그리스도의 몸이 가진 가치와 '삶을 함께하는 것'의 중요성을 배웠다.[2] 그 원리는 교실에서 배웠다기보다 공동체의 모범을 통해 배웠다고 생각한다. 다만, 후에 점차 좀 더 발전한, 성경적이며 신학적인 이해를 했다.

우리는 하나님께서 택하시고 구별하신 개인으로서 구원받는다. 우리는 모든 것이 새롭게 될 때 개인적으로 구원받을 것이다(마 19:28).

---

[2] Dietrich Bonhoeffer, *Life Together: The Classic Exploration of Faith in Community* (New York: HarperOne, 2009)를 보라.

하지만 구원은 개인으로 끝나지 않는다. 우리는 그리스도의 몸에 속한 수많은 다른 구성원과 함께 속량되어 그리스도와 연결되었다. 우리는 시간과 공간을 초월하는 가족의 일원이 된다. 그 가족은 역사에 걸쳐 다양한 문화를 통틀어 예수님 안에 있는 모든 신자로 구성된다. 예수님께 연결된 우리는 서로 연결된다. 하나님에 대한 사랑과 서로에 대한 사랑을 통해 사람들이 아버지께서 아들을 세상에 보내셔서 모두가 그를 통해 구원받게 하셨다는 것을 보고 알게 하려 함이다(요 17:23). 우리는 다른 사람을 불러 그들이 예수 그리스도를 믿고 구원받으며 이 '거룩한 나라'와 '왕 같은 제사장들'(벧전 2:9), 이 땅에서 하나님 아들의 몸(고전 12:12~27) 일부가 되게 하는 그분 대사들이다.

사실 5. 죄의 종노릇에서 해방은 새로운 주인이 있다는 뜻이다

성경에서 속량을 말하는 표현들은 하나님의 백성인 이스라엘이 이집트 노예 생활로부터 풀려남에 뿌리를 두고 있다. 하나님께서 그들을 해방하시면서 그들을 노예 주인으로부터 구원하신 것은, 그들이 그분 백성이 되고 그분을 섬기게 하려 함이었다. 그들은 새로운 주인에게 충성해야 했다. 하나님은 그들 주인이셨다.

속량의 언어는 노예 신분의 형식에 기초한다. 노예를 소유하는 세상에서 인간은 다른 인간을 소유한다. 노예는 주인의 재산이며, 다른 재산처럼 매매할 수 있다. 노예의 주인이 자비를 베풀기로 하지 않는 한 노예 신분은 평생이거나 계약서로 약정된 경우 빚을 갚을 때까지 지속한다. 자유는 대가를 지급해야 얻는다. 이론적으로 노예가 자신의 속량을 위한 구매가격을 지급하는 것이 가능했지만, 그런 일은 거의 없었다. 그들은 자신들의 가치만큼의 값을 지급하려고 자금을 모으는 것이 거의 불가능했다. 하지만 노예는 다른 주인, 그를 속량하기 위한 수단을 가진 어떤 사람이 사들일 수 있었다. 시장에서 사들인 노예는 풀려나지 않고 새로운 주인의 노예가 되었다.

마찬가지로 우리는 죄의 노예였다(요 8:34; 롬 6:20). 매입되어, "그리스도의 보배로운 피"(벧전 1:19)로 속량 받은, 우리가 결코 갚을 수 없었던 빚을 탕감받은 우리는 이제 그분에게 속한다(롬 6:22). 우리는 은혜의 활동으로 속량되어, 영생을 값없이 선물로 받았으며(23절), 가장 자비로우신 분 손에 건져졌다. 그래서 우리는 '의의 종'이 될 수 있다(18절).

> 여러분이 아무에게나 자기를 종으로 내맡겨서 복종하게 하면, 여러분은, 여러분이 복종하는 그 사람의 종이 되는 것임을 알지 못합니까? 여러분은 죄의 종이 되어 죽음에 이르거나, 아니면 순종의 종이 되어 의에 이르거나, 하는 것입니다. (롬 6:16)

사실 6. 복음은 육체적 부활과 우주적 속량을 약속한다

좋은 소식은 많다. 내(글렌)가 좋아하는 팀이 이기는 것은 좋은 소식이다. U2(역자 주. 아일랜드 더블린 출신의 록 밴드)가 달라스에 온다는 것과 내가 (어떤 대가를 치르더라도) 표를 손에 넣을 수 있다는 것은 좋은 소식이다. 그리고 진짜 좋은 소식도 있다. 내가 들은 가장 좋았던 말의 하나는, 아내의 수술 때 담당 의사가 나를 불러서 "암의 징후가 없습니다."라고 했던 말이다.

하지만 **최고의** 소식은 죽은 자의 부활이 약속되었다는 소식이다.

하나님께서는 살아 있는 것들을 창조하셨지만, 죄 때문에 그것들은 죽게 되고 말았다(롬 5:12). 죄가 없었다면 죽음이 없었을 것이다. 현재 상황에서는 타락 때문에 살아 있는 피조물은 태어나는 날부터 죽기 시작한다.

하나님께서는 하늘과 땅을 창조하시고 그가 만드신 모든 것이 "아주 좋다"라고 선언하셨다(창 1:31). 이러한 선언은 살아 있는 피조물 무리를 포함했다. 타락은 피조물에 대한 하나님 사랑을 변하게 만들지 않았다. 그리고 그의 속량의 사역이 완성될 때 죽음은 더는 쏘아 대는 것이 아니다(고전 15:55). 타락의 모든 효과가 제거될 것이다.

죽음이라는 무서운 적은 모든 싸움에서 이기는 것처럼 보인다. 하지만 죽음이 싸움에서 이기지 못한다. 하나님의 은혜로, 예수님께서 죽음에서 부활하셨을 때 그는 죄와 죽음을 정복하셨다. 죽음이 더는 우리를 지배하지 않는다. 싸움은 죽음이 온전히, 최종적으로 패배하기 전까지 끝나지 않을 것이다. 부활의 약속은 언젠가 죽음이 영원히 불 못에 던져진다는 것이다(계 20:14). 우리는 더는 죄와 죽음이 지배하지 않는 재창조된 땅에서 영원히 우리 주님과 살려고 부활한다. 언젠가 그것은 사실이 된다.

> 더는 죄와 슬픔이 자라지 못하며,
> 더는 가시가 땅을 뒤덮지 못하게 하라.
> 그가 오셔서 축복이 흐르게 하신다.
> 저주가 발견되는 곳마다, 저주가 발견되는 곳마다.[3]

사실 7. 세상은 하나님의 은혜를 드러낸다―그것을 볼 눈이 있는가?

관점이 변하면 모든 것이 변한다. 어떤 사람은 세상을 보고 부패와 폐허와 파괴를 본다. 다른 사람은 같은 세상을 보면서 그것이 가진 문제를 보지만, 또한 하나님께서 만드신 것 안에 있는 광채와 위엄을 본다. 이곳에서 지금도 어떤 사람은 삶과 예술에서 '에덴의 메아리'를 듣는다.[4] 우리는 우리가 볼 것이라고 기대하는 것을 상당히 많이 본다.

하나님께서는 이스라엘을 노예 생활로부터 해방하시면서 이집트 땅에 재앙을 내리시면서 능력을 나타내시고, 자기 백성을 보호하고 지키심을 증명하셨다. 바다에서 다시 자기 백성을 바로의 군대에서

---

[3] Isaac Watts, "Joy to the World," 1719. 저작권 공유.

[4] Jerram Barrs, *Echoes of Eden: Reflections on Christianity, Literature, and the Arts* (Wheaton, IL: Crossway, 2013)를 보라.

구원하셨다. 그들에게 물을 주셔서 마시게 하시고 만나를 주셔서 먹게 하셨다. 밤에는 불기둥으로 낮에는 구름으로 그들을 이끄셨다. 이집트 사람과 주변 여러 나라는 하나님의 능력을 위협으로 보았다. 이스라엘 사람들은 그것을 보호와 공급으로 보았다.

예수님은 제자들을 가르치시면서 "귀 있는 자들은 들어라."라고 하시며 그들을 격려하셨다(마 13:9; 참고. 11:15; 계 2:7, 11). 그는 그들에게 복을 선언하기도 하셨다. "그러나 너희의 눈은 지금 보고 있으니 복이 있으며, 너희의 귀는 지금 듣고 있으니 복이 있다"(마 13:16). 본다는 것은 복에 의한 행위이며 결과다. 바울은 불신자가 "이 세상의 신"에 의해 눈이 가려져 "그리스도의 영광의 복음의 광채"를 볼 수 없게 되었다고 말한다(고후 4:4). 거듭남을 통해 내재하시는 성령은 "예수 그리스도의 얼굴에 나타난 하나님의 영광을 아는 지식의 빛을 우리에게 주셨습니다"(고후 4:6). 하나님의 이 영광, "그의 보이지 아니하는 것들, 곧 그의 영원하신 능력과 신성은 창세로부터 그가 만드신 만물에 분명히 보여 알려졌다"(롬 1:20).5 필립 얀시(Philip Yancey)는 그것을 간결하게 말한다. "하나님이 존재하신다면, 그리고 우리 지구가 하나님의 대표적인 예술작품이라면, 우리는 그러한 실재를 고려하지 않고서 우리가 왜 여기 있는지 결코 이해하지 못한다."6

하나님은 직접 만드신 것을 통해 자기를 나타내시지만, 또한 자기 아들과 그 아들의 몸인 교회에서도 드러나신다. 바울은 교회가 **이제** "하나님의 갖가지 지혜를" 드러낸다고 말한다(엡 3:10). "오는 여러 세대에" 하나님께서는 교회 안에서 "그 은혜의 지극히 풍성함을 나

---

5 또한, 시편 19편을 보라. 조나단 에드워즈는 자연에서 하나님을 보는 것에 많은 관심을 기울였다. Stephen J. Nichols, "More than Metaphors: Jonathan Edwards and the Beauty of Nature" in *Southern Baptist Journal of Theology* 14.4 (2010): 48~58을 보라.

6 Philip Yancey, *Rumors of Another World: What on Earth Are We Missing?* (Grand Rapids, MI: Zondervan, 2003), 29.

타내신다"(2:7). "어그러지고 거스르는 세대 가운데서" 교회는 "생명의 말씀을 단단히 붙잡음으로써 세상에서 그들 가운데 빛들로" 나타나야 한다(빌 2:15~16). 은혜는 그것이 존재하는 곳에서 볼 수 있으며, 그것은 모든 곳에 존재한다. 하나님께서 우리가 보고 듣기를 원하시는 것에 우리의 눈과 우리의 귀를 열어주시기를 바라신다.

반드시 기억해야 할 일곱 가지 사실

1. 자기 필요를 이해할 때에만 하나님의 은혜를 붙잡을 수 있다
2. 구원은 오직 은혜로, 오직 믿음을 통해, 오직 그리스도 안에서 이루어진다.
3. 구원은 이루려는 목적이 있다.
4. 구원은 교회를 마음에 두고 있다.
5. 죄의 종노릇에서 해방은 새로운 주인이 있다는 뜻이다.
6. 복음은 몸의 부활과 우주의 속량을 약속한다.
7. 세상은 하나님의 은혜를 드러낸다―그것을 볼 눈이 있는가?

피해야 할 위험

표준 교통 신호는 운전자에게 앞에 놓인 위험을 경고한다. 이것은 보통 다이아몬드 모양의 노란색 바탕에 검은색 글자나 형상으로 되어있다. 그것들은 급커브, 돌출부나 침하, 미끄러운 표면, 또는 동물 횡단을 알린다. 지혜로운 운전자는 이러한 경고에 주의를 기울인다. 어리석은 운전자는 자신, 동승자, 다른 운전자와 승객, 심지어 길을 건너는 동물을 위험에 처하게 한다.

우리는 항상 기억하고 잊지 말아야 할 일곱 가지 중요한 사실을 살펴보았다. 이제 피해야 할 여러 위험을 고려하겠다. 어떤 것은 성경이 구원에 관해 가르치는 것을 부정한다. 다른 것은 초점이나 강조를 잘못된 곳에 둔다. 모든 경우, 신호를 무시함으로써 우리와 다른 사람을 위험에 빠뜨린다.

위험 1. 행함에 기대기

구원은 오직 은혜로, 오직 믿음을 통해, 오직 그리스도 안에서 이루어지든지, 그렇지 않든지이다. 중간 지점은 없다. 은혜로 구원에 뭔가를 더하면 오직 은혜로 구원이 아니다. 어떤 요소든 행위에 의존하게 만드는 것은 이단적 생각이다.

인간이 죄인으로 태어난다면, 우리가 아담의 죄로 유죄가 되었다면, 또는 우리가 하나님을 배반했다면, 우리에게 구원이 필요하다. 우리가 어떤 것을 한다고 해도 그것은 죄와 반역을 통해 우리가 하나님께 끼친 피해를 되돌릴 수 없다. 우리가 이바지할 수 있는 것은 우리의 절박한 필요뿐이다.

하나님의 자비에 관한 네 가지 견해

	배타주의	포괄주의	보편주의	다원주의
용어	오직 그리스도에 대한 분명한, 의식적 믿음을 통해 구원받음	오직 그리스도를 통한 구원, 사람은 구체적 지식이 없이 구원받을 수 있음	모든 사람이 궁극적으로 구원받음	모든 도덕적인 종교가 하나님께로 이어짐
교리	• 오직 그리스도의 속죄의 죽음에 의해 • 오직 그의 인격과 사역에 대한 구체적인 믿음을 통해 • 구약 성도는 메시아에 대한 믿음을 실행하고 천국에 들어가려면 메시아의 죽음을 기다려야 했음[1]	• 오직 그리스도의 속죄의 죽음에 의해 • 속죄는 믿을 기회가 없는 자에게도 연장(예. 유아, 정신장애자), 주어진 계시에 반응하는 자에게도 적용	• 하나님은 모두가 구원받기를 원하심 • 영원한 형벌은 하나님의 선하심과 모순됨	• 모든 종교는 구원의 진리를 포함 • 하나님은 한 분이시지만, 길은 여럿임 • 정확성이나 지식보다 진실된 추구가 중요함
교사	• 아우구스티누스 • 장 칼뱅 • 찰스 라이리 • 존 파이퍼	• 순교자 유스티누스 • 울리히 츠빙글리 • 존 웨슬리 • C. S. 루이스	• 오리게네스 • 프리드리히 슐라이어마허 • 칼 바르트	• 존 힉 • 극단적, 세계교회주의, 대중적 민중신학
본문	눅 24:46~49; 요 3:5, 16~18, 36; 5:24; 행 4:12; 롬 10:9~15; 계 20:11~15	요 10:16; 롬 1~2장(이 견해 지지자가 인용한 본문)	롬 5:18; 고전 15:22~28; 요일 2:2(이 견해 지지자가 인용한 본문)	요 10:16; 롬 2:4~16(이 견해 지지자가 인용한 본문)
진상	대부분 장소, 대부분 시대의 더 많은 그리스도인의 주된 구원관이며, 어떤 사람은 온건한 포괄주의에 찬성하고 유연해 짐	많은 신자가, 특별히 현대에 적어도 온건한 형태의 포괄주의에 동의함(특별히 유아 사망자와 관련하여)	적은 수의 정통 그리스도인이 조심스럽게 낙천적으로 보편주의를 제안하였으나, 대부분은 그것을 피해야 할 위험으로 생각함	구원 사건으로서 그리스도의 성육신, 죽음, 부활의 독특성을 믿는 정통 그리스도인은 다원주의를 지지할 수 없음

복음은 하나님께서 죄와 반역 가운데 있는 우리를 사랑하셨다고 말한다. 그는 주도적으로, 우리가 자신을 위해 할 수 없었던 것뿐 아니라 우리가 하기 원치 않았던 것을 하셨다. "그러나 우리가 아직 죄인이었을 때에, 그리스도께서 우리를 위하여 죽으셨습니다"(롬 5:8).

하지만 그리스도의 죽음, 부활, 하늘에 오르심에 기초한 구원은 과거의 경험만이 아니다. 은혜로 **의롭게** 된 우리는 또한 (행위가 아니라) 은혜로 믿음을 통해 **성화**된다. 부활과 만물의 재창조 소망은 하나님의 일이지, 내 일은 아니다.

한 요소라도 행위에 의한 것이면 구원은 오직 은혜로, 오직 믿음을 통해, 오직 그리스도 안에 이루어지는 것이 아니다. 구원은 죄인에게 주어지는 **하나님의** 은혜로운 선물이다.

위험 2. 행하지 않기

행위로 의로워지려는 노력이 피해야 할 위험인 만큼, 그 반대 오류인 반율법주의(antinomian) 이단도 전적으로 파괴적이다. 자기 구원하기에 아무것도 할 수 없다면, 구원이 전적으로 하나님의 역사라면, 그 사실로 수동적 존재가 되는가? 아무것도 하지 않는다는 말인가?

성경은 따라야 할 명령으로 가득하다. 어떤 명령이 가장 큰지 질문에, 예수님은 말씀하셨다.

> "[37]… '네 마음을 다하고, 네 목숨을 다하고, 네 뜻을 다하여, 주 너의 하나님을 사랑하여라'라고 하였으니, [38]이것이 가장 중요하고 으뜸가는 계명이다. [39]둘째 계명도 이것과 같은데, '네 이웃을 네 몸과 같이 사랑하여라'라고 한 것이다. [40]이 두 계명에 온 율법과 예언서의 본뜻이 달려있다." (마 22:37~40)

---

1 이 특별한 교리는 일부 배타주의자가 믿는다.

하나님의 모든 요구는 "'네 이웃을 네 몸과 같이 사랑하여라'라고 하신" 이 명령에 요약되어 있다. "사랑은 이웃에게 해를 입히지 않습니다. 그러므로 사랑은 율법의 완성입니다"(롬 13:9~10). 분명히 사랑은 능동적이다. 분명히 우리는 이 명령에 순종해야 한다. 분명히 그리스도인의 삶은 수동적이지 않다.

나는 이것이 우리가 쉽게 해결할 수 없는(그것이 해결 가능하다면) 긴장을 포함한다고 생각한다. 구원은 시작부터 끝까지 우리를 위한 하나님의 사역이다. 구원하는 믿음은 능동적이며 가시적이다. 그리스도인의 삶은 능동적 삶이다. 그러한 긴장을 해결하려는 노력 대신 빌립보서 2:12~13에서 바울은 분명히 말한다. "두렵고 떨리는 마음으로 자기 구원을 이루어 나가십시오. [13]하나님은 여러분 안에서 활동하셔서, 여러분이 하나님을 기쁘게 해 드릴 것을 염원하게 하시고 실천하게 하시는 분입니다." 존 뉴턴(John Newton)은 그것을 이렇게 표현했다. "은혜가 나를 두려워하도록 가르쳤으며, 은혜가 나를 두려움으로부터 해방하였다."[2] 은혜는 우리가 위엄 있는 하나님을 두려워하도록 가르치며 또한 우리를 그에게로 이끈다. 복음의 은혜는 우리를 해방해 자유롭고 열성적으로 섬기게 한다.

위험 3. 구원을 죄가 없다는 것으로 단순화하기

복잡한 신학적인 개념을 단순한 말과 생동하는 문장으로 옮기는 것은 도전할만한 가치 있는 목표다. 하지만 때때로 단순화하려는 욕구는 오류로 이어진다. 우리의 많은 사람은 삼위일체가 계란에 비유하는 것을 들었다. 그러나 그것은 세 위격으로 영원히 존재하시며, 각 위격이 같은 본질을 공유하는 한 분이신 하나님에 대한 부정확한 유비다.

그리스도인의 삶 초기에 나는 칭의(justification)가 이제 그것은 "마치 내가 죄를 지은 적이 없는 것과 같다(just as if I'd never sinned)"

---

[2] John Newton, "Amazing Grace," 1779. 저작권 공유.

를 의미한다고 배웠다. 이러한 표현이 기억하기 쉬워도, 완전히 잘못된 결정적 단점이 있다. 복음이 가져오는 영광스러운 하나님 은혜를 경시하고 낮게 평가한다.

하나님께서 아담과 하와를 창조하셨을 때 그들은 천진하고, 완전하며, 죄가 없었다. 먹지 말라고 한 것을 먹음으로써 하나님을 배반했을 때, 그들은 죄를 범한 죄책이 있는 자가 되었다. 그 죄가 그들이 가졌던 하나님과의 관계를 끊었고, 죄책 판결을 가져왔으며, 궁극적으로 그들은 죄의 삯을 받았다. 곧, 죽음이다.

예수님은 새 언약을 통해 죄 용서를 보증하셨다(마 26:28). 구약에서 의식을 통해 얻는 용서는 짐승이 대신 피를 흘리게 함으로 이루어졌다(히 9:22). 그다음에 용서는 오직 그리스도의 속죄 사역을 통해 성취된다(엡 1:7). 용서는 죄로 비롯한 죄책을 제거하고, 죄책을 지닌 사람을 무죄의 깨끗한 상태로 되돌린다.

하지만 이러한 공급은 백지상태의 결과로 끝나지 않는다. 복음은 단순히 죄를 제거하는 것이 아니다. 그것은 또한 신자가 의롭게 된다는 약속이다. 의롭게 되는 것은 단지 무죄라고 선언되는 것이 아니라, 완전히 의롭다고, 의로우신 분처럼 의롭다고 선언되는 것이다. 개신교 신학에서 '칭의'는 법적인 용어로서 재판관이신 분이 그리스도의 의를 의롭지 못한 사람에게 전가 또는 인정(credit)함으로써 그 사람이 의롭다고 선언하는 것을 뜻한다(롬 3:21~26; 4:24; 참고. 4:1~5). 로마가톨릭 견해에서 의롭게 하는 은혜는 성례전을 통해 신자에게 분여된다(impart).

최근 개신교 여러 신학자는 '바울에 관한 새 관점'을 제안했다. 가장 저명한 사람의 한 명인 톰 라이트(N. T. Wright)는 바울의 글에서 '칭의'가 정당화(vindication), 곧 하나님께서 마지막 심판에서 선언하시는 판결로 이해해야 한다고 말한다.[3] 그는 그 선고가 아브라함 언

---

[3] N. T. Wright, *Justification: God's Plan and Paul's Vision* (Downers

약에 기초한다고 강조한다. 라이트의 견해에서 칭의는 "(a) 어떤 사람이 (그가 지은 죄가 예수님의 죽음을 통해 용서되었기 때문에) 옳다는 것과 (b) 그 사람이 진정한 언약 가족, 하나님께서 처음 아브라함에게 약속하셨고 이제 그리스도와 성령을 통해 창조된 가족, 동등하게 믿는 유대인과 믿는 이방인으로 구성된 하나의 가족 구성원인 것을 선언하는 것"이다.4 라이트의 견해는 전가된 의를 경시하고(또는 부정하고), 하나님과 관계 수단으로서 언약을 강조하며, 칭의를 (회심의 때가 아닌) 미래에 위치시킨다. 하지만 그는 여전히 칭의를 모든 사람을 심판하시는 분에 의해 선언되는 법적인 용어로 다룬다.

두 방식 모두 칭의는 신자가 올바르다, 또는 의롭다는 선언이다. 하나님 한 분을 제외하고 의로운 사람은 없다. "[21]그러나 이제는 율법과는 상관없이 하나님의 의가 나타났습니다. 그것은 율법과 예언자들이 증언한 것입니다. [22]그런데 하나님의 의는 예수 그리스도를 믿는 믿음을 통하여 오는 것인데, 모든 믿는 사람에게 미칩니다"(롬 3:21~22). 불의한 사람이 의롭게 될 수 있는 유일한 길은 의로우신 분의 대리 속죄 사역을 통해서다. "하나님께서는 죄를 모르시는 분에게 우리 대신으로 죄를 씌우셨습니다. 그것은 우리가 그리스도 안에서 하나님의 의가 되게 하시려는 것입니다"(고후 5:21).

위험 4. 구원을 (과거에) 머물러 있게 하기

구원은 과거와 현재와 미래의 측면을 가진다. 찰스 라이리(Charles Ryrie)는 다음 말로 설명한다.

Grove, IL: Inter-Varsity, 2009).

4 N. T. Wright, "New Perspectives on Paul," Edinburgh Dogmatics Conference, Aug. 2003, 12; ntwrightpage.com/Wright_New_Perspectives.htm (2014년 5월 14일 접속).

하나님의 관점에서 구원은 사람을 정죄에서 칭의로, 죽음에서 영생으로, 소외에서 부자 관계로 옮기는, 하나님의 전체 사역을 포함한다. 사람의 관점에서 구원은 그리스도 안에 있음으로써 이 땅에서 삶과 오는 삶에서 얻는 모든 복을 통합한다.5

그는 계속해서 구원의 세 가지 시제를 묘사한다.

(1) 사람이 죄의 정죄에서 구원된다고 믿은 때(엡 2:8; 딛 3:5). (2) 신자가 또한 죄의 지배에서 구원받으며 성화되고 보존되는 때(히 7:25). (3) 하늘에서 영원히, 죄의 존재 자체에서 구원받을 때(롬 5:9~10).6

사람들은 자주 **구원**이라는 용어를 회심과 유사어로 사용한다. 여기서 회심의 순간인 '구원'은 경건함에서 자라가는 과정, 또는 제자도인 '성화'와 구별된다. 앞에서 지적했듯이, 사람들은 때때로 자신이 "구원받은" 때를 묘사한다. 그 표현으로 구원이 전적으로 과거의 일임을 암시하려 하지는 않는다. 뜻하는 바는 과거 어떤 시점에 복음 메시지를 믿고, 죄를 뉘우치며, 구원을 위해 오직 그리스도를 믿음이다.

우리는 구원이 한순간, 한 과정, 그리고 또 다른 과정임을 기억해야 한다. 과거에 기초하지만, 현재와 미래에 지속하는 효과를 가진 구원은 결혼에 비유할 수 있다. 나(글렌)와 내 아내는 1977년의 흐리고 후텁지근한 한 날을 다정한 기억으로 되돌아본다. 그것은 우리가 가족과 친구로 가득한 교회 앞에 서 있었고, 제임스 오버(James Ober) 목사님이 우리를 '남편과 아내'로 선포한 날이다. 그날은 우리 관계에 모든 것을 바꿨다. 하지만 그것은 우리 관계의 끝이 아니었다. 단지 시작이었다. 신혼이 끝나고 이어서 서로를 사랑하고 섬기는

---

5 Ryrie, *Basic Theology*, 277.

6 Ryrie, *Basic Theology*, 277.

배움의 길고 어려운 과정이 시작했다. 결혼은 시작했지만 긴 과정이 남아있다. 구원에서 우리는 그리스도를 믿는 믿음으로 나아오고, 한 시점에 하나님의 원수에서 하나님의 친구로 옮긴다. 이어서 경건에서 자라가는 긴 과정이 있으며, 그 과정은 (영화라고도 알려진) 죽은 자의 부활과 창조의 회복에서 절정에 이른다. 칭의가 있으며, 이어서 성화가 있고, 그 후 영화가 있을 것이다. 이 **모든** 것이 구원이다.

위험 5. 예수님은 나까지도 나만 사랑하신다

구원은 개인적이다. 하나님께서는 자기 아들의 속죄 희생을 통해 죄인을 구원하신다. 하지만 개인을 구원하시고 그를 한 몸에 두신다. 오직 은혜로, 오직 믿음을 통해, 오직 그리스도 안에서 홀로 구원받는 것이 맞다. 하지만 그다음에 구원(의롭다함) 받은 신자는 혼자가 아니다.

고린도전서 12장에서, 바울은 교회를 묘사하는 데 몸의 비유를 사용한다. 많은 지체로 이루어져 지체 각각이 독특한 역할을 하는 인간 몸의 통일성과 그러한 몸과 유사하게 많은 부분으로 이루어진 그리스도의 몸을 비교한다. 개인적으로 구원받아 "우리는 유대 사람이든지 그리스 사람이든지, 종이든지 자유인이든지, 모두 한 성령으로 침례를 받아서 한 몸이 되었고, 또 모두 한 성령을 마셨습니다"(고전 12:13). 다른 곳에서는 서로 관계를 다음 말로 묘사한다.

> [15]우리는 사랑으로 진리를 말하고 살면서, 모든 면에서 자라나서, 머리가 되시는 그리스도에게까지 다다라야 합니다. [16]온 몸은 머리이신 그리스도께 속해 있으며, 몸에 갖추어져 있는 각 마디를 통하여 연결되고 결합합니다. 각 지체가 그 맡은 분량대로 활동함을 따라 몸이 자라나며 사랑 안에서 몸이 건설됩니다. (엡 4:15~16)

구원은 개인과 연합이며, 또한 우주적이기도 하다. 구속 사역은 모든 피조물이 구속될 때까지 완성되지 않는다. 피조물은 속박과 부패에서 해방을 기대하며 신음하고, 그 구속은 우리 구속, 곧 우리 몸의 부활과 연결되어 있다(참고. 롬 8:18~25). 구속의 이야기 끝에 하나님께서는 새 하늘과 새 땅을 창조하시고 땅 위에서 우리와 함께 영원히 거하신다(계 21:1~4).

구원에 관한 교리인 구원론은 성경에서 가장 웅장한 주제가 틀림없다. 그것은 영원한 과거와 영원히 미래 그리고 모든 시대를 포함한다. 그것은 어떻게든 예외 없이 모든 인류와 관계있다. 천사의 영역에도 영향을 미친다. 구약과 신약 모두의 주제다. 개인, 나라, 우주와 연관된다. 그리고 가장 위대한 분이신 우리 주 예수 그리스도가 그 중심이시다.[7]

위험 6. 인과응보(Karma)와 함께하려고 은혜 버리기

구원은 오직 은혜로 성취된다. 하나님께서는 은혜라는 선물을 통해 "우리에게 과분한 호의를 베푸신다."[8] 따라서 그것은 수고하여 얻을 수도 갚을 수도 없다. "은혜는 무한하신 하나님께서 우리를 사랑하실 수 있는 만큼 이미 우리를 사랑하심을 의미한다."[9]

앞에서 우리는 구원에 행위를 더하기와 성화에서 순종의 필요성을 부정하기의 위험을 살펴보았다. 또 다른 위험은 마치 인과응보가 우리 삶의 주인인 것처럼, 마치 인과응보가 모든 것을 최종적으로 결정하는 것처럼 우리에게 (그리고 다른 이들에게) 일어나는 일을 평가하는 것이 가져오는 위험이다. 인과응보는 무엇인가?

[인과응보는] 선한 행위, 말, 생각, 명령은 사람에게 유익한 효과로 이어지며, 나쁜 행위, 말, 생각, 명령은 해로운 효과로 이어지는 인

---

[7] Ryrie, *Basic Theology*, 277.

[8] Erickson, *Christian Theology*, 265.

[9] Yancey, *What's So Amazing About Grace?*, 62.

과관계가 있다[고 보는 견해다]. 이 효과는 즉각 일어나야 하는 것은 아니며, 환생을 통해 미래의 삶에서 한 영혼에게 찾아올 수 있다. 또한, 생에서 경험하는 행운과 불운은 과거의 생에서 행한 선행과 악행의 결과일 수 있다.10

더 비공식적으로, 인과응보는 원인과 결과, 뿌림과 거둠의 법칙이며, 남에게 한 대로 되돌려 받으며, 지금 일어나는 일은 우리가 그것을 받을 만큼 어떤 것을 했기 때문이라고 말한다. 요약하면, 이 사고방식으로 우주는 기계론적인 것이 되며, 사건은 인과응보의 원리로 설명할 수 있다.

보노(Bono)는 이런 식으로 덜 전문적인 의미에서 인과응보를 사용하여 말한다. "나에게 인과응보는 우주의 바로 중심에 있는 것이 분명하다. 나는 그것을 절대적으로 확신한다. 하지만 그것과 함께 은혜라고 불리는 이 개념이 나타나 '뿌린 대로 거둔다.'라는 모든 생각을 뒤집는다. 은혜는 이성과 논리를 무시한다. 당신이 용납할 수 있다면, 사랑은 당신 행위의 결과를 가로막는다. 내 경우 그것은 참으로 매우 좋은 소식이다. 나는 수많은 어리석은 일을 했기 때문이다."11

인과응보로 돌아가려는 경향은 우리가 일어나는 일을 설명하려고 직접 원인과 결과의 관계를 찾을 때 가장 분명하게 볼 수 있다. 분명히, 때때로 (심지어 자주) 우리는 참으로 우리가 내린 결정의 결과를 경험한다. 하지만 때때로 좋은 일과 나쁜 일이 일어나는 다른 수많은 이유가 있으며, 때때로 설명할 수 없다.

인과응보는 세상을 이해하는 것처럼 보일 수 있다. 건강한 식사, 규칙적인 운동, 충분한 잠이 생명을 늘린다면, 병이 드는 사람은 아

---

10 "Karma (Hinduism)," *Resources on Faith, Ethics, and Public Life*, Berkley Center for Religion, berkleycenter.georgetown.edu/resources/essays/karma-hinduism (2014년 5월 15일 접속).

11 *Bono in Conversation with Michka Assayas*, 203~04.

마도 그것의 적어도 하나는 하지 않았을 것이다. 부모님께 순종하는 것이 장수하게 한다면 젊어서 죽는 사람은 반항적이었을 수 있다(참고. 엡 6:2~3). 나에게 어떤 나쁜 일이 일어난다면 나는 그것을 받을 만한 어떤 일을 했던 것이 분명하며, 어떤 좋은 일이 일어나면 그것은 하나님께서 나의 순종을 축복하신다는 뜻이 분명하다.

하지만 살해된 의로운 사람 아벨부터 성폭행으로 거짓 고소되고 부당하게 감옥에 갇힌 요셉, 극심한 고난을 겪은 고결한 사람 욥, 박해받아 잔인하게 죽임을 당한 죄 없는 사람 예수님에 이르기까지 하나님의 계시는 우리가 '인과응보'에 주의해야 한다는 강력한 증거를 제시한다.

구원을 얻는 데 아무것도 할 수 없다면, 하나님의 호의를 얻는 데 아무것도 할 수 없다면, 하나님이 나를 더 사랑하시게 하려고 아무것도 할 수 없다면, 인과응보가 왜 좋은 일과 나쁜 일이 일어나는지 설명할 수 없는 것도 마찬가지다. 예수님은 정면으로 인과응보의 법칙의 문제점을 다루셨다(요 9:3). 좋은 일도 일어나고 나쁜 일도 일어난다. 비는 의로운 사람에게도 불의한 사람에게도 내린다(마 5:45). 재앙은 우리 모두에게 영향을 미친다.

어떤 질병은 똑같이 지혜롭지 못한 선택이 원인이지만, 그것은 또한 종종 유전적 소인이나 환경적 요소와 연관된다. 고난을 설명하려고 책임 공방을 따지고 싶겠지만, 건강과 복지를 추구하며 고통을 덜려고 행동하는 것이 훨씬 낫지 않겠는가?

위험 7. 복음을 반 토막 내기

속죄가 그리스도의 희생을 요구함은 논란의 대상이 아니다. 성경 이야기 시작부터 십자가는 세상에서 하나님의 사역 전체에 걸쳐 그림자를 드리우고 있었다.12 그분 죽음을 통한 속죄는 세상이 창조되

---

12 Ray Pritchard, *In the Shadow of the Cross: The Deeper Meaning of Calvary* (Nashville: B & H, 2001).

기 이전에 정해졌다(계 13:8). 십자가는 복음의 초점인가? 명백히 그렇다. "십자가의 말씀이 멸망할 자들에게는 어리석은 것이지만, 구원을 받는 사람인 우리에게는 하나님의 능력입니다"(고전 1:18). 바울은 또한 "우리는 십자가에 달리신 그리스도를 전합니다. 그리스도가 십자가에 달리셨다는 것은 유대 사람에게는 거리낌이고, 이방 사람에게는 어리석은 일입니다"라고 단언한다(고전 1:23). 후에 그는 좀 더 분명하게 말한다. "나는 여러분 가운데서 예수 그리스도 곧 십자가에 달리신 그분 밖에는, 아무것도 알지 않기로 작정하였습니다"(고전 2:2). 언뜻 보기에, 바울은 '십자가에 못 박힌 그리스도'를 복음 메시지의 요약으로 본다.

고린도전서를 더 읽으면, 바울이 "십자가에 못 박힌 그리스도"와 "십자가의 메시지"를 (부분으로 전체를 나타내는 비유적 표현인) 제유법으로 사용함을 알 수 있다. 그가 복음을 묘사하는 곳에서 이것은 분명히 드러난다. "그리스도께서 성경대로 우리 죄를 위하여 죽으셨다는 것과 무덤에 묻히셨다는 것과 성경대로 사흘날에 살아나셨다"(고전 15:3~4). 복음 메시지는 예수님의 죽음, 장사, 부활을 포함한다. 그분 죽음만이 아니다. 물론 십자가는 부활의 가장 중요한 선행조건이다. 오직 죽은 사람이 일으킴을 받을 수 있으며 오직 피를 흘림으로 용서할 수 있기 때문이다(히 9:22).

바울은 '십자가'를 복음을 종합하는 것으로 사용하지만, **부활 없이 복음도 없다**는 것을 분명히 한다. 그리스도께서 부활하지 않으셨다면 "우리가 선포도 헛되고, 여러분의 믿음도 헛되고"(고전 15:14), 우리는 "하나님을 거짓되이 증언하는 자로 판명될 것이니"(15절), 그것이 사실이라면, "여러분의 믿음은 헛된 것이 되고, 여러분은 아직도 죄 가운데 있을 것이요"(17절), "모든 사람 가운데서 가장 불쌍한 사람이다"(19절). 반대로, 그리스도께서 부활하셨기에, "아담 안에서 모든 사람이 죽은 것 같이, 그리스도 안에서 모든 사람이 살아나며"(22절), "흙으로 빚은 그 사람의 형상을 우리가 입은 것과 같이, 우리는 또한 하늘에 속한 그분 형상을 입는다"(49절). 그리고 "죽음을 삼키고서, 승리했다"(54절).

위험 8. 아우토반(무제한) 은혜

독일에서 고속도로의 많은 부분을 차지하는 아우토반(Autobahn)에는 속도제한이 표시되지 않는다. 속도제한이 없으므로 차들은 경찰에 단속되는 결과를 두려워하지 않고서 원하는 만큼 빨리 달릴 수 있다. 어떤 사람이 무모하거나 날씨와 도로 상황에 따라 운전하지 않으면, 충돌이나 다른 재난이 있을 때 재앙의 크기는 아마도 그 사람의 억제되지 않은 속도에 직접 비례한다.

때때로 하나님의 은혜를 입은 사람이 아우토반을 달리듯 무모한 십대처럼 행동한다. 그들은 오직 은혜로, 오직 믿음을 통한, 오직 그리스도 안에 있는 구원이 마치 그들이 바라는 대로 죄를 지을 자유가 있는 것처럼 행동하도록 이끈다고 오해한다. 그 대답으로 로저 니콜(Roger Nicole)은 직설적으로 말한다. "죄를 짓는 구실로 하나님의 은혜를 행사하는 것은 거듭남이 아닌 악마적 행동이다."[13]

성경은 니콜의 말을 지지하는 것으로 보인다. 로마서 5장에서 바울은 구원에서 하나님의 은혜 변호를 맺으며 "[20]그러나 죄가 많은 곳에, 은혜가 더욱 넘치게 되었습니다. [21]그것은, 죄가 죽음으로 사람을 지배한 것과 같이, 은혜가 의를 통하여 사람을 지배하여, 우리 주 예수 그리스도로 말미암아 얻는 영원한 생명에 이르게 하려는 것입니다"(20~21절)라고 말하지만, 이어서 "그러면 우리가 무엇이라고 말을 해야 하겠습니까? 은혜를 더하게 하려고, 여전히 죄 가운데 머물러 있어야 하겠습니까?"라고 묻는다(6:1). 그의 대답은 빠르고 직접적이

---

[13] Roger Nicole, "Perseverance of the Saints," in Matthew C. Easter, *Faith and the Faithfulness of Jesus in Hebrews* (New York: Cambridge University Press, 2014), 276.

다. "그럴 수 없습니다. 우리는 죄에는 죽은 사람인데, 어떻게 죄 가운데서 그대로 살 수 있겠습니까?"(2절).

분명 바울은 신자가 더는 죄를 지을 수 없다는 의미로 말하지 않는다. 믿음으로 나아오는 것이 죄의 가능성을 제거하지 않는다는 충분한 증거가 우리 각자의 삶에 있다. 누구도 죄가 없지 않다(참고. 요일 1:8). 바울의 요점은 하나님의 은혜를 받은 어떤 사람이 그 은혜에 편승하여 의도적으로 하나님에 대한 반역을 자랑하며… 그러한 반역이 실제로 하나님을 **영화롭게** 한다고 그릇 합리화하는 것이 어리석다는 것이다. 그런 사람은 회심에서, 사람이 그리스도와 동일시하여 그의 죽음, 장사, 부활에 함께할 때 어떤 일이 일어나는지 이해하지 못한다(롬 6:3~11).

칼뱅주의자와 아르미니우스주의자는 **믿음이 그 행하는 것으로 입증된다는 생각**에 동의할 수 있다. 행위는 우리를 구원하지 않지만, 그것은 살아 있는 믿음을 나타낸다. 찰스 라이리는 이 주제에 관한 정통 개신교 복음주의자의 일반적으로 일치된 생각을 다음 말로 요약한다.

> 모든 그리스도인은 영적 열매를 맺는다. 어딘가에서, 언젠가, 어떻게든. 그렇지 않다면 그 사람은 신자가 아니다. 모든 거듭난 개인은 열매를 맺는다. 열매를 맺지 않는다면 믿음이 없으며, 따라서 구원도 없다.14

---

14 Charles C. Ryrie, *So Great Salvation: What It Means to Believe in Jesus Christ* (Chicago: Moody, 1997), 45.

피해야 할 여덟 가지 위험

1. 행함에 기대기
2. 행하지 않기
3. 구원을 죄가 없다는 것으로 단순화하기
4. 구원을 (과거에) 머물러 있게 하기
5. 예수님은 ~~나까지도~~ 나만 사랑하신다
5. 인과응보(Karma)와 함께하려고 은혜 버리기
6. 복음을 반 토막 내기
7. 아우토반(무제한의) 은혜

실천해야 할 원리

요한이 말을 마치자, 무리가 물었다. "그러면 우리가 무엇을 해야 하는가?"

"³⁶그러므로 이스라엘 온 집안은 확실히 알아두십시오. 하나님께서는 여러분이 십자가에 못 박은 이 예수를 주님과 그리스도가 되게 하셨습니다." ³⁷사람들이 이 말을 듣고 마음이 찔려서 "형제들이여, 우리가 어떻게 하면 좋겠습니까?"라고 베드로와 다른 사도들에게 말하였다.[1]

내(글렌)가 설교학 교수에게 배웠던 '절대 잊지 말아야 할 사실' 하나는 "그래서 어쨌다는 것인가?"라는 질문에 대답하기 전에는 설교가 끝나지 않는다는 것이었다. 설교자는 정보를 제공하고 또한 자신이 변호하는 명제에 청중이 왜 관심을 가져야 하는지도 설명해야 한다. 그리고 그는 설교는 "단순히 끝내는 것이 아니라 결론을 내리는 것"이라고 강조했다.[2]

나를 가르치신 신학 교수님은 신학이 학문 이상이며, 좋은 신학의 목표가 고결한 삶을 사는 것이라고 가르치셨다. 신학은 항상 윤리학에 이바지해야 한다. 따라서 나는 신학이 내가 살아가는 방식에 어떤 차이를 만드냐는 질문에 대답해야 한다. 내가 배운 것에 비추어 내 행동, 태도, 의지는 어떻게 바뀌어야 하는가?

---

[1] 누가복음 3:10; 사도행전 2:36~37.

[2] Haddon W. Robinson, *Biblical Preaching: The Development and Delivery of Expository Messages* (Grand Rapids, MI: Baker, 1980), 167.

구원은 성경이 들려주는 거대한 이야기, 이 세상에서 하나님께서 하시는 행위의 목표다. '우리와 우리 구원을 위해' 아들이 성육신하게 하시고 구속 사역을 맡기셨다.³ 그러한 사실들을 알고 위험과 위해를 피하는 게 중요하다. **하지만**, 이러한 진리가 달리 어떻게 우리가 사는 방식에 영향을 미치는가?

진리의 결과는 좀처럼 숫자상으로 제한되지 않지만, 공간의 제한 때문에 오직 몇몇을 언급할 수 있으며, 적용은 드물게 포괄적이다. 이 짧은 목록은 단지 이러한 진리들이 삶에 영향을 미치는 수많은 방식을 생각하는 과정의 시작일 뿐이다. 아래에 실천할 원리를 제안한다. 하나님께서 우리를 위해 제공하시고 우리에게 약속하신 위대한 구원의 의미를 더 깊이 생각하도록 자극하려는 희망에서 제안한다.

원리 1. 하나님의 약속이 확실함을 믿어라—그분은 시작하신 일을 반드시 이루신다

나는 틀릴 수밖에 없는 존재다. 나는 많은 약속을 했다가 여러 이유로 지키지 못했다. 때때로 마음이 변해서 그랬으며, 때때로 약속을 잊어버렸다. 다른 때에는 단순히 지킬 수 없었다. 나는 지나치게 약속했다.

하나님은 절대 틀리지 **않으신다**. 그분 기억은 결함이 없다. 그분 힘과 능력은 절대 불충분하지 않다. 하나님은 그가 하실 수 없거나 하시지 않을 것을 약속하지 않으신다.

하나님의 성품과 속성은 그의 신실하심을 확신하게 한다. 그분은 전지하시다. 약속하실 때, 모든 가능성과 사실을 알고 계시며, 일어날 모든 일을 포괄해서 아신다. 어떤 것도 그분에게는 놀랍지 않다. 하나님의 지식은 완전하다.

---

3 *Nicene Creed*, www.creeds.net/ancient/nicene.htm (2014년 6월 17일 접속).

하나님은 전능하시다. 시작하신 모든 일을 성취할 능력을 지니셨다. 그분 의지는 방해받을 수 없으며, 하신 것을 되돌리거나 계획하시는 것을 금지할 능력이 존재하지 않는다. 하나님의 능력은 족하다.

하나님은 우리 구속을 미리 계획하셨다. 그분 계획은 때와 장소에서 그리스도의 사역에 의존했다. 예수님은 하나님의 계획에 따라 완전할 때 이 땅에 오셨으며, 하나님께서 계획하시고 의도하셨던 것을 성취하셨다(갈 4:4~5; 엡 2:10). 그리스도의 초림이 바로 그때 있었고 하나님의 뜻을 완벽하게 성취했다면, 우리는 재림 또한 완벽하게 하나님의 뜻을 성취한다고 신뢰할 수 있다.

하나님께서 자기 일을 완성하신다는 신뢰는 우리가 확신으로 삶을 예측하게 한다. 우리는 불확실과 긴장 가운데 살아가면서도 하나님의 신실하심에 기초하여 안정을 되찾는다. 바울은 다음과 같이 권고함으로써 부활 교리 변호를 결론짓는다. "그러므로 나의 사랑하는 형제자매 여러분, 굳게 서서 흔들리지 말고, 주님 일을 더욱 많이 하십시오. 여러분이 아는 대로, 여러분의 수고가 주님 안에서 헛되지 않습니다"(고전 15:58). 우리는 흥겹게 하나님과 다른 사람을 섬기는 일에 자기를 전적으로 내어줄 수 있다. 그분을 믿을 수 있기 때문이다.

어떤 것도 그분 계획을 방해하거나 목표를 틀어지게 할 수 없다. 그리고 어떤 것도 우리를 그분에게서 끊을 수 없다.

> [38]나는 확신합니다. 죽음도, 삶도, 천사들도, 권세자들도, 현재 일도, 장래 일도, 능력도, [39]높음도, 깊음도, 그 밖에 어떤 피조물도, 우리를 우리 주 예수 그리스도 안에 있는 하나님의 사랑에서 끊을 수 없습니다. (롬 8:38~39)

원리 2. 은혜를 실천할 기회를 찾아라

은혜는 단순히 그리스도인의 삶의 시작만이 아니다. 그것은 구원 전부이다. 그리고 변화시키는, 구속 힘인 은혜는 그것이 닿는 모든 사람과 모든 것을 변하게 한다.

인과응보와 달리, 은혜는 제로섬 게임(zero-sum, 역자 주. 한쪽의 이득과 다른 쪽의 손실을 더하면 0이 되는 게임)이 아니다. 은혜는 낭비적이다. 더 많이 줄수록 더 많이 남는다. 은혜를 저장해놓으면 그것은 의도대로 능력을 발휘할 수 없다. 하지만 거저 주는 은혜는 주는 자와 받는 자를 모두 변하게 한다. 은혜는 보존되고 보호되도록 우리에게 주어지지 않았다. 우리가 은혜를 받은 것은 다른 사람을 축복하게 하려 함이다.

열두 제자를 보내셨을 때 예수님은 그들에게 이러한 원리를 주셨다. "거저 받았으니, 거저 주어라"(마 10:8). 우리에게 있는 모든 것은 하나님에게서 왔다. 우리에게 있는 것은 맡겨진 것이다. 아무것도 우리 것이 아니고, 지혜롭게 사용하게 맡은 것이다. 하나님께서는 우리를 축복하셔서 우리가 복이 되게 하신다. 옛 찬송가는 그것을 이렇게 표현한다.

> 그대 삶은 복의 통로인가?
> 그대를 통해 하나님의 사랑이 흐르는가? ...
> 오늘 내 삶이 복의 통로가 되게 하소서.[4]

하지만 은혜가 넘치는 삶은 쉽지 않다. "서로 친절히 대하며, 불쌍히 여기며, 하나님께서 그리스도 안에서 여러분을 용서하신 것과 같이"(엡 4:32) 하기란 말하기보다 훨씬 어렵다. 스티브 스토크맨(Steve Stockman)은 설명한다.

---

[4] Harper G. Smyth, "Make Me a Channel of Blessing," 1903. 저작권 공유.

은혜는 그것을 믿는 사람도 믿기 힘들다고 느끼게 하는 어떤 것이 있다. 당신은 그 말을 듣고 이곳에 처음이 마지막이고 마지막이 처음인, 공로가 없이 받아들여지는 거꾸로 된 세상 질서가 존재한다는 것을 이해할 수 있다. 하지만 처음이 처음이며, 승인을 얻는 유일한 길이 최고 지성, 최고 외모, 또는 최고 성공인 세상에서 은혜가 습관이 들게 바뀌기란 쉽지 않다.5

우리는 포도원 일꾼의 비유에서 은혜에 관한 예수님 가르침이 내포하는 것을 받아들이도록 바뀌어야 한다(마 20:1~16). 이 비유는 필립 얀시(Philip Yancey)가 '복음의 형편없는 계산법'이라 부르는6 그것을 강조한다. 이 이야기에서 하루 내내 신실하게 일한 일꾼은 한 시간 일한 일꾼과 같은 임금을 받는다. 스토크맨은 다음과 같이 주시한다.

꽃은 햇빛을 한 시간만 받고서 피어나지 않는다. 마찬가지로 믿는 사람의 영혼은 우리가 받아들이고 생활 기준으로 삼는 진리를 지식적으로 받아들이는 것에서 벗어나 앞으로 가려고 해를 거듭해서 은혜의 빛에 지속해 노출돼야 한다.7

은혜는 언젠가 모든 것이 바르게 된다는 우리 확신에 근거를 제공한다. 은혜는 또한 지금 이곳에서 우리 삶을 변하게 하는 능력이다. 은혜는 우리가 하나님, 서로, 모든 피조물과 가지는 관계를 영원히 변하게 한다. 우리는 은혜의 백성으로 살아야 한다. 언젠가 은혜가 세상을 변하게 한다면, 그것은 또한 지금 이곳에서 세상을 변하게 하는 수단이다.

---

5 Steve Stockman, *Walk On: The Spiritual Journey of U2* (Lake Mary, FL: Relevant, 2001), 182.

6 Yancey, *What's So Amazing About Grace?*, 53.

7 Stockman, *Walk On*, 162.

원리 3. 믿음의 갈등을 인정하고 다른 사람도 갈등을 잘 감당하게 도우라

믿음을 하나님의 선물로 또는 하나님 은혜에 대한 반응으로 이해하든 그렇지 않든, 그것은 우리 안에 있는 어떤 것에 달린 것일 수 없다. 믿음은 선한 것이며, "근본적으로 변함없이 악한"[8] 피조물은 외부의 도움 없이 그것을 만들어낼 수 없다. 하지만 믿음으로 나아오고, 믿음의 선물을 받으며, 믿음의 사람이 되는 것이 끝이 아니다. 그것은 믿음으로 사는 평생의 배움의 과정의 시작이다.

장 칼뱅은 믿음을 "그리스도 안에서 거저 주어진 약속의 진리에 기초한, 성령을 통해 우리 생각에 계시되고 우리의 마음에 보증된, 우리를 향한 하나님의 자비심에 대한 확고하고도 분명한 지식"으로 정의했다.[9] 하지만 칼뱅은 믿음이 항상 불신과 혼합되어 있다고 인정한다.

> 우리는 믿음이 분명하고 확실해야 한다고 가르치지만, 의심에 물들지 않은 분명함이나 어떤 염려에 시달리지 않는 확신을 상상할 수 없다. 대신, 우리는 신자가 자신들의 불신과 끝없이 싸우고 있다고 말한다. 현재의 삶의 과정에서 우리가 전적으로 불신의 병이 치료되고 전적으로 믿음으로 채워지고 믿음에 사로잡히는 것은 결코 잘 일어나지 않는다. 현세에서 그러한 다툼은 남아있는 육신 안에 쉬고 있는 불신이 일어나서 안으로 받아들여졌던 믿음을 공격할 때 일어난다.[10]

그의 견해에 따르면, 부활 때까지 육신에 있는 한 우리는 결코 의심, 불확신, 불신에서 벗어날 수 없다.

---

[8] 달라스신학대학원 신조, "Article IV: Man, Created and Fallen."

[9] Calvin, *Institutes of the Christian Religion*, 3.2.7.

[10] Calvin, *Institutes of the Christian Religion*, 3.2.17.

그렇다면 그리스도인은 어떻게 이러한 싸움을 다루어야 하는가? 칼뱅은 다음 말로 조언한다.

> 믿는 마음 가운데 확신이 의심과 혼합되어 있다면, 우리는 항상 이러한 생각으로 되돌아오는가? 곧, 우리 믿음이 확실하고 분명한 지식에 근거하지 않고 우리를 향한 하나님의 뜻과 관련된 알기 어렵고 혼란스러운 지식에 근거하고 있다는 생각이다. 전혀 그렇지 않다! 우리가 여러 생각으로 마음이 산란해도 그것 때문에 전적으로 믿음으로부터 분리하지 않기 때문이다. 또한, 불신의 동요로 사방으로부터 어려움을 겪어도 우리는 그 이유로 불신의 늪에 빠지지 않는다. 공격을 받아도 그 이유로 우리 신분으로부터 떨어지지 않는다. 다툼의 끝은 항상 이것, 곧 믿음은 그것을 에워싸며 위태하게 만드는 것으로 보이는 그 어려움에 궁극적으로 승리한다는 것이다.[11]

요약하면, 믿음이 의심과 혼합되어 있다는 사실은 믿음을 통해 얻는 은혜와 장차 **믿음**이 **보이는 것**이 될 때 더는 믿음이 필요하지 않다는, 하나님의 보증을 기억하게 하는 역할을 한다(고전 13:11~12; 고후 5:7).

원리 4. 구원자가 필요함을 잊지 말라

우리가 거듭났어도 여전히 주님이 필요하다. 우리는 여전히 주님이 필요하다. 그 필요는 우리가 은혜 안에서 자라가면서도 줄어들지 않는다. 은혜 안에서 자라가면서 우리 필요를 더 절실히 깨닫는다.

우리가 원죄의 교리를 이해하는 만큼 하나님의 은혜에 감사한다. 타락의 깊이와 넓이를 이해하는 만큼 하나님의 은혜에 감사한다. 타락이 우리와 우리가 사는 세상에 미치는 영향을 이해하는 만큼 하나님의 은혜에 감사한다.

---

[11] Calvin, *Institutes of the Christian Religion*, 3.2.18.

죄론(죄와 타락에 관한 교리)과 구원론(구원에 관한 교리) 사이에 밀접하고도 필연적 연결이 있다. 단순히 복음의 좋은 소식이 원죄와 타락에 관한 확고한 이해를 요구한다는 뜻으로 말하는 것이 아니다. 그것이 중요한 것은, 내가 생각하는 것이 인간이 병들어 치료가 필요하고, 약해서 힘이 필요하며, 게을러서 동기부여가 필요하고, 영양부족으로 식량 공급이 필요하며, 무지해서 더 많은 지식이 필요하다면, 복음에 관한 내 견해는 그것이 도움이 되기 때문이다. 하지만 나 자신 타락의 깊이와 원죄가 모든 피조물에 미치는 영향을 이해한다면, 복음은 내 유일한 소망이다. 나아가, 우리가 회심한 다음에도 여전히 구속이 필요한 죄인이라면, 죄를 지을 수 있는 상태로 남아있다면, 그리고 정기적으로 우리의 악한 선택으로 그 잠재성을 나타낸다면, 나는 갈수록 우리 주님의 사랑에 더 의존하고 그것이 더 절실하다.

나는 "복의 근원 강림하사"라는 찬송가를 부르며 기도하는 마음으로 고백한다.

> 주의 귀한 은혜 받고
> 일생 빚진 자 되네.
> 주의 은혜 사슬되사,
> 나를 주께 매소서.
> 우리 맘은 연약하여
> 범죄하기 쉬우니
> 하나님이 받으시고
> 천국 인을 치소서[12]

다시 말하지만, 나는 필요를 제외하고 내 구원에 아무것도 공헌하지 않는다. 나는 내 편에서 할 일을 했으며, 죄를 지었다. 이제 나는 하나님께서 복음을 통해 공급하시는 은혜가 절실히 필요하다. 그것은

---

[12] Robert Robinson, "Come, Thou Fount of Every Blessing," 1758. 저작권 공유.

이 절망적 죄인이 붙들 수 있는 유일한 소망이다. 그것은 내 필요에 유일한 해결책이다. 나는 복음의 은혜 외에 내 절망적 상태에 어떤 것을 할 수 있는 소망도 도움도 없다. "주 예수 그리스도, 하나님의 아들이시여, 죄인인 저를 불쌍히 여기소서."

원리 5. 하나님을 사랑한다면 다른 사람도 사랑하라

하나님을 사랑하고 이웃을 사랑하라. 이는 가장 큰 두 계명이다(마 22:36~39). 예수님 말씀에 따르면, "이 두 계명에 온 율법과 예언서의 본뜻이 달려있다"(40절).

그 둘은 어떤 관계인가? 첫 번째 것, "네 마음을 다하고, 네 목숨을 다하고, 네 뜻을 다하여 주 너의 하나님을 사랑하여라"(37절)가 가장 중요하며 가장 우선일 수 있다. 그러면 두 번째 것, "네 이웃을 네 몸과 같이 사랑하여라"(39절)는 그다음으로 중요할 것이다. 이 견해에 따르면, 하나님 사랑에 비해 다른 사람 사랑은 흐릿해진다. 하나님 사랑은 무한한 존재 사랑하기지만, 다른 사람 사랑은 열등한 피조물을 사랑하기 때문이다.

다른 견해는 다른 사람 사랑이 하나님 사랑의 실체를 드러내는 증거나 표현이라는 것이다. 이것은 요한일서 3:14~20을 읽는 한 가지 방식일 수 있다. 다른 사람 사랑하기는 하나님 사랑하기를 확증한다. "[18]자녀 여러분, 우리는 말이나 혀로 사랑하지 말고, 행동과 진실함으로 사랑합시다. [19]이렇게 함으로써 우리는 우리가 진리에서 났음을 알 것입니다. 또 우리는 하나님 앞에서 확신을 가질 것입니다"(18~19절).

세 번째로 선호되는 접근 방식은 두 계명을 분리하지 않는다. 두 개가 구분되어야 하지만, 분리될 수 없다는 것이다. 자기 아버지의 자녀로서 하나님과 연관된 사람은 그분을 사랑한다.

> ¹⁶하나님은 사랑이십니다… ¹⁹우리가 사랑하는 것은 하나님이 우리를 먼저 사랑하셨기 때문입니다. ²⁰누가 하나님을 사랑한다고 하면서, 자기 형제자매를 미워하면, 그는 거짓말쟁이입니다. 보이는 자기 형제자매를 사랑하지 않는 사람이 보이지 않는 하나님을 사랑할 수 없습니다. ²¹하나님을 사랑하는 사람은 자기 형제자매도 사랑해야 합니다. 우리는 이 계명을 주님에게서 받았습니다. (요일 4:16, 19~21)

하나님 사랑과 다른 사람 사랑은 나눌 수 없을 정도로 연결되어 있다. 그 둘이 같지 않지만, 하나를 하지 않고서는 다른 하나를 할 수가 없다.

따라서 예수님은 "이 두 계명에 온 율법과 예언서의 본뜻이 달려 있다"라고 하신다(마 22:40). 다른 곳에서 예수님은 하나님 사랑을 언급하지 않으면서 다른 사람 사랑이 초점이라고 말씀하신다. "그러므로 너희는 무엇이든지, 남에게 대접을 받고자 하는 대로, 너희도 남을 대접하여라. 이것이 율법과 예언서의 본뜻이다"(마 7:12).

비슷하게, 바울은 "서로 사랑하는 것 외에는, 아무에게도 빚을 지지 마십시오. 남을 사랑하는 사람은 율법을 다 이룬 것입니다"(롬 13:8), "사랑은 이웃에게 해를 입히지 않습니다. 그러므로 사랑은 율법의 완성입니다"(롬 13:10), "모든 율법은 '네 이웃을 네 몸과 같이 사랑하여라'라고 하신 한마디 말씀에 다 들어 있습니다"(갈 5:14)라고 확증한다. 하나님의 사랑을 받은 사람은 하나님을 사랑하고 하나님께서 사랑하시는 사람도 사랑한다. 하나님의 사랑을 받은 사람은 사랑한다. 하나님은 사랑이시기 때문이다(요일 4:8).

원리 6. 확신의 근거를 기억이나 감정보다 그리스도께 두라

내(글렌)가 자란 공동체에서 회심을 말하는 간증은 구원의 확신 근거로 여겼다. 그래서 나는 자신이 그리스도를 믿기로 한 때의 시간과 장소를 생각해 낸 사람의 이야기를 정기적으로 들었다. 그리고 새로운 탄생의 기적이 일어난 때에 관한 이 확실성은 구원이 일어났음을 공동체가 확신하게 하는 데 사용되었다. 많은 사람이 자기 '영적 생일'을 자기 성경 앞부분에, 자기가 태어난 생일 아래에 기록했다.

우리 가운데 그런 이야기가 없는 사람은 열등감과 확신 부족을 느꼈다. 내가 받은 인상은 극적 회심의 이야기에 하나님의 은혜가 가장 분명히 보였다는 것이다. 내 친구 한 명이 말했듯이, 그것은 마치 하나님께서 우리 가운데 교회에서 자랐으며 어린 나이에 믿은 사람을 위해서는 아무것도 하지 않으셨다는 것과 같았다.

나는 어릴 때부터 내가 죄인이었으며(그리고 죄인이며) 오직 내 죄를 위해 십자가에 죽으셨다가 죽음에서 부활하신 신인(God-Man)을 믿음으로 구원받을 수 있음을 알았다. 나는 그것을 믿지 않았던 때를 기억할 수 없다. 그래서 내 회심에 관한 어떤 '위대한 이야기'도 할 수 없다. 내가 그리스도인으로 태어나지 않음을 알고 있다. 하지만 솔직하게 언제 거듭났는지 떠올릴 수 없다. 비슷한 경험을 가진 내 친구 키이스(Keith)는 그가 자신의 육신적 출생도 마찬가지로 기억하지 못하지만, 거기 있었던 어떤 사람이 날짜와 시간을 기록했고 그것을 그에게 들려주었다고 말했다. 한때 나는 하늘의 보건복지부로부터 영적 출생 증명서를 뗄 수 있으면 좋겠다고 생각했다.

오해하지 말라. 나는 회심에서 나타난 하나님의 은혜를 말하는 사람에게서 격려받는다. 사람마다 다르다. 각자 독특하기에 같은 이야기는 없다. 이야기를 나누는 이유는 한 이야기가 한 사람과 연결되지만 다른 사람과 연결되지 않기 때문이다. 따라서 어느 날 밤 감옥에서 예수님을 만난 내 친구는 주일 학교에서 성장한 내 이야기가 결코 할 수 없는 방식으로 어떤 사람과 연결되며, 그 반대도 마찬가지다.

그렇지만 회심의 이야기는 구원의 확신 근거가 아니다.

구원은 하나님께서 주시는 선물이다. 그것은 우리 행위에 달려 있지 않다. 더 중요한 것은 확신이 우리가 한 어떤 것을 기억함에 기초할 수 없다는 것이다. 내가 이 글을 쓰는 동안 어머니께서는 치매와 알츠하이머가 진전하는 단계이며, 더는 요리를 하거나(그녀는 훌륭한 요리사였다) 자신이나 다른 사람을 보살필 수 없다. 그녀는 지속적 돌봄이 필요하다. 더는 사람을 기억할 수 없다. 남편도(그들은 거의 60년 동안 부부로 살았다) 아이들도 몰라본다. 자신의 이름을 기억하고 있는지도 분명치 않다. 분명히 그녀 구원은 그녀의 기억에 달려 있지 않다. 그녀의 안전도 그녀가 어렸을 때 그녀에게 일어났던 일을 떠올릴 수 있는 것에 달려 있지 않다. 그녀는 자기를 구원하신 분의 사랑에 신뢰를 두고 있으며 그녀 가족은 그것에 위안을 얻고 있다. 그녀는 분명하게 표현하고 고백할 수 없을지라도 안전하다. 그의 놀라운 사랑에 감사드린다.

실천해야 할 여섯 가지 원리

1. 하나님의 약속이 확실함을 믿으라—그분은 시작하신 일을 반드시 이루신다
2. 은혜를 실천할 기회를 찾아라
3. 믿음의 갈등을 인정하고 다른 사람도 갈등을 잘 감당하게 도우라
4. 구원자가 필요함을 잊지 말라
5. 하나님을 사랑한다면 다른 사람도 사랑하라
6. 확신의 근거를 기억이나 감정보다 그리스도께 두라

과거와 현재의 목소리

종말론(마지막 때에 관한 교리, 모든 사람를 위한 기독교 신학 3권을 보라)을 제외하고 구원론(구원의 교리)보다 지난 2천 년 동안 그리스도인 사이에 더 많은 질문, 대답, 혼란, 불일치를 가져온 신학 영역은 없을 것이다. 연속성과 조화를 유지하기보다, 예를 들어 삼위일체 하나님에 관한 교회 가르침에서 우리가 아는 대로, 구원과 관련된 문제에 대한 다양한 관점이 각기 다르며 양립하지 않는 목소리로 이어졌다. 상호보완적으로 혼합된 소리 대신 구원론의 역사는 안드레아 보첼리(Andrea Boccelli), 반 헤일런(Van Halen), 바이올런트 팜므(Violent Femmes)가 한 무대에 서 있는 것과 같은 소리를 낸다.

하지만 상당한 불일치에도 여전히 공통 주제를 들을 수 있다. 교회의 오랜 역사를 개관하면서 우리는 모든 시대 모든 곳의 모든 그리스도인이 구원이 아버지로부터, 아들을 통해, 성령에 의해 온다고 믿었음을 안다. 모두가 인간이 자신의 능력으로 자신을 구원할 수 없음을 고백했으며, 구원의 능력을 그리스도의 죽음과 부활과 관련지었고, 하나님의 은혜가 절실히 필요하다고 강조했다.

하지만 교리 역사는 여전히 상당 부분 여러 선생과 전통 사이의 차이를 들려준다. 그리스도의 죽음이 정확하게 어떻게 구원하는지, 정확하게 죄인이 하나님께서 공급하시는 구원에 반응하려고 무엇을 할 수 있는지, 그리스도인이 구주 안에서 정말 어떻게 안전한지 문제에 이르면, 다른 시대에 다른 전통에서 온 다른 선생은 다른 것을 말했다.

여기서 교회 역사의 네 시대에서 구원 교리와 관련한 인용문을 선별해 싣는다. 네 시대는 교부시대(100~500년), 중세시대(500~1500년), 종교개혁시대(1500~1700년), 근대·현대시대(1700년~현재)다. 이 인용문이 우리 역사를 통합하는 항구적 주제들, 그리고 그 역사를 나눈 다른 표현 일부를 예시할 수 있기를 바란다.1

교부시대(100~500년)

로마의 클레멘스(Clement of Rome, 95/96년 즈음)

"따라서 이 모든 것은 크게 존중되고, 위대하게 되었다. 그들 자신을 위해서도 아니고, 그들 자신의 행위나 그들이 초래한 의 때문도 아니며, 그분 뜻이 작용했기 때문이다. 그리고 우리 또한 그리스도 예수 안에서 그분의 뜻대로 부름을 받아, 자신에 의해서나 자신의 지혜, 깨달음, 경건, 거룩한 마음에 의해 일으킨 행위에 의해서가 아니라 믿음에 의해 의롭게 됐다. 그 믿음에 의해, 처음부터 전능하신 하나님은 모든 사람을 의롭게 하셨다. 영광이 그에게 세세토록 있을지어다."

"그렇다면 형제들이여, 우리는 어떻게 할 것인가? 선행에 게으르고 사랑의 실천을 멈추는가? 우리가 그런 과정을 따르는 일은 없을 것이다. 오히려 우리는 모든 힘과 마음의 준비로 모든 선한 일을 행하기를 서둘러야 한다."2

"사랑에 의해, 하나님이 택하신 모든 사람은 완전하게 되었다. 사랑이 없으면 어떤 것도 하나님을 기쁘시게 하지 못한다. 사랑 가운데 주님께

---

1 다른 언급이 없으면 교부의 글은 *Ante-Nicene Fathers*(ANF)나 the *Nicene and Post-Nicene Fathers*(NPNF)에서 인용하였다. 초기 기독교의 글 바로 뒤에 추가된 괄호 안의 내용은 이러한 자료들의 출처를 가리킨다. 예를 들어, (ANF 3:34)'는 Roberts와 Donaldson이 편집한 *The Ante-Nicene Fathers* 3권 34페이지를 가리킨다. NPNF는 별도의 두 시리즈로 되어있기에 첫 번째 숫자(1 혹은 2)로 시리즈를 밝히고, 이어서 몇 권의 몇 페이지 인용인지 나타낸다. 예를 들어 (NPNF 1.3:34)는 첫 번째 시리즈, 3권, 34페이지를 가리킨다. 더 현대 번역들이 있지만, 이 인용문을 사용하는 이유는 저작권 공유이며 온라인으로 접근이 쉽기 때문이다.

2 Clement of Rome, *First Epistle*, 32~33 (ANF 1:13).

서는 우리를 자기에게로 이끄셨다. 사랑으로 우리를 낳으셨다. 하나님의 뜻에 따라 우리 주 예수 그리스도는 우리를 위해 자기 피를, 우리 육체를 위해 자기 육체를, 우리 영혼을 위해 자기 영혼을 주셨다."3

디오그네투스에게 보낸 편지(Epistle to Diognetus, 160년 즈음)

"우리의 악함이 절정에 이르렀으며, 그 응보인 징벌과 죽음이 우리 모두에게 임박한 것이 분명했을 때, 그리고 하나님께서 자신의 선하심과 능력을 드러내시기로 미리 정하셨던 때가 이르렀을 때, 어떻게 하나님의 유일한 사랑은 사람에 대한 그분의 넘치는 관심 때문에, 미움으로 우리를 대하거나 우리를 밀어내거나 우리의 잘못을 기억하지 않으시고, 크신 오래 참음을 보이시고, 우리를 참으시고, 스스로 우리의 죄악을 담당하시고, 자기 아들을 우리를 위한 대속으로, 거룩하신 분을 불의한 사람을 위해, 부패하지 않는 분을 부패한 사람을 위해, 죽지 않는 분 죽는 사람을 위해 내어주게 하셨는가? 그분 의가 아니면 다른 무엇이 우리 죄를 덮을 수 있는가? 하나님의 독생자가 아니면 누가 악하고 죄 많은 우리를 의롭게 할 수 있는가? 그 대속은 참으로 감미로우며, 그분 경영은 헤아릴 수 없고, 그 유익은 모든 기대를 초월한다. 많은 사람의 죄악이 한 의로우신 분 안에 감추어지며, 한 분의 의가 많은 죄인을 의롭게 하기 때문이다."4

리옹의 아레나이우스(Irenaeus of Lyons, 180년 즈음)

"말씀으로 계셨으며 사람이 되신 우리 주님이 없이 우리는 결코 하나님에 관해 알 수 없었을 것이다. 아버지의 진정한 말씀을 제외하고 다른 어떤 존재도 우리에게 아버지를 드러낼 능력이 없기 때문

---

3 Clement of Rome, *First Epistle*, 49 (ANF 1:18).

4 *Epistles to Diognetus* 9 (ANF 1:28).

이다. 다른 어떤 분이 '주의 마음을 알았으며,' 그 외에 누가 '그의 모사가 되었는가?' 다시 말하지만, 우리는 우리 선생을 보고 귀로 그분 목소리를 들어, 그분 말씀을 실천하는 사람이 되고 그분 사역을 본받는 사람이 되어 그분과 교제하며, 완전하시고 모든 피조물 위에 뛰어나신 분을 힘입어 자라는 것 외에 다른 방법으로 배울 수 없었다. 유일하시고 지극히 높으신, 선하신 분이시며 또한 불멸의 은사를 가지신 분에 의해 후에 창조된 우리는 그분 형상대로 창조되고(아버지의 미리 아심을 따라 예정을 입어, 아직 존재하지 않던 우리가 존재하게 되고) 창조의 첫 열매가 되어 이전에 예견되었던 때에 말씀의 사역을 따라 [구원의 복을] 받았다. 이 말씀은 능력 있는 말씀으로서 만물 가운데 완전한 분이시며, 이성과 조화하는 방식으로 자신의 피로 우리를 속량하셨으며, 포로가 된 사람을 위한 속량으로서 자기를 주신 참 인간이시다."[5]

"이것은 또한 마찬가지로 그가 단지 고난을 받는 것처럼 보였다고 주장하는 사람에게 알맞다. 그가 진정으로 고난을 받지 않으셨다면 고난이 없었기에 그에게 감사할 일이 없기 때문이다. 그리고 만일 그가 우리 앞서 자신이 실제로 같은 것을 겪지 않으셨다면, 우리가 실제로 고난을 받기 시작할 때 그는 우리가 고난을 견디고 다른 뺨을 돌려대야 한다고 권고하면서 우리를 잘못된 길로 이끄시는 것처럼 보일 것이다. 그리고 그들을 잘못 인도했듯이 그는 또한 자신이 견디지 않았던 것을 견디도록 우리를 권면함으로써 우리를 잘못 인도하고 계신다. 그리고 그가 그들 앞에서 자신이 아닌 것으로 가장함으로써 그들을 잘못 인도하셨듯이 그는 또한 우리에게 자신이 견디지 않았던 것을 견디도록 권고함으로써 우리를 잘못 인도하고 계신다. [그런 경우] 우리는 주님 위에 있는 것이 되는데, 이는 우리가 주님이 담당하거나 견디지 않으신 것을 참고 견디기 때문이다. 하지

---

[5] Irenaeus, *Against Heresies*, 5.1.1 (ANF 1:527).

만 우리 주님이 홀로 진정한 주이시듯이, 하나님의 아들은 인자가 되신, 진정으로 선하시고 인내하시는, 하나님 아버지의 말씀이시다. 그가 싸우시고 정복하셨기 때문이며, 그가 아버지들을 위해 다투고 순종을 통해 불순종을 완전히 소멸하신 분이셨기 때문이며, 그가 강한 자를 결박하고, 약한 사람을 놓아주며, 죄를 멸하심으로써 자신이 만드신 것에 구원을 베푸셨기 때문이다. 그는 가장 거룩하고 자비로운 주님이시며 인간을 사랑하시는 분이시기 때문이다."[6]

카르타고의 테르툴리아누스(Tertullian of Carthage, 210년 즈음)

"그리스도께서 자기 피로 사신 사람을 돈으로 속량한다는 것은 하나님과 그분이 행하시는 방식에 참으로 어울리지 않는다. 하나님은 우리를 위해 자기 아들을 아끼지 않으시고 그분이 우리를 위해 저주를 받으셨다. 나무에 달린 자는 저주를 받은 자이기 때문이다. 그분은 제물이 될 양처럼 끌려갔으며, 털 깎는 사람 앞에서 양처럼 입을 열지 않았다. 채찍에 등을 내주었으며, 때리는 자의 손에 뺨을 내주셨고, 침 뱉는 자에게서 얼굴을 돌리지 않으셨으며, 범죄자로 여겨져 죽음에 넘겨졌으니, 십자가 죽음이다. 이 모든 일이 일어난 것은 그분이 우리를 우리 죄에서 속량하기 위함이었다."[7]

"단번에 모두를 위해 그리스도께서 죽으셨다. 한 번에 모두를 위해 그가 죽임을 당하셨으니, 이는 우리가 죽임을 당하지 않게 하기 위함이다. 그가 보답으로 나에게서 같은 것을 요구하신다면, 또한 내가 폭력을 당해 죽는 것에서 구원을 찾으시는가? 혹은 특별히 하나님께서 황소와 염소의 피를 거절하신다면 그는 사람의 피를 성가시게 조르시는가? 분명히 그는 죄인의 죽음보다 회개를 원하신다."[8]

---

[6] Irenaeus, *Against Heresies*, 3.18.6 (ANF 1:448).

[7] Tertullian, *De Fuga in Persecutione* 12 (ANF 4:123).

알렉산드리아의 알렉산더(Alexander of Alexandria, 320년 즈음)

"따라서 여러분은 그리스도의 죽음의 효과가 얼마나 큰지 안다. 어떤 피조물도 같은 마음으로 그분의 낮아지심을 경험하지 못했으며, 어떤 요소도 그분 고난을 경험하지 못했고, 땅은 그분 몸을 간직하지 못했으며, 지옥은 그분 영혼을 간직하지 못했기 때문이다. 모든 것이 그리스도의 고난을 보고 동요하여 떨었다. 한때 나사로 앞에서처럼 주님은 외치셨다. '죽은 자여, 무덤에서, 너의 은밀한 곳에서 나오라. 나 그리스도가 너를 다시 살게 하기 때문이다.' 그때 땅은 오랫동안 그 안에 묻힌 우리 주님의 몸을 붙들고 있을 수 없었으며, 이렇게 외쳤다. '오 주님, 저의 죄악을 용서하시며, 저를 당신의 진노에서 구원하소서. 저를 저주에서 풀어주소서. 제가 의인의 피를 받았으나 사람의 몸이나 당신의 몸을 덮지 않았기 때문입니다. 결국, 이 놀라운 비밀은 무엇입니까? 오, 주님, 모든 곳에 흩어져 있는 사람들 때문이 아니라면 왜 당신은 땅으로 내려오셨습니까? 모든 곳에 당신의 아름다운 형상이 산재해 있기 때문입니다. 하지만 한마디만 하신다면 그 순간 모든 육체가 당신 앞에 설 것입니다. 이제 당신이 땅으로 오셨으며 당신의 방식을 따르는 사람들을 찾으셨으므로, 당신의 소유된 사람을 맡으시고, 당신에게 헌신한 사람을 받으시며, 당신 형상, 당신 아담을 회복하소서.' 그리고 주님은 장사된 지 삼 일째에 다시 일어나셔서 사람을 삼위일체에 관한 지식으로 이끄셨다. 그리고 모든 인간 나라는 그리스도에 의해 구원을 받았다. 한 분이 심판을 받으셨으며, 수많은 사람이 용서되었다. 나아가, 자신이 구원하셨던 사람과 같은 모양이 되신 그는 하늘 높은 곳에 오르셔서 그의 아버지 앞에서 금이나 은이나 보석이 아닌 자신의 형상과 모습을 따라 지으신 사람을 드리셨고, 아버지는 그를 그의 오른편으로 높이셔서

---

8 Tertullian, Antidote for the Scorpion's Sting 1 (ANF 3:634).

높은 보좌에 앉히시고, 영원토록 그를 민족들을 심판하시는 이, 천군의 지도자, 그룹 천사들의 병거를 탄 자, 참 예루살렘의 아들, 신부의 배우자, 그리고 왕으로 삼으셨다. 아멘."9

알렉산드리아의 아타나시우스(Athanasius of Alexandria, 320년 즈음)

"만일 우리 가운데 어떤 사람이 논쟁을 좋아해서가 아니라 배움을 좋아해서, '왜 그가 오직 십자가의 죽음을 택하셨는가?'라고 묻는다면, 그 대답은 '오직 그것만이 우리를 위해 선한 것이었으며, 주님이 그러한 고통을 당하신 것이 우리를 위함이었기 때문이다.'가 될 것이다. 그분이 우리에게 내려진 저주를 스스로 담당하시려고 오셨다면 저주가 되도록 준비된 죽음을 받아들이지 않고서 어떻게 다른 어떤 방법으로 그가 '저주가 될' 수 있었겠는가? 그리고 그것은 십자가다. 이것이 정확하게 기록된 내용이기 때문이다. '나무에 달린 자마다 저주 아래 있는 자라.' 다시 말하지만, 만일 주님의 죽음이 모두를 위한 대속이라면, 그리고 그의 죽음에 의해 '중간에 막힌 담'이 허물어지며 민족들을 부르신 것이 이루어진다면, 그가 십자가에 달리지 않고서 어떻게 우리를 그에게로 부르시겠는가? 오직 십자가 위에서만 사람이 손을 펼치고 죽는다. 그리하여 주님이 또한 이것을 담당하시고 그의 손을 펴신 것이 합당했다. 한 손으로 옛 백성을, 다른 손으로 이방인들을 이끄셔서 둘을 자신 안에서 하나가 되게 하기 위함이었다. 이것이 어떤 방식의 죽음으로 그가 모두를 속량하실 것인지 나타내시는 가운데 그가 친히 말씀하신 것이다. '내가 땅에서 들리면 모든 사람을 내게로 이끌겠노라 하시니.'"10

---

9 Alexander, *On the Soul and Body and the Passion of the Lord* 7 (ANF 6:301~02).

10 Athanasius, *On the Incarnation of the Word* 25.1~4 (NPNF 2.4:49~50).

푸아티에의 힐라리우스(Hilary of Poitiers, 360년 즈음)

"십자가에 달린 분은 하나님의 독생하신 아들이시며, 영원하신 아버지로부터 유래하는, 그의 본질적인 근원으로 영원하신 분이 죽임을 당하셨다는 우리의 반복된, 끊이지 않는 주장에 비추어 그분이 자연적 필요에 의해서가 아니라 인간의 구원이라는 신비를 성취하시려고 고난을 받으셨다는 것, 강압에 의해서가 아니라 자원하여 고난에 순종하셨다는 것은 분명히 이해해야 한다. 이 고난은 영원하신 아들로서 그분 본성, 곧 어떤 비판적 공격에도 무너지지 않는, 하나님의 불변성에 어울리지 않지만, 그분은 그것을 자발적으로 받아들이셨으며, 그 고난은 형법상의 기능을 성취하기로 의도되었다. 하지만 그것은 고난을 받는 자에게 형벌의 고통을 가하지는 않는데, 문제의 고난이 고통을 유발하는 종류의 것이 아니어서가 아니라, 신적 본성은 고통을 느끼지 않기 때문이다. 그리하여 하나님은 자발적으로 고난에 순종함으로써 고난을 받으셨으며, 온전히 고난을 받으시고, 그 고난은 필연적으로 고난을 겪는 사람에게 고통이 수반되는 것이었어도, 그분은 결코 고통을 느낄 정도로 자기 본성의 능력을 버리지는 않으셨다."11

예루살렘의 키릴로스(Cyril of Jerusalem, 375년 즈음)

"온 세상을 속량하셨다는 사실에 놀라지 말라. 그것을 위해 죽은 분은 단순한 사람이 아니라, 하나님의 독생자이시기 때문이다. 더욱이 한 사람의 죄, 곧 아담의 죄가 세상에 사망을 가져왔다. 하지만 **한 사람의 죄로 사망이 세상을 지배했다면 한 사람의 의로 훨씬 더 생명이 지배하지 않겠는가?** 그리고 열매 맺는 나무 때문에 그들이 낙원에서 쫓겨났다면, 이제 예수님이 달리신 나무 때문에 신자는 더 쉽게 낙원으로 들어가지 않겠는가? 흙으로 지어진 첫 번째 사람이

---

11 Hilary, *Homily on the Psalms*, 53:12 (NPNF 2.9:246).

세상에 사망을 가져왔다면, 그를 흙으로 만드신 (그 자신이 생명이신) 분이 영원한 생명을 가져오지 않겠는가? 비느하스가 하나님의 질투심으로 질투하여 악인을 죽여 하나님의 진노를 막았다면, 다른 사람 죽이지 않고 속량을 위해 자기를 드린 예수님이 인류가 받을 진노를 물러가게 하지 않겠는가?

그렇다면 우리 주님의 십자가를 부끄러워하지 말고 오히려 자랑으로 여기자. **십자가에 관한 말씀이 유대인에게는 넘어지게 하는 것이요, 이방인에게는 어리석은 것이지만, 우리에게는 구원이기 때문이며, 멸망하는 자에게 어리석은 것이지만, 구원받는 우리에게 하나님의 능력이기 때문이다.** 내가 앞에서 말했듯이, 우리를 위해 죽은 분은 단순한 사람이 아니라, 하나님의 아들, 사람이 되신 하나님이시기 때문이다. 나아가, 만일 모세 아래에서 어린 양이 멸망시키는 자를 먼 곳으로 몰아내었다면, **세상 죄를 지고 가는 하나님의 어린 양**은 훨씬 더 우리를 우리 죄에서 해방되게 않으시겠는가? 어리석은 양의 피가 구원을 주었다면, 독생하신 분의 피는 훨씬 더 구원하지 않겠는가? 어떤 사람이 십자가에 못 박히신 분의 능력을 믿지 않는다면, 그가 마귀에게 묻게 하라. 어떤 사람이 말씀을 믿지 않는다면, 그가 보는 것을 믿게 하라. 세상에서 많은 사람이 십자가에 달렸지만, 마귀는 그들 누구도 두려워하지 않는다. 하지만 그들은 우리를 위해 십자가에 못 박히신 그리스도의 십자가 모습만 봐도 떤다. 그 사람은 자기 죄로 죽었지만, 그리스도는 다른 사람의 죄를 위해 죽으셨기 때문이다. 그는 **죄를 범치 아니하시고 그 입에 거짓도 없으시며**…

그래서 예수님은 참으로 모든 사람을 위해 고난을 겪으셨다. 십자가는 환상이 아니기 때문이다. 그랬다면 우리 속량 또한 환상일 것이다. 그분 죽음은 단순한 연극이 아니었다. 그랬다면 우리 구원 또한 믿을 수 없기 때문이다. 그분 죽음이 연극에 지나지 않았다면, **저 유혹하던 자 살았을 때 '내가 사흘 후에 다시 살아나리라'라고 말한 것을 우리가 기억하노니**라고 말했던 자들은 진짜였다. 그분 고난은 실재였다. 그는 실제로 십자가에 못 박히셨으며, 그래서 우리는 부끄러워하지 않기 때문이다. 그는 십자가에 못 박히셨으며, 우리는 그것을 부인하지 않는다. 나는 오히려 그것을 말하는 것을 영광스럽게 여긴다. 이제 내가 그것을 부인할지라도 지금 우리가 모인 곳 가까이에 나의 잘못을 논박할 골고다가 있기 때문이다. 후에 이곳에서부터 온 세상으로 조각조각 분배된 십자가의 나무가 내 생각이 틀렸음을 입증한다. 부활을 알기에 나는 십자가를 고백한다. 십자가에 달리신 채 그대로 있었다면 아마 나는 그것을 고백하지 않았을 것이다. 나는 그것과 나의 주님을 숨겼을 것이다. 하지만 이제 나는 부활이 십자가를 뒤따랐다는 것을 선포하기를 부끄러워하지 않는다."[12]

니사의 그레고리우스(Gregory of Nyssa, 385년 즈음)

"돈 때문에 자기 자유를 팔아버린 사람이 그를 사들인 사람의 노예이듯이… 같은 원리로, 우리가 스스로 우리 자유를 팔아버린 지금 어떤 임의의 회복 방법이 아니라, 정의와 어울리는 방법이 필요했다. 그것은 선한 마음으로 우리 구원을 떠맡으신 그분이 고안하셨다. 이제 이 방법은 다음과 비슷하다. 종의 주인에게 얼마가 되었든 그가 자신이 소유한 그 사람에 대해 받기로 동의하는 몸값을 양도하는 것이다.

그렇다면 종의 주인이 그 사람 대신 받기로 선택하는 것은 어떤 것이었을까? 추론의 방식으로, 그 일에서 그가 원하는 것을 추측할 수 있다. 곧, 우리가 찾는 것을 분명히 보여주는 것이 우리 손에 들어오는 경우다. 그가 행복한 상태의 사람을 질투하는 가운데 선을 간과했으며, 자신 안에 악의 어두운 구름을 만들어내었고, 나쁜 자들과 소위 뒤따르는 모든 사악함의 어미인 자가 가진 성향의 주된 근본적인 원인인 지배하려는 욕망으로 병든 자라면, 속량의 방식에서 자신이 소유했던 것에 대한 교환으로 분명하게 더 높고 더 나은 어

---

12 Cyril of Jerusalem, *Catechetical Lectures* 13:2~4 (NPNF 2.7:82~83).

떤 것, 곧 그 교환에서 이득을 얻음으로써 그가 더 많은 자신의 특별한 오만한 열정을 키울 수 있는 어떤 것 외에 다른 무엇을 받아들이겠는가? … 따라서 그것은 신성이 육신을 입었다는 것이었다. 곧, 그가 자신과 같은 성질의 유사한 어떤 것을 바라봄으로써 그러한 탁월한 능력에 접근함에 두려워하지 않는 것, 그러면서도, 과거에 그랬던 것처럼, 하지만 오직 점차로, 점점 더 기적에서 광채를 보이는 가운데 그러한 능력을 지각함으로써 두려움의 대상보다 열망의 대상으로 보이는 것을… 생각하는 것을 확실히 하기 위함이었다.

하나님의 직접 임재를 만나며, 그분의 현현을 경험하는 것이 반대하는 세력의 특성에 속하지 않기에, 우리를 위한 속량이 그것을 원하셨던 그분께 쉽게 받아들여지도록 확실히 하려고 신성이 인간 본성의 베일에 숨겨졌다. 그리하여 탐욕스러운 물고기의 경우와 같이 신성의 낚싯바늘이 육신의 미끼와 함께 삼켜지며, 그리하여 생명이 죽음의 집으로 들어오게 되고, 빛이 어둠 속에 빛나며, 빛과 생명과 정반대 되는 것이 사라지도록 하기 위함이었다. 빛이 존재할 때 어둠은 남지 않으며, 생명이 활동하면 죽음이 존재하지 않기 때문이다."[13]

요한네스 크리소스토무스(John Chrysostom, 390년 즈음)

"여러분은 이제 그분이 여러분에게 행하신 오직 이 한 가지 일을 정당하게 받아들여야 하지 않겠는가? 그분이 무엇을 행하셨는가? '죄를 알지도 못하신 분을 우리를 대신하여 죄로 삼으셨다.' 그가 오직 이 일만을 성취하셨더라도, 그분을 진노하게 한 사람을 위해 자기 아들을 주신 것이 얼마나 위대한 일인지 생각해 보라. 하지만 이제 그분은 위대한 일을 잘 이루셨으며 또한 잘못이 없으신 분이 잘못한 사람을 대신해 징계를 받게 하셨다. 하지만 그분은 이것을 말하지 않고 이것보다 훨씬 큰 것을 언급하셨다. 그렇다면 그것은 무

---

[13] Gregory of Nyssa, *The Great Catechism* 22~24 (NPNF 2.490~92).

엇인가? 그는 말씀하신다. '죄를 알지도 못하신 분을,' 스스로 의로우신 그를 '죄로 삼으셨다,' 곧, 징계를 받아야 할 죄인으로, 저주를 받아 죽어야 할 자로 삼으셨다. '나무에 달린 자마다 저주 아래에 있는 자라 하였음이라'(갈 3:13)… 이 일은 징계뿐 아니라 치욕을 의미한다. 따라서 그가 너희에게 얼마나 위대한 일들을 행하셨는지 생각해 보라. 심지어 죄인도 누구든지 어떤 사람을 위해 죽으면 그것은 참으로 위대한 일이지만, 이런 일을 경험하신 이가 의로우실 뿐 아니라 그가 죄인들을 위해 죽으셨다면, 그리고 죽으실 뿐 아니라 저주받은 자로 죽으셨다면, 저주를 받은 자로서 [죽었을] 뿐 아니라 그렇게 함으로써 우리가 절대 찾지 않은 그 큰 선한 것을 거저 우리에게 주셨다면(하나님이 죄를 알지도 못하신 이를 우리를 대신하여 죄로 삼으신 것은 '우리로 하여금 그 안에서 하나님의 의가 되게 하려 하심이라'고 그가 말씀하시기 때문에), 이런 것을 깨닫는 데 무슨 말과 무슨 생각이 적절하겠는가? '의인을 위하여 그가 죄인이 되신 것은 죄인들을 의롭게 하려 하심이다'라고 그분은 말씀하신다. 그렇게 말씀하셨을 뿐 아니라 더 위대한 것은 그가 하신 말씀이 버릇이 아니라 본질 자체이기 때문이다. 그분은 [그를] 죄인으로 '만드셨다'라고 하지 않고, '죄'로 만드셨다고 했으며, '죄를 짓지 않은 그를'이라고만 하지 않고 '죄를 알지도 못하신 이'라고 했고, 우리가 '의롭게 되게 하려'라고 하지 않고 '의가 되게 하려'라고, 그리고 '하나님의 의가 되게 하려'라고 했기 때문이다. 우리가 행위로 의롭게 되지 않고(그럴 때 한 점의 잘못도 발견되지 않아야 한다) 은혜로 의롭게 될 때 이것은 '하나님의' [의]다. 그럴 때 모든 죄가 사라진다. 그리고 이것은 동시에 우리가 교만하지 않게 하며(전체가 거저 주시는 하나님의 선물임을 알기 때문에), 또한 주어진 것이 얼마나 큰 것인지 우리에게 가르친다. 전에 있었던 것은 율법과 행위의 의였지만 이것은 '하나님의 의'이기 때문이다."[14]

---

[14] John Chrysostom, *Homilies on 2 Corinthians* 11.5 (NPNF 1.12:333).

히포의 아우구스티누스(Augustine of Hippo, 420년 즈음)

"죽음은 죄의 징벌로 사람에게 이른다… 따라서 죄는 징벌을 받아야 할 나쁜 행동이며, 죽음은 죄의 결과다. 그리스도는 죽어야 마땅한 죄가 없지만, 우리를 위해 죄를 담당하셨다. 죄로 인간의 본성에 이른 죽음을 해결하기 위함이다. 이것은 나무에 달린 것을 의미하며, 모세가 저주한 것을 의미한다. 그리하여 사망은 선고를 받아 지배하기를 그치며, 저주를 받아 멸망한다. 이런 의미에서, 죄의 지배 아래 있는 것은 죽음의 선고이지만 그리스도께서 우리 죄를 가져가심으로써 죄가 선고를 받고 우리는 해방된다."[15]

"이 십자가의 죽음은 그들 눈에 가증한 것이었다. '나무에 달린 자는 하나님께 저주를 받았다'라고 한 예언을 깨닫지 못했기 때문이다. 그는 스스로 죽음을 초래한 것이 아니라, 십자가에서 그것을 발견했다. 첫 번째 사람의 저주로부터 유전된 죽음이었다. 그리고 그는 죄에서 유래하는, 우리에게 있는 같은 죽음을 스스로 짊어지시고 나무에 달리셨다. 따라서 어떤 사람이 (어떤 이교도가 생각하는 것처럼) 우리 주 예수 그리스도께서 단지 육신의 거짓된 몸을 가지셨다고, 그리고 십자가에서 하나님을 만족시킨 죽음이 진짜 죽음이 아니었다고 생각하지 않게 하려고, 그 선지자는 이것을 지적하며 말한다. '나무에 달린 자는 하나님께 저주를 받았음이니라.' 그렇다면 그는 하나님의 아들이 진정한 죽음, 죽을 수밖에 없는 육신으로 죽음을 경험하셨다는 것을 보여준다. 그가 '저주를 받은' 것이 아니라면 그가 진정으로 죽은 것이 아니었다고 당신이 생각하지 않게 하려 함이다. 그 죽음은 환상이 아니라, '네가 반드시 죽으리라'라고 말씀하신 때에 그 저주로부터 시작된 그 원래의 근원으로부터 내려온 것이었으므로, 그리고 진정한 생명 자체가 우리에게 미치게 하려고 진정한

---

[15] Augustine, *Reply to Faustus the Manichean* 14.3 (NPNF 1.4:208).

죽음이 분명히 그에게도 미쳤으므로, 생명의 축복이 우리에게도 미치게 하려고 죽음의 저주도 그에게 미쳤다."16

"따라서 우리 자신이 의—우리 자신의 의가 아니라 하나님의 의, 우리 자신에게 있지 않고 그분에게 있는 의—이듯이, 예수님 자신은 죄이시다. 그가 죄 있는 육신의 모습—그 몸으로 그는 십자가에 못 박히셨다—으로 보여주셨던 대로 그가 죄—그 자신의 것이 아닌 우리의 죄, 그 자신이 아닌 우리에게 근거한 죄—이셨던 것처럼, 죄가 그의 안에 있지 않았기 때문에 그는 말하자면, '죄의 모습이었던' 육체 안에서 죽으심으로써 죄에 대해 죽으실 수 있었다. 그리고 그는 결코 죄를 짓는 옛 방식으로 살지 않으셨기 때문에 자신의 부활을 통해 새로운 삶을 나타낼 수 있으셨다. 그 삶은 우리의 것이며, 우리가 죄로 죽어있던 옛 죽음으로부터 새롭게 되살아난 삶이다"17

"은혜란 무엇인가? 공짜로 주어지는 것이다. '공짜로 주어지는'은 무엇을 말하는가? 주어지되 대가는 지급하지 않는다는 뜻이다. 그것이 마땅히 받아야 할 것이면 임금을 지급하고, 은혜는 주어지지 않는다. 하지만 보답이 마땅한 것이면 당신이 선하다는 뜻이다. 그러나 실제로 당신이 악하지만, 경건치 않은 자를 의롭다고 하시는 그분을 믿었다면('경건치 않은 사람 의롭다고 하신다'는 무슨 뜻인가? 경건치 않은 자를 경건하게 만든다는 뜻이다) 율법에 의해 정당하게 당신의 머리 위에 어떤 팻말이 걸려있었는지, 그리고 은혜에 의해 당신이 무엇을 얻었는지 생각해 보라. 하지만 그러한 믿음의 은혜를 얻었기에 당신은 믿음에 의해 의롭게 될 것이며(의인은 믿음으로 말미암아 살기 때문에), 믿음에 의해 살아감으로써 하나님의 호의를 얻을 것이다. 그리고 믿음에 의해 살아감으로써 하나님의 호의를 얻었기에 당신은 그

---

16 Augustine, *Expositions on the Psalms* 38.25 (NPNF 1.8:111).

17 Augustine, *Enchiridion* 41 in *Augustine: Confessions and Enchiridion*, Albert Cook Outler, ed., Library of Christian Classics (Philadelphia: Westminster, 1955), 365.

상급으로 죽지 않음을 얻으며, 영생을 얻을 것이다. 그리고 그것이 은혜다. 어떤 공덕 때문에 당신은 영생을 얻는가? 은혜 때문이다. 믿음이 은혜라면 영생은, 말하자면, 믿음에 대한 보상이다. 하나님께서는 참으로 마치 영생이 마땅히 받아야 할 것인 것처럼 그것을 내리시는 것으로 보인다(누구에게 마땅히 주어져야 하는가? 신실한 자에게다. 그가 믿음에 의해 그것을 얻을 자격이 있었기 때문이다). 하지만 믿음 자체가 은혜이므로 영생은 또한 은혜에 대한 은혜다."18

"사람은 주님을 기쁘게 하기 원합니다. 주님이 창조하신 것의 일부이기 때문입니다. 그는 죽어야 할 운명을 지니고 있으며 죄의 흔적과 주님이 교만한 자를 대적하신다는 증거를 가지고 있습니다. 하지만 여전히 그는 주님을 기쁘게 하기 원합니다. 주님이 만드신 것의 단지 한 작은 부분인 이 사람이 말입니다. 주님은 그를 자극하여 그가 주님을 찬양하기를 기뻐하게 하셨습니다. 주님께서 주님을 위해 우리를 만드셨으며, 우리의 마음은 주님 안에서 쉼을 얻게 되기까지는 쉼이 없기 때문입니다. 주님, 제가 알고 이해하도록 해 주십시오. 먼저 주님께 도움을 구해야 할지 아니면 주님을 찬양해야 할지, 먼저 주님을 알아야 할지 아니면 주님께 부르짖어야 할지. 하지만 주님을 알지 못하고서 누가 주님께 도움을 구할 수 있습니까? … 주님, 주님께서 저에게 주신 믿음으로, 주님 아들의 인성을 통해, 그리고 주님의 설교자 사역을 통해 저에게 불어넣으신 믿음으로 저는 주님께 부르짖습니다."19

"주님, '저희가 진흙임을' 그리고 주님께서 흙으로부터 사람을 지으셨음을, 그리고 그가 '잃었다가 찾은' 자임을 기억하소서. 물론 그[사도 바울]는 자신의 힘으로 이 모든 것을 할 수 없었습니다. 제가 그토록 사랑했던, 그리고 주님께서 주신 영감으로 이것들을 말했던

---

18 Augustine, *Tractates on the Gospel of John* Tr. 3.9: John 1:15~18 (NPNF 1.7:22).

19 Augustine, *Confessions* 1.1 in *Enchiridion* 41, 31~32.

그도 같은 진흙이었습니다. 그는 '내게 능력 주시는 자 안에서 내가 모든 것을 할 수 있다'라고 말했습니다. 제게도 능력 주셔서 능하게 하시옵소서. 주님의 명령을 제게 주시고, 주님이 원하시는 것을 명하십시오. 이 사람[바울]은 자신이 은혜의 선물을 받았으며 자신이 자랑할 때 주님 안에서 자랑한다고 고백합니다."[20]

"'이제는 율법과는 상관없이 하나님의 의가 나타났습니다'[롬 3:21]. 이것은 자기 의를 확립하려 하며 그 다른 사람에 복종하지 않는 사람이 모르는 의다. '사람의 의나 우리 자신의 의지에 의한 의가 아니라 '하나님의 의,' 하나님을 의롭게 하는 의라기보다 하나님께서 경건치 않은 자를 의롭게 하실 때 그가 사람에게 입히시는 의인 하나님의 의… 그것은 참으로 율법과 상관없는, 하나님의 의다. 하나님께서 율법의 도움 없이 은혜의 성령을 통해 그것을 신자에게 내리시기 때문이다. 곧, 율법은 하나님의 구원 활동에 아무것도 공헌하지 않는다. 율법을 통해 하나님께서는 단지 사람에게 자기 연약함을 보여주셔서 믿음에 의해 하나님의 자비 안에 피하고 나음을 얻게 하신다."[21]

"'의인은 믿음으로 살 것이다'[롬 1:17]. 하나님께서 의를 나누어주셔서 사람을 의롭게 하시기에, 이것은 하나님의 의다. 실로 그것이 '주님의 구원'이며 그것으로 사람이 구원받도록 하시는 것과 같다. 그리고 그것은 믿음이다. 믿음으로부터, 그리고 믿음에 이르도록 의가 드러나기 때문이다. 곧, 의를 선포하는 사람의 믿음으로부터 그 의에 순종하는 사람의 믿음에게 전달된다. 예수 그리스도의 믿음—곧, 그리스도께서 우리에게 주신 믿음—에 의해 의의 삶이 하나님으로부터 우리에게

---

[20] Augustine, *Confessions* 10:45 in Outler, *Augustine: Confessions and Enchiridion*, 228.

[21] Augustine, "The Spirit and the Letter" in *Augustine: Later Works*, John Burnaby, ed., Library of Christian Classics (Philadelphia: Westminster, 1955), 205.

주어지며 더 온전히 주어질 것을 우리는 믿는다. 따라서 그러한 거룩한 두려움으로 우리는 하나님만을 경배하며 그에게 감사드린다."22

레오 1세(Leo the Great, 450년 즈음)

"우리 첫 번째 부모로 인류 전체가 타락했을 때, 자비로우신 하나님께서는 자기 독생자 예수 그리스도를 통해 자기 형상을 따라 만든 피조물을 구원하심으로 오직 그 형상으로 우리 본성이 회복되며, 우리 새로운 신분이 우리 원래 위치보다 나아지게 하실 것을 꾀하셨다. 우리가 하나님께서 우리를 만드신 모습을 떠나 타락하지 않았다면 행복했겠지만, 우리가 하나님께서 우리를 다시 만드신 모습으로 남는다면 우리는 더 행복할 것이다. 그리스도로부터 형상(form)을 얻은 것은 대단한 일이었지만, 그리스도 안에서 본질을 가지는 것은 그보다 더 한 일이다. 우리가 그분 본성에 의해 그분 형상의 본래 모습으로 올려졌기 때문이다. (그의 본성은 인애의 요구에 따라 그러한 제한된 것들로 자신을 낮추셨지만, 그것은 어떤 종류의 변화도 초래하지 않았으며, 오히려 우리가 그러한 본성에 의해 올려졌다.) 그분 본성은 우리 본성 안에서 파괴되지 않았고, 우리 본성도 그분 본성 안에서 파괴되지 않았다. 그분 본성은 하나님의 인성과 사람의 인성을 자신 안에서 하나 되게 하였지만, 그러한 연약함과 능력의 연합 가운데 육체는 신성을 통해 불가침 되지 않았고, 신성은 육체를 통해 변화를 겪게 되지도 않았다. 우리는 그러한 본성에 의해 올려졌지만, 그것은 인류라는 공통적인 줄기로부터 우리를 잘라냈다기보다 모든 사람에게 전이된 모든 죄의 흔적을 몰아내었다. 다시 말하면, 세상의 구속자가 형벌을 받는 방식으로 (죄라기보다 죄의 형벌인) 연약함과 죽음을 경험하셨고, 그것은 구속을 위한 값으로 여겼다. 그러므로 우리 모두 안에 있는 정죄라는 유산은 그리스도 안에

---

22 Augustine, "The Spirit and the Letter" in *Augustine: Later Works*, 208.

서 '경건함의 비밀'이 되었다. 빚이 없으신 자로서 자신을 그 가장 잔인한 채권자에게 드리셨고, 유대인이 마귀의 하수인이 되어 흠 없는 육체를 괴롭히도록 허락하셨다. 자기 육체를 죽음과 심지어 (신속한) 부활에 드림으로써 그리스도 안에서 신자들이, 그분께서 그들의 본성을 공유하신 것을 의심하지 않듯 그들이 그분 영광을 공유하는 것에도 의심의 여지가 없음을 기억함으로써, 박해가 참지 못할 것이 되지도, 죽음이 끔찍한 것이 되지도 않음을 알게 하셨다.23

중세시대(500~1500년)

그레고리오 1세(Gregory the Great, 600년 즈음)

"그는 자유 의지를 가진 생명으로 창조되었을 때 스스로 죽음에 빚진 자가 되었다. 따라서 그러한 범법은 해결해야 했지만, 희생에 의하지 않고는 해결할 수 없었다. 희생을 찾아야 했지만, '사람을 자유롭게 하려고' 어떤 희생이 가능했겠는가? 이성이 있는 사람을 위해 이성이 없는 짐승을 죽여 희생시켜야 한다는 것도 정당하지 않았기 때문이다. 그리하여 사도는 말한다. **그러므로 하늘에 있는 것들의 모형물은 이런 여러 의식으로 깨끗해져야 할 필요가 있지만, 하늘에 있는 것들은 이보다 나은 희생제물로 깨끗해져야 합니다**[히 9:23]. 그래서 이성적 동물, 곧 사람 대신 이성 없는 생물이 어울리는 희생이 될 수 없었다면, 죄를 짓는 이성적인 존재를 위해 이성이 있는 희생제물을 드릴 수 있도록, 사람을 위해 드릴 한 사람을 찾아야 했다. 하지만 죄가 없는 사람이 발견될 수 없다는 사실은 어떻게 하겠는가? 그리고 실제 희생제물 자체가 죄의 감염에서 벗어날 수 없었다면 우리 대신 드려지는 그 희생제물은 언제 우리를 죄로부터 정결케 할 수 있었는가? 부정하게 되었기에 그것은 부정한 자를 정결케 할 수 없었기 때문이다. 따라서 이성이 있는 희생제물이려면 사람이 드

---

23 Leo the Great, *Sermons* 72.2 (NPNF 2.12:184~85).

려져야 하지만, 사람을 죄에서 정결하게 하려고, 사람, 그리고 죄 없는 사람이어야 했다. 하지만 죄 가운데의 결합으로부터 태어난 자로서 누가 죄 없는 사람일 수 있는가? 따라서 우리를 위해 하나님의 아들이 처녀의 태내로 오셨으며, 거기서 우리를 위해 사람이 되셨다. 그는 죄가 아닌 본성을 자기 것으로 취하셨다. 그는 우리를 위해 희생제물로 드리셨으며, 죄인들을 위해 자신의 몸을 죄가 없는 희생제물로 내세우셨다. 인간의 본성에 의해 그가 죽을 수 있을 뿐 아니라 의에 의해 정결케 할 수 있기 위함이었다."24

다마스쿠스의 요한(John of Damascus, 740년 즈음)

"우리 주 예수 그리스도는 죄가 없으셨기 때문에(세상 죄를 가져가신 분은 죄를 짓지도 않으셨고 그 입에 궤사도 발견되지 않았다) 죽음에 지배되지 않으셨다. 죽음은 죄를 통해 세상에 왔기 때문이다. 따라서 그가 죽으신 것은 우리를 위해 죽음을 스스로 지셨기 때문이며, 우리를 위해 자신을 아버지께 드리는 희생제물로 바치셨기 때문이다. 우리가 그분에게 죄를 지었기에, 그분이 우리에 대한 속전을 받으시고, 그리하여 우리가 죄의 선고로부터 풀려나는 것이 적합했다. 주님의 피가 그 압제자에게 드려진 일은 없었으리라. 따라서 죽음이 접근하여 미끼처럼 신성의 낚싯바늘에 고정된 몸을 삼키고, 죄 없는, 생명을 주는 몸을 맛보고 나면 그것은 멸망하며, 예전에 삼켰던 모든 사람을 다시 토해낸다. 빛이 들어오면서 어둠이 사라지듯이, 죽음은 생명의 공격 앞에서 격퇴되고, 모든 이에게 생명을 돌려주지만, 그 자신은 멸망시키는 자에게 넘겨진다."25

---

24 Gregory the Great, *Moralia (Expositions in Job)* 17.46. www.lectionarycentral.com/GregoryMoralia/Book17.html (2014월 6월 4일 접속).

25 John of Damascus, *An Exact Exposition of the Orthodox Faith* 27 (NPNF 2.9:72).

오르바이스의 고트샬크(Gottschalk of Orbais, 865년 즈음)

"모든 택한 자에게만 주어지는 고유하고 특별한 것, 그들을 사랑하신 구속자께서 그들에게만 나누어주셨던 그것이, 태어났거나 태어날, 산 자와 죽은 자—모든 택하신 자—을 속량하고, 구원하고 과거와 현재의 죄들로부터 정결케 하였다. 물론 이들은 주님께서 대신 고난을 받으신 세상이다."26

"나는, 전능하시고 변함이 없으신 하나님께서 대가 없이, 거룩한 천사들과 택하신 사람들을 예지하시고 영생으로 예정하셨으며, 마찬가지로 귀신들의 우두머리인 마귀를 그를 따르는 배교한 천사들과 모든 사악한 인간들과 함께, 가장 분명하게 예지된 그들의 미래의 악한 공과로, 그의 가장 공정한 심판을 통해 합당하게 영원한 죽음으로 예정하셨음을 믿고 고백한다."27

캔터베리의 안셀무스(Anselm of Canterbury, 1077년 즈음)

"우리는 하나님께 불의와 불명예스러운 일을 행하지 않고, 온 맘으로 그에게 감사드리며, 그를 찬양하고, 말할 수 없이 높은 그의 긍휼하심을 선언한다. 그가 우리를 우리가 속한 그토록 크고도 응당한 죄악에서 벗어나 우리가 잃은 그토록 크고도 과분한 복에게로 회복하셨으며, 나아가 우리에게 더욱 넘치는 사랑과 친절을 보여주신 것이 더욱 놀랍고 기대 이상이기 때문이다. 이런 식으로 얼마나 적합하게 인간의 속량이 보증되었는지 그들이 신중하게 생각하기만 한다면 그들

---

26 Gottschalk, *Tome of Gislemar* 4 in Genke and Gumerlock, eds. and trans., *Gottschalk and A Medieval Predestination Controversy*, 70.

27 Gottschalk, *Shorter Confession*, 71 in *Gottschalk and A Medieval Predestination Controversy*, 71.

은 우리의 단순함을 조롱하지 않고 하나님의 지혜로운 은혜를 찬양하는 일에 우리와 함께할 것이다. 사람의 불순종으로 죽음이 임했듯이, 사람의 순종으로 생명의 회복은 합당했기 때문이다. 그리고 우리의 정죄의 원인인 죄가 여자에게서 시작되었듯이, 우리의 의와 구원의 주가 여자에게서 태어나야 했다. 또한, 사람을 유혹하는 자가 되어 나무의 열매를 먹게 함으로써 사람을 정복했던 마귀는, 사람이 짊어졌던 나무에서의 고난을 통해 사람에 의해 정복되어야 했다. 우리가 자세하게 살핀다면 다른 많은 것들 또한 우리에게 그렇게 주어진 속량에 대해 어떤 형언할 수 없는 아름다움을 더한다."[28]

"신적 본성과 인간 본성이 교차함으로써 하나님이 인간이 되시거나 사람이 하나님이 되는 일은 불가능하며, 그들이 혼합되어 그 둘로부터 전적으로 하나님이지도 전적으로 사람이지도 않은 제3의 존재가 만들어지는 일도 일어날 수 없다. 하나가 다른 하나로 변화되는 것이 가능하다면, 오직 하나님이고 사람이 아니거나, 오직 사람이고 하나님이 아닐 것이기 때문이다. 혹은, 만일 그들이 혼합되어 제3의 본성이 그 둘의 연합으로부터 나온다면(마치 다른 종의 수컷과 암컷의 동물들로부터 제3의 동물이 만들어져, 그것이 그 두 종을 전부 보존하지 못하고, 둘로부터 유래한 혼합된 본성을 가지듯이), 그것은 하나님도 사람도 아닐 것이다. 따라서 신이면서도 인간인 본성을 가지도록 우리가 요구하는 신인(God-Man)은 하나로부터 다른 하나로 변화되는 것이나 제3의 존재 안에서 둘이 불완전하게 혼합되어 만들어질 수 없다. 이러한 일들은 있을 수 없으며, 그것이 가능하더라도 우리의 목적에 아무런 효력도 없을 것이기 때문이다. 게다가, 이 두 완전한 본성들이 하나가 사람인 동안 다른 하나가 하나님인 방식으로 어떻게든 연결된다고 하더라도, 하나님인 것이 사람인 것과 같지 않다면, 성취될 필요가 있는 일을 그 둘이 하는 것은 불가능하다. 왜냐하면

---

[28] Anselm, *Cur Deus Homo* 1.3 in Deane, trans., *St. Anselm*, 182~83.

하나님은 지급해야 할 빚이 없으시기에 그것을 하지 않으실 것이며, 사람은 능력이 없어서 그것을 하지 않을 것이기 때문이다. 따라서 신인이 이것을 수행하기 위해서는 속죄를 행하는 존재가 완전한 하나님이며 완전한 사람이어야 한다. 그가 온전히 하나님이며 온전히 사람이 아니라면 그는 그것을 할 수 없고 하지 않을 것이기 때문이다. 그렇다면 신인이 각 본성을 온전히 보존할 필요가 있기에, 이 두 본성이 한 인격 안에서 온전히 연합되는 것이 못지않게 필요하다. (모든 인간에게 몸과 이성을 가진 영혼이 함께 존재하는 것과 같다.) 그렇지 않고서는 그가 온전한 하나님이면서 온전한 사람이 되는 것이 불가능하기 때문이다."[29]

토마스 아퀴나스(Thomas Aquinas, 1265년)

"어떤 범법 행위에 합법적 속죄는 손해를 입은 사람이 동등하게 원하는 것이나 심지어 그가 그 범법을 미워하는 것보다 더 많은 것을 주는 것이다. 하지만 그리스도께서는 사랑과 순종으로 고난을 받으심으로써 온 인류가 행한 불법을 변상하시려고 요구한 것보다 더 많은 것을 하나님께 드리셨다. 첫째로, 그를 고민하게 만든 지나친 자비 때문이며, 둘째로, 속죄에서 그가 내려놓았던 그의 생명의 존엄성 때문이며(그것은 하나님이면서 사람이셨던 이의 생명이었으므로), 셋째로 고난의 범위, 그리고 앞에서 언급한 대로 그가 견디셨던 슬픔의 크기 때문이다. 따라서 그리스도의 고난은 인류의 죄에 충분하며 또한 넘치는 속죄였다. 요한일서 2:2에 따르면, '그는 우리 죄를 위한 화목제물이시니, 우리 죄만 위한 것이 아니라 온 세상을 위한 것입니다.'"[30]

---

[29] Anselm, *Cur Deus Homo* 2.7 in *St. Anselm*, 245~46.

[30] Thomas Aquinas, *Summa Theologica* 3.48.2.

종교개혁 시대(1500~1700년)

마르틴 루터(Martin Luther, 1530년)

"어떻게 그리스도는 우리를 속량하실 수 있었는가? '그분은 율법 아래에 나셨다.' 그리스도께서 오셨을 때 우리가 모두 매인 몸임을 발견하셨다. 그것에 무엇을 하셨는가? 율법의 주인이셨으나, 자발적으로 자신을 율법 아래에 두셨으며 그것이 그분을 지배하도록, 참으로 자기를 고발하고 형을 선고하도록 허용하셨다. 율법이 우리를 심판으로 데려갈 때 그것은 그렇게 할 완벽한 권리가 있다. '우리도 다른 이들과 같이 본질상 진노의 자녀'이기 때문이다(엡 2:3). 하지만 그리스도는 '죄를 범하지 아니하시고 그 입에 거짓도 없으셨다'(벧전 2:22). 따라서 율법은 그분에 대해 관할권이 없었다. 하지만 율법은 그것이 우리를 다루었던 것처럼 이 무죄하고 의로우시며 복되신 하나님의 어린 양을 잔인하게 다루었다. 그분에게 신성모독과 반역의 죄를 씌웠다. 온 세상의 죄를 범한 자로 만들었다. 그것이 그토록 심한 영혼의 고통으로 압도하였기에 그분 땀은 피와 같이 되었다. 율법은 그에게 십자가에서의 수치스러운 죽음을 선고했다… 그리하여 그리스도께서는 양심으로부터 율법을 추방했다. 그것은 더는 우리를 하나님으로부터 추방할 수 없다. 그 문제라면, 율법은 계속해서 죄를 드러낸다. 그것은 여전히 죄를 선고하는 일에서 목소리를 높인다. 하지만 양심은 사도의 말에서 즉각적인 구원을 발견한다. '그리스도께서 우리를 율법으로부터 속량하셨다.' 이제 양심은 머리를 높이 들고 율법에게 말할 수 있다. '너 자신은 그렇게 거룩하지 않다. 너는 하나님의 아들을 십자가에 못 박았다. 그것은 네가 하기에 두려운 일이었다. 너는 너의 영향력을 영원히 잃었다.'"31

---

31 Martin Luther, *A Commentary on St. Paul's Epistle to the Galatians*, Theodore Conrad Graebner, trans., (Grand Rapids, MI:

"우리의 하나님이시며 주님이신 예수 그리스도께서 우리 죄를 위해 죽으셨으며, 우리를 의롭게 하시려고 다시 살아나셨다(롬 4:25). 그리고 그분만이 세상 죄를 지고 가는, 하나님의 어린 양이시며(요 1:29), 하나님께서는 우리 모두의 죄악을 그분에게 맡기셨다(사 53:6). 마찬가지로 모두가 죄를 지었으며, 공로 없이[거저, 자기 행위나 공로 없이] 그분 은혜로, 그리스도 예수 안에 있는 속량을 통해, 그리스도의 피로 말미암아 의롭다 함을 받는다(롬 3:23 이하). 이제 이것을 믿을 필요가 있으며, 그것을 다른 행위, 율법, 공로에 의해 다른 방법으로 얻거나 이해할 수 없으므로, 바울의 말처럼 이러한 믿음만이 우리를 의롭게 하는 것이 분명하고 확실하다(롬 3:28). 사람이 율법의 행위와는 상관없이 믿음으로 의롭다고 인정을 받는다고 우리는 생각합니다.' 마찬가지로 3:26에서는 '지금 이때 자기 의로우심을 나타내신 것은, 하나님은 의로우신 분이시다는 것과 예수를 믿는 사람은 누구나 의롭다고 하신다는 것을 보여주시려는 것입니다'라고 말한다. 이 조항에서 어느 것도 양보하거나 포기할 수 없다[또한 그것에 반대되는 것 어떤 것도 제시하거나 허용할 수 없다]. 하늘과 땅조차도, 그리고 무엇이든지 함께하지 않는 것은 멸망으로 떨어진다. '이 예수 밖에는, 다른 아무에게도 구원은 없습니다. 사람들에게 주신 이름 가운데 우리가 의지하여 구원을 얻어야 할 이름은, 하늘 아래에 이 이름밖에 다른 이름이 없습니다'라고 베드로는 말한다(행 4:12). 그리고 그가 채찍에 맞음으로 우리가 나음을 얻는다(사 53:5). 그리고 우리가 교황과 마귀와 [온] 세상에 반대하여 가르치고 실천하는 모든 것이 이 조항에 달렸다. 따라서 우리는 이 교리를 확신하고 의심은 하지 말아야 한다. 그렇게 하지 않으면 모두가 패배하며, 교황과 마귀와 모든 것이 승리하고 우리와의 소송에서 이긴다."[32]

Zondervan, 1939), 150~51.

[32] Martin Luther, *Smalcald Articles*, 1.2.1, bookofconcord.org/smalcald.php#officeandworkofjesus (2014년 6월 9일 접속).

"하나님의 의는 구원의 원인이다. 여기서 또한 '**하나님의 의**'는 하나님께서 그것에 의해 스스로 의로우신 의가 아닌, 우리가 하나님에 의해 의롭게 되는(의롭다 함을 받는) 의로 이해되어야 하며, 이것은 복음 안에 있는 믿음을 통해서 일어난다."33

"영원 전부터 아버지에게서 나신 진정한 하나님이시며, 또한 처녀 마리아에게서 나신 진정한 사람이신 예수 그리스도가, 잃어버린 바 되고 죄의 선고를 받은 피조물인 나를 속량하신 나의 주님이심을 믿는다. 그분은 내가 [전적으로] 그의 소유가 되고, 그의 왕국에서 그의 보호하심 아래 살며, 그가 죽음에서 부활하시고 살아계시며 영원히 통치하시는 것과 같이 영원한 의와 죄 없음과 복됨 가운데 그분을 섬기게 하시려고, 금이나 은이 아닌 그의 거룩하고 보배로운 피와 그의 무죄한 고난과 죽음으로 나를 모든 죄와 마귀의 능력으로부터 값으로 사시고 얻으신[구원하신] 내 주님이시다. 이것은 가장 분명한 사실이다."34

필리프 멜란히톤(Philipp Melanchthon, 1550년 즈음)

"율법에 의해 죽음에 처한 우리가 그리스도 안에서 약속된 은혜의 말씀으로 다시 살게 될 때 우리는 의롭게 된다. 복음은 우리 죄를 용서하며, 우리는 그리스도 의가 우리 의라는 것, 그리스도께서 가져 오신 속죄가 우리 속죄이며 그것이 그리스도 의라는 것을 조금도 의심하지 않는 가운데, 믿음으로 그리스도를 붙든다. 한마디로 말해서, 우리는 우리 죄가 용서되었으며, 하나님께서 이제 우리에게 호의적이시고 우리의 선을 바라신다는 것을 조금도 의심하지 않는다. 따라서

---

33 Martin Luther, *Lectures on Romans*, Wilhelm Pauck, ed., Library of Christian Classics (Philadelphia: Westminster, 1961), 18.

34 Martin Luther, *Small Catechism* 2.1, bookofconcord.org/smallcatechism.php#creed (2014년 6월 9일 접속).

우리 자신의 행위의 어느 것도, 그것이 얼마나 선하게 보이고 실제로 선하더라도, 우리 의를 만들어내지 않는다."35

토머스 크랜머(Thomas Cranmer, 1550년 즈음)

"모든 사람이 죄인이며 하나님의 뜻을 거스르는 범법자, 그분 율법과 계명을 어긴 자이기에, 누구도 자기 행위와 일과 공로가 그토록 선하게 보일지라도, 그것으로 하나님 앞에서 의롭다 여김을 받거나 의롭게 될 수 없다. 하지만 모든 절박한 사람은 부득이 다른 의나 칭의를 하나님 손에서 찾는다… 그리고 우리가 그런 식으로 하나님의 자비와 그리스도의 공로로 받은 이 칭의나 의는, 우리 완벽하고도 온전한 칭의를 위해 하나님 앞에서 받아들여지고 용납된다."36

장 칼뱅(John Calvin, 1560년 즈음)

"그리스도께서 순종하심으로써 진정으로 아버지에게서 우리를 위한 은혜를 사시고 그것을 받을 자격을 얻으셨다는 것은 성경 여러 구절에서 정확하게 추론할 수 있다. 그리스도께서 우리 죄를 위한 보상을 충족시키셨고, 우리가 치러야 할 대가를 지급하셨으며, 순종을 통해 하나님의 진노를 진정했다면, 간단히 말해, 의로운 자로서 불의한 자 대신에 고난을 받으셨다면, 그분 의로 우리가 구원을 얻었고, 이것은 공로를 얻는 것과 정확하게 같을 것이라고 나는 믿는다. 이제, 바울의 증언은 그분 죽음으로 우리가 화해되고 화해를 얻

---

35 Philipp Melanchthon, *Loci Communes* in *Melanchthon and Bucer*, Wilhelm Pauck, ed., Library of Christian Classics (Louisville, KY: Westminster John Knox, 2006), 88~89.

36 Thomas Cranmer, "Homily of the Salvation of Mankind by Only Christ Our Savior from Sin and Death Everlasting" in *English Reformers*, T. H. L. Parker, ed., Library of Christian Classics (Philadelphia: Westminster, 1966), 262.

었다는 것이다(롬 5:11). 하지만 앞서 범법이 없었더라면 화해의 여지가 없다. 따라서 그 의미는 하나님께서 죄로 우리를 미워하셨으나, 자기 아들의 죽음으로 노를 가라앉히시고 우리에게 호의를 가지셨다는 것이다. 그리고 즉각적으로 뒤따르는 정반대의 사실을 신중하게 관찰해야 한다. 그것은 '한 사람이 순종하지 않음으로 말미암아 많은 사람이 죄인으로 판정을 받았는데, 이제는 한 사람이 순종함으로 말미암아 많은 사람이 의인으로 판정을 받을 것입니다'라는 말씀이다(롬 5:19). 그 의미는 아담의 죄로 우리가 하나님에게서 멀어지고 멸망할 운명에 처했듯이, 그리스도의 순종으로 마치 우리가 의로운 사람인 것처럼 그분 호의를 얻는 자로 회복됐다는 것이다. 문맥에서 분명하듯이 동사의 미래시제는 현재의 의를 배제하지 않는다. 앞에서 그가 '은사는 많은 범죄로 말미암아 의롭다 하심에 이른다(역자 주. 현재시제)'라고 말했기 때문이다."37

"예정은 하나님께서 모든 사람과 관련하여 일어나기를 원하셨던 모든 것을 스스로 정하신 영원한 작정(decree)을 의미한다. 모두가 같게 창조된 것이 아니며, 어떤 사람은 영생으로, 다른 사람은 영원한 저주로 예정되었다. 따라서 각 사람이 이 둘의 어느 하나의 결말을 위해 창조되었기에, 우리는 그가 생명이나 죽음으로 예정되었다고 말한다."38

네덜란드 신앙고백(Belgic Confession, 1561년)

"우리는 예수 그리스도가 맹세로 멜기세덱의 반차를 따른 영원한 대제사장이심을 믿는다. 그는 아버지 앞에서 우리 이름으로 자신을 드리셨다. 이는 선지자들의 예언대로 십자가 나무 위에서 자신을 드리시고 우리의 죄를 깨끗하게 하시려고 자기 보배로운 피를 쏟음으

---

37 John Calvin, *Institutes* 2.17.3 in Beveridge, 455.
38 John Calvin, *Institutes* 3.21.5 in Beveridge, 2206.

로 하나님의 진노를 온전히 만족시키고 가라앉히기 위함이었다… 그리하여 자기가 도적질하지 않은 것들을 갚으셨으며, '의로운 자로서 불의한 자를 위해' 몸과 영혼이 고난을 받으셨다. 우리의 죄로 요구된 무서운 징벌을 감지하셨을 때 그분 땀은 '땅에 떨어지는 핏방울' 같이 되었다. 그는 '나의 하나님, 나의 하나님, 어찌하여 나를 버리셨나이까?'라고 외치셨다. 그리고 우리의 죄 용서를 위해 이 모든 것을 견디셨다."39

항변서의 5대 신학사상(Five Articles of the Remonstrance, 1610년 [아르미니우스주의])

"하나님께서는 성령의 은혜에 의해 예수 그리스도를 믿고 같은 은혜에 의해 믿음의 순종 가운데 끝까지 인내하는 자를 구원하시고, 다른 한편으로, 불신자와 회심하지 않는 자에게는 유죄판결을 내리기로 영원 전부터 만고불변으로 정하셨다(요 3:36). 그리하여 택하심과 정죄는 예지에 의해 결정되며, 예견된 믿음 혹은 불신앙에 의존하게 된다."40

도르트 신조(Dordrecht Confession, 1632년)

"우리의 첫 번째 조상과 후손들의 회복에 관하여 우리는 다음을 믿고 고백한다. 하나님께서는 그들 타락과 허물과 죄에도, 또한 그들이 자기를 도울 능력이 없었어도 그들이 완전히 쫓겨나거나 영원히 잃어버려지기를 바라지 않으셨으며, 다시 그들을 자신에게로 부르셨고, 그들을 위로하셨으며, 아직 자신에게 그들의 화해를 위한 수단, 곧 죄 없는 어린 양이신 하나님의 아들이 있음을 그들에게 보여주셨다. 그 아들은 그들의 위로와 속량과 구원을 위해, '세상이 있기 전

---

39 The *Belgic Confession* 21, www.reformed.org/documents/index.html (2014년 6월 9일 접속).

40 In Schaff, *Creeds of Christendom*, 1:516.

에 미리 정해졌으며,' 그들(우리 첫 번째 부모)이 아직 낙원에 있을 때 그들과 그들의 후손에게 약속되셨다. 참으로, 믿음으로 그가 이미 그들에게 주어졌으며, 그 후로 모든 경건한 족장들에게 이 약속이 자주 갱신되었고, 그들은 믿음을 통해 멀리서 그것을 바라보고, 그것의 성취를 기대하며 (그[하나님의 아들]가 오셔서 또다시 타락한 인류를 그들의 죄와 죄책과 불의에서 속량하고 해방하실 것을 기대하며) 바라고 찾았다… 따라서 우리는, 하나님의 아들이 죽으시고('모든 사람을 위해 죽음을 맛보시고'), 귀중한 피를 흘리셨으며, 그리하여 뱀의 머리를 부수고, 마귀의 일을 멸하며, '손으로 쓴 것을 지워버리고,' 온 인류를 위한 속량을 이루셨으며, 그리하여 아담의 때부터 세상 끝날까지 그를 믿고 순종하는 모든 사람에게 영원한 구원의 근원이 되셨다고 믿는다."41

웨스트민스터 신앙고백(Westminster Confession, 1646년)

"주 예수는 완전한 순종, 그리고 영원하신 성령을 통해 한 번에 하나님께 드렸던 희생에 의해 온전히 아버지의 정의를 만족시키셨고, 아버지께서 그에게 주신 사람을 위해 화목뿐 아니라 천국에 있은 영원한 유업을 사들이셨다."42

근대 · 현대시대(1700년~현재)

조나단 에드워즈(Jonathan Edwards, 1754년)

"어떤 의미에서, 그리스도께서 **모든 사람을 위해** 죽으셨으며, 자기 죽음으로 모든 가시적인 그리스도인, 참으로 온 세상을 속량하셨다고

---

41 *Dordrecht Confession* in Leith, ed., *Creeds of the Churches*, 294~96.

42 Westminster Confession of Faith 8.5, www.reformed.org/documents/wcf_with_proofs/ (2014년 6월 9일 접속).

할 수 있지만, 그분이 의도하신 사람이 실제로 그것으로 구원받는지와 같은 문제와 관련하여 그분 죽음의 목적에는 **특별한** 어떤 것이 분명히 있다. 지금까지 보여주신 것에 따르면, 하나님께서는 그의 본래의 절대적인 계획에 특정 숫자의, 그리고 특정 숫자만의 실제적 구원이나 속량이 있으며, 따라서 그러한 계획만이 사람을 구원하시려고 하나님께서 하시는 모든 것에 의해 수행되는 것으로 보인다. 하나님께서는 그리스도를 죽음에 내어주시는 가운데 택한 사람의 구원이라는 본래의 계획을 추구하시며, 엄밀하게 말해, 다른 사람과 관련해서는 그 계획을 수행하지 않으신다. 하나님께서는 자기가 가지신 것 외에 다른 계획을 수행하시는 것이 불가능하기 때문이다. 최고로 적절하고 엄격하게 말해, 그는 분명히 그가 가지고 있지 않으신 계획을 추구하지 않으실 것이다. 그리고 참으로 그러한 속량의 특별성과 제한성은 그것이 속량의 작정에 관한 교리를 뒤따르는 것만큼이나 분명히 하나님의 예지 교리를 뒤따른다. 엄밀하게 말해, 하나님께서 자신이 성취되지 않을 것을 가장 완벽하게 알고 계시는 어떤 계획을 수행하시거나 어떤 일을 목표로 삼으시는 것은, 그가 자신이 정한 작정 외의 것을 위해 노력하시는 것만큼이나 불가능하기 때문이다."43

신조(1784년 [감리교])

"우리는 우리 자신의 행위나 공로 때문이 아니라 믿음으로 우리 주님이시며 구주이신 예수 그리스도에 의해 하나님 앞에서 의롭다고 간주된다. 따라서 우리가 오직 믿음에 의해 의롭게 되는 것은 가장 유익한 교리이며, 넘치는 위로가 된다."44

---

43 Jonathan Edwards, *Freedom of the Will* in Ramsey, *Works of Jonathan Edwards*, 458.

44 *The Articles of Religion* in Leith, ed., *Creeds of the Churches*, 356.

헤르만 바빙크(Herman Bavinck, 1896년)

"속죄(satisfaction, 만족)가 그리스도께서 하나님께 드리신 어떤 것이라면, 용서는 하나님께서 우리에게 주시는 어떤 것이다. 용서는 결국 그리스도에게가 아니라 **우리**에게 주어진 은혜이다. 하나님께는 그리스도의 속죄가 (하나님의 정의를 위반하지 않고) 은혜로 말미암아 죄를 용서하며 경건치 않은 자들을 의롭게 하는 길을 연다… 완전한 속죄가 절대적이며 취소할 수 없는 영원한 용서를 보증하기 때문이다."45

칼 바르트(Karl Barth, 1949년)

"그 신조는 이 평결의 집행이, 진정한 하나님이며 동시에 진정한 사람이신 그의 아들 예수 그리스도 안에서 하나님 자신이 유죄 선고된 사람을 대신하는 방식으로 실행된다는 것을 우리에게 말한다. 하나님의 심판이 집행되며, 하나님의 법대로 되지만, 사람이 고통을 받아야 했던 것을 하나님의 아들로서 다른 모든 사람을 대신하시는 이 한 사람이 고통을 받는 방식으로 된다. 그것이 그리스도 예수의 주 되심이다. 그는 우리에게 속한 것을 스스로 담당하심으로써 하나님 앞에서 우리를 대신하신다. 우리가 저주받은, 유죄의, 잃어버린 자 된 때에 하나님께서 그리스도 안에서 스스로 책임이 있는 자가 되신다. 십자가에 못 박힌 이 사람 안에서 우리가 당해야 할 모든 것을 골고다에서 짊어지신 분은 자기 아들 안에 계신 그분이시다."46

---

45 Herman Bavinck, *Sin and Salvation in Christ* in *Reformed Dogmatics*, ed. John Bolt, trans. John Vriend (Grand Rapids, MI: Baker Academic, 2006), 3:376~77.

46 Karl Barth, *Dogmatics in Outline*, G. L. Thomson, trans., (London: SCM, 1949), 118~19.

제임스 패커(J. I. Packer, 1973년)

"'형벌대속(penal substitution)'이 나타내는 생각은 예수 그리스도 우리 주께서 우리를 구원하시려고 필요한 모든 것을 하도록 예정되었던 사랑에 따라 우리가 다른 방법으로는 피할 수 없었던 파멸적인 하나님의 심판을 온전히 다 받으셨으며, 그리하여 우리를 위해 용서와 아들 됨과 영광을 얻으셨다는 것이다. 형벌대속을 지지하는 것은 신자가 특별히 그것을 두고 그리스도께 빚진 자 된다는 뜻이며, 그것이 지금뿐 아니라 영원히 그들의 모든 기쁨, 평안, 찬양의 근원이라는 뜻이다."47

밀라드 에릭슨(Millard Erickson, 1983년)

"예수님의 죽음은 인류 전체를 속죄할 충분한 가치가 있다. 일반적인 사람의 죽음은 전 인류의 죄는커녕 자신의 죄를 해결하기에도 충분하지 않다. 하지만 예수님의 죽음은 무한한 가치가 있다. 하나님이신 예수님은 죽을 필요가 없으셨다. 죽으심으로써 하나님께서 하실 필요가 없으셨던 어떤 것을 하셨다. 그는 죄가 없으셨으므로 자신의 죄를 위해 죽을 필요가 없으셨다. 따라서 그의 죽음은 모든 인류의 죄를 속죄할 수 있다."48

침례교 신앙과 메시지(Baptist Faith and Message, 2000년)

"그리스도는 영원하신 하나님의 아들이시다. 예수 그리스도로서,

---

47 J. I. Packer, "What Did the Cross Achieve? The Logic of Penal Substitution," Tyndale Biblical Theology Lecture, 1973, *Tyndale Bulletin* 25 (1974): 18~19.

48 Erickson, *Christian Theology*, 734~35.

성육신에서 그는 성령으로 잉태되시고 처녀 마리아에게서 나셨다. 예수님은 완전히 하나님을 드러내시고 그의 뜻을 행하셨다. 그는 스스로 인간의 본성을 취하시고 그에 따른 요구와 필요들을 수용하시며, 자신을 완전히 인간과 동일시하셨으나, 죄는 없으셨다. 그는 개인적인 순종으로 하나님의 법을 존중하셨으며, 십자가에서의 대속의 죽음으로 사람을 죄로부터 속량하시는 일을 준비하셨다. 그는 영화된 몸으로 죽음에서 일으킴을 받으셨으며, 십자가에서 죽기 이전에 제자들과 함께하셨던 모습으로 제자들에게 나타나셨다. 그는 하늘에 오르셨고 이제 하나님의 오른편으로 높임 받으셨으며, 거기서 온전히 하나님이시며 온전히 사람이신 유일하신 중보자로서 자신의 위격(Person) 안에서 하나님과 사람 사이에 화해를 가져오신다. 그는 능력과 영광 가운데 다시 오셔서 세상을 심판하시고 자신의 속량 임무를 완성하실 것이다. 지금 그는 살아계시며 영원히 존재하는 주로서 모든 신자 가운데 거하신다."[49]

---

[49] *Baptist Faith and Message*, www.sbc.net/bfm2000/bfm2000.asp (2014년 6월 9일 접속).

서재에 두고 읽어야 할 책

 이 책은 폭넓은 정통 개신교 복음주의 관점에서 주요 교리의 중심 주제, 핵심 본문, 기본 방향 등을 제시한다. 이 주제들을 상세하게 탐험하려면 몇 차례 생애를 보내야 한다. 그래서 그것들 일부라도 더 깊이 연구하게 도우려고 여러분 서재에 두고 읽어야 할 책을 추천한다. 각 책의 내용과 성향을 간단히 설명하고, 등급([초급], [중급], [고급])도 표시한다. 복음주의 안에서 다양한 견해를 대변하는 목소리를 발견할 것이다.

구원론에 관한 일반서

Bavinck, Herman. *Reformed Dogmatics. Vol. 3, Sin and Salvation in Christ.* John Bolt, ed., Jon Vriend, trans. Grand Rapids, MI: Baker Academic, 2006. 『개혁교의학 3』. 박태현 옮김. 서울: 부흥과개혁사. 2011. 네덜란드 개혁신학자의 권위 있는 연구이다. [고급]

Demarest, Bruce. *The Cross and Salvation: The Doctrine of Salvation.* Foundations of Christian Theology. Wheaton, IL: Crossway, 2006. 『십자가와 구원』. 백금산 감수. 서울: 부흥과개혁사. 2006. 복음주의 구원론을 훌륭히 개관한다. [중급]

Hoekema, Anthony A. *Saved by Grace.* Grand Rapids, MI: Eerdmans, 1994. 『개혁주의 구원론』. 이용중 옮김. 서울: 부흥과개혁사. 2012. 구원에 관한 고전적인 개혁파 칼뱅주의 견해이다. [중급]

Letham, Robert. *The Work of Christ.* Contours of Christian Theology. Downers Grove, IL: InterVarsity, 1993. 그리스도의 선지자, 제사장, 왕 기능을 중심으로 구원의 개요를 말하고 체계화한다. [중급]

Lightner, Robert P. *Sin, Savior, Salvation: The Theology of Everlasting Life*. Grand Rapids, MI: Kregel, 1996. 세대주의적 전천년주의 입장에서 구원을 이해하기 쉽게 요약한다. [초급]

Murray, John. *Redemption Accomplished and Applied*. Grand Rapids, MI: Eerdmans, 1955. 『존 머레이의 구속』. 장호준 옮김. 서울: 복있는사람. 2011. 개혁주의 관점으로 간략히 개관한다. [중급]

Radmacher, Earl D. *Salvation*. Swindoll Leadership Library. Nashville: Thomas Nelson, 2000. 실용적 목회 관점으로 구원 교리를 살핀다. [초급]

Ryrie, Charles C. *So Great Salvation: What It Means to Believe in Jesus Christ*. Chicago: Moody, 1997. 복음과 그것이 가져오는 축복을 성경적, 신학적으로 평가한다. [초급]

속죄에 관한 책

Beilby, James K., and Paul R. Eddy, eds. *The Nature of the Atonement: Four Views*. Downers Grove, IL: InterVarsity, 2006. 『속죄의 본질 논쟁』. 김광남 옮김. 서울: 새물결플러스. 2018. 현대 복음주의 모델들을 제시하고 평가한다. [중급]

Hill, Charles E., and Frank A. James III, eds. *The Glory of the Atonement: Biblical, Theological, and Practical Perspectives*. Downers Grove, IL: InterVarsity, 2004. 성경 본문, 신학적 고찰, 실제적 의의에 기초해 속죄를 설명하는 논문집이다. [고급]

Morris, Leon. *The Apostolic Preaching of the Cross*. Grand Rapids, MI: Eerdmans, 1965. 속죄를 말하는 데 사용한 신약 단어를 종합적으로 연구한다. [중급]

Stott, John R. W. *The Cross of Christ*. Downers Grove, IL: InterVarsity, 2006. 『그리스도의 십자가』. 황영철·정옥배 옮김. 고양: IVP. 2019. 십자가를 구속의 중심으로 논하는 고전적 연구이다. [고급]

구속에 관한 성경적 이야기

Edwards, Jonathan. *The History of the Work of Redemption*. Carlisle, PA: Banner of Truth, 2003. 『구속사』. 김귀탁 옮김. 서울: 부흥과 개혁사. 2007. 청교도 목사가 성경과 역사에 나타난 구속을 추적해 설교한 시리즈이다. [고급]

Robertson, O. Palmer. *Christ of the Covenants*. Phillipsburg, PA: P&R, 1981. 『계약신학과 그리스도』. 김의원 옮김. P&R. 2013. 현대 언약 신학에 관한 분명한 진술의 결정판이다. [중급]

VanGemeren, Willem. *The Progress of Redemption: The Story of Salvation from Creation to the New Jerusalem*. Grand Rapids, MI: Baker Academic, 1996. 언약신학으로 접근한 구속 이야기이다. [중급]

Wright, Christopher J. H. *Salvation Belongs to Our God: Celebrating the Bible's Central Story*. Christian Doctrine in Global Perspective. Downers Grove, IL: InterVarsity, 2008. 성경의 중심 주제인 구원을 신학적으로 논의한다. [중급]

칼뱅주의와 아르미니우스주의

Collins, Kenneth J. *The Scripture Way of Salvation: The Heart of John Wesley's Theology*. Nashville: Abingdon, 1997. 『성경적 구원의 길』. 장기영 옮김. 서울: 새물결플러스. 2017. 웨슬리 교파의 아르미니우스주의 견해를 해설한다. [중급]

Horton, Michael. *For Calvinism*. Grand Rapids, MI: Zondervan, 2011. 한 칼뱅교도가 자신의 견해를 변호하고 아르미니우스주의에 반대하는 견해를 설명한다. [초급]

Olson, Roger E. *Against Calvinism*. Grand Rapids, MI: Zondervan, 2011. 한 아르미니우스주의자가 자기 견해를 변호하고 칼뱅주의에 반대하는 견해를 설명한다. [초급]

_____. *Arminian Theology: Myths and Realities*. Downers Grove, IL: InterVarsity, 2009. 복음주의 견해로 변호한다. [중급]

Palmer, Edwin H. *The Five Points of Calvinism*. Grand Rapids, MI: Baker, 1996. 튤립(5대 교리, T-U-L-I-P)을 변호한다. [초급]

복음전도에 관한 책

Aldrich, Joe. *Lifestyle Evangelism: Learning to Open Your Life to Those around You*. Colorado Springs: Multnomah, 1993. 개인 관계로 전도가 가장 효과적이라고 하는 주장한다. [초급]

Coleman, Robert E. *The Master Plan of Evangelism*. Grand Rapids, MI: Revell, 1963. 전도를 논하는 고전적 글이다. [초급]

Downs, Tim. *Finding Common Ground: How to Communicate With Those Outside the Christian Community... While We Still Can*. Chicago: Moody, 1999. 성경에서 말하는 농사의 은유를 사용해 전도와 제자도를 설명한다. [초급]

Moyer, R. Larry. *Free and Clear: Understanding and Communicating God's Offer of Eternal Life*. Grand Rapids, MI: Kregel, 1997. 개인 전도에 관한 단순하면서도 실용적 입문서이다. [초급]

Packer, J. I. *Evangelism and the Sovereignty of God*. Downers Grove, IL: InterVarsity, 2012. 『제임스 패커의 복음전도란 무엇인가』. 조계광 옮김. 서울: 생명의말씀사. 2012. 고전적 개혁주의 입장을 논의한다. [초급]

배타주의, 포괄주의, 다원주의

Fackre, Gabriel, Ronald H. Nash, and John Sanders. *What About Those Who Have Never Heard? Three Views on the Destiny of the Unevangelized*. Downers Grove, IL: InterVarsity, 1995. 『복음을 듣지 못한 사람 어떻게 되는가』. 박승민 옮김. 서울: 부흥과개혁사. 2010. 복음을 듣지 못한 일부 사람의 구원에 관한 여러 신학자의 변론이다. [중급]

Morgan, Christopher W., and Robert A. Peterson, eds. *Faith Comes by Hearing: A Response to Inclusivism*. Downers Grove, IL: InterVarsity, 2008. 구원을 받으려면 복음을 믿어야 한다고 변호하는 논문집이다. [중급]

Okholm, Dennis L., and Timothy R. Phillips, eds. *Four Views on Salvation in a Pluralistic World.* Grand Rapids, MI: Zondervan, 1996. 『다원주의 논쟁』. 이승구 옮김. 서울: 기독교문서선교회. 2001. 다원주의와 포괄주의 및 두 가지 형태의 배타주의 옹호자가 자기 견해를 변호하고 다른 견해들에 응수하는 글이다. [중급]

Tiessen, Terrance. *Who Can Be Saved? Reassessing Salvation in Christ and World Religions.* Downers Grove, IL: InterVarsity, 2004. 개혁주의 관점에서 '더 넓은 희망'을 변호한다. [고급]

놀라운 은혜

McCullough, Donald. *If Grace Is So Amazing, Why Don't We Like It?* San Francisco: Jossey-Bass, 2005. 『거침없는 은혜』. 윤종석 옮김. 고양: IVP. 2008. 저자가 자신이 경험한 실패 그리고 속량 이야기를 은혜에 관한 흥미로운 이야기로 엮어낸다. [초급]

Swindoll, Charles R. *The Grace Awakening: Believing in Grace Is One Thing, Living It Is Another.* Nashville: Thomas Nelson, 2003. 『은혜의 각성』. 정진환 옮김. 서울: 죠이선교회. 2006. 은혜 안에 사는 삶의 도전을 목회 관점으로 다룬다. [초급]

Volf, Miroslav. *Free of Charge: Giving and Forgiving in a Culture Stripped of Grace.* Grand Rapids, MI: Zondervan, 2005. 『베풂과 용서』. 김순현 옮김. 서울: 복있는사람. 2018. 특별히, 무서운 구조적 악에 직면한 상황에서 용서를 은혜의 선물로 다룬다. [중급]

Yancey, Philip. *What's So Amazing About Grace?* Grand Rapids, MI: Zondervan, 2002. 『놀라운 하나님의 은혜』. 윤종석 역. 고양: IVP. 2009. 성경적 교리를 예시하는 행동하는 은혜를 강조한다. [초급]

칭의에 관한 교리

Beilby, James K., and Paul R. Eddy, eds. *Justification: Five Views.* Spectrum Multiview Books. Downers Grove, IL: InterVarsity, 2011. 『칭의 논쟁』. 문현인 옮김. 서울: 새물결플러스. 2015. 서로 다른 견해를 옹호하는 저자가 자기 관점을 나누고 서로 반응하는 글이다. [중급]

Husbands, Mark, and Daniel J. Treier, eds. *Justification: What's at Stake in the Current Debates?* Downers Grove, IL: InterVarsity, 2004. 성경적, 역사적, 현대적 이해에 관한 소논문집이다. [고급]

McGrath, Alister. *Iustitia Dei: A History of the Christian Doctrine of Justification*. New York: Cambridge University Press, 2005. 『하나님의 칭의론』. 한성진 옮김. 서울: 기독교문서선교회. 2008. 칭의 교리 역사를 자세히 다룬다. [고급]

Noll, Mark A., and Carolyn Nystrom. *Is the Reformation Over? An Evangelical Assessment of Contemporary Roman Catholicism*. Grand Rapids, MI: Baker, 2008. 『종교개혁은 끝났는가?』. 이재근 옮김. 서울: 기독교문서선교회. 2012. 가톨릭과 개신교 사이의 수십 년간 대화를 개관함으로써 복음주의자가 현재 로마가톨릭 신학을 이해하게 돕는다. [고급]

Wright, N. T. *Justification: God's Plan and Paul's Vision*. Downers Grove, IL: InterVarsity, 2009. 『톰 라이트, 칭의를 말하다』. 최현만 옮김. 에클레시아북스. 2016. 라이트의 '바울에 관한 새 관점'가운데 가장 이해하기 쉬운 온전한 분량의 요약서이다. [고급]

성도의 견인과 영원한 안전

Marshall, I. Howard. *Kept by the Power of God: A Study of Perseverance and Falling Away*. Eugene, OR: Wipf and Stock, 2008. 구원을 잃을 가능성에 관한 성경적 논점을 검토하고 변호한다. [중급]

Pinson, J. Matthew, ed. *Four Views on Eternal Security*. Counterpoints. Grand Rapids, MI: Zondervan, 2002. 영원한 안전에 관한 여러 견해, 그리고 다른 관점에 관한 각 저자의 반응을 제시한다. [중급]

Schreiner, Thomas R., and Ardel B. Caneday. *The Race Set Before Us: A Biblical Theology of Perseverance and Assurance*. Downers Grove, IL: InterVarsity, 2001. 견인과 확신에 관해 성경적 증거와 씨름하고 칼뱅주의자의 견해를 변호한다. [고급]

Shank, Robert. *Life in the Son: A Study of the Doctrine of Perseverance*. Minneapolis, MN: Bethany House, 1989. 구원을 잃어버리는 것이 가능함을 변호하는 전통적 아르미니우스주의 견해이다. [중급]

Stanley, Charles. *Eternal Security*. Nashville: Thomas Nelson, 1990. 『영원한 구원』. 김성웅 옮김. 서울: 두란노. 1999. 한 침례교회 목사가 영원한 안전을 설명하고 변호한다. [초급]

예정과 선택

Basinger, David, and Randall Basinger, eds. *Predestination and Free Will: Four Views of Divine Sovereignty and Human Freedom*. Spectrum Multiview Books. Downers Grove, IL: InterVarsity, 1986. 『예정과 자유의지』. 이미선 옮김. 서울: 부흥과개혁사. 2010. 하나님의 주권과 인간의 의무 관계를 설명한다. [고급]

Brand, Chad, ed. *Perspectives on Election: Five Views*. Nashville: B & H, 2006. 선택의 교리에 관한 여러 견해, 그리고 다른 관점 주장에 반응하는 내용이다. [중급]

Geisler, Norman. *Chosen But Free: A Balanced View of God's Sovereignty and Free Will*. Minneapolis, MN: Bethany House, 2010. 선택에 관한 온건한 칼뱅주의 관점을 다룬다. [중급]

Peterson, Robert A. *Election and Free Will: God's Gracious Choice and Our Responsibility*. Explorations in Biblical Theology. Philipsburg, PA: P&R, 2007. 『선택과 자유의지』. 윤성현 옮김. P&R. 2016. 칼뱅주의 관점에서 성경적 교리를 제시한다. [초급]

Pinnock, Clark, ed. *The Grace of God and the Will of Man*. Minneapolis, MN: Bethany House, 1995. 비칼뱅주의 관점으로 선택과 예정을 다룬 논문집이다. [중급]

Schreiner, Thomas R., Bruce A. Ware, eds. *Still Sovereign: Contemporary Perspectives on Election, Foreknowledge, and Grace*. Grand Rapids, MI: Baker, 2000. 하나님의 주권과 인간의 자유/의무 사이의 긴장 관계로 일어나는 문제를 칼뱅주의 관점에서 다루는 논문집이다. [고급]

Shank, Robert. *Elect in the Son*. Minneapolis, MN: Bethany House, 1989. 하나님의 예지에 근거해, 선택을 말하는 고전적 아르미니우스주의 논의이다. [중급]

Sproul, R. C. *Chosen by God*. Wheaton, IL: Tyndale, 1986. 『하나님의 예정과 선택』. 정중은 옮김. 서울: 생명의말씀사. 2014. 선택에 관한 개혁주의 견해를 성경적, 신학적으로 변호한다. [중급]

용어 해설 창조, 타락, 구원

가톨릭(Catholic) '전체적, 보편적'이라는 의미를 지닌 헬라어 카돌리코스(καθολικός)에서 유래했다. 처음에는 '전체의'와 동의어로 사용되었기에, 오랫동안 가톨릭교회는 단순히 '전체 교회'를 의미했다. 훨씬 나중에서야 이 용어가 로마 가톨릭교회를 약칭했다.

개혁파(Reformed) 일반적으로 장 칼뱅(John Calvin)의 추종자와 관련된 신학적 접근으로, 특히 도르트 종교회의(1618년)에서 발생한 칼뱅주의 형태다. 칼뱅의 사상과 같이 개혁파 신학은 특히, 하나님의 구원계획을 이해하는 면에서 하나님의 주권을 강조하는 특징이 있다.

객관적 속죄 이론(Objective [Atonement] Theories) 구원을 위해 하나님께서 요구하시는 정의가 충족되어야 한다는 사실과 관련하여, 그리스도의 사역이 실제로 객관적으로 환경에서 필요한 변화를 일으킨다는 점에서 '하나님을 향하는' 특성을 가졌다는 사실을 연관 지어 설명하는 속죄이론. 형벌대속(penal substitution)과 속죄(satisfaction)를 포함하는 객관적 속죄 이론은 주관적 속죄 이론과 대조를 이룬다.

갭 이론(Gap Theory) 창조에 관한 이해로서, 원래 하늘과 땅의 창조(창 1:1)와 땅을 정돈하는 과정(창 1:2) 사이에 알려지지 않은 시간 간격이 있다는 이론이다. 이러한 간격은 아마도 수십억 년의 우주 역사와 아마도 지구의 역사에서 창세기 1장과 2장에서 묘사된 지구의 개질(reforming) 이전의 다른 연대를 가리킨다고 주장한다.

교부(Fathers [of the church]) 교부시대(사도 이후 약 500년까지 시대)의 지도자(목사, 교사, 장로, 주교)를 말한다. 몇몇 전통은, 교부가 사도 시대와 가까운 시기에 살았으며, 정경의 최종 승인, 삼위일체론과 기독론적 용어 및 신조를 발전시킨 정통신앙의 최대 형성기에 있었음을 근거로 교부들의 증언에 더 큰 권위를 부여한다.

교부시대(Patristic Period) 교부들과 관련된 기초 시대(100~500년 즈음)로, 이 시대에 정경이 결정되고, 주요 에큐메니컬 공의회들이 소집되고, 삼위일체와 그리스도에 관한 주요 신경들이 형성되었다. 그리고 교회는 박해에서 벗어나 로마제국 공식 종교라는 특권적인 지위를 인정받았다.

구원(Salvation) 반역하는 죄인을 위해 하나님께서 하시는 행위를 가리키는 일반 용어이다. 예지와 예정을 시작으로 영화에서 절정에 이르기까지 과거, 현재, 미래의 측면을 포함한다(롬 8:29~30).

구원론(Soteriology) 구원의 본성과 범위에 관한 연구로, 속죄 교리와 함께 회심, 부르심, 회개, 믿음, 선택, 칭의, 중생, 구원의 보장 등 주제를 포함한다.

구원의 서정(Order of Salvation) 종종 라틴어 표현인 '오르도 살루티스(*ordo salutis*)'로 불린다. 하나님께서 구원받은 자의 경험에서 구원의 다양한 측면을 성취하시는 순서에 관한 정통 개신교 복음주의 관점이다. 한 예로서, 칼뱅주의 한 형태에서 그 순서는 선택, 예정, 부르심, 중생, 믿음, 회개, 칭의, 성화, 영화다.

근대·현대시대(Modern Period) 1700년 즈음부터 현재까지 교회사 기간이다. 이 시대는 전통적 권위(교회, 신경이나 고백들, 성경)를 개인적 권위(인간의 이성)로 대체하는 특징을 지닌 사고구조가 두드러진다. 과학, 철학, 신학이 과거의 기독교 세계관으로부터 더(또는 완전히) 세속적인 패러다임으로 이동했다.

근본주의(Fundamentalism) 본래는 『근본적인 것(*The Fundamentals*)』(1910~1915년)이라는 출판물을 기반으로, 또 지지하면서 형성한 운동인데, 여기에 수록된 책들은 19~20세기 주류 교단에서 일어난 부정적인 자유주의 발흥에 반대하여 분명한 선을 그은 것이었다. 이것은 고전적 정통 개신교의 핵심 교리, 곧 교회사의 시작 때부터 만들어진 교리의 본질을 재조명하고 수호하고자 했다.

날-시대 이론(Day-Age Theory) 창세기 1장의 해석. 창조의 각 '날'이 문자적인 24시간이 아니라, 하나님께서 점진적으로 창조하셨거나 진화과정을 통한 창조를 이끄셨던 정해지지 않은 기간으로 의도되었다고 제안함으로써 현대 과학의 주장과 성경 본문을 조화시키려는 노력이다.

다신론(Polytheism) 일반적으로 같거나 비교적 같은 힘을 가진 많은 신을 믿는 신앙을 말한다. 하지만 때때로 한 최고의 신이 다른 신들 위에 있는 것(단일신교, henotheism)으로 생각하는 계급제도를 형성하는 것으로 여긴다.

다원주의(Pluralism) 모든 종교가 어느 정도의 진리를 포함하고 있으며, 하나님께로 가는 여러 통로가 있다고 보는 견해이다. 그리스도인은 그리스도인의 길을, 불교도는 불교도의 길을 따름으로써, 모슬렘은 이슬람에 충실함으로써 구원받는다고 생각한다.

도덕적 감화(Moral Influence) 그리스도의 사역이 죄 많은 인류에게 하나님의 놀라운 사랑의 깊이를 보여준다고 하는 주관적 속죄 이론이다. 그리스도의 성육신과 죽음은 사람을 하나님과 교제로 초청하는 하나님의 사랑을 나타내는 횃불로 여긴다.

도덕적 모범(Moral Example) 고전적 형벌 대속(Penal Substitution) 이론에 반대하여 시작한 속죄 이론이다. 그리스도의 죽음이 하나님께 희생적 헌신과 다른 사람에게 한 사랑의 완벽한 모범을 제공하며, 따라서 구원에 이르는 길이 그의 최고의 모범을 따르는 것이라고 주장한다.

도덕적 통치(Moral Government) '통치설'을 보라.

동방 정교회(Eastern Orthodox Church) 개신교 그리고 로마가톨릭과 구별되는 이 전통은, 주로 그리스 정교회/콘스탄티노플의 주교(또는 세계교회 태조 주교)가 다스려왔다.

로마가톨릭(Catholic, Roman) 교황을 수장으로 하는 로마 교회와 함께하는 교파를 지칭한다. 로마가톨릭을 구성하는 교리에는 개신교 교회들과 구별되는 독특한 교리들이 많다.

로마 가톨릭교회(Roman Catholic Church) 교황이 지도하는 로마 교회와 교제하는 사람을 묘사하는 용어다. 다양한 개신교회와 동방정교회와 구별하는 교리 특징은 교황 권위, 연옥, 화체설 등이다.

마귀론(Demonology) 사탄과 그의 마귀들을 포함하여 타락한 천사들을 연구하며, 특히 하나님 왕국의 대적인 마귀들의 기능과 영적 전쟁을 강조한다. 종종 '악마론'이라 불리기도 한다.

만족(Satisfaction) 캔터베리의 안셀무스(Anselm of Canterbury)와 관련한 속죄 이론을 말한다. 하나님의 명예가 복원과 배상을 요구한다고 주장하는 속죄의 형태이다. 인간은 그러한 요구를 만족시킬 수 없지만, 신인(God-Man)이신 예수님은 인간을 위해 그것을 만족시키실 수 있다. 그는 하나님이시며(그래서 가능하고) 인간이시기(그래서 의무가 있는) 때문이다.

무신론(Atheism) 신적 존재(하나님이나 신들)가 존재하지 않는다는 믿음이다. 무신론자 대부분은 어떠한 초자연적인, 이해할 수 없는, 영적인, 혹은 무형의 실체 존재도 인정하지 않는다.

무제한적 속죄(Unlimited Atonement) 그리스도께서 온 세상, 예외 없이 모든 사람을 위해 죽으셨지만, 그를 믿는 자만이 구원을 받는다는 견해이다. 그의 구속 사역은 모두를 구원하기에 충분하지만, 오직 믿는 사람에게만 효과적이다.

무조건적 선택(Unconditional Election) 아우구스티누스주의와 칼뱅주의 전통에서 일반적으로 받아들이는 개념인데, 하나님께서 어떤 사람을 구원으로 선택하시는 것은 그 사람에게 있는 실제적이거나 잠재적인 선 또는 그에게 기대하는 반응에 근거하지 않고, 전적으로 하나님의 자유로운 주권적인 선택에 의한다는 견해이다. 이 견해는 '조건적 선택'(Conditional Election)과 대조를 이룬다.

믿음(Faith) "그리스도 안에서 거저 주어진 약속의 진리에 기초하며, 성령을 통해 우리 생각에 계시되고 우리 마음에 확인된, 우리를 향한 하나님의 자비심을 아는 확고하고도 분명한 지식"이다(John Calvin, *Institutes*, 3.2.7).

반율법주의(Antinomianism) 헬라어 '안티(ἀντι, 반대의)'와 '노모스(νόμος, 법)'에서 유래했는데, 신자가 하나님의 율법을 지킬 어떤 의무도 없다고 하는 도덕 체계다. 율법과 은혜를 근본적으로 구분하며, 율법이 은혜보다 열등하거나 그것과 반대라는 견해이다.

배타주의(Exclusivism) 또는 특정인 구속론이다. 구원이 오직 예수 그리스도 안에서, 오직 그를 통해 발견된다는 견해로서, 다른 모든 견해를 배제한다. 또한, 일반적으로 사람이 구원받기 위해 그리스도의 사역을 알아야 하고 믿을 필요가 있다는 생각을 포함한다.

범신론(Pantheism) 신이 모든 것이고 모든 것이 신이라는(창조자와 창조물 사이에 차이점이 없다) 일원론의 한 형태이다. 범신론자는 모든 것을 포괄하는 자와 일치하려고 개별적 의식을 부인(초월)하기를 원한다. 범신론의 몇몇 형태는 세상이 환상이고 실제적 존재는 오직 신밖에 없다고 이해한다. 그리고 다른 형태들은 세상을 신 자체와 동일시한다.

범재신론(Panentheism) 유신론과 범신론의 교차점에 있다. 이것은 신성이 친밀하게, 불가분하게, 모든 창조물에 가장 큰 것부터 가장 작은 것에 이르기까지 내재한다고 말한다. 모든 것이 하나님과 계시적 만남이며 그러한 만남이 된다고 생각한다.

보편주의(Universalism) 모든 인류에 대한 하나님의 보편적 사랑으로 또는 모두가 연옥의 불길을 통해 정화되기 때문에 궁극적으로 모든 죄인이 용서받고 구원받는다는 구원관이다. 역사에 걸쳐 거의 모든 정통 개신교 복음주의 그리스도인은 이 견해를 거절하였다.

복음주의(Evangelicalism) 예수 그리스도의 인격과 사역을 믿음으로 얻는, 하나님과 개인적 관계를 강조하는 개신교 초교파 운동이다. 신앙과 실천 문제의 최종 권위로서, 영감으로 기록된 성서가 가장 중요함을 주장하며, 하나님, 그리스도, 구원에 관한 핵심 교리를 고수하고, 복음 전도와 선교로 세상과 관계 맺기를 추구한다.

부활(Resurrection) 기독교 교리의 하나로, 한 차례 죽음을 경험한 사람에게 육체적인 생명이 영원히 회복하는 것을 가리킨다. 첫째로 예수 그리스도에게 적용된다. 그는 십자가에 못 박히고 장사된 같은 몸으로 부활하셨다. 그것은 기적을 통해 영광스럽게 되고 죽지 않고 썩지 않게 된, 영생에 알맞은 몸이었다. 유대 신학과 기독교 신학은 항상 두 종류의 부활을 고수했다. 그것은 구원받은 사람(의인)의 부활과 구원받지 못한 자(악인)의 부활이다. 전자는 역사에 걸쳐 모든 진정한 그리스도인을 포함하며, 그리스도의 부활에서 시작하여 택함을 받은 모든 자의 부활로 끝난다. 후자는 역사에 걸쳐 모든 구원받지 못한 자들의 행위에 따른 심판과 불 못에서의 영원한 고통(계 20:11~15)을 포함한다.

불가항력적 은혜(Irresistible Grace) 칼뱅주의 전통에서, 앞서 준비된 하나님의 은혜를 받는 택한 자들은 그 은혜에 저항하지 않는다고 생각한다. 궁극적으로 선택받은 사람은 모두 구원받는다. 그들은 자신들을 향한 하나님의 구원하는 은혜에 저항할 수 없다.

사탄 배상설(Ransom to Satan) 초대 교부 일부가 고수한 객관적 속죄 이론이다. 사탄에 묶여 종노릇을 하는 인간을 해방하려고 그리스도의 죽음으로 몸값을 사탄에게 지급했지만, 그리스도는 완전한 인간이며 완전한 하나님이시기에, 죽음과 마귀는 그를 속박할 수 없었으며, 그는 해방한 포로들을 새롭고 영원한 생명으로 인도하시려고 다시 살아나셨다고 생각한다.

삼분법(Trichotomy) 사람의 본성과 관련하여 세 가지 다른 측면(몸, 혼, 영)을 인지하는 소수파 견해로, 초대교회에서는 플라톤주의와 영지주의와 관련이 있었으나 점차로 일부 그리스도인 신학자가 인간의 본성을 설명하는 한 방식으로 채택하였다.

삼위일체(Trinity) 신성의 하나 됨에는 영원히 공존하고 동등한 세 위격, 곧 성부, 성자, 성령이 있다는 기독교 독특한 교리이다. 각 위는 완전히 신성하지만, 성자는 성부와 같은 위격이 아니고, 성령도 성자와 같은 위격이 아니며, 성부도 성령과 같은 위격이 아니다. 구별되지만, 성부, 성자, 성령은 서로 분리된 세 분의 신이 아니고 영원히 한 하나님이시다.

삼위일체론(Trinitarian[ism]) 유일한 참 하나님에 관하여 삼위일체 교리를 주장하는 정통 기독교 유신론의 한 형태이다.

선택(Election) 하나님께서 어떤 사람이 하나님의 은혜를 얻도록 선택하신다. 그가 이스라엘(행 13:17)과 교회(엡 1:4), 그 둘을 구성하는 사람을 선택하시는 것을 가리킨다. 칼뱅주의자들은 선택이 하나님의 영원한 선택에 근거한다고 믿지만, 아르미니우스주의자와 웨슬리주의자는 선택이 예견된 인간의 믿음에 근거한다고 생각한다.

선행적 은혜(Prevenient Grace) 하나님께서 진정으로 구원을 제시하시고 자유로 반응할 수 있게 하시는 가운데 은혜로 먼저 죄인을 향하여 움직이시는 것을 가리키는 신학적 명칭이다. 따라서 그것은 '예비의' 또는 '가능케 하는' 은혜. 칼뱅주의에게 선행적 은총은 사람이 반응할 수 있도록 만들어졌으며, 그리고 기꺼이 반응하는 택한 자에게만 주어진다. 아르미니우스주의에게 그것은 그리스도의 죽음의 보편적인 적용에 근거하여 모든 인류에게 주어진다. 하지만 믿을 수 있게 되었다는 사실이 반드시 모두가 긍정적으로 반응함을 의미하지는 않는다.

성도의 견인(Perseverance of the Saints) 진정한 신자는 그리스도의 뜻 안에서, 성령의 능력으로 믿음에 있어서 자신의 삶 끝까지 견디며 결코 구원을 잃지 않는다는 견해이다. 어떤 사람은 '영원한 안전'과 거의 교체 가능한 용어로 사용한다. 다른 사람에게 이 교리는 믿음에서 견딤뿐 아니라 신자의 삶에서 순종을 통해 견디고 자라가는 것을 포함한다.

성화(Sanctification) 라틴어 '상투스(*sanctus*, 거룩한)'와 '파케레(*facere*, 만들다)'에서 유래했다. 특별한 목적을 위해 사람이나 사물을 따로 떼어놓는 행위를 가리킬 수 있다. 기독교 신학에서는 특별히 하나님의 은혜로 신자가 거룩함에서 점진적으로 성장하는 과정을 가리킨다.

세대주의(Dispensationalism) '세대들'을 중심으로 세워진 신학 체계이다. 세대는 (1) 하나님께서 인간의 행동을 다스리는 다른 규칙을 세우셨던 기간, 또는 (2) 그가 섭리로 인류나 인류의 일부를 다스리시는 다른 경영이다. 일부 자세한 내용과 관련해 다양한 견해가 있지만 모든 세대주의자는 이스라엘(이전 세대의 하나님의 백성과 그들에게 주어졌던 유일한 약속들)과 교회(지금 세대의 하나님의 백성과 그들에게 주어진 독특한 약속들)가 별개라고 믿는다. 따라서 적어도 과거 구약 세대, 현재 교회 시대,

미래 왕국의 세 세대가 있다. 주요 지지자는 세대가 각 시대의 구원의 다른 수단을 말한다고 생각하지 않으며, 구원은 항상 오직 은혜에 의해, 오직 믿음을 통해, 오직 그리스도의 인격과 사역에 근거해 주어진다고 믿는다.

속량(Redemption) 하나님께서 죄인을 값으로 사시는 과정. 지배적인 은유는 노예 시장이다. 성경의 유력한 예는 출애굽 사건이다. 거기서 하나님께서는 자기 백성을 이집트에서 속박으로부터 해방하셨다. 값으로 산 바 되어 그들은 그에게 속했다. 죄인이 값으로 산 것이 되어 그에게 속한 것과 같다(고전 6:20; 롬 6).

속죄(Atonement) 우리를 하나님에게서 분리한 죄를 다루시는 하나님의 활동이다. 하나님께서는 그리스도의 죽음과 부활을 통해 죄인을 자신과 하나가 되게 하는 일에 주도적으로 행하셨다.

속죄(Expiation) 속죄(atonement)가 죄를 제거하고, 덮으며, 멀리 가져간다는 견해이다.

속죄(Propitiation) 죄에 대한 하나님의 진노를 물리치는(또는 만족시키는) 제물이다.

승리자 그리스도(*Christus Victor*) 이 객관적 속죄 이론은 그리스도께서 성육신, 삶, 죽음, 부활, 승천을 통해 죄와 사탄과 죽음을 이기셨음을 강조한다. 따라서 그리스도의 죽음과 부활은 죄인 개인을 위한 용서를 성취하는 것 이상의 위대한 우주적인 의미가 있다. 그리하여 신자는 그리스도와 하나 됨으로써 승리하신 분과 함께하는 자가 되고 그가 거두신 우주적 승리의 전리품을 함께 나누어 가진다.

신격화(Deification) '신화(神化, *Theosis*)'를 보라.

신정론(Theodicy) '하나님을 정당화하는 것'을 뜻하는 헬라어에서 비롯했다. 도덕적으로 완벽하고, 전능하고, 전지한 하나님에 의해 창조된 이 세상 가운데 어떻게 악, 죄, 고난, 죽음, 파괴가 존재할 수 있는지 설명하고자 한다.

신학(Theology) 일반적으로 신적 존재에 관한 모든 담화이다. 기독교 신학은 특히 인간과 창조 세계 전체와 관련하여 삼위일체 하나님을 연구하는데, 종종 성경의 창조와 구속 이야기의 문맥에서, 역사 전체를 반영하며 이루어진다.

신화(神化, Theosis) 동방 정교 전통에서 특히 강조하는 고전 교리로, 그리스도와 신비한 연합을 통해 하나님과 그리스도와 하늘로 나아가는 구원의 경로를 강조한다. 죽을 수밖에 없는 존재에서 불멸 존재로 나아가는 것이나 하나님의 변화시키는 은혜에 의해 신적 본성에 참여하는 것과 관련된 고대 헬라 사상으로부터, 신화는 구속받은 인간이 영광스러운 상태에서 신인(God-Man)이신 예수 그리스도의 방식을 따름으로써 하나님 같은 모습을 향하여 영원히 자라갈 것이라고 가르친다(궁극적으로 그것에 이르지는 않지만).

아르미니우스주의(Arminianism) 택하심과 예정이, 보편적으로 제시되는 복음에 믿음으로 반응할 자들에 대한 하나님의 예지에 기초한다고 하는 제임스(또는 야콥) 아르미니우스의 가르침에 기초한 신학 체계다. 아르미니우스주의자는 선행한 은혜로 말미암아 사람이 선을 택할 능력이 있으며, 택하심은 조건적이고, 구속은 보편적이며(그리스도께서 모든 사람을 위해 죽으심), 은혜에 저항할 수 있고, 신자가 은혜에서 떨어져 나가 구원을 잃어버릴 수 있다고 주장한다.

아우구스티누스주의(Augustinianism) 아우구스티누스의 이름을 따서 이름 붙인, 죄와 은혜에 관한 의견이다. 아담이 타락했을 때 모든 인류가 영적 죽음과 완전한 멸망에 빠졌으며, 잉태되는 순간에 전적으로 부패하고 정죄한 본성을 물려받는다는 견해이다. 타락한 인간은 오직 하나님의 특별 은총을 통해 믿고 하나님을 기쁘게 하는 삶을 살 수 있다. 이 점에서 인간은 영적으로 살아있다고도(펠라기우스주의 주장과 같이), 단지 영적으로 병든 것이라고도(카시아누스주의 주장과 같이) 할 수 없다. 그들은 영적으로 죽은 상태이며, 심지어 복음에 반응하는 것도 거듭남의 기적이 선행해야 가능하다.

악마론(Diabology) '마귀론'을 보라.

안전(Security) 구원은 하나님의 사역이며, 따라서 신자는 구세주 안에서 안전하다(빌 1:6).

양자 됨(Adoption) 은혜로 믿음을 통해 하나님께서 신자를 자기 가족의 일원으로 삼으시는 활동이다. 하나님의 아들은 아버지의 '자연적' 아들이시며 '그의 본질의 정확한 표현'이시다(히 1:3). 그리스도인은 그리스도의 생명으로 하나님의 가족의 일원이 되며(엡 1:5), 따라서 그리스도와 '함께한 상속자'다(롬 8:15~17). 양자 됨은 또한 미래의 소망을 말한다. 죽은 사람 부활 때 우리가 얻을 '양자 됨'이다(23절).

언약신학(Covenant Theology) 하나님의 언약을 주요 구성 요소로 사용하는 신학 체계이다. 많은 지지자는 중심 교의가 세 가지 언약에 기초하고 있다고 생각한다. (1) 하나님과 아담 사이에 '행위 언약'으로, 영생의 약속과 함께 완전한 복종을 요구하는 언약이다. (2) 성부와 성자 사이에 '구속 언약'으로, 아들의 성육신과 죽음과 부활에서 순종을 조건으로, 하나님께서 택하신 모든 사람이 아들에게 주어지는 언약이다. (3) 성자 하나님과 선택된 사람 사이에 '은혜 언약'으로, 믿음을 조건으로 영생이 약속되는 언약이다. 20세기에는 언약신학과 세대주의가 개신교의 뚜렷한 전통이었다.

연옥(Purgatory) 로마가톨릭 전통에서 세례받은 그리스도인이 자신의 영원한 운명을 준비하는 과정으로서 죄 '씻음'을 경험하러 가는 곳이다. 모든 사람이 궁극적으로 구원받는 수단(보편주의)이 아니라, 단지 해결되지 않은 죄와 죄책을 가진 채 죽은, 세례 받은 신자를 위한 것이다. 동방 정교나 신교는 이러한 교리를 받아들이지 않았다.

영원한 안전(Eternal Security) 그리스도에 의해 진정으로 구원받은 자는 성령의 능력, 그리스도의 완성된 사역, 아버지의 섭리적 돌보심에 의해 영원히 보존된다는 교리이다. 종종 요한복음 10:28~29, 로마서 8:1, 28~39와 같은 구절이 이 교리를 지지하는 것으로 인용되지만, 많은 사람은 마가복음 4:17, 히브리서 3:12; 6:4~6과 같은 구절이 이 교리를 반박한다고 생각한다.

영혼멸절설(Annihilationism) 하나님께서 구원받지 않은 사람을 영원한, 의식이 있는 고통에 두시기보다 그들을 소멸하신다는 믿음이다. 역사에 걸쳐 몇 사람만 이 견해를 지지했으나 그것이 성경적으로 변호 가능하다고 노골적으로 주장한 적은 없다.

영혼수면설(Soul Sleep) 개인 종말과 관련하여 육체 죽음과 부활 사이에 사람의 영혼이 의식이 있는 상태로 존재하지 않고 심판 때까지 의식이 없는 상태로 잠들어 있다는 믿음이다. 이것은 고전적인 기독교 견해가 아니다.

영혼유전설(Traducianism) '후대에 물려주다'를 뜻하는 라틴 단어에서 유래한 것으로, 각 사람에 있는 영혼의 근원과 관련하여 다수가 지지하는 의견이다. 이 견해를 고수하는 사람은 물질적 측면과 비물질적 측면 모두 인간 부모를 매개로 만들어진다고 믿는다. 이 견해는 초대교회에서 테르툴리아누스(Tertullian) 같은 강력한 지지자가 있었으며 종교개혁 이후로 많은 지지자를 얻었다. 이 견해는 때때로 '영혼 출생설(generationism)'이나 '출산설(procreationism)'로도 불린다. 이 견해는 '영혼 창조설(creationism)'과 '영혼의 선재(preexistence of the soul)'와 대조를 이룬다.

영혼의 선재(Preexistence [of the Soul]) 일부 초대 교부의 소수파 비주류의 믿음으로, 인간의 영혼이 한 번에 모두 하나님에 의해 창조되어 각 사람이 이 땅에서 육체적으로 출생할 때까지 하늘에 간직된다는 견해다. 출생의 때에 선재한, 하늘의 영혼은 부모인 남자와 여자로부터 만들어진 몸 안에 주입된다.

영혼창조설(Creationism) 개인 영혼의 근원에 관한 일반 믿음으로, 부모가 이바지하는 것은 인간의 육체 요소뿐이며, 영적 요소는 하나님의 특별한 행위로 창조된다고 제안한다. 이 견해는 '영혼 출생설(traducianism)'과 '영혼의 선재(preexistence)'와 대조를 이룬다.

영혼출생설(Generationism) '영혼유전설(Traducianism)'을 보라.

영화(Glorification) 구원 과정의 마지막 단계이다. 몸의 부활과 새 하늘과 새 땅을 포함한다(롬 8:18~23, 30).

예견적 선택(Foresight Election) 하나님이 미래를 아시기에 창조 이전의 자기 위치에서 시간의 통로를 내려다보시고 누가 구원 복음에 스스로 반응할지 미리 아시며, 그리하여 그들을 택하신다는 믿음이다. 그렇다면 하나님의 선택 작정은 사람(자기 자유 의지로 예수 그리스도를 통해 그가 베푸시는 구원을 받아들일 사람) 안에서 그분이 미리 보시는 그들 믿음에 근거한다.

예정(Predestination) 구원에서 하나님의 주권과 공급이다. 하나님께서 은혜를 얻도록 택하신 사람이 구원받는다(롬 8:29~30). 일부 칼뱅주의자는 구원받지 못한 자들, 정죄로 예정된 자들을 말할 때도 이 용어를 사용한다(이중 예정설). 하지만 예정을 믿는 사람은 일반적으로 의인의 예정은 하나님의 능동적인 활동이지만, 하나님께서 택하지 않은 사람을 간과하시는 것은 하나님의 수동적 활동이라고 강조한다.

예지(Foreknowledge) 성경에 있는 용어로 '앞서 아는 [또는 정하는] 것'을 의미한다. 하나님의 예지는 사람의 존재 이전에 있었던, 그들에 대한 그분의 호의적 처분을 가리킨다.

오르도 살루티스(*Ordo Salutis*) '구원의 서정(Order of Salvation)'을 보라.

용서(Forgiveness) 죄와 수치와 죄책을 제거하는 것이다. 하나님의 구속 계획에서 피 흘림이 없는 용서는 없다(히 9:22).

원죄(Original Sin) 아담의 타락으로부터 발생한 부패이다. 그것으로 모든 인간은 지금 죄인의 본성을 지닌다. 일부 복음주의자는 원죄가 아담의 죄가 각 사람에게 직접 전가함을 포함한다고 믿는다(Francis Pieper, *Christian Dogmatics*, 1:538을 보라).

유신론(Theism) 무신론(신이나 하나님은 없다)과 범신론(모든 것이 신이다)과 대조적으로, 하나님 또는 신들의 존재를 믿는 관점이다. 모든 삼위일체 신자는 하나님을 믿기에 유신론자이지만, 모든 유신론자가 삼위일체 신자는 아니다.

유효적 은혜(Efficacious Grace) 주어진 목적을 성취함으로써 실제로 죄인의 구원을 가져오는(실행하는) 구원하는 은혜이다. 하나님께서 어떤 사람을 구원하기로 하시면 그 목적과 계획을 실행하신다. 유효적 은혜는 종종 영원한 안전이나 성도의 견인 그리고 예정과 연관된다.

은혜(Grace) 성경에서 삯과 대조되는, 공로 없이 얻는 호의를 말한다(롬 4:4~5). 일반 은혜는 모든 생물과 피조물 자체에 대한 하나님의 섭리의 보살핌을 가리킨다. 신자가 되는 자들에게 베풀어지는 특별 은혜는 그리스도를 신뢰하는 자들에게 한정되는 하나님의 행위다. 아르미니우스와 웨슬리 전통에서 선행의 은혜는 모든 사람에게 미치며, 그것은 그들이 믿는 것을 가능하게 한다.

이단(Heresy) '정통'과 대조되어, 성부, 성자, 성령의 삼위일체, 그리스도의 신성과 인성, 그의 속죄 죽음과 부활 등의 정통 근본 교리로부터 의식적·의도적 일탈을 가리킨다. 이단자는 정의상 그리스도인이 아니다.

이분설(Dichotomy) 인간의 본성에 관한 견해로, 인간을 구성하는 두 별개의 측면(물질적 측면과 비물질적 측면)을 인지한다. 일반적으로 두 측면 모두 인간 본성에 있는 본질이라고 생각한다.

이원론(Dualism) 인간을 두 별개의 요소(영적 실체와 물질적 실체)로 나누며, 일반적으로 영적인 것을 물질적인 것보다 높이고, 자주 물질적인 것을 악한 것으로 보는, 인간 본성에 관한 균형 잡히지 않은 견해이다.

인과응보(Karma) 일반적으로, 모든 행위가 사람의 미래에 영향을 미친다는 원인과 결과의 법칙이다. 힌두교와 불교에서 그것은 윤회와 연관된다.

인류학(Anthropology) 인간에 관한 연구로, 인간과 하나님의 나머지 창조물과 관계, 하나님의 형상(*imago Dei*)에 대한 개념, 영적이고 육체적인 존재로서 인간의 구성을 포함한다.

일반 은혜(Common Grace) 전반에 걸쳐 '일반적으로' 모든 사람에게, 하나님 앞에서 그들 영적인 상태와 상관없이 주어지는, 하나님의 은혜의 나타남을 가리킨다. 일반 은혜의 복은 생명, 건강, 해, 비, 그리고 의인과 악인이 모두 경험하는 다른 선한 것을 포함한다.

일원론(Monism) 인간의 본성에 관한, 정도를 벗어난 관점으로, 사람을 단일 본질—일반적으로 물질—로 축소한다.

자연주의적 진화(Evolution, Naturalistic) 오늘날 세상의 모든 생명의 형태는 자연 선택 과정을 거쳐 덜 조직화된(낮은) 형태로부터 발전했다는 이론이다. 자연주의적 진화는 창조자 하나님의 필요성(그리고 때때로 그 가능성)을 배제한다. 반면, 유신론적 진화는 그것을 요구한다.

자유 은혜(Free Grace) '주재권 구원'에 반대하여, 구원이 은혜로 믿음을 통해 되며 회개와 순종은 구원에 대한 차후의 반응이라고 강조한다.

자유주의(Liberalism) 현대 계몽주의로부터 싹튼 전통(특히 19~20세기 유럽과 북아메리카에서)으로서, 기독교 믿음과 신학을 새로운 철학, 과학, 지적인 기준에 맞춰 개정하려고 했다. 자유주의 신학은 성경의 영감성, 무오성, 그리스도의 신성과 인성, 그리고 삼위일체를 포함한 고전적인 정통기초들을 경시하거나 부정했다.

전가(Imputation) 이익이나 손해가 한 사람에게서 다른 사람에게로 전달이다. 부정적으로, 아담의 죄와 죄책은 모든 인간에게 돌려진다. 구원에서 우리 죄와 죄책은 그리스도에게 돌려지며, 그분 의는 우리에게 돌려진다.

전적 타락(Total Depravity) 아우구스티누스, 칼뱅, 아르미니우스 신학과 연관된, 죄에 관한 교리로, 타락으로 인간이 영적으로 죽었으며, 하나님의 은혜와 분리되어 근본적으로, 돌이킬 수 없도록 나쁜 상태가 되었다고 생각한다. 하나님 앞에서 그들 죄는 절대적이다. 전적 타락은 모두가 최대한 악하다는 뜻이 아니라, 복음을 이해하고 그것을 받아들이기로 선택하는 일에도 모두가 절대적으로 하나님의 은혜가 필요하다는 뜻이다.

전택설(Supralapsarianism) 하나님이 일부 사람을 구원으로 택하신(그리고 다른 이들은 그렇게 하지 않기로 하신) 작정이 타락을 허락하신 작정 이전에 있다는 칼뱅주의 견해이다. 이 견해를 지지하는 사람은 이중예정을 지지한다.

젊은 지구 창조론(Young-Earth Creationism) 원래의, 무에서 유로 창조는 수천 년 전(수백만이나 수십억 년 전이 아닌)에 일어났다고 하는 일부 그리스도인의 믿음이다. 대부분 젊은 지구 창조론자는 창세기 1장의 날을 정해지지 않은 긴 기간보다 문자적

24시간 하루로 이해한다.

정부설(Governmental Theory) 휴고 그로티우스(Hugo Grotius)와 자주 연관되는 속죄 이론이다. 형벌적 대속론(객관적 속죄)과 도덕적 모범 이론(주관적 속죄)을 중재하려 했다. 하나님을 자신이 원하는 사람은 누구든지 용서할 자유가 있는 애정이 깊은 창조자로 강조했다. 하지만 그렇게 하실 때 그는 죄의 심각성과 관련하여 느슨한 분으로 인식되며, 그것은 땅에 대한 도덕적인 통치의 손실로 이어진다. 그리하여 하나님께서는 그리스도의 죽음으로 죄의 심각성을 보여주시며, 사람이 더는 죄를 짓지 않도록 제지하시고, 그리하여 공정하게 자신의 통치 역할을 확정하신다.

정통(Orthodoxy) '올바른 견해'를 뜻하는 헬라어에서 유래했다. 신학에서는 기독교 신앙의 필수적 진리나 핵심 교리에 관한 올바른 견해를 말한다. 실용적으로는 '모든 곳에서, 항상, 모두에게' 믿어진 것을 가리킨다. 모든 참된 신자가 고수해야 할 기본 교리는 창조자와 구속자이신 삼위일체 하나님(성부, 성자, 성령), 인간의 타락과 그 일로 손실, 그리스도의 완전한 신성과 인성, 그리스도의 대속하는 죽음과 부활, 믿음을 통해 은혜로 받는 구원, 성경의 영감성과 권위, 인간의 최후 심판과 그리스도 다시 오심과 연관된 회복 등이다.

제한 속죄(Limited Atonement) 그리스도의 대속 사역이 그가 위해서 죽으셨던 사람을 구원하려는 것이었으며, 따라서 그는 오직 구원받을 사람, 곧 택한 사람만을 위해 죽으셨다는 견해이다. 어떤 옹호자는 '특별 구속(particular redemption)'이라는 용어를 선호한다.

조건적 불멸(Conditional Immortality) 일부 사람, 특별히 이교와 분파들 가운데 소수파 의견으로서, 몸처럼 인간의 영혼도 육체적인 죽음 이후에 죽으며, 부활 때에 다시 의식이 있는 존재가 된다는 생각이다. 이것은 죽은 자가 심판의 날까지 의식이 없는 상태로 잠든다고 추정하는 영혼 수면설(Soul Sleep)의 생각과 비슷하다.

조건적 선택(Conditional Election) 비-아우구스티누스주의와 비-칼뱅주의 전통에 널리 퍼진 생각으로, 하나님의 택하심이, 믿기로 작정하는 사람의 결정에 달렸다는 견해이다. 따라서 하나님께서는 타락한 인류 가운데 구원하실 사람을 임의로 선택하시고 그들을 구원으로 택하시기보다, 복음에 긍정적으로 반응할 사람을 미리 보시고 그들 믿음의 상태에 근거하여 그리스도 안에서 그들을 구원으로 택하신다고 생각한다.

종교개혁(Protestant Reformation) 마틴 루터의 선언과 함께 1517년에 시작한 교회 운동으로 로마가톨릭 권위에서 탈피해 여러 무리가 나왔다. 로마 교회의 행습에 반대하는 저항으로 형성했기에, 프로테스탄트(저항자)라고 불렸다. 가장 잘 알려진 그룹은 루터교, 장로교, 재침례교, 영국 성공회 등이다.

종교개혁 시대(Protestant Period) 개신교인이 로마 가톨릭교회의 교리와 실천이 성경과 초대교회 신앙에서 벗어났다고 판단하고 그것을 개혁한 것이 특징인 교회사 시대이다(약 1500~1700년).

죄론(Hamartiology) 인간의 타락과 그에 따른 부패에 관한 연구로, 죄의 기원, 범위, 결과, 그리고 육체의 소욕의 전가를 포함한다.

주관적 속죄 이론(Subjective Atonement Theories) 객관적 이론과 대조적으로 주관적인 모델들(예를 들어, '도덕적 감화'와 '도덕적 모범')은 구속의 주된 초점이 인간에게서 변화를 초래하는 것이라는 믿음을 공유한다. 그리스도의 사역은 죄인을 회개와 의로운 삶으로 이끄는 도덕적, 감정적 반응, 혹은 헌신을 낳도록 의도한다.

주재권 구원(Lordship Salvation) 그리스도인이 되는 것은 마음으로 죄에서 돌아서는 것, 그리고 믿음의 일부로 예수 그리스도를 주로 따르겠다고 하는 복종의 서약(회개)을 포함한다는 견해이다.

중생(Regeneration) 다시 태어나고(요 3:3), 성령으로 씻음 받으며(딛 3:5), 그리스도 안에서 살아나는(엡 2:5) 새로운 탄생으로서 구원을 가리키는 그림이다. 일부 신학자는 '중생'이 회개로 그리스도에게로 회심하는 순간을 가리키는 것으로 보며, 그것을 침례의 행위와 밀접하게 연결한다. 다른 사람은 '중생'이 성령으로 더 영적으로 새로워짐을 가리키며, 그것이 그리스도인을 더 의롭게 만든다고 말한다. 가장 일반 신학적 용법은 사람이 영적인 죽음에서 영적 생명으로 옮기는 순간을 가리킨다(2:1~5).

중세시대(Medieval Period) 약 500~1500년 즈음 교회사 시대로, 로마 가톨릭교회 교황의 권위가 강화되었고, 교회가 동방교회와 서방교회로 갈라졌으며(1054년), 이슬람교의 발생 및 십자군 전쟁의 발발, 많은 수도회와 대학교가 설립된 것으로 유명하다. 또한, 교리나 실천 면에서 교회를 개혁하려는 초기 시도도 있었다.

지옥(Hell) 성경에서 여러 용어가 때때로 '지옥'으로 번역한다. 지하세계나 육체가 없는 사후의 삶을 가리키는 용어인 '하데스(ᾅδης)', 실제 무덤이나 죽은 사람(의인이나 악인)의 영혼이 있는 장소를 가리키는 히브리어 '스올(שְׁאוֹל)', 악인을 위한 영원한 형벌의 장소인 게헨나(γέεννα)가 그것이다. 대중적으로 사용되는 지옥(hell)은 계시록에 묘사한, 구원받지 못한 사람의 마지막 가는 곳인 불 못에 적용될 수 있다. 오늘날 대부분 사람은 지옥을 악인이 영원히 혹은 일시적으로 가는 곳으로 생각한다(천국의 반대).

창조론(Creationism) 우주의 근원에 관한 유신론 견해로, 뛰어난 힘과 이해력을 가진 인격적 하나님이 무에서 모든 것을 창조하셨다고 믿는다. 종종 진화론과 대조를 이룬다.

천사론(Angelology) 천사에 관한 연구로, 하나님의 피조물로서 천사의 본성과 하나님을 섬기는 존재로서 천사의 독특한 역할을 포함한다. 전통적으로 천사에 관한 연구는 타락한 천사인 사탄과 귀신들에 관한 논의를 포함하였다.

총괄갱신(Recapitulation) 속죄 이론으로, 그리스도의 사역이 타락 때 아담이 초래한 것을 반복(재연하고 역전시킴)한다는 고대의 견해다. 따라서 '두 번째 아담'이신 그리스도는 출생, 삶, 죽음에서 아담과 모든 인간의 행로를 되풀이하셨지만, 다른 모든 사람이 그랬던 것처럼 시련과 시험과 유혹에서 실패하지 않으시고 성공하셨다. 순종을 통해 그는 불순종을 취소하셨고, 의를 통해 불의를 취소하셨으며, 죽음을 통해 죄와 사망과 마귀를 멸하시고, 생명을 통해 하나님의 생명에 참여하는 문을 여셨다.

최종적인 성화(Sanctification, Final) '완전한' 또는 '완료된' 성화로도 불린다. 신자가 거룩함에서 자라가는 것에 관한 성경적 가르침의 한 측면이다. 성경은 신자가 주님께로 가는 것이 하나님께서 주시는, 죄의 존재 자체로부터 자유(곧, 죄가 더는 신자의 경험 일부가 되지 않는 것)와 일치할 것이라고 제안한다.

출산설(Procreationism) '영혼 출생설(Traducianism)'을 보라.

칭의(Justification) 변제와 의의 부가에 관한 법정 용어, 또는 법률 용어이다. 이것은 하나님께서 그리스도의 대속 사역에 근거하여 죄인들을 사면하시고, 그들에게 그리스도의 의를 전가하시며, 그들이 의롭다고 선언하시는 활동이다.

카시아누스주의(Cassianism) 금욕주의 수사 존 카시안(John Cassian)의 이름을 따라 불린, 죄와 은혜에 관한 입장으로 아우구스티누스주의와 펠라기우스주의를 중재하려고 하였다. 인간은 영적으로 죽어있지도(아우구스티누스주의), 살아있지도(펠라기우스주의), 않은 영적으로 병든 상태이며, 구원받기 위해 은혜가 절대적으로 필요하지만, 하나님의 초청에 반응하기에 충분한 자유 의지를 지녔다고 주장한다. 때때로 '반(半)펠라기우스주의' 또는 '협력주의(cooperationism)'로 불렸다.

칼뱅주의(Calvinism) 장 칼뱅의 가르침에 기초한 신학 체계로, 하나님의 주권과 인간의 무능력을 강조한다. 도르트(Dort) 또는 도르드레히트(Dordrecht) 회의는 'T-U-L-I-P'으로 요약 표준을 제시하였다. 그것은 전적 타락(Total depravity), 무조건적 선택(Unconditional election), 제한적 속죄(Limited atonement), 불가항력적 은혜(Irresistible grace), 성도의 견인(Perseverance of the saints)이다.

타락(Depravity) 타락한 상태에서 모든 인간은 죄로 하나님 앞에서 유죄라는 교리이다. 인간은 하나님의 은혜를 떠나서 자기 처지를 바꿀 수 없으며, 따라서 구주가 필요하다.

타락(Fall) 고전적 기독교 해석에 따르면, 아담과 하와와 그들 모든 후손을 영적이며 육체적인 죽음과 정죄로 몰아넣고, 저주받은 부패하기 쉬운 세상을 가져온 불순종의 행위를 말한다.

튤립(TULIP) 도르트 회의(Synod of Dort)에서 제시한 칼뱅주의 5대 교리를 가리키는 영어 첫머리 글자 단어이다. '칼뱅주의'를 보라.

특별 속죄(Particular Atonement) '제한적 속죄'를 보라.

펠라기우스주의(Pelagianism) 독실한 수사 펠라기우스를 따라 불린 것으로, 아담의 죄는 자신에게만 해를 끼쳤으며 그다음에 태어난 인간은 선천적으로 선, 의, 자유, 하나님을 기쁘시게 하는 능력을 갖췄고, 하나님을 믿고 따를 수 있으며 그리하여 그의 특별 은총의 도움 없이 영생을 얻을 수 있다는 견해이다. 인간이 영적으로 죽었다는 아우구스티누스주의와 달리, 또는 심지어 인간이 영적으로 병들었다고 보는 카시아누스주의와 유사하게 펠라기우스주의는 인간이 영적으로 살아 있다고 보았다.

포괄주의(Inclusivism) 구원은 그리스도의 사역을 통해 발견되지만, 사람은 그의 사역에 관한 지식이 없어도 구원받을 수 있다고 하는 견해이다. 일부 온건한 포괄주의자는 이러한 예외를 유아들과 복음을 듣고 반응할 능력이 없는 자에게로 한정한다. 다른 사람은 복음을 듣지 못한 사람과 무엇이든지 자신이 받은 계시에 반응하는 자에게로 구원의 소망을 확장한다.

피니주의(Finneyism) 부흥사 찰스 피니(Charles Finney)로부터 일어난, 정도를 벗어난 구원론이다. 그는 타락, 중생, 구원의 확신과 같은 고전적인 정통 개신교 복음주의 신앙의 교리를 부정했다. 피니주의는 궁극적으로 구원이 거저 주어지는 선물이 아니라, 자원하는 회개와 하나님께 순종하는 삶에 대한 상급으로 보았다.

하늘(Heaven) 성경에서 '하늘' 또는 '하늘들'이라는 용어는 보이는 하늘, 대기권 밖의 우주, 보이지 않는 영적 세계, 죽은 영혼의 장소(낙원으로도 불림), 또는 하나님 앞을 가리킬 수 있다. 대중적인 사용에서 하늘은 단순히, 구원받은 자의 영원한 가는 곳을 의미한다(지옥의 반대).

형벌대속(Penal Substitution) 이 객관적 속죄 이론은 죄의 형벌이 모든 인류가 정의로운 응징으로서 마땅히 받아야 할 죽음이라고 본다. 그리스도께서 구원을 성취하신 것은 그가 죄 많은 인간을 위한 대체물이나 대역으로 자신을 드림으로써 그들 대신 죄의 형벌인 죽음의 빚을 갚으셨기 때문이다. 여기서 속죄는 인류의 구원 혜택을 위한 하나님과 그리스도 사이의 법적인 거래로 간주한다.

화목(Reconciliation) 관계가 적대감에서 평화로 바뀜이다. 구원에서 하나님께서는 그리스도를 통해 우리가 하나님과 관계를 회복하도록 우리를 위해 역사하셨다(고후 5:19).

확신(Assurance) 신자는 자기가 진정으로 하나님의 자녀인지 알 수 있다는 교리다. 자신의 구원을 아는 지식은 하나님의 약속(요일 5:13), 신실한 순종(2:3~6), 성령의 증언(4:13)에 기초한다.

회개(Repentance) 변화된 삶을 낳는 마음과 생각의 변화(마 3:8)이다. 그것은 믿음과 구분되어야 하지만, 결코 그것과 분리될 수 없다. 회개가 죄 용서를 가져오기 때문이다(눅 24:47).

회심(Conversion) 사람이 그리스도인이 되고 그리스도를 따르는 일생의 과정을 시작하는 시점이다.

후예정설(Sublapsarianism) 일부 사람이 구원받도록 택하신 하나님의 작정이 타락을 허락하신 그의 작정 후에 있었다는 칼뱅주의 견해이다.

후택설(Infralapsarianism) 하나님의 법령들에 관한 견해로, 일부 사람을 구원으로 택하신 하나님의 작정이 타락을 허락하신 그의 작정 후에 있었다는 견해이다.

창조, 타락, 구원

색인 성경 본문

창세기

창세기 ⋯ 30, 35, 36, 43
1장 ⋯ 185
1~2장 ⋯ 24, 35, 43~45, 57, 170
1:1 ⋯ 24, 26, 347
1:1~2, 26 ⋯ 24
1:2 ⋯ 347
1:3 ⋯ 57
1:24 ⋯ 104
1:26 ⋯ 47, 49, 138, 148
1:26~27 ⋯ 24, 50, 136, 143, 224
1:26~28 ⋯ 46~50
1:26~30 ⋯ 25, 61
1:26~31 ⋯ 38
1:27 ⋯ 48, 78
1:27~28 ⋯ 50
1:28 ⋯ 25, 49
1:31 ⋯ 35, 45, 105, 108, 185, 273
2:7 ⋯ 50~54, 52, 53, 54, 104, 118
2:7~25 ⋯ 25, 37
2:15 ⋯ 137
2:17 ⋯ 317
2:18 ⋯ 48, 105
2:19~20 ⋯ 61
2:20 ⋯ 105
2:24 ⋯ 44
3장 ⋯ 25, 26, 35, 39, 57, 61~63, 63, 109, 185
3:6 ⋯ 158
3:8 ⋯ 48, 62
3:8~11 ⋯ 62
3:10 ⋯ 39, 62
3:11 ⋯ 62
3:11~13 ⋯ 122
3:12~13 ⋯ 62
3:14~19 ⋯ 62
3:15 ⋯ 26
3:16 ⋯ 62
3:16~18 ⋯ 62
3:17~19 ⋯ 62, 64
3:19 ⋯ 39, 62
4~11장 ⋯ 25
5:3 ⋯ 54, 70
6:5 ⋯ 65, 163
6:12 ⋯ 156
8:21 ⋯ 70

9:6 ⋯ 55, 167
12장 ⋯ 26
12:1~3 ⋯ 194
12:3 ⋯ 197, 222
13:15 ⋯ 26
15장 ⋯ 194, 196
15:1 ⋯ 194
15:5 ⋯ 194, 196
15:6 ⋯ 194~198, 194, 197, 197, 222
15:13 ⋯ 194
15:16 ⋯ 194
15:18 ⋯ 194
19:10~15 ⋯ 58
22장 ⋯ 198
22:2 ⋯ 200
22:9 ⋯ 200
22:11~13 ⋯ 200
39:12 ⋯ 124

출애굽기

3:14 ⋯ 48
9:16 ⋯ 215
20:11 ⋯ 44
33:19 ⋯ 215
34:6 ⋯ 227

34:6~7 ··· 186

여호수아
2:9~13 ··· 233

열왕기하
6:15~17 ··· 58

욥기
1:9~11 ··· 108
14:4 ··· 156
38:1~42:6 ··· 36
38:7 ··· 57

시편
8:1, 3~4 ··· 36
8:1~9 ··· 36
8:3~6 ··· 25
8:6 ··· 49
14:2~3 ··· 65
19장 ··· 275
19:1 ··· 36
19:1~2 ··· 24, 45
19:8 ··· 91
51:5 ··· 70, 73, 162
58:3 ··· 70
91:11~12 ··· 58
103:20~21 ··· 58
104:29~30 ··· 50
139:13~14 ··· 44, 118

잠언
4:14~15 ··· 125
6:1 ··· 130

22:15 ··· 70

전도서
7:20 ··· 65
9:3 ··· 65

이사야
9:2, 6~7 ··· 27
11:1~9 ··· 30
14장 ··· 60
25:8 ··· 219
42:1 ··· 198
42:1~9 ··· 198
42:6 ··· 198
49:1~13 ··· 198
49:5 ··· 198
49:6 ··· 199
50:4~9 ··· 199
50:4~11 ··· 198
52:13~53:12 ··· 198
52:14 ··· 199
53장 ··· 198~203, 217
53:2~3 ··· 199,
53:4 ··· 199
53:4~5 ··· 199
53:4~6 ··· 28
53:5~6 ··· 203
53:6 ··· 65, 199, 328
53:7~9 ··· 201
53:10 ··· 202
53:11~12 ··· 203
53:12 ··· 203

55:8~9 ··· 48
64:6 ··· 223

예레미야
17:9 ··· 65, 74

에스겔
18:20 ··· 147
28:2 ··· 59
28:12 ··· 59
28:12~16 ··· 39
28:13 ··· 59
28:14 ··· 59
28:15 ··· 59
37장 ··· 217
37:1~9 ··· 118

다니엘
7:9~10 ··· 58
9:21~27 ··· 58
12:1~2 ··· 217, 218

하박국
2:4 ··· 195

마태복음
3:8 ··· 369
4:1~11 ··· 59
5:27~28 ··· 122
5:45 ··· 287
7장 ··· 121
7:12 ··· 302
9:1~8 ··· 118

10:8 … 296
11:15 … 275
12:34~35 … 159
13:9 … 275
13:16 … 275
13:36~39 … 59
15:19~20 … 121
16:21 … 203
17:12, 22 … 203
18:10 … 58
19:4~5 … 45
19:28 … 271
20장 … 203
20:1~16 … 297
20:18~19 … 203
20:21 … 204
20:22 … 204
20:23 … 204
20:25~27 … 204
20:25~28 … 203~205
20:28 … 205
22:30 … 58
22:36~39 … 301
22:37 … 301
22:37~40 … 279
22:39 … 301
22:40 … 302, 301
25:31 … 58
25:41 … 59
26:28 … 281
27:63 … 313

28:17 … 205
28:18~20 … 188, 203~209, 209
28:19~20 … 29

마가복음
4:17 … 358
7:21 … 65, 74
7:21~23 … 65
10장 … 203
10:8 … 44
10:35~37 … 204
10:44 … 204
10:46~52 … 118

누가복음
1:11~13 … 58
1:31~33 … 27
3:10 … 293
6:41~42 … 119
8:12 … 59
16장 … 121
16:22 … 58
17:11~19 … 118
22:31~32 … 108
24:13~24 … 206
24:21 … 187
24:25 … 206
24:27 … 216
24:36 … 206
24:38~39 … 207
24:41 … 207

24:45 … 208
24:46~48 … 208
24:46~49 … 278
24:47 … 369

요한복음
1:1~3 … 24, 45
1:11~12 … 187
1:14 … 186
1:29 … 187, 313, 328
3:3 … 365
3:5 … 278
3:5~8 … 224
3:16 … 27, 224
3:16~18 … 278
3:36 … 278, 332
5:24 … 278
5:28~29 … 218
5:39 … 186
5:39~40 … 216
8:34 … 273
9:3 … 287
10:16 … 278, 278
10:17~18 … 188
10:28~29 … 358
12:32 … 311
14:16~17 … 270
16:33 … 41
17:15 … 108
17:23 … 272
19:30 … 187
20:19~24 … 206

20:24 ⋯ 206
20:27 ⋯ 218
20:31 ⋯ 224

사도행전
1:8 ⋯ 188, 208
1:11 ⋯ 187
2:36~37 ⋯ 293
4:12 ⋯ 278, 328
12:1~19 ⋯ 58
12:6~11 ⋯ 58
12:21~23 ⋯ 58
13:17 252
14:17 ⋯ 36
16장 ⋯ 238
16:30 ⋯ 237
16:31 ⋯ 133, 237

로마서
1장 ⋯ 74
1~2장 ⋯ 278
1:1 ⋯ 209
1:1~4 ⋯ 191
1:2~4 ⋯ 210
1:16 ⋯ 188
1:16~17 ⋯ 191, 209~210, 210
1:17 ⋯ 320
1:20 ⋯ 36, 130, 275
2:4~16 ⋯ 278
2:15~16 ⋯191
3:9~23 ⋯ 63~67

3:10~12 ⋯ 70
3:10~12, 23 ⋯ 68
3:10~23 ⋯ 154
3:12 ⋯ 224
3:21 ⋯ 236, 320
3:21~22 ⋯ 281
3:21~26 ⋯ 281
3:23 ⋯ 71, 210
3:23~24 ⋯ 116, 328
3:24 ⋯ 210
3:26 ⋯ 203, 328
3:28 ⋯ 328
4장 ⋯ 196
4:1~5 ⋯ 227, 281
4:2~3 ⋯ 232
4:3 ⋯ 196
4:4~5 ⋯ 196, 360
4:9 ⋯ 196
4:11 ⋯ 196
4:12 ⋯ 196
4:17 ⋯ 271
4:18 ⋯ 196
4:20~22 ⋯ 196
4:23~24 ⋯ 196
4:24 ⋯ 281
4:25 ⋯ 328
5장 ⋯ 68~73, 71
5:8 ⋯ 191, 278
5:9~10 ⋯ 283
5:11 ⋯ 331
5:12 ⋯ 40, 68, 70, 72, 106, 145, 147, 158, 167, 273
5:12, 15, 17 ⋯ 68
5:12~21 ⋯ 73
5:15, 17, 21 ⋯ 68
5:17 ⋯ 312
5:18 ⋯ 106, 278
5:19 ⋯ 167, 331
5:20~21 ⋯ 289
6장 ⋯ 355
6:1 ⋯ 289
6:1~10 ⋯ 227
6:2 ⋯ 290
6:3~11 ⋯ 290
6:16 ⋯ 147, 273
6:18 ⋯ 273
6:20 ⋯ 273
6:22 ⋯ 273
6:23 ⋯ 116, 132, 142, 185, 187, 227, 268, 273
7:9 ⋯ 156
7:18 ⋯ 163
8장 ⋯ 71, 211, 211~214
8:1 ⋯ 211, 213, 358
8:2~3 ⋯ 211
8:3~4 ⋯ 211
8:7 ⋯ 163
8:7~8 ⋯ 65
8:9 ⋯ 211

8:11 ⋯ 211
8:15~17 ⋯ 357
8:18~23, 30 ⋯ 359
8:18~25 ⋯ 31, 285
8:19~23 ⋯ 45
8:20, 22 ⋯ 71
8:20~21 ⋯ 212
8:20~22 ⋯ 70, 123
8:20~23 ⋯ 62
8:22~25 ⋯ 271
8:23 ⋯ 212, 226, 269, 357
8:28 ⋯ 213
8:28~39 ⋯ 358
8:29~30 ⋯ 213, 358, 359
8:38~39 ⋯ 214, 295
9장 ⋯ 214~215
9:10 ⋯ 214
9:13 ⋯ 214
9:14~16 ⋯ 215
9:15 ⋯ 215
9:16 ⋯ 215
9:17 ⋯ 215
10:9~15 ⋯ 278
11:36 ⋯ 35
12:3 ⋯ 119
12:4~5 ⋯ 119
13:8 ⋯ 302
13:9~10 ⋯ 280
13:10 ⋯ 302
16:20 ⋯ 57

고린도전서
1:18 ⋯ 288, 313
1:23 ⋯ 215, 288, 313
1:25 ⋯ 161
2:2 ⋯ 215, 288
2:14 ⋯ 66
6장 ⋯ 74
6:18 ⋯ 124
6:19 ⋯ 270
6:19~20 ⋯ 205
6:20 ⋯ 355
8:5~7 ⋯ 103
10:14 ⋯ 124
10:20 ⋯ 59
11:7 ⋯ 167
12장 ⋯ 284
12:12~27 ⋯ 272
12:13 ⋯ 270, 284
13:11~12 ⋯ 299
15장 ⋯ 188, 215~219, 231
15:1~5 ⋯ 188
15:3~4 ⋯ 189, 288
15:3~5 ⋯ 216
15:3~5, 7, 11, 13~14 ⋯ 189
15:3~8 ⋯ 188
15:6 ⋯ 217
15:14 ⋯ 288
15:15 ⋯ 288
15:17 ⋯ 217, 288
15:19 ⋯ 288

15:20 ⋯ 217
15:21 ⋯ 158
15:21~22 ⋯ 39
15:22 ⋯ 217, 288
15:22~28 ⋯ 278
15:26 ⋯ 133, 218
15:49 ⋯ 218, 289
15:51~52 ⋯ 218
15:51~53 ⋯ 219
15:53~54 ⋯ 118
15:54 ⋯ 289
15:55 ⋯ 274
15:58 ⋯ 295

고린도후서
3:6 ⋯ 270
4:4 ⋯ 191, 275
4:6 ⋯ 275
5장 ⋯ 219~222
5:1 ⋯ 219
5:3 ⋯ 219
5:4 ⋯ 219
5:5 ⋯ 219
5:7 ⋯ 220, 299
5:8 ⋯ 220
5:14~15 ⋯ 220
5:17 ⋯ 220
5:17~21 ⋯ 221
5:18 ⋯ 220
5:20 ⋯ 188, 221
5:21 ⋯ 107, 187, 202, 282, 315

11:3 ··· 39, 57
11:13~15 ··· 59
12:7~9 ··· 108
12:7~10 ··· 59

갈라디아서
1:3~4 ··· 189
1:6~7 ··· 222
1:6~9 ··· 191
1:8 ··· 58, 222
1:9 ··· 222
2:14~16 ··· 191
2~3장 ··· 222~225
2:16 ··· 225
3장 ··· 196
3:1 ··· 222
3:1~3 ··· 191
3:3 ··· 222
3:5 ··· 197
3:6 ··· 222
3:6~7 ··· 197
3:8 ··· 197, 222
3:10 ··· 197
3:11 ··· 197
3:13 ··· 309, 311, 316, 317
3:14 ··· 197
3:15~16 ··· 26
3:18 ··· 223
3:19 ··· 58
3:22 ··· 70
3:24 ··· 223

3:26~28 ··· 225
4:4~5 ··· 295
5장 ··· 74
5:14 ··· 302
5:19 ··· 74
5:19~21 ··· 73~75, 75
5:22~23 ··· 232, 270

에베소서
1~2장 225~229
1:3 ··· 225
1:3~5, 7, 11, 13~14 ··· 189
1:4 ··· 226, 353
1:5 ··· 226, 357
1:7 ··· 226, 281
1:9 ··· 226
1:10 ··· 228, 228
1:13~14 ··· 270
1:14 ··· 269
1:18 ··· 91
1:20 ··· 227
2장 ··· 226,
2:1 ··· 62, 226
2:1~3 ··· 66
2:1~5 ··· 365
2:2 ··· 226
2:3 ··· 71, 73,156, 167, 226, 327
2:4 ··· 227
2:5 ··· 227, 365
2:6 ··· 227

2:7 ··· 226
2:8 ··· 283
2:8~9 ··· 227
2:8~10 ··· 228, 232
2:10 ··· 29, 229, 231, 295
2:11~18 ··· 236
2:14 ··· 310
2:15~16 ··· 228
2:18 ··· 108
3:10 ··· 275
3:11 ··· 228
4:15~16 ··· 284
4:32 ··· 296
5:18~21 ··· 270
6:2~3 ··· 287
6:11~12 ··· 59
6:12 ··· 39, 57
6:16 ··· 108

빌립보서
1:6 ··· 190, 271, 357
2:3~8 ··· 205
2:5~8 ··· 28
2:6 ··· 138
2:12~13 ··· 29, 232, 270, 280
2:15~16 ··· 276

골로새서
1:15~16 ··· 24
1:16 ··· 24, 57, 56~60, 60,

1:27 ··· 269
2:13 ··· 62

데살로니가전서
2:7 ··· 19
4:13 ··· 133
5:22 ··· 131
5:23 ··· 51

데살로니가후서
1:7~9 ··· 58
2:9~10 ··· 59
3:3 ··· 108

디모데전서
2:5 ··· 39
2:6 ··· 315
4:4 ··· 130
6:11 ··· 124

디모데후서
1:8~10 ··· 189
2:8 ··· 191
2:22 ··· 124
3:12 ··· 211
3:16 ··· 24

디도서
3:5 ··· 283, 365

히브리서
1:1~2 ··· 25
1:2 ··· 24
1:3 ··· 357
1:5~6 ··· 58
1:14 ··· 58, 60, 108
3:12 ··· 358
4:15 ··· 106
4:16 ··· 108
6:4~6 ··· 91, 358
7:1~28 ··· 229
7:25 ··· 283
8:1~13 ··· 229
9~10장 ··· 229~231
9:1~10 ··· 229
9:12 ··· 230
9:14 ··· 229
9:22 ··· 281, 288, 360
9:26 ··· 229
10:1 ··· 229
10:3~4 ··· 230
10:10 ··· 230
10:10~14 ··· 187
10:11 ··· 231
10:12 ··· 230
10:12~14 ··· 231
10:19~22 ··· 230
10:23 ··· 271
10:32 ··· 91
11:3 ··· 36, 103
11:8~9 ··· 195
11:17, 19 ··· 200
11:19 ··· 232

야고보서
1:14 ··· 74
1:17 ··· 109
1:23~25 ··· 127
2:14 ··· 232
2:15~26 ··· 231~233
2:16 ··· 232
2:17 ··· 197, 232
2:20 ··· 197
2:22 ··· 198, 232
2:23 ··· 198
2:23~24 ··· 232
2:25 ··· 233
2:26 ··· 233
3장 ··· 54, 131
3:8~9 ··· 55, 56
3:9 ··· 54~56, 131, 167
3:10 ··· 132
4:7 ··· 124

베드로전서
1장 ··· 233~236
1:3~4 ··· 233
1:3~5 ··· 235
1:3~6 ··· 190
1:5 ··· 234
1:7 ··· 234
1:8~9 ··· 234
1:10~11 ··· 235
1:12 ··· 235
1:19 ··· 273
2:9 ··· 272
2:22 ··· 313, 327

5:8 ··· 59

베드로후서
2:19 ··· 147

요한1서
1:5 ··· 109
1:8 ··· 290
2:2 ··· 278, 326
2:3~6 ··· 368
3:2 ··· 29
3:14~20 ··· 301
3:18~19 ··· 301
4:8 ··· 302
4:13 ··· 368
4:16, 19~21 ··· 302
5:13 ··· 368
5:19 ··· 71

요한2서
11절 ··· 131

유다서
23 ··· 131

계시록
계시록 ··· 30, 36
2:7, 11 ··· 275
2:9~10 ··· 59
4장 ··· 128
4:8 ··· 128
4:11 ··· 36, 128
7:9~10 ··· 29, 223

12:7 ··· 58, 59
12:9 ··· 57
12:13~17 ··· 59
13장 ··· 59
13:8 ··· 288
16:13~14 ··· 59
17장 ··· 58
19:10 ··· 58
20:2 ··· 57
20:10 ··· 60
20:11~15 ··· 278, 352
20:14 ··· 274
21장 ··· 35, 231
21:1~4 ··· 285
21:1~5 ··· 45
21:3~4 ··· 30
21:4 ··· 110
21:5 ··· 118
21:5~7 ··· 31
22:8~9 ··· 58